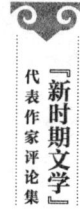

"新时期文学"代表作家评论集

文坛"游牧人"冯苓植

修晓林 —— 编选

张志刚 —— 整理

文匯出版社

图书在版编目(CIP)数据

文坛"游牧人"冯苓植 / 修晓林编选;张志刚整理
.—上海:文汇出版社,2021.7
ISBN 978-7-5496-3500-9

Ⅰ.①文… Ⅱ.①修… ②张… Ⅲ.①中国文学-当代文学-文学评论-文集 Ⅳ.①I206.7-53

中国版本图书馆 CIP 数据核字(2021)第 103126 号

"新时期文学"代表作家评论集

文坛"游牧人"冯苓植

出 版 人:周伯军
编　　选:修晓林
整　　理:张志刚
责任编辑:张　涛
装帧设计:王　翔

出版发行:文汇出版社
　　　　　上海市威海路 755 号　邮政编码: 200041
经　　销:全国新华书店
印刷装订:上海新文印刷厂有限公司

版　　次:2021 年 7 月第 1 版
印　　次:2021 年 7 月第 1 次印刷
开　　本:787×1092　1/16
字　　数:350 千
印　　张:22.25

ISBN:978-7-5496-3500-9
定　　价:65.00 元

·版权所有　侵权必究·

目 录

冯苓植　自序　只为感恩 / 1

第一辑　其　文

钱谷融　《冯苓植文集》总序 / 3
江曾培　话说《虬龙爪》/ 6
李治安　《元史演绎系列》总序 / 13
蒋子龙　有真性情才有真文章——《冯苓植中篇小说选》序 / 15
苏叔阳　探索者的足迹——《驼峰上的爱》序 / 21
苏叔阳　回忆中：老友、往事与动物小说——《冯苓植动物小说选》代序 / 28
修晓林　冲浪·冲浪·冲浪——访冯苓植 / 31
林　焱　裹着谐谑的忧患——关于冯苓植《猫腻》的对话 / 34
班　澜　在冯苓植小说的坐标系上
　　　　——兼论中篇小说《虬龙爪》艺术个性的追寻 / 42
郑法清　关于《古德、您哪、拜!》的通信——致冯苓植同志 / 50
托娅　彩娜　内蒙古当代文学中之冯苓植 / 53
[日本] 近藤直子　冯苓植的《虬龙爪》/ 60
徐　芳　冯苓植访谈录 / 63
章　程　我读《驼峰上的爱》/ 69
李　芳　《驼峰上的爱》复调主题生成的形式因素分析 / 75

牛玉秋　一侃到底——读冯苓植长篇小说《出浴》/ 84

于　雨　市井生活　文化氤氲——读冯苓植《茶楼轶事》/ 86

奎　曾　读《猫腻》/ 88

冯　迪　《驼峰上的爱》争鸣综述/ 90

　　　　上海《虬龙爪》座谈纪要/ 94

　　　　　读《虬龙爪》断想　吴　亮/ 94

　　　　　世态纷呈的社会写生　郦国义/ 96

　　　　　"鸟如其主"的审美投影　程德培/ 101

　　　　　两点感想　王安忆/ 103

　　　　　我读《虬龙爪》　钱谷融/ 104

　　　　　让养鸟真正进入审美、娱乐境界　江曾培/ 109

　　　　　耐人咀嚼　曾文渊/ 112

　　　　　笼子里的鸟和笼子外的人　冯苓植/ 116

刘有元　从《蝇王》和《虬龙爪》看中西文化的异同/ 119

黄秀琴　走进"戈壁荒原"——读冯苓植小说的启示/ 128

韩丽娟　市井人生景观描摹——冯苓植京味市井小说探微/ 135

尹相龙　冯苓植小说主题流变论/ 170

包明德　有关《元史演绎》之评论/ 214

　　　　大元王朝历史的艺术言说——序《大话元王朝》/ 214

　　　　艺术地再现忽必烈大帝——序《忽必烈大帝与察苾皇后》/ 217

　　　　独具匠心，从后妃角度看历代帝王——长篇读史随笔《鹿图腾》序/ 222

　　　　为回报草原苦研元史的耄耋作家——长篇历史小说《重振北元：草原传奇皇后满都海》序/ 228

李　悦　"悦评"摘选/ 233

　　　　游牧作家冯苓植的文学初心/ 233

　　　　冯苓植演绎的蒙古史/ 234

赵富荣　冯苓植长篇历史随笔评论/ 237

　　　　在历史的天空下——读长篇历史随笔《大话元王朝》/ 237

　　　　走进历史的后院——评冯苓植长篇历史随笔《鹿图腾》/ 240

目 录

第二辑 其 人

蒋子龙　你、我、她和冯苓植 / 247

修晓林　哦,我的远在北方草原的挚友 / 254

柳　萌　实在人冯苓植 / 262

冯骥才　用笔苦写修修补补的作家(摘录) / 264

陈先法　文坛"游牧人" / 265

苏　莉　珍贵的肯定 / 271

张卫平　骆驼上晃荡到老的作家——我的文学引路人 / 275

王　欣　与耄耋作家的一席对话 / 283

施建新　冯苓植:七十而从心所欲 / 286

梁　人　听冯苓植聊天 / 291

冯　魏　牢记乡愁的走西口老作家 / 295

张志刚　游牧作家与一个青年的文学情缘 / 298

第三辑 附 录

冯苓植　我的恩师,我的文学引路人 / 305

冯苓植　亦师亦友,助我更上一层楼 / 313

江曾培　异地的嘱托 / 316

许　旸　80岁文坛游牧人把心灵草原交付上海 / 318

冯苓植　天地大舞台 / 322

冯苓植　关于我…… / 326

冯苓植　是谁助我文学生涯画上圆满的句号 / 340

冯苓植　在上海有个比我年小的"老大哥" / 343

自序　　只为感恩

在老朽文集封底上,我曾专门留下两句自题:"天苍苍、野茫茫,风吹草低见牛羊。"是自喻,也是庆幸。的确!如果没有来自全国那一股股和煦关爱之"风",我很可能至今仍在茫茫的沃草深处徘徊着终老天年。

现已至耄耋之年,昏昏沉沉中仍难忘却往事……

我是山西雁门关下古代州人,但从我祖父到我的小孙孙走西口已达五代人了。故而年轻时故乡对我来说已很朦胧,只有母亲终身未改的乡音延续着我对故乡的那个梦。只不该,梦中那个雄关下的古老书香门第仍在潜移默化地影响着我,竟使我又不知深浅地开始了"舞文弄墨"。真可谓"少年不识愁滋味",在遥远的西口外我的心中只有对文学美好的憧憬。

幼稚!完全不知文学创作道路之坎坷、艰辛……

虽然说,在十七八岁之前我便有作品发表于上海《儿童时代》《少年文艺》等刊物,还曾获奖并入选冰心主编的1957年《儿童文学选》。甚至在三年自然灾害期间,在纸张奇缺的情况下,中国少年儿童出版社还出版了我那薄薄的小说集《骆驼上晃荡大的孩子》。但可惜!这一切均未在西口外文学界引起任何反响,随后就连我的投稿也累累退回或石沉大海了。从此"少年不识愁滋味"的阶段过去了,我陷入了深深的反思和久久的徘徊中。两眼一片茫然,似只剩下了绝望。就这样,我在乌兰布和大沙漠旁的小镇上度过了落寞的十年,直至将近中年方觉悟"原因在我"。当时正值"文革",我已成为"不拿枪的敌人"而被关起来写"交代"了。但禀性难移!在一摞摞"交代"越写越"无人问津"之余,我竟下意识地以此为"掩护"私下又写起了我曾长期下放草原的那段生活。

零零散散!似乎是想探索人、动物与大自然哲理性的关系……

好在我终于以"可以教育好的子女"被"解放"了,这种"暗度陈仓"的事件才未被发现。但我对文学创作却仍处于"盲人摸象"的阶段:有时觉得文学像一根"柱子";有时又觉得文学像一堵"墙";当摸到象尾时,我甚至觉得文学就是一条抽人的"鞭子"……我孤寂,我无援,我多么盼有高人前来指点!

但我却生活在大沙漠旁一座偏远的小镇上……

我陷入了深深的绝望,几乎把零七碎八的手稿全部烧毁以彻底断了自己的文学梦。幸亏"文革"晚期人民文学出版社终于恢复工作了,而且派出了著名的文学编辑大师王笠耘先生及青年文学编辑谢明清先生到内蒙古组稿。更令人意外的是,他们竟还深入到我们这乌兰布和大沙漠旁偏远的小镇。真可谓"天赐机缘",难道我能不"冒丑一搏"吗?但内心确实没有一点底,并准备在嘲笑声中彻底了断自己的文学梦……谁料想我那些零七碎八之乱手稿竟引起了他们的注意,并把我借调至北京于人民文学出版社内改稿。整整三年,似让我读了一遍文学系,最终把我引上了真正的文学之路。是充满了偶然,甚至还带点传奇色彩,请看附录之《我的恩师,我的文学引路人》便可尽知详情。

能不感恩吗?一个良师、一个益友……

但我还必须回到原点——那史称"天苍苍、野茫茫"的地带,随时准备被茫茫的沃草重新覆盖。严遵良师的教诲:埋首探索,莫问前程……但谁曾想到,正因为如此,却招来远方一股股和煦激励之"风"。比如说,一代文学理论大师钱谷融老先生,不仅十多年来一直关心着我的创作,而且在九十七岁高龄时仍为我的"文集"写了总序。老先生以九十九岁高龄辞世了,我能不泣血顿首感恩吗?再比如说上海著名的出版家江曾培先生,我们本来素不相识,但他却在主持上海文艺出版社工作时,不仅专为我的一部中篇小说写了一篇颇具影响的评论文章,而且专门又为此在上海召开了研讨会。这对我创作的影响一言难尽,详情可见附录文章《亦师亦友,助我更上一层楼》。现我们均已近耄耋之年,当然感恩思念之情就更深了。再比如中国元史研究会会长、南开大学历史学院资深院长李治安教授,在我衰年"退文习史"以来一直给予我无私帮助。在百忙之中,仍为我四部集的《元史演绎系列》写了总序。其情其德,终生难忘……当然,蒋子龙、苏叔阳、郑法青、班澜、柳萌、包明德、托娅、修晓林、张卫平等人之文,以及高校青年的研究论文,还有冯骥才的片段文章等,也均不敢忘并尽力收入此书。或许正是这阵阵"风"之吹过,才有了时不时仍可见风吹草低见牛羊之情景。

不能忘！更难以忘……

最后,我还要提到那些未曾为我行文,且又助我不断了解文学真谛的人。他们都是一些真正高尚的人,不仅教我如何写作,而且以身作则教我如何为人。比如说《收获》杂志的原主编李晓林先生,真诚、谦和,平等对待每一位作者。从不亲自动手代作者改动,而只要你受到她的启迪,作品必有升华。再比如《人民文学》的前正副主编刘白羽和王扶同志,也是如此对待偏远地区的作者和作品。老作家刘白羽同志百忙之中,甚至还专门来信鼓励我这个初出茅庐的土头土脑的作者(可惜信因搬家遗失了)。再比如上海《小说界》原副主编左泥先生,一位典型的谦谦君子,但为修改作品又绝不手下留情……还有那些相继逝去的我所敬仰的作家,如陆文夫、高晓声、马烽、孙谦、陈忠实、张贤亮、敖德斯尔等等,他们都曾无视我之愚鲁,真诚地将我以友相待。言传身教间,使我无形中更懂得了如何为文、为人。

也难忘啊！无言更胜有声时……

其实,我早已明白了,即使是"风吹草低见牛羊",那也必然是一茬又一茬。现我已早卧倒在沃草丛下,就算"风"再吹,似乎也只能加速我的隐没。在耄耋之年之所以还愿集成此书,只为了一个心愿:不忘感恩！

感谢文汇出版社,助草原游子了此心愿……

冯苓植
2018年3月6日写于西口外

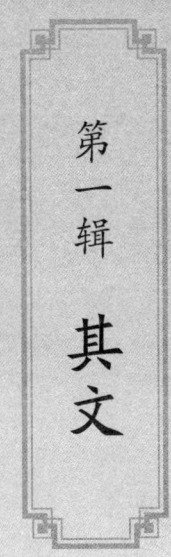

第一辑 其文

《冯苓植文集》总序

钱谷融

这是一位久居偏远地区的作家,不求闻达,甘于寂寞,大半辈子都跋涉于茫茫的戈壁和荒原之间。

疲累了,写作便是他喘息的港湾。

我和他的相识始于文学,是他的中篇小说《驼峰上的爱》使我知道了远方尚有这么一位作家。他似不太注意文字的技巧,却绝不乏内在的淳朴和真诚。为此,我曾写过一篇推介文章,曾转载于多种文摘报刊上。后来,在中篇小说《虬龙爪》的讨论会上,我们终于得以在上海会面了。并且还在《文汇报》上有过一次笔谈,进而便形成了一种颇为特殊的相知相亲的关系。

他给我留下的第一印象是:似乎很难见得一丝作家的派头,倒很像个远方归来的行者。拘谨中不乏野性,疲惫中略带不羁。文如其人,这或许就是他一系列作品的一个侧面写照。他好像很不关注人际关系,而只是在埋头写作中寻找乐趣。

听说,他曾调到北京又返回去了,调到天津他还是没有前往。我问他为什么?他说,或许茫茫的戈壁荒原更有助于找到自我。也有人问他怎么能甘于寂寞?他说,有书,即使是在沙漠里也会张起一片浓荫。是这样!他是在古人和今人张起的浓荫中寻找自己的位置的。但回首看来,他留在起伏沙丘上的足迹也是很不规则的。为此,也很难谈及他的小说一贯风格。举例说,中篇小说《驼峰上的爱》和《虬龙爪》就不像同一作家同一时期所为。而长篇小说《出浴》和《神秘的松布尔》也是如此,从选材到语言也不像出自一人之手。同样,散见于各大报刊的散文随笔也不例外,《克隆皇帝》的治学精神和《天地大舞台》的自我调侃也似判若两人。是的!他笔触涉猎很广,除散文随笔之外,曾写过草原小说、市井小说、山野小说、推理小说以及现代派小说。语言似乎也很不统一,有京韵京味的、土腔土调的,还有类似翻译语言的。有人也曾问过他这是为什么?他回答说,这说明我绝对成不了大作家,因为我总找不到自我。依我看,这或许就是他的"自我",或许就是他!多侧面、立体化,是一个完完整整的冯苓植。

1999年他退休了,我本以为他为文学行者生涯也该结束了⋯⋯

谁料传来的消息却是,为了回报草原,冯苓植又苦行僧般的为苦研《元史》钻进了中外古今相关的史籍之中。而且一钻就是十四五年,甘愿离群索居自得其乐。但我深知,这是冯苓植仍在寻找冯苓植,仍在延续他那行者风格。腿脚不行了,就伏案神游于古代草原上奔腾的金戈铁马之间。果然,最近听说他相关的长篇历史小说《忽必烈大帝》与长篇读史随笔《大话元王朝》等均先后出版了。

不蹚浑水,甘于寂寞,永远在寻找自我⋯⋯

最近听说,上海文汇出版社正在筹划出版他的文集,我为这位十几年未见的老朋友感到高兴。冯苓植曾向我介绍过,他虽遥居草原,但相关文学创作的"社会大学"却是在上海完成的。从少年时期在《儿童时代》《少年文艺》发稿,直到在《上海文学》《小说界》以至《收获》发表作品。上海编审们的"点化"令他终生难忘,故而出文集也算对师友们的一种回报。而他却又称,这毕竟又纯属一种"天苍苍、野茫茫,风吹草低见牛羊"的现象⋯⋯但我却不这样认为,反而认为文汇出版社能为这样一位远天远地特立独行的作家出文集是很有意义的,也不失为一种别具特色的选择。步履蹒跚,往往更有助于认识一个时代的特点。多方探索,更有助于了解一个作家的心路历程。那就让我们打开这套文集吧,去了解"在那遥远的地方"还有这么一位行者似的作家。

路就在足下,路也在远方⋯⋯

不见苓植已有十好几年了,遥望北国,不胜思念之至!就让我在上海以此序为这位远方朋友深深地祝福吧!

(选自12卷本《冯苓植文集》,文汇出版社2017年12月版)

本文作者:
钱谷融,我国当代著名文学理论大师、华东师范大学终身教授。

话说《虬龙爪》

江曾培

冯苓植的《虬龙爪》,始发于《小说界》一九八五年第四期上。当我第一次捧读原稿时,就为这篇特色鲜明、寓意深刻的小说所吸引、所激动。我当即以编者的名义,信笔写下这样的文字:

  我们向读者推荐本期头条作品《虬龙爪》。作者冯苓植以善于写动物著名,但其指归在于人。《虬》文写的是鸟,是养鸟者社会的纷纷攘攘。作者用自己的眼睛发现了一个新的特殊"世界"。在以生动的笔触表现它时,又熔知识性、趣味性、思想性于一炉,既富情趣,又富理趣。
  鸟攀高枝,人也攀高枝,但那枝"虬龙爪"到底由谁攀上去,怎样攀上去,世态纷呈,令人回味。冯苓植过去写骆驼、写鸟,多系内蒙古的事,飘散着草原气息,《虬》文则是写北京人的养鸟生涯,洋溢着股浓郁的市井味。它迹近《烟壶》这类作品的风情,但它写的不是过去而是现在北京城的风土人情,别有韵致,很值得一读。

刊物出版后,我再读《虬龙爪》,发觉我说它"是写北京人的养鸟生涯",错了。它创作的原型,仍是塞外一座古城,只不过当年乾隆皇帝为戍边的在旗子弟修筑这座城市时,是以老北京为模子的。"老北京的小玩艺儿:遛个马,架个鹰,逗个蛐蛐儿,玩个鸟儿,绝对不能少。"即使连说话,那里到现在还保持着京腔味儿。

我大而化之看了一遍,未及细读,凭印象与感受写了介绍,以至铸成这个错。我觉得对作者与读者欠下点什么。不久,我遇到冯苓植,作了说明,他宽容地笑笑。现在,我借这个机会也挑明这一点,向读者"还债"。虽然,这几年间我与一些读者讨论过《虬龙爪》,他们表示并未受我这一介绍所惑。因为仔细读一读《虬》文,就能清楚地看出它写的不是北京,而是具有浓郁北京味的另一个城市;同时肯定我在介绍中对此文总的印象与感受还是正确的。但我以为,无论如何,这总是编辑工作上的欠缺。在检讨了"欠缺"以后,我愿对我的总的感受与把握稍加发挥。

我说,在《虬龙爪》里,"作者用自己的眼睛发现了一个新的特殊'世界'"。——这就是一个过去还很少被别人表现过的"养鸟者社会"。在这里,作者浓笔重墨地写了人与鸟的关系。鸟,是一种自然物。人与自然的关系,一是把自然当作劳动生产的对象,此系实用的关系;一是把它当作休息娱乐、怡情悦性的对象,此系审美的关系。马克思在《经济学——哲学手稿》中指出过:"在认识领域里,例如植物,动物,矿石,空气,光线之类组成人的意识的一部分,时而作为自然科学的对象,时而作为艺术的对象……"当然,这两个"对象"不是分割的,因而自然物对人类来说,往往既是实用的,也是审美的。特别是在人类的幼年,美与善几乎是不分的。古希腊的苏格拉底,就认为美的标准是实用。"任何一件东西如果把它能很好地实现它在功用方面的目的,它就同时是善的又是美的。"因此,在狩猎时代,人们多用动物装饰。有的拔掉自己的上门牙,以便和反刍动物相像;有的则锉短自己的上门牙,以便和肉食的野兽相像。到了农耕时代,发现了植物的用途,人类才有植物装饰,妇女才以花来打扮自己。那些对人类生活没有实际功用的自然现象,如狂风、暴雨,在当时决不能成为审美对象。这种美善不分的情况,随着人类劳动的发展,生产有了剩余,开始从自然的束缚下解放出来,有了改变。人们可以逐步地离开实用的观点,用审美的观点看待自然,于是,许多既不能解饥、又不能御寒,对人类生活没有什么直接功利的自然现象,也成为人们的审美对象、艺术对象。即使是威胁人类生存的狂风暴雨,像在范仲淹的《岳阳楼记》中,被描写为"阴风怒号,浊浪排空;日星隐曜,山岳潜形",也成了一种美。当然,在这种审美观照中,寄托和抒发着人们在生活中的感受,仍然包含着一种曲折而间接的"功用"。把美与善完全割裂开来,也是不妥的,但这里的人与自然的关系，毕竟不是那种狭隘的、直接的实用关系了。由此来考察人们所以养鸟，是基于人类文明的进步，满足一种审美、娱乐的需要，而非实用的需要。《虬》文中交代，爱鸟者养的鸟儿大体分为两类：一类是看的——观赏鸟，偏重在欣赏鸟的毛色、身架、姿态；一类是听的——听口鸟，偏重于欣赏鸟的声音。养这两类鸟，都是为了娱人耳目，供人欣赏。此外，还有一类鸟，专来些杂耍特技表演称为杂耍鸟，它们虽然有的能把小纸旗送到旗座上，有的能把抛向高处的弹丸凌空接住，但是养鸟者养鸟绝不是为了派这个用场，而是要它们以此"杂耍"一下，博大家一笑，因此，也还是审美娱乐作用。正因为这样，养鸟这一玩意，不可能产生于人类的茹毛饮血年代。当人类最基本的生存问题还未解决，产生不出这样的需求，只有当生产有了剩余品，一部分人有钱、也有闲的时候，才能发展起来。历代的养鸟、玩鸟者，大多是遗老遗少。这不是说，这些遗老遗少的审美能力特别发达，而是因为他们不为衣食所迫，有着这方面的闲情逸致。尤其是清朝皇裔，养鸟成风。作品中的关老爷儿，在家资富有的时候，曾经以一溜大正房换来一只好鸟儿，三间偏西房换来一个乾隆年间的鸟罐儿，为的是养鸟其乐无穷，"才叫神仙过的日子呢"！当然，过去在那些为生活所困的劳动人民中间，也有养鸟玩鸟的。因为，再穷困的人，也有着精神生活的需求。对一些人来说，"玩玩鸟找个乐子，求个清静"，不失为一条好的门道。新中国成立以后，在"左"风影响下，特别是在那个动乱年代，养鸟玩鸟的活动，被打上剥削阶级的印记，砍掉了。这是一种愚昧、野蛮、倒退。诚然，养鸟、玩鸟活动中可能滋生"玩物丧志"等不正确的东西，像关老爷当年那样，把养鸟、玩鸟看得"高于一切"，沉溺其中，应该予以纠正；然而，养鸟、玩鸟本身，毕竟有助于人们休息娱乐、怡情悦理、修身养性，它反射着人们在精神上、审美上、娱乐上的一种追求。我们倒脏水不可以把洗澡的孩子也倒掉。现在，由于国泰民安，人民生活水平不断提高，退休离休人员日益增多，有钱、有闲了，养鸟这一玩意，空前兴旺起来。在不少城市，养鸟、玩鸟者已经可以成为一"界"。冯苓植及时地发现了这样一个可以折射我们社会变动和前进情形的特殊"世界"，不能不说"独具慧眼"。

更可贵的，是冯苓植在这个本应成为审美、娱乐的"养鸟者社会"里，进而发现它呈现着"纷纷攘攘"的世俗利害，不应有的"实用"味过浓。说它是"实用"味，自然不是说养鸟者把养鸟来用于吃，用于滋补营养，而是指养鸟者通过鸟，在那里争"座位"。养鸟界热衷于"梁山泊英雄排座次"，鸟成为他们手中的一个工具，一个砝码。这一风气也可以说"古已有之"，但于今尤烈。试看，主随鸟荣，谁的鸟有资格登上那株高高的虬龙爪，谁也随即身价百倍。于是，一些人蝇营狗苟，机关算尽。突出的是那位侯七，在宗二爷与关老爷之间挑拨离间，时而拉宗打关，时而拉关打宗，翻手为云，覆手为雨，一切以他个人私利为中心，犹如"害群之马"，"把大伙的和睦给搅了"！宗二爷的表现貌似"正派"，实际上攀高欲烧得最凶。他所以能够大病再起，让百灵子把他的魂衔回来，也因为他的百灵子成了鸟类王国的"盟主"，站上了虬龙爪，一片恭维之声，使他"只觉得一股热气腾腾的暖流，刹那间传遍了全身。然后又汇聚在一起，直向心窝子涌去，一涌，两涌，猛地把堵塞的心眼儿全都涌开了窍"。因而，后来当他的鸟在虬龙爪上的地位动摇时，他又惊骇、痛苦得不能自已。关老爷养鸟、玩鸟，"曾经沧海难为水"，胸怀显得宽广些，但也不能忘怀"高枝"之荣，他的"老闺女"百灵子一死，也就把他最后一点精气神儿叼走了。这些，都说明养鸟的人，在鸟的身上，过多地沉溺于世俗的名利追求。养鸟、玩鸟，本应当把鸟当作娱乐的对象、审美的对象、艺术的对象，在观赏鸟的毛色、身架、姿态中，在欣赏鸟的叫声中，怡情悦性求得精神上的愉悦。养鸟者社会对功利应该有一种距离与超脱。现在它却没有这种超脱气，就更显得这是一个扭曲了的"特殊"世界了。

　　作者笔下的这个"特殊"世界，是充分现实主义的。我们今天养鸟界的不少人，确为名利所羁，"尘心未断"。有像侯七与宗二爷那样，退休前在工作岗位上未攀到"高枝"，希图退休后在养鸟社会中得到。有像市政协副主席辛白之那样，在工作上已经攀到"高枝"，但未雨绸缪，利用自己的权力，已把手伸到养鸟者社会，企图在离休后继续攀住另一个"主席"的"高枝"。这样的钻营、争夺、纷争，在现实生活中时有所闻。那些养鸟协会，养花、养鱼协会，还有什么书法协会、工艺协会等等，常常为排座次、争座次，闹得面红耳赤，恶语相向。因此，《虬龙爪》写鸟，写养鸟者社会，实际上是写人，写现实的社会。养鸟经寄寓着深刻的人生经。自然，这样的展示，会给读者带来一些遗憾。因为，鸟既然是作为"艺术的对象"进入养鸟界，养鸟界本应该成为一个审美的世界，过多地为名利、功利所羁，总是一种不调和的杂音,有损这个审美世界应有的超脱、和睦、舒坦、宁静的气氛。不过,这是对那个养鸟者社会的遗憾,不是对作品的遗憾。也许,作者正是想通过这一作品,引起人们的这种遗憾,从而促进生活中这种遗憾的消失,以便今后在描写养鸟界的作品中,能主要从审美角度楔入,更多地表现人在养鸟、玩鸟中审美心理的发展、变化。我想,我的心大概与作者的心相通。因为,作者两次写到,要砍掉那"惹是生非"的虬龙爪。这是一种象征,象征着要在这审美王国里,砍掉那争名夺利的功利观。抛开这种狭隘的功利观,养鸟者社会才能进入一种求美、求乐的新境界。这将是人的进步,社会的进步,人与自然关系的进步。

这就需要改革。不仅是社会政治经济体制的改革,同时应包括社会文化心理的改革。

所以我说,"冯苓植以善于写动物著名,但其指归在于人"。

我说,《虬龙爪》"熔知识性、趣味性、思想性于一炉,既富情趣,又富理趣"。简言之,这是一篇趣味盎然的作品。如果说,前面谈到的养鸟经中寄寓着人生经,赋予它以耐读性;那么,充满理趣、情趣的作品,则给它带来了可读性。趣味性,是实现文艺审美功能的一个重要方面。缺乏趣味的味同嚼蜡的作品,是难以称为好的文学作品的。古罗马诗人贺拉斯在他的《诗艺》中就说过:"诗人的愿望应该是给人益处和乐趣,它写的东西应该给人以快感,同时对生活有帮助。"现在一些作家自觉不自觉地在作品中强化"益处",这自然是对的;但如果以弱化"乐趣"为代价,则会使文艺之舟倾斜。《虬龙爪》不然,它"熔知识性、趣味性、思想性于一炉",使你不是像读那些干瘪的、枯燥的、说教的作品那样,很吃力地皱着眉头在读,而是轻松地带着会心的微笑在读,从中既得到"快感",又得到"帮助"。

这种趣味性,首先来自那些丰富而有趣的养鸟知识。有同志说:"少了养鸟经,还有冯苓植的《虬龙爪》吗?"对! 精通人情世故的作者,如果不了解"鸟情世故"也是写不出这一独特的《虬龙爪》的。作家只有"思想",没有知识是不行的。然而,设若在文学作品中一味地堆砌与卖弄知识,又非但无趣,还会令人生烦。《虬龙爪》中的状鸟文字,好在大多是人的理性或情感的一种影照,充满理趣与情趣,因而鲜蹦乱跳地"活起来了"。有同志觉得《虬》文对人与鸟的感情相通,刻画得还不够,鸟有时似乎还只是鸟,不足以使我们感到"小妞子""老闺女"也有与人们一样的感情,用像对待我们的同类的态度去对待它们。这自然是一种可以保留的看法。不过,我以为,对鸟与自然物的描写,不一定要求所有的文字都向人"直奔",可以有些描写仅是一种趣味的渲染。作品中的动物彻底人格化,容易导致意念化,不一定是好事。

其次,它的趣味性,来自风趣、幽默的语言。冯苓植尚诙谐。记得一次闲谈时,谈到吃隔夜茶,过去认为会致癌,但最近一家报纸报道,说可以防癌。冯苓植开始不置一词,这时,他抖抖手中的香烟灰,缓缓地说:"再过一阵子,会说吃香烟能防癌。"说得大家哈哈大笑。他在《虬》文中,也常常以这种调侃、谐谑的语言展示人生,讽刺人生。如写"小妞子"和"老闺女"争雄时的养鸟者们心情:"好您哪,天无二日,国无二君,一枝虬龙爪能落得住两只好斗的鸟儿吗?"写"小妞子"遭到挫折时宗二爷的心理活动:"天哪!命运多舛,生不逢时!办公室里嫌老,虬龙爪旁嫌小!天灭我曹!天灭我曹!"……这些语言,既尖锐犀利,又妙趣横生。冯苓植有这样的本事,他内心藏着深广的爱与恨,喷薄欲出,但他并不疾行于色,溢于言表,而是以平淡的、从容的幽默语言道出,这是一种智者的成熟。也正是在这点上,显出《虬龙爪》有一种大家的气度。打一个不恰当的比方来说,它像宗二爷那样"有功夫",虽然欲火内炙,外表却十分平静、洒脱,而不像侯七那样浅薄,内内外外都那么猴急。由此我们也可以说,凡优秀的作品,总是会有智者的风趣与幽默的。

此外,《虬龙爪》的趣味性,还得力于张弛相间跌宕起伏的生动情节。有同志说它"非让人连贯一口气读完不可"。不要轻视这点。这是一种宝贵的艺术吸引力。只要情节的河床,是由情趣与理趣的水流灌注的,这就是一条上乘的文学之流。

我在编者的话中说,《虬龙爪》"洋溢着一股浓郁的市井味。它迹近《烟壶》这类作品的风情,但它写的不是过去而是现在北京城的风土人情,别有韵致"。这点,我不想多说了。我只是强调一下,写风俗、民俗、风情,在目前的文学作品中,写过去的多,写农村的多,像《虬》文这样既是写当前的,又是写城市的,很少,弥足珍贵。通过这样的作品,"观风俗之盛衰",无疑更能反映当前时代精神与时代风貌,更能促进文学与人民、与现实的联系。因此,我祝愿在民俗风味的小说中,多出现几枝"虬龙爪"。

  《虬龙爪》自然也存在缺点与不足,但总的说来,这是当代的一部相当出色的作品。在《中篇小说选刊》评选优秀作品评委会上,斯群同志说,《虬》文是冯苓植迄今为止的一篇最好小说。它发表后,国内所有的小说选刊,以至《新华文摘》等刊物,都作了转载。台湾出版了一本当代大陆作家的小说选,书名用的就是《虬龙爪》。这说明什么呢?"英雄所见略同","桃李不言,下自成蹊"!

一九八八年十月二十五日

(选自《一个总编辑的手记》,上海文艺出版社 1997 年 5 月版)

本文作者:
江曾培,著名出版家、文学评论家,上海文艺出版社原总编。

《元史演绎系列》总序

李治安

冯苓植先生的四部大作《震撼崛起——成吉思汗及其英武儿孙》(读史随笔)、《一统华夏——忽必烈大帝之文韬武略》(长篇历史小说)、《宫闱秘史——蒙元帝国的后妃轶事》(读史随笔)及《重振北元——草原传奇皇后满都海》(长篇历史小说),即将汇编为《元史演绎系列》由远方出版社付梓面世。这的确是蒙元文化传播的一件幸事!嘱我作序,我欣然命笔,说几句自己的体会和感受吧。

我和冯先生是五年前在呼和浩特市举行的一次学术会议上认识的。他长我十岁,是兄长,也是小说家前辈。我们又都曾在山西太原读书和生活,所以那次谈得很投缘。之后,冯先生莅临津门,约定再次会见,面叙旧情。不凑巧,我因兄长突然病故,只得临时取消约定,急匆匆回太原奔丧。错过与冯先生的天津会面,我深感遗憾。

冯先生退休后,离群索居,当起了"游牧作家",尽情遨游在七八百年前的蒙古游牧世界。初次见面时他已写完《忽必烈大帝与察苾皇后》和《大话元王朝》等,让我非常感动。于是,我对他说:"历史的传承向来是靠双翼的,一翼是靠专家学者的探索和研究,另一翼是靠通俗演义和野史笔记的普及和传播,如陈寿的《三国志》以及罗贯中的《三国演义》就是很好的例证。元史所欠缺的正是后者。"我这样说,是有依据的。蒙元帝国是空前绝后的世界帝国,对中国和世界的影响巨大,乃至人们把13世纪、14世纪视为蒙古世界。虽然元朝统治不足百年,但所留下的历史遗产丰厚而重要,随便就能举出几例,如行省制的实行和西藏归入中国版图。这是对我们统一的多民族国家发展壮大的不可磨灭的贡献,近九十年来,特别是改革开放以来,经过几代学者的不懈努力,中国的蒙元史研究后来居上,取得了许多引人瞩目的成绩,改变了"元王朝在中国,元史学在国外"的窘况。这诚然令人欣喜。另一方面,以通俗文艺方式写作的大众传播作品相对较少。除了20世纪蔡东藩的《元史通俗演义》和黎东方的《细说元朝》及电视剧《成吉思汗》的影响较大外,其他蒙元题材的文艺作品寥若晨星,与蒙元帝国的显赫地位很不相称。目前国人对清朝史事越来越熟悉,对清朝认同度较高,甚至略强于宋、明,而对元朝史事大多知之甚少,认同度颇低。虽然有多种原因,但以通俗文艺方式写作的大众传播作品偏少,面向亿万百姓同胞的文化熏染欠缺,恐怕也难辞其咎。冯先生以耄耋之年,撰写《元史演绎系列》这一皇皇巨著,可谓"及时雨"。该系列图书艺术地再现了被常年封存的蒙元精彩历史画卷,弥补了这方面的不足,难能可贵,值得称道喝彩!

冯苓植之所以退休后老骥伏枥,知难而进,花费十六七年时光,全力以赴地完成《元史演绎系列》,主要动机就是要回报草原。他大学毕业后,因为"家庭出身"问题,不得不"走西口",长期生活在茫茫的大漠草原上。是蒙古族兄弟姐妹伸出温情的手,给予他许多照料和帮助,伴随他度过那段辛酸而又难以忘怀的岁月。冯先生由衷地感谢多年来无私帮助过他的那些蒙古族朋友们,也感谢蒙古草原!于是,回报草原,准确地传承和普及蒙元历史文化,就成为他人生的一大心愿。他还想得更多、更远:民族的团结、祖国的统一……"谁言寸草心,报得三春晖",懂得感恩,是人类共同的文化取向。昔日草原恩惠,今朝回报草原,倘若我们都能如此行事,都能做到感恩奉献,那就能超越自我,造福社会,携手铸成美好明天。在这方面,耄耋之年的冯先生,已做先驱榜样,吾侪后辈理当效法追随。但愿我们能展开弘扬优秀传统文化的接力,以此回报祖国、回报社会,让未来充满大爱,充满光明!

(选自《元史演绎系列——重振北元:草原传奇皇后满都海》,远方出版社2016年6月版)

本文作者:
李治安,中国元史研究会会长、南开大学历史学院院长。

有真性情才有真文章
——《冯苓植中篇小说选》序

蒋子龙

真实而强健的作家,使艺术变成世界,走向人间。秀逸而多情的作家则想使世界走向艺术化。我想冯苓植属于后一种。他的某些小说高尚洁美,情切智邃,简直就像"成人的童话"。

遥远荒漠的草原,人迹罕至的群山,茫茫无际的沙漠,骏马,毡包,勒勒车,逐水草而居的牧民,还有那些性情各异的牛、羊、骆驼、鹿、马、狗……各种各样的故事,严肃的、荒诞的、深沉的、痛苦的、优美的,就在这古老而又原始的土地上展现开来,把读者推进了一种梦境般的现实之中。然而冯苓植自己却大睁着双眼,清醒地看着二十世纪的现代文明,怎样搅乱了古草原上神秘遥远的梦境!

这是冯苓植小说的一个重要特点——富于人生哲学的严肃性且又穿插了许多寓意不俗的民间传说、动物故事,把历史和当代,想象和现实,生活和轶事熔为一炉,形成他的作品的整体结构。

《沉默的荒原》是这类作品中的优秀代表。草原上的娇女塔娜,拒绝了草原骄子——雄俊剽悍的伊萨克的坚贞粗烈的爱情,实际是拒绝了生活天经地义的安排,拒绝了古老而又可靠的传统,拒绝了自己实实在在的命运,却主动地狂热地投入了一个"洁白的年轻人"的怀抱。实际上塔娜并不了解这个城里少年,强烈吸引她的是那"一双虔诚而闪亮的眸子,满头比女孩儿还要柔顺的黑发"。"白色的衬衫,白色的长裤,白润的面庞,浑身都泛着一层洁白的光"。他比草原上的人细致多了,像用晶莹的玉石雕刻出来的一样,是草原上的女孩子们幻想中的人物,他不会用鞭抽打老婆,塔娜觉得"跟这样一个女孩似的年轻人在一起很有意思,使人无拘无束,自由自在"。她渴望自由,渴望爱情,渴望获得普通女人应该得到的幸福。

爱不需要理解,它是理想的幻影,感情的冲动,而不是理智的择优。尤其是像塔娜这种充满野性美的热恋,更多的是原始的、盲目的,然而又是忘我的追求。

聪明的喜欢把作家一眼看透的读者,看到男主人公的出场也许会以为这是个花花少年、纨绔子弟,或者又是个新时代的"陈世美"……生活没有那么简单,冯苓植是个讲故事的能手,更不会那么笨,他才不去钻进那种"大团圆""拆散鸳鸯"或"善有善报,恶有恶报"的套子!

古往今来,文艺上的套子确实很多。我们也承认,在相当长时间里中国文学老在一条不够宽阔的道路上前进。所喜的是冯苓植以草原作发射架,把自己送上了文学的轨道,不论在文坛上冷清时还是文坛上拥挤时,他都不紧不慢,用新的内容和艺术形式开辟了一条属于自己的道路。一个作家只有找到了自己的表现形式,才算是抓住了艺术的真谛。

在一般人的眼里,骆驼也许是世上最温驯善良的动物。有忍耐饥渴和劳累的美德。可是有谁知道当公驼发情期间或母驼失子之后,就狂怒得如同森林里最凶猛的野兽,追人、咬人,直到把人冲倒碾死!母驼阿赛就因为死去了心爱的驼羔儿,炽烈的母爱烧得它精神失常,变成了沙原上的一头疯驼。没有人敢靠近它。小姑娘塔娜却并不知道阿赛已经发疯,而且她还穿着一身最能激怒疯驼的红衣裳,她唱着歌走近阿赛,钻到它的腹下,用一双小手轻柔地揉搓着阿赛肿胀的乳房,然后用自己的小嘴含着疯驼的乳头,轻轻地吸吮起来。冯苓植在中篇小说《驼峰上的爱》中,有这样一段气韵生动的文字:

> 阿赛浑身微微颤抖着,好像又重新回到了那迷人的梦幻中。等小塔娜松开口,浓浓的乳汁已经开始滴答了。随之,灵巧的小手,迷人的歌声,便使洁白的驼乳像泉水般流满了奶桶。人们松了一口气,阿赛竟扬起脖子幸福地呻吟起来。

小女孩唤起了疯驼的母爱,使它的母爱有了寄托。阿赛不再发疯了,但也不能再离开小塔娜!作家要表现的仅仅是人驼之间的情爱和依恋吗?

主宰生活的是爱,联系人们精神的是美,使人与自然和谐一致的是情。冯苓植的小说所以能产生这种清妙的意境,就在于他能以自己特有的灵感和幽默,驾驭着自己小说的节奏,铺陈不落俗套,情趣横生。

至于在《沉默的荒原》里对小鹿贝贝的描写和刻画,就更具深邃的象征意义。它代表着女主人公的理想和命运,实际也是作者在艺术上的探索与追求,用沙日呼的传说和贝贝的成长,映照塔娜和白衣少年的爱情悲欢,使小说的结构具有"多时间性"。过去和现在、人和动物、历史和现实纠缠在一起,层次众多,境界多义。不是为了简单地交代情节、穿插故事和介绍人物的身世,而是把理想带进现实,让理想(爱情)和现实在相互观照中得到更深刻的人生启示。还要借用历史的光芒,把现实生活照耀得更加清晰,作家想找到生活的答案,笔触深到人的本性中去了。甚至还深到大自然和动物世界中去,探讨人的本质,寻找人们爱的原因以及为什么又会失去爱……

我最早认识冯苓植是一九七九年在北京的一个会议上,当时他已经出版过好几本书,长篇小说《阿力玛斯之歌》在全国有很大的影响。他却没有一点架子,热情、爽快、健谈,还乐于为同志"两肋插刀"。我的裤子在汽车上挂破了一条大口子,又没有带备用的裤子,他的裤子我穿着短一大截。一时找不到针线,不补上裤子就无法进会场。冯苓植急中生智,到大会卫生室要了一块橡皮膏,从里面帮我把裤子粘好。这完全是工人的机智,工作服破了,到保健站要一帖"伤湿止痛膏"糊住破洞。但是从这件小事中我发现了他的热心肠。

酒席筵上,冯苓植喜欢争强斗胜,不大愿意认输,尽管酒量不算很小,仍然很容易被人灌醉。他喝多了酒并不失态,更不装疯卖傻,只是话说得稍微多一点,而且句句都是大实话。变得无比厚道和善良,掏出肺腑之言劝说那些身上有点毛病的同志要爱妻子,爱儿女,不要老去拈花惹草……使有这种业余爱好的朋友如坐针毡,脸上红了又白,白了又红,后悔不该拼命灌他黄汤。这使我又看到了冯苓植性格中另一个诚实可爱的侧面。

去年,在群众出版社举办的笔会上,我们再次相会。才知冯苓植还有令我更加惊奇的特长,他每到一处不消几分钟就能把所有的孩子都吸引到自己的身边,他肚子里有掏不完的笑话、谜语和儿童故事,孩子们听得都入了迷。他还会各种各样的小把戏,逗得孩子们笑声不断。不管孩子们怎样缠磨他,他从不着急生气。地道的"孩子王""儿童团长",难得一副好脾性,童心长在。但是在成年人聚会的场合,比如:参观、访问、开会,他却总是往后躲,希望人家不去注意他,忘掉他,从不出风头。

当他跟我谈起文学,谈起今后的创作打算,他那滔滔不绝的一个接一个的关于狗、马、骆驼的构思,令我耳目一新,感到惊人的别致和深刻。他找到了自己的位置,他正在使用自己的优势,谁也不能否认,作家的个人因素极大地影响着对生活素材的处理和运用。然而,只有研究他的作品,才能真正理解作为作家的冯苓植。

冯苓植的才华,集中表现在他对草原生活独特的感情体验上。他从生活中汲取了灵感,然后凝聚成能轰击读者情感的雷电。虽然他的某些小说写的是一些支脉单纯的爱情故事,但在单纯中让人的灵魂受到震撼,感叹生活的复杂,感叹感情的复杂,感叹人生的不可预测。正因为他的这些小说支脉单纯,才更像是一种心灵的呼唤和自白。天底下的故事可以大同小异,而人的思想感情、人的心灵应该是各不相同。当我读完他的《雨》,自己也仿佛陷在恼人的、无尽无休的层层雨网之中,人是多么软弱啊,陷在自己织成的感情罗网中不能自拔。在生活面前,韩苗同叶彤和秋枝的感情像布条一样,忽而撕得粉碎,忽而缝合起来,继而又把它扯断……

冯苓植写了一些女性化的、缺乏男子气质的男人。查干、韩苗,还有《翅羽上的故事》中那个"不会喝酒、不会骑马、不会发疯、不会串蒙古包的男人",像个绵羊羔子,整天圈在蒙古包里给野小子们熬茶、煮饭、整理家。这些柔弱多情、胆小怕事的美少年,代表着现代文明,代表着美好的爱情和生活的理想,闯进了草原女儿的心田。他们在情场战胜了粗糙刚强的硬汉,他们的优柔寡断反衬出蒙族姑娘的大胆、热烈和娇憨。就是通过对这一系列阴差阳错的人物的刻画,冯苓植形成了自己的创作风格:飘逸绮丽,哀婉秀远。

被霍桑认为"身上仍保留着不少原始的野性",具有"真正的男子气质"的梭罗,在他的日记中写过一段话:"一本真正的好书颇像一片真菌或苔藓,极端质朴、自然;神秘、奇妙、肥沃、芬芳。""文学中只有粗犷的东西才能吸引我们",冯苓植的小说之所以有独到的魅力,就在于他不仅写了人类的软弱和痛苦、各种感情的裂变,还写了桀骜不驯、不开化和无拘束的粗犷思想。婉约中带着豪放——这就是冯苓植文笔中的又一特点。

他写了许多看不到结局的爱,实际是不会有完美结局的爱情。而且他揭示了产生这种"当代感情悲剧"的根源:一是社会生活环境,二是人物的思想性格。写人物怎可不写其思想性格,不写其性格的形成?生活中的不幸是没完没了的,它养育了文学,像烂泥塘一样粘住了作家的笔。对人类的不幸一无所知的人,是没有什么东西可写的。冯苓植侧重于探索人类感情世界中的不幸。在人类的各种感情中,尤其是在爱情中,只有痛苦才是最深刻的。他写了爱的痛苦和痛苦的爱,也写了人类像雨丝一样砍不断理不顺的缠绵和犹豫。

但是,他的作品玲珑剔透,有些篇章甚至过分玲珑完美了。甜美的爱情故事中藏着哀伤,哀伤的离散中又透着甜美,爱情的欢乐掺和着人生的泪。尽管艺术自成世界,它有自己的"宇宙规律",但艺术世界比起大千世界来说,毕竟是太小,太狭窄了。因此,作家视野的扇面应该尽可能地扩大,不要太窄。

冯苓植还善于表现人物的情绪内容。他对小说表现形成的追求和试验是多样的,他擅长讲故事,他的小说却并不以情节赢人。我宁愿把他的小说叫作"情绪结构"。一种情绪,一种氛围,无限广阔的心灵空间,精微独到的精神刻画,各种传统的现代的小说技巧都可以派上用场。

"他对查干作画的描写,实际是表达了作家本人的艺术追求:烛光梦幻般地闪烁着,画笔飞动,时而轻染薄敷,时而重涂堆彩,笔触缜密错综、矫健狂放,色彩浑厚纯朴、灿烂透明。光是一切形象和色彩的依据,色彩随着光线的变化而产生明暗色块的连续运动。由于光和色彩的相互渗透,色彩在画面上就奇妙地产生了闪耀着的光辉。而这一切的核心,又是爱,一种骤然迸发的爱!"

对于作家来说,情就如同画家所需要的光。草原、沙漠、风雨、雷暴,满眼都是情。"天下文章皆情之所流,情生则文附焉",写作的技巧就是打开感情的闸门,排除一切心灵里的障碍,让感情奔涌得流畅自然。也正由于笔墨饱带着作者的情感,才使冯苓植笔下的草原充溢着一种特殊的浩荡浓郁的气氛,更衬托出那些多情儿女性格中的悲剧性。

看得出,冯苓植的创作不是轻松的,也许是相当艰苦的。他不能忍受在稿纸上涂改,也不允许自己的字迹潦草,一笔一画,工工整整,像他本人一样规矩谨慎。如果写错了一个字,就把整行或整页都撕去,重新开始。他用心、血、泪在堆积自己文学的房屋。他不是那种毫无控制、一泻千里的才子型作家,也不追赶时髦,把写作当作是"自发的行为"、是一种"自我解放"。也许痛苦像个魔影一样,老是在追赶着他……

作家被痛苦追赶着,才会有严肃深沉的作品问世。

一九八五年五月十七日

(原载 1985 年第 6 期《特区文学》)

本文作者:
蒋子龙,著名作家、中国作家协会名誉副主席。

探索者的足迹
——《驼峰上的爱》序

苏叔阳

我和冯苓植相识在北京电影制片厂招待所的一间小屋里。初次见面,并没有留下深刻的印象,只觉得他颇为自信,而且爽快。黑黑的肤色、棱角鲜明的脸,让我想起蒙古族兄弟。他的作品我是知道的。《阿力玛斯之歌》,我们全家人都在收音机里聆听过;而《驼峰上的爱》曾经使我心底卷起激动的大波。我没想到,一部那样充满着深沉的爱,洋溢着青春的、野性的呼声的作品,竟出自这个很健谈的中年人之手。当时,我是有些惊异的。然而,惊异之后,也没有深思。过了些时候,这初次的印象便被纷乱的琐事所荡涤,我竟渐渐地把他遗忘了。这是我的坏毛病吧。

幸而不久,我们便在巴山蜀水中邂逅。一个多月的时间,朝夕相处。也许是在美的景色中人心都得到了净化吧,我们在壮丽的山河里结成了好友。在餐后、眠前频繁的交谈中,我发现了他一颗孩子般迷恋大自然、渴慕荒野的无羁绊的心,和他马驹子似的率真、粗犷的性格。这个汉族的作家,是草原的儿子。他有深厚的积蓄、火一样的热情。他嘴里流出多少醉人的故事,很像杰克·伦敦的作品,带着莽原的风、野性的呼喊,冲进温柔的文坛,使那些小不如意便唉声叹气,自以为受尽人间磨难的呻吟,更加显得无力。中国的文学,需要一股阳刚之气,这才合于我们的时代,合于我们的民族。也许,他的作品里,展现了不少的辛苦麻木,过分地赞赏了那近乎原始的质朴的爱与豪放。然而,那从纸面上腾飞出来的自然之子的豪情是谁都会为之陶醉的。这或许又是我的偏爱吧。

然而,这本书,这本编排的很有匠心的书,可以给读者一个检验的实例。

这是一本不多见的书。草原外的读者将会看到一个从未见过的奇异的世界,草原上的读者也会发现自己习以为常的环境里,原来还流泛着深沉而博大的爱、蕴积着磅礴的力,奔腾着无往不及的自然的法则。这书里的人,都有我们民族古老的遗风和新塑就的习惯,连这些故事里的动物,都仿佛有我们自己的影子。一个晋阳原野的后代,爱草原如同爱自己的故土,爱动物如同爱自己的朋友,单单这一点,就使得冯苓植的作品,饱含了粗犷的美、深邃的哲理,像广漠的草原,不断吹拂着刚劲的风。是的,他的笔下,没有更多的撩人肝肠的人群的争斗,也少有天翻地覆的经济建设的火热场面。然而,开花的草原,无垠的沙海难道不是祖国山河的一角吗?居住在这里的人与兽的生活,不也是整个社会生活的组成部分吗?作家以自己独特的风格丰富着社会主义文学宝库。他的这朵花自有开放的理由与价值。

这本书,还有一个特点,就是把两个根据两部很有特色的小说改编而成的电影文学剧本,一并收集在内,提供读者两种不同的文学样式,供大家比较、借鉴和思考。这是一件很有意义的事情。电影离不开文学,也给文学以积极的影响。许多优秀影片,其剧本由文学作品改编而成;而许多文学作品,因为被搬上银幕而扩大了影响,提高了自身的价值。文学的思考和发现,丰富了电影艺术的表现手段;而电影的思维方式也丰富了文学,特别是小说的表现力。照我看来,文艺的发展,应该是文学与电影的关系日趋紧密,而不是相反。然而,由于许多明与不明的原因,有很多文学家不愿"触电",毋庸讳言,也有一些小说家鄙薄电影文学,以为那简直还不能称之为文学。自然,也有更多的勇敢者,不断地把各种各样的小说改编为电影文学剧本。然而,同样毋庸讳言的是,现今在我国,根据小说改编的电影文学剧本,成功者或说优秀者寥寥。这除了原小说的基础并不一定坚实这个原因之外,一个很重要的原因,我以为是不少改编者轻视了改编就是再创作这个事实,也还不大熟悉小说与电影的区别。从这个意义上说,这本书,既发表了小说,也发表了作家本人据以改编的电影文学剧本,足可以成为不少学习创作电影剧本或改编的同志一个颇资借鉴的读物。

小说,通过叙述,表达作者的世界观、人生观和审美观念。它既可以通过故事的铺陈、人物命运的变化来抒发作者的爱憎,也可以直白地阐述自己从生活中发掘的哲理与情思。电影却是通过眼睛,通过视觉来教给人们怎样看世界和人生。也就是说,电影是通过视觉形象来表达编导者是非观和美学观的艺术。丰富、生动、真实的银幕形象,具有无限的潜在力,至今,电影艺术家们还在孜孜以求,把这种潜在的艺术表现力以最好的形式,最大限度地表现出来。从这点上说,电影艺术的表现力是无限的,远胜过笔写出来的小说。

　　从小说改编为电影,不是简单地图解小说的故事、人物和语言,而应该首先把握住小说所蕴含的思想、所独有的诗情和风格,然后,把它化为丰富、真实、生动的银幕形象,最大限度地利用电影视觉形象这个特点。这就是我们通常说的"电影化"。一部小说,是否具有被搬上银幕的基础,首先不在于它是否有个曲折离奇的故事,不在于它是否提供了最丰富、生动、真实的视觉形象。这点,常常被一些改编者所忽略。须知,并不是所有的小说都可以改编成电影的。

　　从这点上说,中篇小说《雾中的牧歌》改编为电影文学剧本,就有颇值得玩味的东西。

　　小说《雾中的牧歌》,确乎是一首牧歌。而且从弥漫在草原上的薄雾里唱将出来,就具有一种朦胧的、淡淡的诗意。恰好去表现哈尔夫这个苦闷的年轻人郁积在心头的迷惘。他最后是觉醒了。但这醒来的过程也纷繁复杂、迷离曲折。笼罩在这轻纱般薄雾里的,有豪爽的牧民,有他们马奶子酒一样醇净的性格,也有爱,父兄般的爱,同志间的爱,少男少女纯真、质朴而又朦胧的爱。这一切,小小的苦痛、迷惘的探求、淡淡的哀愁、豁达的天性,组成一曲草原黎明的牧歌。故事是曲折的,但作家并未着力去写故事;哲理是有的,但作家也未曾急于直白地述说自己的感受;人物的命运也是跌宕的,但作家也未曾想把人物的荣辱生死变成为自己意念的符号。他刻画描摹的就是今日草原的这个氛围,这番诗情,这首雾里的牧歌。无疑,这是一篇很有特色的小说。

　　这样一篇小说,怎样改编为电影呢?有两条路径可走。

　　其一,是把哈尔夫在城市里一段不幸的遭遇化为可见的视像。他酗酒、他狂舞、他被诬告、他被劳教,他回到草原,他悔改,详而又详。然而,这会把那首牧歌扫荡到天空中去，变成一部虽有刺激，但平淡无奇，虽有曲折，但绝不吸引人的活动连环图画。

还有一条路，便是作家今日所走的路。他舍弃了那貌似惊涛而绝无波澜的故事，从独特的、具有感染力和思想内涵的特色入手，把故事全部置于茫茫大草原的背景上，选择了尽可能丰富的银幕形象：一个个淳朴的牧人，草原的落日、斜阳、晨雾、晚露，甚至波动在无垠的草场上的空气；羊栏、草坡、蒙古包、宁静的湖、潺潺的小溪；让这一切都变成无言的角色，散播出诗情画意去浸染观众。在这个氛围里，幽默的老爷爷，善良的小伙子，多情的少女，生活、劳动、爱恋，组成一幅平实、真切的草原画卷。正是这平凡而亲切的生活像美酒滋润了哈尔夫的心田，使他醒悟，使他重新拥抱生他养他的家园，使他坚定了双足，迈开新的脚步。作家是那么熟悉他所描写的每一片草叶，把草原的一朵云，一滴水都变成会说话的银幕形象，一起倾诉作家的爱憎。这种从银幕形象入手改编小说的方法是正确的，反映了作家已经相当熟练地掌握了电影这门最年轻的艺术的钥匙。

从小说改编电影，还要特别地注意细节的运用。

细节，本来是文学创作中最有力的武器，没有生动细节的情节，是乏味的；没有生动细节描写的人物，是苍白的。然而，不知道由于什么原因，现今成批成批的小说，开始把细节扔到文学工具库以外去了。或是以气势夺人，或是以想象唬人，或是以奇诡吓人。一个不知名姓或者可以随意更动姓名和性格的人，可以坐在或躺在或站在椅子上、沙发上、床上、电梯上、楼梯上、地上，以及可以想得出来的任何地方，发思古或思今或思未来之幽情、悲情、激情，天上人间，陆地海洋，做想象游。这便是某些小说的全部内容。我以为，生活流也好，意识流也好，万流皆不应离开细节的运用。有了细节，准确、生动、真实的细节，小说的人物、环境、事件便有了确定性。多有随意性而缺少确定性的小说，窃以为无论贴什么标签，均难说是好的文学，除了孤芳自赏。

电影的视觉性决定了电影最重视细节的运用。镜头可以把每一个细部推近到观众眼前加以放大，因而小小的失真也将破坏电影艺术的感染力。即使最"现代派"的电影也从不抛弃细节，而恰恰相反，力图用最真实的细节，增加自己整个作品的真实性。一个人的一闪念，可以写一篇小说，而绝难拍成一部影片。一个叱咤风云的人物的演讲,可以算一篇小说,也很难拍成好的影片。一个跌宕很大的故事,可以是一篇好小说,却不一定能拍成好电影。我们一些根据小说改编的电影之所以远不如读小说过瘾,毛病之一,我以为在于改编电影时没有最大限度地去运用丰富的细节。倘使小说中原本细节不多、影片再加以精简,就更捉襟见肘了。小说改编电影,就要寻找、增加更准确、更生动、更真实的细节,以交代环境、刻画人物、制造氛围。

在这方面,《雾中的牧歌》也是颇下了一番功夫的。由于作家熟悉他笔下的人与地,所以,他笔下总是流出那富有草原特色的细节。放牧、打草、剪羊毛、出售羊绒,这一切没有周密的观察,丰富的贮藏,是难以信手拈来的。有人以为,电影文学剧本最好写,因为不必形容。春天,可以写一个"春"字而包含万象,以掩盖作者春之观念的贫乏,如果这不是小小的冷讽,便是某种无知的炫耀。一个真正了解和热爱电影艺术的人,只有用最生动、准确、真实的视觉形象来表达"春"以及一切概念的义务,而绝没有以概念代替视觉形象——可见的细节——的权利。夏衍同志曾经很谦虚地谈到他改编《革命家庭》时的情形。他说,由于他自己不大熟悉湖南的地方生活,他笔下就难以出现具有湖南特色的可见的细节。在电影艺术上有卓越贡献的夏衍同志尚且如此,何况我们?改编小说为电影(包括创作电影文学剧本),一要有丰富、准确、真实、生动的细节;二要这细节是可以看得到的视觉形象。做到这点,远不是可以一蹴而就的。是的,电影剧本不容许过多的叙述,太多的描写,但绝对地需要可见的细节。

小说改编电影,更应注意剪裁。这也是电影这个时空艺术的特点所决定的。一部影片一般只能放映九十分钟至两个小时。分集的影片也应每集保持在这个时间里。在两个小时之内,反映出天上人间,陆地海洋,山南漠北,这广阔的空间,剪裁就是必须要大下一番功夫的事。电影是运动着的视觉形象艺术,就必须讲究节奏。事件、人物命运的起伏,情节的渲染与进展,都必须有度。小说可以用几章几节去铺排一个人短时间里的遭际,甚或短暂的思考,电影却不容许这样。而有时,小说中短短的几句话,却要花费不少胶片去展现。这都需要改编者熟悉原作,以高屋建瓴的姿态去删繁增简。

小说《雾中的牧歌》改编时已经注意了这问题。《驼峰上的爱》在改编时更在这个问题上下了一番功夫。中篇小说《驼峰上的爱》是一部颇具特色的小说。莽莽苍苍的荒漠,寂寥、空旷,但具有一种原始的魅力。年轻的父母轻率地结合,又轻率地离异。他们短暂爱情的结晶,也自然因这不幸而扭曲。孩子的性格在变态中发展,把全部幼稚而炽热的爱献给了骆驼。但是,骆驼被卖掉了,孩子却追寻着它的脚步走入荒漠的沙海。作者在结尾满含深情地喊着"人们啊,为了未来,要珍惜纯真的爱"!其实,这呼唤我以为大可不必明喊,那追寻驼峰的孩子就可以震撼世人的心。这部作品一发表,立即引起电影厂的注意,因为这孩子,这给予他温暖和爱的母驼阿赛,甚至怯懦的大狗巴日卡,都是鲜明的形象,足可以引人深思。我们的文学作品中,这样的作品还不多见,可算得上独树一帜。

小说是通过孩子的眼光看待世界,来述说故事的。然而改编电影时,作家却坚决地更换了叙事角度。因为他知道,这虽然是以一个孩子的命运为线索,却是写给大人看的。倘使处处以孩子的口气加以叙述,就必然会舍弃一些作家想说而又是孩子所不能感受到的话。他要通过孩子与骆驼,述说心底的话,要描述那草原与荒漠里所蕴含的爱与生机,他要告诉人们对生命和青春的轻率是对整个活泼泼的世界的亵渎。他要人们爱,尊重那纯真的爱,尊重那培植了爱的祖国的土地。因此,他要调动一个具有深沉思绪的作家所见到所听到的一切素材,这就必须打破那限制了自己手脚的叙事角度。源于小说,又不囿于小说的藩篱,这便是这个电影剧本改编的最大特色。自然,这剧本的人与动物写得都好,但这是原小说中就有的。只是剧本更集中、更强化了。

这是作家自己改编自己的小说,自然可以改换叙事角度,大幅度地裁剪原著。而改编别人的作品那就要对原著下一番深入钻研的苦功。改编作品历来有两种主张,一是绝对尊重原著;二是根据改编者的意图进行较大的加工。我以为二者应该适当中和,绝对地忠于原著,实际上是很难做到的。

小说和电影,有两种不同的思维方式,两种不同的表现手段。相互渗透的例子,已经在创作实践中屡见不鲜。我以为小说家多做些改编电影的尝试不仅有利于电影,也同样有利于文学,关键是在实践中前进。

冯苓植是个勇于探索的人,正如他的性格,颇有点男子汉的气魄,好像从不惧怕失败。他写了不少小说,如今又向电影艺术进攻。他的这种勇气、这种探索精神，都使我感动。他的探索是有成就的，其结果便是这本书，摆在读者面前供人评断。

我本无力也无资格对他的作品说什么话，但有感于今日电影文学的现状，极渴望有成就的文学家们都来"触电"，来一个大闹电影，我国的电影艺术才能快速地起飞。所以，才说了上面一些不着云不着雨的话。

1982.12.25 凌晨

（选自《驼峰上的爱》，群众出版社 1983 年 11 月版）

本文作者：
苏叔阳，著名作家、剧作家、影视文学家。

回忆中：老友、往事与动物小说
——《冯苓植动物小说选》代序

苏叔阳

大约在三十多年前，我和冯苓植相识在北京电影制片厂招待所的一间小屋里。初次见面，并没有留下深刻的印象，只觉得他略带几分野气，而且为人爽快。黑黑的肤色、棱角鲜明的脸，让我想起蒙古族兄弟。他的作品我是知道的。《阿力玛斯之歌》，我们全家人都在收音机里聆听过；而《驼峰上的爱》曾经使我心底卷起激动的大波。我没想到，那样一部充满着深沉的爱，洋溢着青春的、野性的呼声的作品，竟出自这个来自远天远地的中年人之手。当时，我是有些惊异的。然而，惊异之后，也没有深思。过了些时候，这初次的印象便被纷乱的琐事所荡涤，我竟渐渐地把他遗忘了。这是我的坏毛病吧。

幸而不久，我们便在巴山蜀水中邂逅。一个多月的时间，朝夕相处。也许是美丽的景色让人心都得到了净化吧，我们在壮丽的山河里结成了好友。在餐后、睡前频繁的交谈中，我发现他一颗孩子般迷恋大自然、渴慕荒野的无羁绊的心，和他马驹子似的率真、粗犷的性格。这个汉族的作家，是草原的儿子。他有深厚的积蓄和火一样的热情。他笔下流出多少醉人的故事，很像杰克·伦敦的作品，带着莽原的风、野性的呼喊，冲进温柔的文坛，使那些小不如意便唉声叹气，自以为受尽人间磨难的呻吟，显得更加无力。中国的文学，需要一股阳刚之气，这才合于我们的时代，合于我们的民族。也许，他的作品里，展现了不少的辛苦麻木，过分地赞赏了那近乎原始的质朴的爱与豪放。然而,那从纸面上腾飞出来的自然之子的豪情是谁都会为之陶醉的。这或许又是我的偏爱吧。

好像是受了我的蛊惑,从此他更"乐此不疲"了……

随着《驼峰上的爱》的问世,在京津沪各大文学期刊上不时可看到他的动物小说。比如《虬龙爪》(写鸟)、《落凤枝》(写驴)、《沉默的荒原》(写幼鹿)、《翅羽上的故事》(写小黑天鹅)、《死海》(写沙原蜥蜴)、《叛逆者》(写马)、《猫腻》(写波斯猫)、《黑丛莽》(写狼),甚至还有写老狗、老鸟、老人面临生命终结的《古德、您哪、拜!》等,反响很好,引起了文学评论界的广泛关注。著名作家蒋子龙曾评论他的作品为"真情才有真文章"!而另一位著名文学评论家在评论《猫腻》时也特别指出:冯苓植的动物小说可称为"形象化的哲理,哲理化的形象"。随之著名的文学评论家阎纲在主编我国《中国新时期小说鉴赏丛书·动物小说选》时,也特邀他写了序。就连日本早稻田大学著名的汉学大师杉本达夫教授,也曾在日本的《文艺春秋》上著文评价过他的《落凤枝》,并且还亲自翻译过他的中篇小说《虬龙爪》(日文版译作《鸟之王座》)介绍给日本读者。

但我更喜欢他的那些写草原和荒漠的动物小说……

因为通过这些作品,草原外的读者将会看到一个从未见过的奇异的世界,草原上的读者也会发现自己习以为常的环境里,原来还流泛着深沉而博大的爱,蕴积着磅礴的力,奔腾着无往不及的自然法则。这些小说里的人,都有我们民族古老的遗风和新塑就的习惯,连这些故事里的动物,都仿佛有我们自己的影子。一个雁门雄关的后代,爱草原如同爱自己的故土,爱动物如同爱自己的朋友,单单这一点,就使得冯苓植的作品饱含了粗犷的美、深邃的哲理,像广袤的草原,不断吹拂着刚劲的风。是的,他的笔下没有更多的撩人肝肠的人群争斗,也少有天翻地覆的经济建设的火热场面。然而,开花的草原,无垠的沙海难道不是祖国山河的一角吗?居住在这里的人与动物的生活,不也是整个社会生活的组成部分吗?作家以自己独特的风格丰富着社会主义文学宝库。他的这些花自有开放的理由与价值。

然而,他的动物小说却突然停了下来……

是受到了什么冲击?或又受到了什么批判?他从来不说,我也难以知道。

只晓得他在退休之后就"躲进顶楼成一统"了。为回报草原,一直在苦研苦读着元史及蒙古史。为更无愧于在内蒙古生活与工作近六十年,老伙伴一年竟难得下几次楼,似梦游在古代的马背民族间,一直在写相关的读史随笔或小说。只是最近听说远方出版社"别具慧眼"要出他的动物小说选,两个老头子这才又联系上了。君子之交淡如水,心中却是永远互有你我的。为此,虽背负"长江黄河"——两次大手术在后背留下的两道大伤疤——但还是欣然提笔写了书名并写了序。

谨以此文遥祝老朋友健康长寿!

(选自《冯苓植动物小说选》,远方出版社 2016 年版)

本文作者:

苏叔阳,著名作家、剧作家、影视文学家。

冲浪·冲浪·冲浪
——访冯苓植

修晓林

有一位大家熟知的作家,他用平淡徐缓的行文写出幽默、风趣又富有感情色彩的小说,不论是短篇、中篇或者长篇,都能既以情节抓人,又不断暗示里面蕴藏着的诸多含意。他写动物,骆驼、狐狸、鸟、老鼠、狗,还有麻雀,在他的小说中,动物成了主人的心情、作为的延伸表现。动物也因此人性化了,这使读者在反复的回味揣摩中看到本民族的民俗和心态,从而引起更多的思索和联想。

在上影厂文学部一间幽雅的房间里,我又见到了冯苓植。他仍是那般深沉和风趣,细谈中,他说自己的创作经历了三次"冲浪",这使我颇感兴趣。面对汹涌而来的浪潮,毫无惧色地迎上前去,巧妙地将阻力变为动力,尽管浑身湿透,筋疲力尽,却自如地穿行于波峰浪谷,享受人生搏击的乐趣,作文之道确是如此。冯苓植接着谈到了他每次"冲浪"之前如何积蓄力量的"诀窍":"没有读书作为动力,我是再也不会往前走哪怕那么半步的。"

十九岁即出版有作品集的冯苓植,出身于学问世家。他十二三岁时便能意读《离骚》。早在大学时代,他就系统地研究了托尔斯泰、莱蒙托夫、梅里美等文学家的作品。这以后,他到了浩瀚无边的腾格里沙漠放牧六年,深厚的文学根底遇上适当的创作气候,冯苓植的创作激情便一发而不可收。粉碎"四人帮"不久,他的两部长篇《阿力玛斯之歌》和《神秘的松布尔》便问世了。

可是，他不久就觉得自己正从一种虚无的兴奋中跌落下来。当他重新审视自己的作品时，他感到自己是怀着一颗虔诚的心，站在一个固定的框架、模式之中，写那些纯理想的东西。不恰当的政治色彩使真实的生活受到扭曲，这种深刻的反思迫使冯苓植停笔几近两年，他与好友探讨了许多文学、人性的问题。在茫茫的草原上，冯苓植骑着一匹破马，背着一个烂书包，强劲的风吹乱了头发，而他仍在独自思索。这期间，他几乎读了萨特、弗洛伊德的所有著作和研究资料。悉心体会国外各种流派小说的表现手法，还看了大量的历史、哲学、美学书籍。经过这番痛苦的选择，当他以新的姿态出现在新的浪尖上时，人们就不得不对他刮目相看了。《驼峰上的爱》《马背上的夜》《盛夏在草原上》等具有"形象化的哲理，哲理化的形象"的小说，一一打响，先后获奖。他也因此受到各地刊物的邀请，并有机会领略了祖国各地的美好风光。

然而，不到两年，自我感觉良好的冯苓植又有些恍然了，那是由蒋子龙的一封信引起的。在那封信里，蒋子龙对冯苓植的文学语言和技巧给予高度肯定，同时指出他的作品存在着一种回避生活中的严峻现实，走向虚无缥缈境界的危机。这使冯苓植产生了极大的共鸣和震撼，因为他的不自满和近乎苛刻的追求，他又从一个旧有的高度滑落下来了。

冯苓植觉得，非得掌握最新的文学观念、最新的文学形式不可，他感到，只有踩在国民性这块冲浪板上，才能有力地冲向一个新的浪峰。为了养精蓄锐，他花了半年多时间，再次阅读了鲁迅、巴金的作品，也看了国外学者对中国文化的研究成果，他还去看了孔庙，读了《论语》及老庄、佛教哲学书。有一次，为了看完友人手中的一本好书，他身在峨眉，却放弃了去金顶观看佛光的好机会。这次，冯苓植找到了新的创作题材和口语化、世俗化、趣味化集成的表现手法，用来剖示人性的弱点，引起人们对于陈腐观念和民族劣根性的思考。《虬龙爪》《古德、您哪、拜！》《狐幻》相继面世，受到读者和评论家的喜爱和重视。中篇小说《虬龙爪》被《小说选刊》等六种小说选载刊物刊用。为此，美国费城大学的费力教授和日本作家三崎还专门访问了他。

三次"冲浪"，冯苓植都获得了成功。听说，当冲浪运动员钻入由大浪卷成的"海眼"时，必须以岸上的某一景物为参照物，才不会偏离方向。我明白了冯苓植在创作的冲浪中的参照物为何物,正如他自己说的:"盲目的自我感觉是庸俗和无聊的先导,而书,是我的命根子。"

(原载1987年1月10日《文汇读书周报》)

本文作者:
修晓林,上海作家、著名文学编审。

裹着谐谑的忧患
——关于冯苓植《猫腻》的对话

林　焱

（北京，仲夏夜，都乐书屋已经打烊，我们在屋檐下避雨。）

你："猫腻"是北京方言。猫腻的意思是隐私。明里是这样，暗地又一回事。这词儿带点微讽的意味。你们南方大概是没这个词。

我：小说《猫腻》（《中国作家》1986年第5期）有点这意思：两对夫妇都因为不会生孩子，养了波斯猫。他们给猫结亲家、配种。结果，猫亲家没配成，两对夫妇都"越位"了。

你：城市里的"鸡窝洼人家"。

我：跟《鸡窝洼人家》所表现因经济生活方式变化引起夫妻关系重组不一样。这个中篇里两对夫妻没有法律意义上的家庭重新组合。铁旋风——有谱儿、有派儿、路路通的一个男子汉，当他知道妻子怀了别人的"种"时，为图抱一个胖小子，他忍下羞辱，没有蹬了对他言听意从、恭谨畏葸的妻子。

你：这叫作"猫腻"，猫结亲家变成主人打野食，瞎扯咧哪。

我：这些情节是小说的表层意义。以结猫亲家为引子线索，形成故事框架，主要写人的地位和价值观念的变化。我开始读这中篇时，担心将要读的是养猫手册，担心作品里大段大段地写猫的种类、来历、习性、哺养以及种种猫的轶事趣闻。

你：我倒喜欢看百科手册式小说，写古董、写风俗、写动物的，那些知识的趣闻轶事，比小说情节更逗。少了烟壶还有《烟壶》吗？少了三寸金莲还有《三寸金莲》吗？少了养鸟经，还有冯苓植的《虬龙爪》吗？近年写动物的小说，《驽马》《荒原》《野奔》都很精彩。

我：孙犁评价宗璞的动物题材小说《鲁鲁》时说："把动物虚拟、人格化并不困难，作者真情与动物的真情交织在一起，则是宗璞作品的独特之处。"

你：这是精辟的论述，也可以说是老夫子之见。人情与动物之情交织，只是初级的寓言作品形态。

我：我也同意要超逸些。状物的文字可以只是一种趣味的渲染，而不必是理性或情感的影照。《猫腻》就比《虬龙爪》超逸些，没有较生硬的动物人格化痕迹。

你：反之，有点人格动物化痕迹。

我：这是情节描述层面上的暗喻。人的行为有时确有点与动物行为相似之处。铁旋风埋怨妻子瓷人儿"是块生荒地儿"，不会下崽，常常"大白亮天的，把她掀翻了就要搞'实验'……还一定要叨叨着提醒她：'告诉你！我可是一连两个月没误撒种儿，你要是让我断子绝孙……'"，说人格动物化吗，也不尽然，人格中本来就有动物性的内容，并非动物化了。瓷人儿对丈夫的实验觉得厌恶，每当被掀翻时，"只感到自己又一次被撕扯碎了，一片片地飘去"。即使是猫，也要选择配偶，也要有"感情"，尽管是低级状态的顺逆态度。瓷人儿却无可奈何地被丈夫当作生育的工具。铁旋风跟猫亲家母——大裤裆胡同里的女中豪杰，三四十岁了还水灵灵的"大组长"很快就打得火热。瓷人儿发现丈夫和大组长在窗户里边"发出美滋儿的笑，满怀淫气的笑"，她半因悲戚惨痛，半因感情的融合，扑到瓶底儿的怀里。瓶底儿平时在家也总低声下气地受妻子"大组长"的支使，这也是因为他"发火不吐籽儿"，"三十多岁了还种不下个人芽儿"。两个"现代化受气包"，两个自轻自贱的"半合"人，"像被某种吸引力牵引着，一时间撕扯不开了"。他们在对方身上体验到"一个令人心摇神晃的梦"，"搅着、揉着，刹那间便幸福地消融在一块堆儿了"。

你：人格并没有动物化。人的性行为绝不仅仅是动物的交媾，即使撇开性行为之前的社会生活因素而言，也应该如此。有了这种区别，我觉得可以理解

《猫腻》的第二层意义：美与丑、强与弱的互相掩藏和转化。铁旋风、大组长，仪表堂堂、水灵灵、有谱儿、有派儿，但他们常常只有动物性欲望的发泄，一心只为生孩子、传继香火。瓷人儿和瓶底儿的性爱，恰是排除了生儿育女的目的，达到全身心的陶醉和融合，虽然在道德观念上我们也未能对此持肯定态度。铁旋风和大组长表面上主宰着家庭，颐指气使，说一不二，可是当他们一证实自己没有生育能力，就软了，蔫了，吞下最苦涩的果子。铁旋风知道瓷人儿怀的不是他的孩子，竟还向她跪下，只求她说一句孩子是自己的。他"矮"下了，自惭形秽，放弃城里的好差事，带着瓷人儿到更偏僻更老派的小县去混事儿。

我：性格上的美与丑、强与弱互相包藏、转化，还不是《猫腻》的精彩之处，可以断言作者并不注意这层意义。重要的是作品对时代、民族心理流向的观察、翻新与守旧，时髦与陈腐，有趣地、滑稽地结合在一起。

你：这跟我说的并不矛盾。小说开头关于环境的描写，就透露出这种意味。或者可以说是典型环境吧。这座古城，居民们自称为小北京、小上海、小天津卫；这条稳坐在骤起的高楼之中的大裤裆胡同，就像是民族的某种心理的载体，大裤裆胡同的裤腿儿交接部，是一眼古泉井，左有一茶楼，右有一酒肆，典型的中国传统市井氛围。这使我们联想起鲁迅先生笔下鲁镇上的咸亨酒店和华老栓的茶馆，在那里，许多生命无可挽回地朽死。

我：大裤裆胡同跟鲁镇不同，这里没有孔乙己和红鼻子阿义，而是住着豪华大酒家的司机和大百货商店的组长，还常常有外宾来参观。"进可到现代化的大马路上去兜风，退可到大裤裆里古色古香的茶楼喝茶。能守能攻，能收能放。"这环境的"典型"意义在于衬托出古老、闭锁、昏昧的心理，忽然暴露在晃亮、白炽、炙热的现代化阳光下，产生的晕眩和迷乱。二者的结合，缺乏中介过程，于是产生了种种的滑稽的现象。有时看来"时髦"的心理、行为，究其根本，是最古老的思想的返照。因而在滑稽、谐谑之中，又含有沉郁、可悲的意味。

你：这个观点有点意思。一些作品无意之间反映出一种现象：激进的改革者还带着陈旧的社会、道德、伦理思想，所持的"武器"还是封建的父母官、裙带风、以权干法、以霸道遏制民主等作风。

我：以封建武器反封建，是改革者不得已的选择，我觉得有些批评对中国社会现状和背景考虑不周,对改革形象的批评过苛。比如我们曾借用一些极"左"的口号为过渡来结束极左时代。

你:在更高的一个层次上,你对中国的现状与背景也考虑不够。由于封建积习顽固,批判家们对那些号称改革者的清官形象的抨击,更显得必要。特别是当我们发现政治的许多弊端阻碍了改革事业的前进时对封建传统积极地批评更显其必要。

我:作为文学评论者,我更关心的是对民族心理、民族的行为方式、民族的整个情绪的反映。较之那些铺陈改革方案的小说,我更喜欢的是《猫腻》这样的作品。

你:不能强人所好,也不能强人只能偏好。有些批评家、作家呼吁作品更贴近改革现实,也是值得赞赏的热情。

我:《猫腻》就不贴近文艺现实吗?时髦、新潮的外表下,掩藏着陈旧、腐朽的本质内容,就是很有涵盖意义的命题。把《猫腻》的意义推而广之,对于针砭那些阿Q式的改革家、阿Q式的改革措施,不是有很生动的意义吗?结猫亲家,时髦不时髦?

你:盖了铁帽了!用小卧车给波斯猫接亲,还办酒席"既怡情养性,又广结人缘儿;既不致使孬种流传,又保证下一代的纯洁健康"。有点儿精神文明的味儿。连见到这场面的老外也赞扬这是爱护小动物的新的高度,可以给世界爱护小动物学会写文章。

我:可是,实质是什么?是一种生育欲望的扭曲的宣泄。在大裤裆胡同里,居民的群体评价标准的基尺还在于是否有生育能力。铁旋风斥责"栽不成籽儿"的妻子:"你还嫌我在大裤裆胡同栽得不够呀?好像我爹妈都缺了八辈子德,害得我出了家门都没脸见人!"不能生育的瓷人儿也深深地感到羞愧。远处,可望见现代化的高楼,可望见那现代化的十里长街,可脚下还是那汇集起来的古色古香的喊声:不能生孩子的女人!不能生孩子的女人!

你:读到胡同名字"大裤裆",我就觉得有点儿弗洛伊德的味道。在描写铁旋风把妻子掀翻了搞实验,还有猫互相诱引交配时,都透出一股性欲横溢的味儿。

我：作品有意造成这种气氛。在这个胡同里,许多怪现象的根柢,都受原始的、自然的性意识驱使。王安忆最近有个中篇《小城之恋》,写一对男女,毫不懂得爱的感情的男女,受性欲望的驱使,干出种种拙劣、有时会令人恶心的行为。王安忆对那种种行为不完全否定地评价,承认这是内在的合理的生理要求,从生育意义上看,即使丑陋的性行为,也会得到回声,"犹如来自天穹的声音","令人感到一种博大的神圣和肃穆"。冯苓植的《猫腻》却尖刻地嘲笑那种只有生育目的的性行为。瓷人儿和瓶底儿发生婚外性关系时,因为他们"不生孩子",只有感情的需要,所以使得升华为一片暖融融的云团儿。冯苓植还嘲笑传统的种性观念,母猫一定要"挑八代纯的公猫儿",花狸猫占了洋种公猫的"便宜",要"用打胎药把所揩的油儿挤出来"。

你：有点恶!

我：谐谑、调侃到骨子里去了。想想现实生活中一些怪现象,这种"恶"的讥诮很过瘾。这种狭隘的种性观,不仅一般市民有,在许多堂而皇之的场合和言论中,也可见到。作者用铁旋风的结局狠狠地挖苦了宗法社会的种性观——他妻子怀了别人的"种",生了个胖小子,铁旋风只得接受这事实。人的种都不纯了,还他妈的给猫配纯种的亲家。

你：这样蒙昧、昏愚的观念,有时用现代的、时髦的形式表现出来,不仅仅在大裤裆胡同里发生。这篇小说读着读着,总忍俊不禁要笑起来。

我：在讥讽、诙谐、嘲笑的背后,我感觉到了作者深深的忧患情绪。

你：忧患？近年一些作品对社会形势的发展表示直接或间接的疑惑,不是一味地乐观,而是发现生活中多种力量的冲突,揭示矛盾的复杂构成并对其冲突发展投以沉思、耽怀和不安,这些都可以叫忧患意识吗？

我：我认为应该具体地分析作品以了解忧患意识的表现方式。新时期文学初成奔涌之势时,作家对浩劫后民族的新生报以最大的喜悦感,用饱满的彩笔描绘灿烂的今天和明天,这无疑是需要的。当我们的人民冷静下来时,反顾自身孱弱的躯体、踉跄的步履时,就必然产生深厚的忧患情绪,作家们也必然反映、或者说迅速预见到这种情绪。第一个阶段,忧患意识表现为正视事业的艰难。蒋子龙的乔厂长上任大轰大嗡一阵后,在续篇《维持会长》中,乔光朴落得自己提出辞职。你一下子就会想到你喜欢的《沉重的翅膀》,张洁的长篇把人民的内心的忧患情绪表现得更为深刻。小说在《十月》杂志上发表时,它的结局是主人公郑子云病重入院,而他的反对者,代表保守势力的田守诚洋洋得意,踌躇满志。因此,有的评论文章说:"作者把改革的阻力写得过于强大,使人有一种重压感","把改革者写的都没有好结果,这不完全符合生活实际"。我们这几年见过了许多改革的云谲波诡,见过了上马又落马的事物和人物,再回头比较张洁的忧患和评论者的乐观,哪一个更深刻地了解社会,谁胸中有一颗滚烫的心;而心里又有深邃、诚挚的良知?

你:大团圆结局不仅是审美心理的积结,更是社会政治心理的积结。其中还透露出作为群体意义上的作者回顾茫然的窘迫和一点儿可怜巴巴的媚态。

我:第二个阶段,忧患意识表现在对道德伦理观念变化的考察中。一些作品不着笔于事业的成败和作为部分权力代表的人的荣辱,而追踪代表着民众评价态度和标准的伦理道德观念的冲突。曾经引起较广泛注意的《人生》《鲁班的子孙》《鸡窝洼人家》等,无论作者对人物的结局持乐观或不乐观态度,作品中透露出作者的忧思和耽患都是显而易见的。

你:从这个角度上认识,倒可以避开一些纠缠不休的争论。作品的意义不完全在于作者捧出一个什么结局,而在于作者观察、思想的心理深度。只在作品的结论上争执不已的文学批评是失之浅薄了。

我:对,作品中表现出的作者主体的心理深度是作品价值的标尺。当然不能完全用倾向性衡量。

你:还是讲你的忧患意识吧,关于标尺等,本身就很难有个准儿。

我:第三个阶段,忧患意识的表现从道德观念更向纵深发展,思考和评价整个民族性格,民族大文化特点。所谓大文化,用爱德华·B.泰勒的说法是"一个复合的整体,其中包括知识、信仰、艺术、道德、法律、风俗以及人作为社会成员而获得的任何其他的能力和习惯"。简单地可以用 A.L.克罗伯的说法就是用符号表现的思想、情感和引起美感多种业已模式化的方式。对于民族文化性格弱点的揭示,是"五四"以后许多作家自觉的使命,甚至可以说有史以来,我国文学就有这样传统。"中夜四五叹,常为大国忧",是屈原、李杜、苏辛的共同信怀。黄子平、陈平原、钱理群在《论"二十世纪中国文学"》中认为20世纪我国文学具有"以'悲凉'为其核心为其深层结构的美感意识",细想想,这个论断是大胆的、比较准确的。对社会的忧患情绪正是"悲凉"美感意识的展现。近年来的民俗小说、文化小说、寻根小说,也表现出这个忧患主题。

你: 一些评论家认为,寻根文学有展览和欣赏落后国民性的倾向,你却认为是个优点。

我: 这是个微妙的问题。作为审美的对象,被表现的客体必然有艺术上的价值,作者总要投以审美关注,这不等于持正面的思想评价态度。而且,大部分文化小说、寻根小说对于落后、陈旧、鄙俗的现象是取批评态度的,只是批评力度的掌握,各个作者有所不同。贾平凹的笔就常用裹锋、藏锋,但读者还是可以了解他对商州文化的态度,绝不仅仅是依恋和褒扬。冯苓植《猫腻》的批评态度比较明朗。作品深刻地表现了对民族文化弱点的忧患。沉湎于"文明古国"的国粹,在外国人面前用盲目的自尊掩盖自悲内荏,以及前面说过的那些愚蠢的种性观、生育观,家庭与人际间微妙的关系,时髦和陈旧相交织等等都是民族行为方式的表现。比如瓶底儿,他受尽妻子的气,他拿自己十年前在小报上发表过的七十几个字的报道,给瓷人儿看,他们竟成为知音,他们竟"激动得恍恍惚惚起来",似乎看到了青春美好的时光。受气、委屈,然后退缩到往昔微小的"光荣"之中以自我安慰,这一笔描写相当准确、有力。

你: 你是不是认为受欺侮的瓶底儿、瓷人儿身上的弱点更多?

我: 可以这样说:虽然我们在道德上要更多地谴责铁旋风和大组长,但就个人在社会上的作用,人的自主精神和进取锐力来看,瓶底儿和瓷人儿几乎一无可取。作者为表达对孱弱、卑怯、昏愚的文化性格的忧患,把瓶底儿和瓷人儿作为主要表现对象。如果换一个角度对两个家庭的主宰者铁旋风和大组长更多地谴责,张扬点儿夫妻平等、民主、和睦的观点,作品怕要大为逊色。

你: 这点分析似乎有道理。作者为着重揭示两个受气的精神病态,反复表现他们恍惚迷乱的感觉,把现实场面切割开,用模糊不清、似梦非梦的片段来连缀情节的发展线。

我: 作者不光为技巧而技巧。虽然类似于此的感觉描写近来常常读到,但我们还是赞赏这篇作品那些恍惚的感觉与人物的身份、性格、处境结合之贴切。比如开头逮猫的场面,把瓶底儿惊恐、惶遽的心理,用混杂的听觉、视觉印象表现出来。苍蝇的象征也用得很巧妙。瓶底儿抓猫钻进锅贴店的床底,抬头见粘苍蝇的纸条,忽然觉得自己变成一只苍蝇,被粘上了,"最后竟变的自己仿佛天生就是这粘蝇纸条上分泌出来的,反过来又去黏乎别人"。这个带象征意味的感觉,一直延续到作品终了,中间瓶底儿关于消灭苍蝇一百多万只的报道,把苍蝇的比喻跟现实生活内容联系起来。人而苍蝇、苍蝇而人,互相幻化。瓷人儿和丈夫搬离大裤裆胡同后,瓶底儿还拿着关于一百多万只苍蝇的报道,"一见了女人还总找着让人家看,吓得小媳妇们瞧见他就四散逃跑,连派出所都惊动了"。

你:瓶底儿真的变成粘苍蝇纸上分泌出来的人物。可以说,居囿于大裤裆胡同这种氛围的人,虽受其害,但自己也成为其中一分子,传播性格的病毒。

我:你认为是这样?这一笔的意思很耐人寻味,但我觉得不仅包含你说的这个意思,这就靠读者自己去作自由的理解了。

(原载 1986 年第 6 期《当代作家评论》)

本文作者:
林焱,著名作家、文学评论家,福建师范大学教授。

在冯苓植小说的坐标系上
——兼论中篇小说《虬龙爪》艺术个性的追寻

班 澜

中年作家冯苓植的中篇小说《虬龙爪》(《小说界》1985年第4期)引起社会较广泛的关注。此作是他艺术追寻新的标识,犹如一面高举的旗子大书"个性"二字。艺无涯,追寻亦无止境。一个作家向自己艺术目标的接近,很大程度上是在自我否定过程中实现的自我肯定。冯苓植是一位富于追求精神的作家,我们从他创作的坐标系上看看他的扬弃过程对理解小说创作也是有兴味的事情。

牧笛——解剖刀

风格的形成是作家创作从"必然"到"自由"境界的实践过程。正如列宁曾经指出的:"无可争论,文学事业最不能作机械的平均、划一,少数服从多数。无可争论,在这个事业中,绝对必须保证有个人创造性和个人爱好的广阔天地。"(《党的组织和党的文学》)自由思索的头脑对风格作家永远是最重要的,他必须有自己对生活独特的观察角度,有自己的独到的感知和理解方能揭示生活的底蕴。十一届三中全会以后苏醒的文学意识首先表现了思考的特征,并随了思考空间的扩展和深化,使小说创作日渐凸显出作家独特的思想个性。冯苓植的小说创作正形象地体现了这一趋向。

他的长篇小说《阿力玛斯之歌》,曾经与刚刚走出十年黑暗的历史隧道后的人民感情的激动发生共鸣;他的长篇小说《神秘的松布尔》,对"左倾"思想的批判和对艰苦奋斗精神的颂扬,也与开始向"四化"进军的时代精神合拍。这是两阕英雄主义的赞歌。但无论是斗争——胜利的哲学,还是实事求是的思想,都是那时期政治和新闻的回声,还缺乏作家自己的独到认识和理解。文学的反思结束了思想的惰性,冯苓植小说主题发生了一次重要转移。他的思索伸向"自己感受最深的事物,最好是对自己有切肤之感的"。他从英雄主义的理想中走向现实时,"被现代文明"产生的一些"副产品"所困扰、所惊吓、所防不胜防时"……盼望前方会出现一堆闪烁的篝火,会传来一声骆驼亲昵的叫声,会闪现一个熟悉的身影。于是青春就回来了,烦恼就没有了……"(《来自草原的汇报》)于是产生了一组系列性的中篇小说:《驼峰上的爱》《沉默的荒原》《翅羽上的故事》等。这一系列作品都描摹了古老而遥远的沙漠、草原带着"荒蛮"色彩的生活,人与动物与大自然水乳交融,折射出一种纯真、坦荡、朴素的美。这种美的理想,富有一种童话意味。把与落后的生产力相联系的原始性的美作为理想,即使升华为纯美而非原始,但人们对它同现代文明的抗衡也是有理由发出质疑的。显然作家这种美的理想还带着较浓的感性印记,还没有站在俯视人类历史生活的高度。但无论怎样,这感性是从他全部生活经验中流出来的,创作的个性因此而熠熠有光。

《虬龙爪》体现了作家对生活认识的大转进,童话的牧笛换成了人生的解剖刀。这是一个养鸟的故事却没有怡情养性、超然世外的逸趣。围绕着一根横长的树枝——虬龙爪,演出了一幕令人心悸的人生悲剧:作品主人公宗二爷在改革中从"高枝儿"上落下来到养鸟界被捧到高枝"虬龙爪"上,意外得到满足。不久,鸟界祖师爷关老爷子回来了,宗二爷无可奈何地让出"虬龙爪"。但他于心不甘,便使出阴毒手段,弄得关老爷子鸟死人亡,宗二爷终于独占高枝。通过这一故事,作家无情地揭示了建立在封建等级观念基础上的权力欲并没有随剥削制度的消亡而匿迹,今天它仍在我们的生活中散发尸臭。宗二爷并非孤立的形象,作家还解剖了他所植根的社会土壤:当"虬龙爪"上无笼时,便群氓无首、失魂落魄,宗二爷带着他的鸟笼出现,被拥上高枝,那些养鸟者犹如受到恩惠,使"宗二爷在一片'赏脸了!赏脸了'的呼唤声中只觉得一股热气腾腾的暖流,刹那间传遍了全身"。显然这是长期封建社会造成的人身依附、"自我"消失的病态现象。而当关老爷子出现时,小树林里一片热切的问候请安声,不但透着近乎、尊敬,而更重要的是,还透出了久久被抛弃后的那股委屈。使他赢得这种崇拜的却是"有上百年名气"的"像一座梁倾柱斜的破房架子"的旧鸟笼,是乾隆年间的"裂了纹儿,豁了口儿"的鸟食罐。这种以古为优的现象正反映出因循守旧、僵化陈腐的旧观念。就是在这样的养鸟界,也有帮派之分,"老帮子"和"匪派儿"老死不相往来,关老爷子为了成立鸟协虽然向"匪派儿"表示友好,但他留在人世的最后一句话却是:"放、放心!……十三套,我留着几手呢……哪能、叫、叫他们全糊弄去……"这种由小生产产生的行帮意识是如此刻骨铭心……不必赘述,透过宗二爷及其周围的芸芸众生之相,作家以其冷峻的灵魂解剖,剥离出历史生活沉积的国民精神的病态,来昭告社会改革的注意,警醒而有力。从表面看,《虬龙爪》似与《烟壶》格调相近,因为它们都取材于市民生活的古老习俗,而且都有一股京味。但是《烟壶》在主题开掘上与现实生活持较大距离,主旨褒扬中华民族传统的精神美,显然《虬龙爪》与之有较大的差异性。正是这种鲜明的差异,表明冯苓植没有因袭前行者的套路,以新的角度和自己的思考独辟蹊径,使自己的个性特征凸显出来。

  显而易见,从《驼峰上的爱》到《虬龙爪》,作家对生活的理解和对美的追求完成了一次飞跃——从带着童话色彩的美的理想的咏叹,走向对现实人生的干预;从重感性抒写到对社会历史生活的深沉思索——开始进入理性的自觉,理性的自觉正是作家成熟的兆头。

"准童话"——本体象征

  小说创作依象成言,其形象不独具有具体可感性,而且具有质的规定性。不同质的形象集中地反映出小说不同的艺术水准,体现着作家不同的艺术追求。

小说形象不仅是纷繁复杂的外部形象,它包含着客观因素、情感因素、理性因素。"巨大的思想深度和意识到的历史内容"仍然是当代小说所追求的目标。近年来小说家们已经不满足对生活纯客观描摹,随着情感因素与理智因素的强调,小说形象的内涵和美感方式已趋向丰富和多样。正是在对形象不同的把握上,显示着作家的个性特征。

虽然《阿力玛斯之歌》和《神秘的松布尔》有浓郁的抒情色彩和明确的社会性主题,但我们仍可清晰地看出作家在竭诚地拥抱生活,他的艺术目标就是要我们相信那些英雄形象及其环境的"真实""典型"。这类作品的形象是对主题直线的、单纯的表现,缺乏情感与理智在更深层次的蕴含。很长时间里,我们的小说形象普遍地存在这样的倾向,以致新时期小说的起步不能不惯性地重蹈。但是很快小说观念开始发生变化,形象的复杂性、多样性进入创作日程。《驼峰上的爱》便是冯苓植对小说形象塑造作出的探索。这是一次成功的探索,他完成了对机械地描摹现实生活的倾向(有的评论家戏谑地称为"爬行现实主义")的一次反拨,塑造了带有间离效果的艺术形象。作家把小说形象产生的背景放在一切人为的痕迹很少的草原上,寻求"人、动物和大自然和谐地交融在一起"的环境。小说创作曾经特别强调的、体现"时代精神"的社会斗争的主潮被推到了遥远的幕后,形象塑造的焦距落在了人的内心世界更隐秘的层次上。小吉尔的父母轻率离异,使小吉尔的心灵因失去父母的爱而扭曲,他的纯真的爱便寄托于大狗巴日卡和母驼阿赛。母驼阿赛曾因死了幼驼发疯,是小塔娜以渗透着爱的劳动使它得到驯化。当阿赛被卖掉,孩子们为救阿赛在大漠中陷入绝境时,阿赛用最后的气力掘出清泉救护了孩子们。这些渴望着、饱含着爱的形象,明显地带有一定的虚拟性,特别是其中的动物形象——母驼阿赛,大狗巴日卡(《沉默的荒原》中的鹿,《翅羽上的故事》中的小黑天鹅等也应考虑在内)——有着明显的人格化描写。在这组小说中,动物形象是现实的人的补充和升华,所附着的是人的强烈而真挚的情感,体现着作家的审美理想。这些动物形象骨子里并非"动物",而是更大程度上的人们的投影。所以说,这些形象具有"准童话"性质(苏联作家艾特玛托夫便称其《白轮船》为"准童话")。这种"准童话"形象在美感功能上与童话有共同点,它不是选择现实生活的细节来激发情绪,而是以夸张的细节和闻所未闻的情节,来创造艺术境界。而且有时因为它的新奇使小说的感染力得到加强。譬如安徒生的童话《海的女儿》中的小人鱼的悲剧,明知是杜撰的,人们却要不自禁地为她落泪,阿赛和小黑天鹅的艺术力量正类乎此。然而,"准童话"还应该有描写现实社会生活的一面,其形象还应有更深刻的社会内涵。在这方面,冯苓植因为倾心于人、动物与自然相交融的纯美境界的表现,对社会生活的复杂性,以及人的精神世界的复杂性的把握便显得虚了,可以说这是这组中篇小说在形象塑造上的不足。

　　文学只有提供了艺术形象,同时又同生活逼近,显示其某些本质方面的时候,它才比历史更富于哲学意味,也就更富于普遍性和典型性。如果说《驼峰上的爱》是冯苓植从描摹生活向创造艺术形象的跨进,那么《虬龙爪》则是在此基础上向富于哲学意味的典型形象的一次进取。

　　《虬龙爪》虽然也写了动物——鸟,而且也保持了极其浓郁的知识性、趣味性,但这些鸟没有了人格化的描写,在作品中失去了主体性,只是构成作品人物生活环境的一部分。作家无意对生活作历史描写,他以艺术的虚构集中描绘了养鸟界这样一块"净土":攀高枝,主随鸟荣,谁的鸟能挂上虬龙爪,谁就是鸟界盟主,人群权威。这里尊卑有序,贵贱有别,讲资格,排辈分,使心计,显手段,明里暗里钩心斗角。这块"净土",着实不净,它不再是以往作家笔下的草原那般纯美,纷呈的世态表明它是一个完整的、产生并活动着"攀高枝"的众生的世界。大概它会使人想到闻一多先生笔下那一潭孳生花脚蚊子的"死水"。与历史相比,虚构文学的明显长处便是以其简练达到完备。当然《虬龙爪》创造的艺术世界,不是对社会现实的整体的本质写照,它只是针对所抨击的精神病态创造环境。这里有些带着哲学意味的提炼和概括。

　　作为主体表现的是人,是人的精神世界。作家在人物形象塑造上,主要是解剖因袭了封建制度所遗留下的病态的灵魂,鸟和那枝虬龙爪正是这种病态精神的外化,起着象征的作用。作品的主人公宗二爷在改革中,失去了苦心经营了大半生的"高枝儿",奄奄将毙。可是当他的鸟笼挂上了虬龙爪,站了"高枝儿"时,他便奇迹般地获得了生命力。这鸟儿象征着宗二爷、关老爷子们的"欲望","虬龙爪"则是权力地位的象征。实现权势欲,便是他们的人生目标、生命的寄托。

作家在小说篇首题记——鸟如其主,正是道破了形象的象征含义。作家在刻画宗二爷的"小妞子"和关老爷子的"老闺女"相斗时,运用《聊斋》笔法,把宗二爷写得灵魂出窍,真是神来之笔。

这不独写活了宗二爷们为"攀高枝"争强斗狠的丑态,而且形象地揭示了其渊源则是"几百年的油泥儿","小小的办公室"就是历史和现实的表征。可见,作品围绕着人物形象的塑造,精心构置了一个基本的象征层面。

如果仅以象征来塑造人物形象,那只不过止于理智的表现。任何堪称典型的形象,除理智因素之外,都必有其生活的容量,有其以情感、行为的独特内容和方式显示出的活人的风姿。作品中的宗二爷是作家着力刻画的人物,这个人物性格的主导方面是他强烈的"权势欲",以及与此相关联的他在办公室里积累的钩心斗角的经验。因此,他在实现独霸虬龙爪的目标时采取的手段带着鲜明的个性印痕:他对关老爷子恨得心里滴血,表面上却顺着、捧着;他和侯七近乎,酒肉收买;他对一般鸟友,施之小利,笼络人心;他不显山,不露水,一切事情都办得漂漂亮亮,使人觉得他谦和厚道、顾大局、识大体;背后他却操纵侯七推波掀浪,将关老爷子一步步逼死,连侯七都良心不安,他却心安理得地就任鸟协副主席,又见其冷酷无情。作家不仅鲜明地写出了他的性格特征,而且在对比中显示出他性格的变化。作品在写宗二爷年轻时作为"香必居"的伙计,去找破落子弟关老爷子讨账一节,真把两个人的灵魂都画活了。关老爷子面对讨账的,大讲养鸟经,不容置疑又透出几分矜持,几分拉拢,把那种晦气、油气、无赖气写绝了。而这时的宗二爷则显得几分俊气、呆气、嫩气。他绕进去两个多时辰,债没讨出分文,只好流眼泪,回去挨掌柜的大嘴巴子。是什么使宗二爷的性格发生变异的呢?那只有到他"多半辈子的混混饭"里去寻找。

一般来说,小说并不是对世界的解释,而是以形象引发读者的思考,而这思考的空间又为作品的形象所制约。《虬龙爪》所创造的形象,由于社会背景的淡化以及象征层次与生活化描写的交融,它已经完成了本体的自我超越。从这一艺术形象的表层意义上,它通过养鸟界的纷纭世态告诉我们这样一出悲剧和一群"病态"的人物;从深层意义看它以完整的形象系统构成了一个艺术的世界,一个缩小了、提炼了的人类社会,这种现象具有表征意义,可以烛照社会各个层次所在的"攀高枝"的"病态",并把思考伸向历史。这种本体象征意义,使《虬龙爪》较他以前的作品具有了更深广的内涵。

动情——走心

冯苓植的《阿力玛斯之歌》《神秘的松布尔》等作品,充满了主观抒发色彩,那按捺不住的激情,那鲜明的爱憎,溢于言,赋于形,具有迷人的美丽的色彩。由于当时提倡的"重大主题"吸引着作家的全部热情,因而激动不是出自对人生的切实的体味,自然不能拨动读者内心深处最细微、最敏感的情感之弦。作家只是被自己的热情所蛊惑,情感是外在的。外在的表现寻找美丽的形式,这就是为什么我们在初读《阿力玛斯之歌》时被它新颖的语言所震动;初读《神秘的松布尔》时被奇异的自然美所吸引。对于美感,它只是一朵美丽的流云从我们眼前飘过。

如同雕塑大师罗丹敲掉了使他的学生赞叹不已的巴尔扎克雕像那双精湛的手,把艺术表现的视点集中于人物内在精神一样,当《驼峰上的爱》问世时,那曾经使人们倾倒的妙语,被冯苓植搁弃了,热情洋溢的激情也似乎从外在减退了,作家这时已把笔触伸入到人物的内心,"似乎抓住了某些永久性的东西,从审美上把人性、人的心灵及性格上的一些东西挖掘出来了,也就是说表现出了艺术应该表现的最重要的特征"。(《钱谷融教授访问记》)他那凝重而又哀婉的情绪,渗透在人、动物、大自然构成的独特生活图画里,正如他自己所说,创作"不应使人工斧凿的痕迹太重了,力求一种内在的情绪上的和谐"。(《来自草原的汇报》)任何作品,只要作家能够把自己的生命灌注到作品中,他也就同时能够把读者的生命吸引到作品中。和谐的内在情绪的表现,就是艺术对生命力量的节制。自己感受最深的事物带有间离效果的"准童话"形象,情绪的内在灌注和语言抒情色彩的减退,都使作品的表现指向了人物的心灵和命运。作家倾注其中的强烈的同情,引导我们体味人生的欢乐与痛苦、悸动与不安,使我们与作品的人物在感情上达到共鸣。对于审美,这无疑是滋润心灵的春雨。

对于习惯寻找明确的理性主题的读者,《驼峰上的爱》等作品似乎有一种朦胧感,这是因为作品注重情感因素而未兼顾理智的澄清。但是,这类作品并不是朦胧的,如席勒所说:"只有表现激情的艺术,没有沉湎于激情的艺术。"如果作家沉湎于情绪的直感,自然会使人朦胧;冯苓植对情感的表现是经过提炼、升华,依照内在情感逻辑加以节制的,因此这种情感表现才会集中、强烈而感人肺腑。

动情是一种境界,走心是又一种境界。文学作品能以情绪感染读者,于心弦震动之后复有回味,"到岸舍筏,见月忽指,获鱼兔而弃筌蹄",达到烛隐通幽,是谓走心。这是较动情更深一层的境界。如前所述,《虬龙爪》所塑造的本体象征意义的形象,体现着对社会生活带着哲学意味的把握。同时我们也不能忽视作品中渗透着的饱满的感情因素。但是,值得注意的是,无论是理智的因素,还是情感的因素,作家都有较大的节制,使它们都深深地隐藏在作品形象之中了。象外之象,如蓝田日暖,良玉生烟,只可远望深思而得之。这使《虬龙爪》一改前作把读者的感情力量引入小说情节"净化"的途径,他毫不动声色地讲述故事,刻画人物,并不急于在感情上打动你,不急于在理智上说服你,显出一种冷静。这使读者与小说创造的艺术世界,产生了一段审美距离(但不远离情节和人物),要你冷静地读、冷静地想。它冷静、蕴藉、深沉,有嚼头,耐回味,它不仅可以启人理智,亦于思索中使人情动,其理其情较激动中的共鸣更内在、更经久,正如水行深谷,表面平静,内里激荡。

在大幅度自我更新中,《虬龙爪》显示了成熟的色泽和鲜明的个性。但是,我不能断言他的艺术风格,因为对冯苓植这样的作家来说,他不会把自己囚在笼子里,有强翮丰羽,天空又无比广阔,他会飞得更高、更远。他小说的坐标系上,那曲线的延伸表明追寻就是他的个性!

(原载1986年第2期《内蒙古社会科学》)

本文作者:

班澜,著名文学理论家、内蒙古大学中文系教授。

关于《古德、您哪、拜!》的通信
——致冯苓植同志

郑法清

苓植兄:

大作《古德、您哪、拜!》我连续拜读了两遍。手法别致,意味深远,掩卷沉思,感慨颇多!

你写的是小说,我读的却是诗。这不仅是因为这部中篇具有沉静、工稳的文字,浓重的抒情色彩,更主要的是因为你为读者创造了一种深刻而颇具诗味的意境。我常想,诗和散文是相通的。诗和小说之间也并不存在绝缘体。天才的作家常将诗歌、散文和小说艺术熔为一炉,从而形成自家作品的独特形式和独特风格。在我们当代文学史上,孙犁同志的小说就具有这一特色。可惜这方面的探求,后来没人继续下去。你的《古德》(请允许我这样简称)使我耳目一新。我又看到了诗与小说结合的一种新的形式、新的风格。仅此一点,就是很值得向你祝贺一番的,因为你创造出了一种散文诗式的小说。

小说不写情节,而主要依靠心理、情绪的描绘去刻画人物,是一件很不容易的事情。弄不好就会沉闷、呆板、缺乏可读性。但是你却取得了成功,收到了很好的效果。你的笔下,不但人的思想充满着感情,狗和鸟的思想也同样浸透着感情。以致全篇人、狗、鸟之间的感情交流是那样的真切、自然而颇有情趣。使人看后,唏嘘不止。

但是,这部作品给我留下深刻印象的,还不只是它的形式,而主要是那看似平常的生活记述之中的深刻寓意。

你这部小说,可以说是没有什么复杂的故事。表面看来,不过是表现一个老年知识分子谢世之前的复杂心境,写了他的迷惘与孤寂,也写了他的安慰和达观,写了他对生之留恋,也写了他对死之向往。其间,似乎只是写出他的一点淡淡的哀愁,并无其他深意,其实,仔细品味起来,字里行间却含有不少生活的哲理。如果我没有猜错,你在行文铺叙之间是故意隐去自己的主观意念,而只是淡淡地记述那人、那狗那鸟、那事,使人们去联想,去理解,去品味。恰似面对一杯酒,一杯茶。但正是因了这含蓄,这委婉,才使作品显得蕴蓄丰厚而寓意深远。

我理解,你写老人、老狗、老鸟的死只是一种现象,实质上是在探求着误解与理解、正常与失常、迷惘与清醒、幻梦与现实之间的人生哲理。"小五儿"这条狗,自幼深得女主人的宠爱。女主人在时,它在她的爱抚、亲昵与庇护下自由自在,为所欲为,它对其女主人的眷恋是可以理解的。但当女主人逝世之后,它焦急忧伤,企图挤进人群观察情况的时候,却遭到了哭泣之中的呵斥,号啕中的踢打;后来,它孤寂苦闷,凄凄中欲走出院门去寻求女主人的声音的时候,却又无端地遭到套、捆、拴、打;在一片惊人的炮仗声中,它震惊、恐惧、悲愤、狂怒、咬断绳索,跑到女主人的坟上,并用爪子刨开坟头,希望找回自己的女主人,结果却险些被小四子拿石头砸死。显然,"小五儿"这一系列举动,全是出于真诚和善意,结果却全然被误解。这个女主人的忠实伙伴,再被当成捣乱分子、破坏分子来对待,就难怪它哀鸣了!

同样,老夫子因为失去了爱妻,而使自己陷于孤寂、苦闷与迷惘,以致整天目不转睛地盯着那只"老家子"(麻雀),终日不思饮食而在荒野中盲目地走来走去,村中弟子、家中儿女虽千方百计以求其宽慰,但终不可得,究其原因,也仍然在于对他心思的不理解。他心里仍想着追回失去的一切,恢复过去的欢乐与幸福,你纵使再美其饮食,安其居处,也终归是无济于事的。

当然,误解和理解、失常与正常、迷惘与清醒、幻梦与现实之间的矛盾,并非不能统一。一旦矛盾解决,也便会出现和谐与平静。"小五儿"听到了如女主人一样的唤声,看到了女主人的照片,便安卧院中,这就是一种回答。

我以为这小说的根本价值,乃在于那人、那狗、那鸟、那事给人们的这一思想启迪。但不知我这理解是否也存在着误解。

　　就这部小说的艺术性而言,值得称道之处还有许多,除去开头所谈,我以为最主要的是语言的洁净与幽默。你很长于在娓娓而道中闪现思想的火花。平铺中突发新奇之论,委婉中偶生激刺之语,遂使文章大增其色。满篇文章,句句洗练凝重,几乎无懈可击。

　　文章结构谨严别致,写现实而穿插幻梦,虽用荒诞手法,而描绘全不失真。这,是十分难得的。

　　贸然执笔,仓促成章,所谈或许多所谬误。不当之处,还望教正。

　　就此住笔。即颂

撰安

法清

一九八六年三月廿七日夜

（原载 1986 年第 3 期《小说家》）

本文作者：

郑法清,著名文学编审、出版家。

内蒙古当代文学中之冯苓植

托娅彩娜

冯苓植的小说创作始于20世纪50年代末。新时期以来,冯苓植辛勤耕耘,收获颇丰,已成为我区新时期小说创作队伍中的一员骁将。冯苓植的小说富于人生哲学的严肃性且善于"把历史和当代、想象和现实、生活和轶事熔为一炉",展示他独有的小说世界。

冯苓植,汉族,1939年出生于四川省灌县。幼年随父母颠沛流离于抗日战争烽火,后定居北京。1959年毕业于内蒙古师范大学中文系,开始在戈壁草原生活。担任过教师、歌舞团编剧、巴彦淖尔盟文联副主席等职,还曾长期下放于腾格里大沙漠从事"放牧工作",直到1982年调至内蒙古文联成为专业作家。

1957年,冯苓植在《儿童时代》上发表第一篇小说《林中遇险》后,又接连不断地在《小说界》《啄木鸟》等文学期刊上发表作品多篇,集中描写了生活在不同时代人们的独特心理素质。之后,冯苓植兢兢业业,从不间断地在无止境的艺术生涯中追寻着,在自我否定的过程中实现着向艺术目标接近的自我肯定。他以"草原为发射架把自己送上了文学的轨道",不论是文坛冷清还是拥挤,他都不紧不慢,用新的内容与形式开辟着一条属于自己的道路。他的长篇小说《阿力玛斯之歌》,与刚刚走出十年黑暗的历史隧道后的人民感情的激动发生共鸣;长篇小说《神秘的松布尔》,对"左"倾思想的批判和对艰苦奋斗精神的颂扬,也与开始向四化进军的时代精神合拍。这是两阕英雄主义的颂歌,但无论是斗争——胜利的哲学,还是实事求是的思想,冯苓植这一时期的作品都还是那时政治与新闻的回声,缺乏作家独到的认识和理解。

20世纪70年代末,文学的反思结束了思想的惰性,冯苓植的小说创作也发生了重要转移,产生了一系列从英雄主义的理想中走向现实的佳作:《驼峰上的爱》《沉默的荒原》《翅羽上的故事》等。这些作品描摹了古老而遥远的沙漠和草原,带着"荒蛮"色彩的生活人、动物与大自然水乳交融,折射出一种纯真、坦荡、朴素之美。20世纪80年代中期,冯苓植转入对民族性的探索,完成了一系列以市井生活为背景的如《落凤枝》《虬龙爪》等多部中篇小说。他现在正进一步学习鲁迅著作,以荒野山村为背景,进而写出山民村汉的生活,已发表中篇小说《白狐峪》《黑丛莽》等多部。冯苓植的小说创作,形象地体现了作家独特的思想个性,其中《虬龙爪》的发表曾引起社会广泛关注,被认为是他艺术追寻的新的标识,犹如一面高举的旗子大书"个性"二字。《虬龙爪》表明了作家对生活的认识大转进,"童话的牧笛换成了人生的解剖刀"。1987年,内蒙古人民出版社出版了《冯苓植中篇小说选》,收入了他7部优秀中篇小说,显现了冯苓植成熟的色泽和鲜明的个性。此外,冯苓植还创作发表有散文集《巴基斯坦纪行》,以及《重归锡尼河》《野狼谷》等多部电影文学剧本。

冯苓植是自治区新时期一位关注现实,具有旺盛创作活力,艺术追求相当宽阔的小说家。就其作品内容来讲,大体可分为以下二类:

第一类是批判"左倾"思想和颂扬艰苦奋斗精神的小说。1977年发表的《阿力玛斯之歌》及后来的《神秘的松布尔》,都具有浓郁的抒情色彩和明确的社会性主题。两部巨作较客观地描绘了内蒙古人民的生活,勾勒了人物的生动形象,绘出了神奇美丽的草原风土人情,展示了人民群众的献身精神和崇高感情。但由于当时提倡的"重大主题"及对英雄主义精神的崇拜,吸引着作家的全部热情,因而不可能也无法对人生有切实的体味,从而使得这两部作品主观抒情色彩十分浓厚,缺乏人生丰富阅历凝聚的哲理和复杂曲折感情中的深厚内蕴,显得粗疏、单一、表面,难以给人更多的启示。

第二类是着眼于人们精神生活领域的人情世态小说。从1982年发表中篇小说《驼峰上的爱》(《收获》1982年第2期)始,作家审美视角发生很大变化,开始从英雄主义的理想走向现实,努力从曲折生动的传统叙事模式中解放出来,追求作品理性内容的深度,使人生境界和精神境界以象征图像具化于读者面前。于是,陆续出现了《沉默的荒原》《虬龙爪》等中篇小说。在这些作品中,作者力求通过一个个特定的生活画面,揭示和探索人生与社会,表达自己的思考,提炼不寻常的意境。同时,形象的复杂性、多样性也进入了冯苓植的创作日程。

《驼峰上的爱》是冯苓植小说创作视点转移的成功尝试,曾获 1981—1982 年全国优秀中篇小说奖。作品以爱为主题,以人物的感情发展为线索,描绘出一幅荒漠草原的风情画,赞颂了爱的纯洁、伟大和力量。

《驼峰上的爱》最主要的特色是将人的爱和动物的爱融为一体,细描真摹。母驼阿赛失去了心爱的驼羔儿,炽烈的母爱使它神情失常。放驼人纳苏因为那达慕盛会上出现了一个娇小美丽的女人而怀着复杂的心理醉倒了。这使纳苏 9 岁的儿子小吉尔茫然无措。随着故事情节的展开,引起读者新奇的谜渐渐解开了。原来那达慕盛会上的娇小女人,是放驼人纳苏的妻子、小吉尔的母亲。她由于接受不了纳苏的"野性爱抚",三年前离开了丈夫和儿子。三年后,当她再度在那达慕盛会上出现时,揭开了纳苏心头的伤疤。纳苏在爱和恨的矛盾中挣扎,暂时忘记了自己的儿子和母驼阿赛。

那女人爱儿子和丈夫,但她还要等待丈夫的清醒;纳苏爱妻子,但他不能失掉牧人的自尊心;小吉尔爱母亲,但不知母亲在哪里。人与人之间相爱而不能爱,牵连到母驼也失去了驼羔,失去母爱。爱是人的天性,也是动物的天性。母驼阿赛把对驼羔的爱移到挤奶女孩小塔娜和小吉尔的身上。他们朝夕相处,互爱互助,在那神秘荒凉的茫茫沙漠中,与残酷的大自然斗争,和凶恶的采购员黄胡子斗争。母驼阿赛像爱护驼羔一样爱护两个孩子,两个孩子把母驼当作"骆驼妈妈"。最后,母驼用自己的生命救活了两个孩子。在骄傲自私的成年人中丢失了的爱,在纯洁善良的母驼和两个孩子中复活了。爱,是深沉的,圣洁的。母驼的爱,唤醒了人类之间的爱。放驼人载回了驼峰上的爱,丈夫领回了妻子,母亲呼唤着儿子,恢复了爱。这一曲凄婉动人的人和动物的爱的悲歌,表明生活中是不可以缺少爱的,失去爱的生命是不幸的,而抛弃爱的生命即使活着也是可悲的。因此,作者告诉人们,"为了未来,要珍惜纯真的感情"!

其次,小说还以动物晓喻世人,成功地塑造了母驼阿赛的形象。

第一次做母亲的母驼阿赛的可爱的驼羔意外地夭折了，母爱失去了附丽，爱的乳汁找不到爱的吸吮者，母驼发疯了。就在这时，天真纯洁的小塔娜出现在疯驼面前。她用童心的纯真和善抚慰了那颗受了伤的心。从此，阿赛便把它的母爱完全移情于小塔娜，找到了爱的寄托。母驼从小姑娘身上获得了女儿式的爱，那么，母驼所蕴含的巨大母爱便要加倍地给予报偿。那种报偿是纯真诚挚而又慷慨无私的，以至于在它所爱的对象濒于危难之际，它宁愿为救助他们耗尽最后一滴血。小说写道：当母驼载着两个孩子逃离魔爪之后，不期然地迈进一片死亡的绝地——无水草原中。这一情节，为母爱最大限度地展开提供了典型环境。酷热、干旱和焦渴，围剿着三个生命。眼见着白热的太阳要把两个孩子裹进恐怖的死海，这时，滴着血，裸露着白骨而奄奄待毙的母驼，深恐两个孩子会停下脚步倒下去，便"在绝望中呼唤着浑身的力量"，顽强坚韧地牵着孩子们往前走。他们终于走到一片生着簇簇沙旋辐花的潮湿的沙丘上。为了挽救已经倒地的孩子的生命，慈母之心显示出惊人的力量，母驼用蹄子，用头颅，用整个身躯在沙旋辐花下掘出一个巨大的沙坑，掘出了清泉。当牧人们沿着阿赛留下的血迹，冲入这生命禁区时，他们发现了一种奇异的景象：母驼阿赛，伸着长长的脖子，在吸取坑里的水，一次又一次地往那两个昏倒在沙丘上的孩子脸上喷洒。牧人们蜂拥而至。阿赛喷完那满腔的清泉水之后永远也站不起来了。它献出了全部的母爱，永远"跪卧在漫漫黄沙"中，"但是放驼人却载回了驼峰上深沉的爱"。"这种雨果式的浪漫主义手法的合理性和生动性，就在于，它除了生活的逻辑之外，更多地依靠了感情的逻辑。"它向人们揭示，所有行为的缘起、进行和结束，都依靠着一个强大的精神支柱，这支柱便是：爱，母爱！这种爱是博大而深沉的，是坚强而有力的。在这里，它焕发出动人心魄的力量。我们不难悟出，作者以人格化着力塑造的这一母驼形象，是现实人的补充和升华，所附着的是人的强烈而真挚的情感。

中篇小说《虬龙爪》(《小说界》1985年第4期)则显示了冯苓植创作的自我更新和艺术风格成熟的色泽。作品虽然也写了动物——鸟，但这些鸟却没有了《驼峰上的爱》的人格化描写，而且在作品中失去了主体性，只是构成了人物生活环境的一部分。首先，《虬龙爪》以机巧幽默和喜剧性的笔法，展示了社会现实关系及人的各色灵魂世界。它讲述了一个养鸟的故事：

在北方某古城的老城根公园里,一群玩鸟者,有一个多少年来沿袭的不成文的规矩:"鸟儿也得梁山英雄排座次。"而至高的王座,便是那个长在一株最显眼的小树上的被称为"虬龙爪"的横长伸出的树杈。哪只鸟儿出类拔萃,技压群雄,便可占据这个高枝成为这个小鸟王国的首领,它的主人也就理所当然地获得尊荣成为玩鸟者拥戴的盟主。既然主随鸟荣,鸟的优劣好坏决定人的贵贱尊卑,那么,养鸟驯鸟也就成了某些人满足个人名位和虚荣心理的一种追求了。于是在宗二爷的"小妞子"与关老爷子的"老闺女"之间,亦即在宗二爷与关老爷子之间,展开了一场云谲波诡的争斗。这种争斗又是在筹建鸟协、竞选鸟协主席的背景下进行的,因而更是不可避免的尖锐。老资格的养鸟家关老爷子,处处透着矜持、自信,俨然以虬龙爪的当然得主自居,四出张罗,要成立鸟协。殊不知,被他视为知己的宗二爷是一个两面三刀的狡诈狐狸。正当他对宗二爷及其"小妞子"倍加赏识的时候,宗二爷也正对虬龙爪垂涎三尺,神不知鬼不觉地耍弄着各种手段,要跟他一决雌雄。尖嘴猴腮,只有一只不入流的"老西子"的侯七,则趋炎附势,朝秦暮楚,仅喝了一餐酒,便被宗二爷轻而易举地买去当枪使。最后,宗二爷终于借侯七之手,把老朽的关老爷子推进阎王殿。而他自己,则取而代之,登上了市鸟协副主席的宝座,独占高枝。作者通过这一故事,无情地揭示了建立在封建等级观念基础上的权力欲并没有随旧有制度的消亡而匿迹,今天它仍以新的形态呈现于我们的生活之中。

  小说刻画的三个人物中,宗二爷是最贴近现实的一个艺术典型。新中国成立后,宗二爷一路东风得意,步步高攀,从一个普通营业员直升到市蔬菜公司业务办公室负责人。没想到,正当他踌躇满志之时,"冷不丁地被拨拉下来",气得险些一命呜呼。幸而,儿子给他搞到一只可爱的百灵鸟,才使他在愤愤然中得以"六神归位",而且居然还变得洒脱起来。这倒不是百灵鸟灵之如神,而是由于它荣登高枝,在虬龙爪上做了鸟中之王。于是,主随鸟荣,宗二爷的权位欲也就随鸟儿的走运而得以满足。在常人看来,这不过是从童话世界里捡来的一顶纸糊桂冠,无异于南柯梦境,但他却化虚为实,欣然自慰。三个月后,关老爷子回来了,宗二爷又面临着让位的烦忧。作者以喜剧的笔法,把宗二爷对权位迷而入痴、痴而生狂的病态心理刻画得入木三分。接着,作者又由此伸展出宗二爷性格的另一面：虚伪和狡诈。表面上老诚厚道，对关老爷子恭维、谦让，对一般鸟友讲和睦，施友善，一副正人君子的面孔；暗地里却使奸耍滑，大做手脚，利用侯七拆关老爷子的台。侯七奔于前，他便使于后，但又不露半点蛛丝马迹。更令人惊异的是他有一套随机应变的本领。只几句花言巧语，能令关老爷子化怒为喜，老泪盈眶。作者是以一个小政客的造型进行宗二爷性格构思的，政客的权欲、政客的心术、政客的手腕，几乎一应俱全。其中，最见艺术光彩，也最具现实感的，还是作为人物性格潜底的那一面，即嗜权成癖，迷而入痴的精神病态。

其次，作家在揭示人物灵魂的同时，还以犀利的笔触剖析了宗二爷所植根的社会土壤。当"虬龙爪"上无笼时，便群氓无首、失魂落魄，宗二爷带着他的鸟笼出现，被拥上高枝，那些养鸟者犹如受到恩惠，使"宗二爷在一片'赏脸了！赏脸了'的呼唤声中只觉得一股热气腾腾的暖流，刹那间传遍了全身"。显然这是长期封建社会造成的人身依附，"自我"消失的病态现象。而当关老爷子出现时，小树林里一片热切的问候请安声，不但透着近乎、尊敬，更重要的是，还透出了久久被抛弃后的那股委屈。使他赢得这种崇拜的却是"有上百年名气"的"像一座梁倾柱斜的破房架子"的旧鸟笼，是乾隆年间的"裂了纹儿，豁了口儿"的鸟食罐。这种以古为优的现象正反映出因循守旧、僵化陈腐的旧观念。作者透过这一切，剥离出历史生活积淀的国民精神的病态，并以此警醒社会。

第三，作品所构置的象征层面，也是小说不可忽视的艺术特色。《虬龙爪》描写的生活事件并不复杂，线索单一，场景也很集中。但经过作者的铺衍繁化，却写得妙趣横生，引人入胜。这除了见诸人物的生动性之外，很大程度上得力于蕴藏在作品本体的象征意义，来自对历史和现实生活的高度概括。《虬龙爪》作为主体表现的是人，是人的精神世界。作家在人物形象塑造上，主要是解剖因袭了封建制度所遗留下来的病态的灵魂，鸟和虬龙爪正是这种病态精神的外化，起着象征的作用。小说中的虬龙爪，无疑是名位的象征，它不仅是整个作品艺术结构的主轴，而且也赋予小说中的鸟类世界以整体的象征意义。鸟被社会化了，这里的鸟儿有等级之分，这里"也存在着鸟情冷暖、世态炎凉"。被社会化了的鸟王国，又显然是养鸟界这一小社会的投影。作者通过两者的对应与迭合，以二位一体的构思，活画出一幅市井社会的名位纷争图。可以说，作者是带着社会学的思考去写爱鸟者乐园里的名位角逐,表现处在一定社会关系中的人在那个超然物外的角落里难以超然的现实表现。

显而易见,从《驼峰上的爱》到《虬龙爪》,作家对生活的理解和现实表现对美的追求完成了一次飞跃,开始带着对生活美的理想的咏叹,走向了对现实人生的干预和对社会历史生活的深沉思考。

(选自托娅、彩娜著《内蒙古当代文学概观》,内蒙古大学出版社1997年6月版)

本文作者:

托娅、彩娜,蒙古族著名学者,编著有《内蒙古当代文学概观》。

冯苓植的《虬龙爪》

[日本] 近藤直子

如果我们根据读中国的小说,来看自己、看对方、看自己和别人的重合与距离,那么,我们不可能避开《虬龙爪》(《小说界》1985年第4期)这类作品而达到目的。这并不是说,这是一篇代表中国小说的名作、大作。它自始至终是一篇轻轻淡淡、描写成了游戏作品似的小说,然而在那轻妙而平静的讲述中,能窥视到广泛而深深地扎根于中国社会的传统人生观。

这有我们清楚知道的和不知道的东西,有忘掉的和想要假装忘掉却忘不掉的东西,有引起共鸣、引起困惑和苦笑的无数东西。也就是说,依然有一个"作为邻居的中国"。

在中国,把弄到高职务一事比作小鸟停留在高大的树枝上,叫作"攀高枝"。《虬龙爪》是在一个离国境极近的城市小公园里展开的、如同文学表现的"攀高枝"的故事。从新中国成立前的小学徒熬起,最后当上了市蔬菜公司临时负责人的宗二爷,正陶醉地站在他人之上的快乐时,突然被拨拉下来,因为过于伤心失意,病倒了。孝顺的儿子为了安慰父亲,把偶然得到的百灵子送给他。端着鸟笼子,病病歪歪来到公园的宗二爷,意想不到竟在那儿恢复了往日失去的洒脱劲。和昔日一样,早就集聚在这个公园的爱鸟家们,碰巧与郊外新派的爱鸟界互相竞争,又碰巧这一派的祖师爷不在此地,便突然将新加入的宗二爷,推上头儿的位置。当然,这完全是他那只百灵子"小妞子"的功劳。压倒击败了其他鸟儿,得意叫着美妙声音的"小妞子"的鸟笼,挂在了公园中荣誉最高的霸王树枝"虬龙爪"上,宗二爷得到了好久不曾有过的发自心底的满足。

"鸟无头不飞,人无头不走",这两句话用在爱鸟界再恰当也没有了。

动不动就被恭维为"宗二爷、宗二爷",处在得意顶峰的他,没想到这种小小的荣誉持续得并不长久,原来的祖师爷——关老爷子突然回来了。从新中国成立前开始,为鸟而挥金如土、为一个鸟食罐儿连房子都放弃了的这位关老爷子,透出了一股"文雅超脱"的精气神儿,人们像潮水般从宗二爷身边离去,开始"关老爷子、关老爷子"地奉承关老爷子了。"虬龙爪"也由关老爷子亲手扶养大的"老闺女"取而代之了。然而,消沉了一阵子的宗二爷,也在看到自己的百灵子出乎意料的活跃之后,重新振奋精神。为了不破坏爱鸟家们最重视的"和睦",他亲自推荐关老爷子,认同"天无二日、国无二君"的原则。"老闺女"死了之后,他率先操办了盛大的"葬礼",从而赢得了关老爷子"生我者父母,知我者宗二爷"的感慨。宗二爷继续博得人们的喝彩,爱鸟界没有闹任何纠纷,他尽到了"虬龙爪"继承人的责任。

说起来,这的确是一个毫不足道的世俗故事。这里既没有什么值得一提的深远思想,也没有习惯于"现代小说"的读者想要深入探讨的深奥的内在性及个性。聚集在公园里挂着鸟笼子的树下的人们,不管"虬龙爪"上是否挂着鸟笼子,总是完全彻底地处在一种相同的思维方式中。无论是"头儿"关老爷子,还是宗二爷,以及嫉妒心强的侯七,他们与只知道对当时的"头儿"随声附和的捧场者一样,拜倒在"虬龙爪"的权威下,并且不过是依靠这一点,维持和平的统一和交往。可以说,他们每一个人都只是被分割的群众。然而,在爱鸟协会的团结上,仅仅是一根树枝被赋予的权威,就发挥了几乎是具有艺术性的、神奇而成熟的作用,这也是不能否定的。冯苓植以不知是嘲笑还是正颜厉色的独特的笔调,展示了身处集体中的人的深层心理。这种深层心理的根深蒂固,对正在各方面尝试"独立思考"的中国文学而言,不用说是无法不继续面对的大问题之一。

（选自近藤直子著《有狼的风景——读八十年代中国文学》，人民文学出版社 2001年5月版）

本文作者：
近藤直子，日本文学评论家，翻译家。著有《有狼的风景——读八十年代中国文学》《欣赏中国文学》等，翻译有史铁生、刘索拉、残雪、张承志等人的作品。

冯苓植访谈录

徐 芳

徐　芳：您是我四十年来一直致敬的作家,我在1980年考入华东师大中文系后,入学后读的第一篇小说就是《驼峰上的爱》,我无法描述当时的感动与震惊,只能说这无数次阅读的过程,就是无数次致敬的过程；当课堂上纠缠的创作问题更复杂了,又怎能不感到作品中严肃的思考、经营和鲜活的生命冲力。钱谷融先生说："这是一位久居偏远地区的作家,不求闻达,甘于寂寞,大半辈子都跋涉于茫茫的戈壁和荒原之间……有人也曾问过他,这是为什么？他回答说,这说明我成不了大作家,因为我总找不到自我。依我看,这或许就是他的'自我',或许就是他！多侧面、立体化,是一个完完整整的冯苓植。"而所谓艰辛、所谓探索,您有些着眼于题材,有些着眼于思潮,有些着眼于方法,虽时有交叉,但眉目清晰,纵有例外,也不多,大体可以概括出各个时期的总体流程。倘换个角度,再看创作中的主题取向,也不是不可划分,大致有：政治主题、社会主题、人生主题、生命主题、动物主题、现代主题、历史主题、京味主题等。在上面列举的每种大小主题的下面,都不难开列出一批相应的作品。这些主题也正可窥见您的小说创作自我调节和演变的某些轨迹吗？若以《驼峰上的爱》为例,也有评论说,这是个复调的小说,意味着主题多元,可不断深入挖掘。

冯苓植：我一生就注定是个漂泊者,故在文学创作中也不例外。

我出生于卢沟桥事变之后,随后跟着祖父奔走呼号抗日,举家漂泊于晋、绥、陕、川之间。我没有亲眼见过日本鬼子,却牢牢记住了四川居所后山的"防空洞"。抗战胜利后,我又随着家庭漂泊于西安、太原、北平,直至落脚于内蒙古。但漂泊却未因此而结束,大学毕业不久,即被下放于遥远的阿拉善,去劳动锻炼。在浩瀚无际的腾格里(汉译:天)的大沙漠旁,追随着牧人们在茫茫戈壁上去放骆驼。后来,我还跟随着运动的变幻,也曾被下放于走西口农民开拓的八百里河套米粮川,才得知早期拓荒者那种"瓢舀鱼,棒打雁,烧红柳,吃白面"的原生态生活。

当然,我也曾被派往一望无垠碧波荡漾的美丽大草原,却只有"悲叹"不光骑马不精,甚至还被驴子也掀翻过……总之,从青年直至人到了中年,我似乎一直是在漂泊中度过。歇息点,不是草原的蒙古包,便就是河套农村的大火炕,习惯了!

漂泊!漂泊!这必然会影响到我的文学创作……

居无定所,是漂泊者的主要特征。而东一榔头西一棒子,却是文学漂泊者常犯的毛病。再加上改革开放之后,我也曾应邀参加全国各地的多种笔会,或者应约"以文养游"为多省市刊物写过稿子。从偏远的内蒙古突然走向了繁华的大千世界,使我脑洞大开,却也更使我眼花缭乱,笔墨或者更加飘忽。

称之为一种"赶时髦"现象,似并不符合我的初衷,但又确实使我感到有些"自己找不到自己"了。虽然这时已有同行将我唤作"游牧作家"或"文坛游牧人",但这个阶段,我确确实实很茫然,也对自己很失望。还多亏了我的恩师钱谷融老先生及时发文开导了我。老人家行文称:"依我看,这或许就是他的'自我',或许这就是他多侧面、立体化,是一个完完整整的冯苓植。"

是的,是导师的指引,使我心胸豁然开朗……

从此我更加清晰地认识到,虽说作为一个有锐敏观察力的"大家"——我是不可能的;但作为一个漂泊者,在文学苦旅中留下些零零散散的脚印,也算不虚此行。即使很快就会被风吹掉,该跋涉的时候,却还是要跋涉的。更何况,漂泊者也有漂泊者的优势。比如就文学语言而论,土腔土调、京韵京腔,或翻译语言的蒙古族叙事风格,仿佛并非故意为之,而是因为写到自己熟悉的某类题材相关的语言,也就下意识地跟进了。越漂泊越偏远,越远离文坛和学者名流,难得点化,似也只能期待"天苍苍、野茫茫,风吹草低见牛羊"了。

至于提到的"复调小说"中篇小说《驼峰上的爱》问题,一时很难回答……

仅以中篇小说《驼峰上的爱》为例,动笔前我并没有想那么多,而只是为了草原上那种人、动物和大自然哲理性的关系所感染。和谐安详,似乎就是草原上的主旋律。绝非像外界所想象的:唯有人是畜群的主宰,其实畜群也同时主宰着人的生活。牧人们对待初生的羊羔,就像对待婴儿一样,搂在怀里又亲又吻百般照顾。即使对待初次生崽不知如何为母的大羊,也充满了柔情,她们会用荡气回肠的轻柔歌声,唤醒它的母爱。

同时,牧人们也特别尊重物竞天择的规律,顺其自然使马群有了自己的头马,驼群有了自己的头驼,羊群有了自己的头羊……世代的"逐水草而居"的游牧生活,更是对大自然的一种敬畏和尊重,临游牧搬迁前还必须尽除残余的垃圾和可燃的灰烬,以确保来年草原再现勃勃生机。蒙古民族天然就是个深知生态平衡的环保民族,这种人、动物和大自然哲理性的关系,值得每个人深深地思索。

当然,现在的草原也难免受到了现代科技与思潮的影响,故而在中篇小说《驼峰上的爱》里,便自觉不自觉地表现出"复调小说"和"主题多元"等倾向。这么说,或者所谓辐射生态的及时性、思想性的内容和性质,也就不言而明了。

原本我也没有想那么多,只是觉得在写一个自己亲身经历的故事……

好在我的漂泊生涯已经结束了,随之,漂泊式的文学创作也就此结束了。

最终漂泊到"躲进顶楼成一统",也再无须"破帽遮颜过文坛"了。耄耋之年过上这种日子真好,祥和,宁静,且又无思无为。

剩下的只有悠闲的回忆……

徐 芳:留白是一种艺术手段。这手段在我们的传统文化中发挥得淋漓尽致。您从事过舞台艺术,知道在我们的戏曲表演中,随手是门是窗,随步是山是水。空间和时间都因抽象,所以无限广大。国画似乎更加明显,不但花木无根,群山都可以不落地。画家把构图构思,直接叫作"布白"。

要说书法也是中国特有的艺术,什么"计白当黑""字在字外",这就是音乐上"此处无声胜有声"的意思吧?而小说不论大小,也都得留够必须的"白"?若讲究中国的气韵、气质、气氛、气派,所谓气——即是从留白着手?亦可以凭此获得了某种气息？这是一种布局谋篇的结构吗？这是一种境界吗？这是一种灵性的表达吗？或者这就是一种哲学吗？

冯苓植： 这是一个颇具东方哲理的议题。的确，"留白是一种艺术手段"，在我国的传统绘画和戏曲中表现得尤为明显。从阎立本的《步辇图》到徐悲鸿的"马"及齐白石的"虾"，无不表明这一点。在戏曲舞台上，更是"马鞭一端，走过万水千山；帅旗一打，带出千军万马"，那也就是说："带若干龙套就等于率千军万马，走一圈台步即等于越过千山万水"，尤能显现"留白"的艺术魅力。如若说到传统小说，相比四大名著，我似乎更喜欢蒲松龄先生的《聊斋》。

究其原因，乃在于老先生之潇洒与空灵。毫无政治抱负与世俗欲望，似只顾躲进农舍里写一些精灵鬼怪亦古怪的故事。给读者留下的想象空间极大，故而在身心俱疲的百姓中至今广为流传着。据说，最早翻译《聊斋》是北欧一些国家。或许是因为北极变幻的极光，使得他们更易理解这些精灵鬼怪的故事，随之，更加或者进而在欧洲也掀起了研究《聊斋》的热潮。从而使这部别具中国气韵、气质、气氛的古典小说，在诸多欧美汉学家和学者专家笔下升华到具有世界意义。顺便再强调一下，所谓别具中国气韵、气质、气氛的作品，也就意味着同时具有世界的意义等诸多可能性。

空灵、洒脱，超然物外，留有空白，但这种"气"场却绝非轻易可得之……

当然，作为一个"著书只为稻粱谋"的凡夫俗子，即使我再苦修苦练也很难达到这种境界的。比如说蒲老（蒲松龄）从未收过一分稿费，我却收过。虽不多，却在物欲横流的现实中难得"空灵"，欠"底气"啊！但在长期漂泊的文学苦旅中，跌跌撞撞还是有所悟觉。比如说，在1987年出版的《当代作家百人传》一书中，在自述部分我就这样提过："作家所发表的作品只能算'半个'，犹如浮雕似的。而若要成为立体化的'雕塑'，另一半当由读者来完成。或者说，是由作者和读者共同完成一部作品的。"

转眼三十多年过去了，这或许就是我对"留白是一种艺术手段"——这个"手段"的初始潜意识的理解。留有更多余地，留有更多的想象空间，这也是对读者以及对自己的尊重。

这种对"空灵"的悟觉，还是需要一个创作实践的过程的……

这使我当即联想到自己的中篇小说《虬龙爪》。杂七杂八写多了，我也想写一篇别具中国韵味的中篇小说。市井的、京腔京韵的，围绕一根古树杈子，反映下层小市民养鸟争高枝儿的故事。"灵感"来源于公园信步所见，促成乃恍惚忆起幼年在四川那"防空洞"。但由于自己的国学功力太浅，对"空灵"一说则更加懵懂，故只顾了天天到市井中"猎奇"。诸如什么鸟笼子堪称极品，什么食罐儿最为珍稀，什么是百灵鸟的绝活儿十三套，什么是"好口"与"脏口"，等等。混迹于市井小民中，天天在养鸟人那里聊得不亦乐乎。最终，在构思时干脆忘了主题或寓教于乐，而只顾了忙乎着将"猎奇"中得来的逗乐好玩意儿，思量如何布局于小说的结构之中。

却谁料竟然歪打正着，就顾了忙乎鸟儿，因此留下了够多的空白，足可以供读者"仁者见仁，智者见智"。果然，一经发表，不但各大选刊竞相转载，而且诸多评论之语，也大大出乎我的意料。比如，有的称"作者本人肯定也是个养鸟多年的高手"，有的称"作品围绕攀高枝儿，排除人情，写出了中国特有的世故"；日本早稻田大学的著名汉学家杉本达夫教授，不仅亲自将小说《虬龙爪》译为日文，同时还在《文艺春秋》上发文，称之为"传承鲁迅精神，继续探索国民性之作"。

徐 芳：您也是被称为"灵性"的小说家，这是因为您在创作中用故事表达了思想，并且不去解释也能让读者理解思想吗？灵感可以来自任何地方吗？还是有区域性的？比如一定要有经历的场域？或者就是要去探索自己的生命，写作是关于情感的，艺术家永远是做情感性的思考？思想和情感——这两个在生活中可能分离的东西，在故事中又是怎么结合在一起的？

冯苓植：首先似需说明，我绝不配称之为"有灵性的小说家"。看我资质平庸、反应迟钝，至今尚未学会用电脑写作，还仍需用笔一个字一个字往外"抠"文章哦。典型的科盲，似仍生活在20世纪中叶。

以上问题"辐射面"较广，我只能从两个方面作答——

其一，关于如何用故事表达思想，以及不用解释也能让读者理解思想吗？我的回答是：我一贯推崇古典哲学中的"无为而治"，坚决摒弃"主题先行论"的做法。动笔之初，只想着怎么讲好一个能感染人的故事，也就是说思想尚很朦胧之前，先被自己的故事感染了。当然，能感染自己动笔的故事，必定有触发自己的内涵。故而只要有能感染读者的故事,内涵也就随之跟进了。重在感染,所以相信读者会有助作家完成作品的"另一半"。但也不能否认会产生"仁者见仁,智者见智"的现象。比如说《驼峰上的爱》,有的称感受到了"人、动物与大自然和谐之美";有的称感受到了或者看到了"宁静祥和的草原受到了现代杂音的冲击";更有甚者,指责作者竟写了"人不如兽"云云。为此,竟有刊物争鸣了好长一段时间。有人劝我也该参加争鸣,阐明自己的初衷。我回应:"如果几句话能够阐明,我又何必写几万字的小说呢?由他去吧!"

自觉自愿地甘为人梯,争鸣也随之渐渐销声匿迹了⋯⋯

其二,关于灵感,我的回答是,我似乎没有过灵感,仅有"触发"——但还是有区域性的。因为大半辈子都是漂泊在草原和八百里河套川,所以触发点便大多在农村和牧野⋯⋯但虽说"触发"是有区域性的,却很可能散发在多个"点"上。

比如长篇小说《阿力玛斯之歌》,我选择的背景平台是壮美的呼伦贝尔大草原,而冰封雪裹的情景才是我在哲里木大草原见过的。人物形象或来自阿拉善荒漠或乌拉特戈壁,服装头饰或来自鄂尔多斯的某个部族⋯⋯总之,其中的故事都是亲闻亲见的,故人物的命运就是我的命运。我如果写失败了,他们也就失去了光彩,这或许就是一个作家生命意义之所在。所幸现在已经写不动了,只有静默等候⋯⋯

(原载 2018 年 11 月 1 日"上观新闻")

本文作者:

徐芳,上海著名记者、编辑,《解放日报》文艺部主任编辑。

我读《驼峰上的爱》

章 程

对于冯苓植同志的中篇小说《驼峰上的爱》（简称《驼》），区内外批评界有着不同的看法。这些看法不仅对《驼》的得失做出了各自的评价，而且也间接地涉及了一些文学批评方法上的问题。本文想谈谈我对这篇作品的一些看法。

（一）很显然，对这部作品不同看法的焦点是在"爱"的问题上。持否定意见的同志从社会批评的角度出发，认为《驼》所宣扬的爱，脱离现实，脱离时代，因而是不真实的，是"抽象"的。我不同意这种观点。"爱"的确是这部小说的基调，或者说是主旋律。但这爱并非是"抽象"的，它可以说是一曲心声，是一种对现实关系富有深度的挖掘。正因为如此，它才能拨动人们情感的心弦，引起人们的深思。

我不知道应该怎样来概括这部作品的构思，是现实中的童话，还是童话中的现实？我觉得它们仿佛都真切地存在着。说它是童话，不单单是指它是通过孩子的眼光去看世界的，而且它从整体意境上也更能得到那些在现实生活中童心未泯的人们的强烈共鸣。说它是现实，则是因为它所揭示的，无论是人与人之间的关系也好，还是人与动物之间的关系也好，都不可避免地把我们引回到严峻的现实之中，激起我们的絮思。正因为作品构思上的这个特点，致使整个作品充满了爱的诗情画意。既有着小塔娜与母驼阿赛之间的人驼之爱，又有着小塔娜与小吉尔之间的童稚之爱；既有娇小女人对小吉尔的母爱和放驼人对小吉尔的父爱，也有放驼人和娇小女人之间分离弥合的爱，并且通篇还饱含着对辽阔草原深沉的爱。作者也正是通过这些爱之间的相互映衬,歌颂了纯真的情感,进而发出了"为了未来,要珍惜纯真的爱"的深切呼唤。

爱,本是个很宽泛的概念,男女之情、同志之谊、亲子之爱……诸如此类者皆是。也正是因为如此,所以单讲爱似乎有点朦胧和抽象。但是现实生活中充满着爱。作为人的普遍情感,无论是在日常生活中,还是在重大的社会斗争中,爱都以其具体的内容和方式存在着。文学作为以人的生活为中心的生活画卷,更不能忽视对人之常情的描写,在十年浩劫之后,恐怕没有人会在文学创作上再对人们正常情感的抒发设立"禁区"了。近年来的文学创作,不管是母爱、父爱、男女之爱等等,作家们的笔触都有所及。当然,这其中既有写得成功的,也有失败的。究其原因,并不是因为写了"爱"这种人之常情,而是在于所写的爱是否建立在真情实感的基础之上。换句话说,它们是否来自现实。如果我们把这点作为一个起码的准绳去看《驼》的话,是不能得出所谓"抽象"的结论。

首先,从故事本身的构成和发展上看,我们看到《驼》中所写的爱是有其具体内容的。就拿最易受人指责的小塔娜与母驼阿赛之间的人驼之爱来说,尽管情节是虚构的,但却不是凭空捏造,它的发生和发展完全符合生活的内在逻辑。母驼阿赛失去了心爱的驼羔,陷入深深的痛苦之中,而它痛苦之情的发泄是对周围一切的报复,这是一种爱的变态。然而,当小塔娜天真地哼着挤奶歌,毫无戒意地走近它,并为它解除胀奶的苦痛时,它似乎在梦幻中重新唤起了对死去驼羔的原始母爱。从这以后,阿赛的原始母爱得到了寄托,与小塔娜难分难离了。这是个迷人的童话般的境界,但后来事件的发展又超出了这个境界。当小塔娜和小吉尔从黄胡子的哨棒下救出阿赛之后,阿赛和孩子们之间的情感得到了升华,好像完全融合在一起了,连大狗巴日卡也被融化在其中,以致最后阿赛以自己的全部母爱和生命保护了两个孩子。这段故事是感人的。之所以感人,并不是因为它叙说了人驼之爱或原始母爱,而是由于它把读者带到了一个更加深沉的境界,与现实暗暗地契合了。我们中国有句古话,叫作"滴水之恩当涌泉相报",阿赛的行为何尝不是这种传统美德的体现!生活经验告诉我们,在现实生活当中,最令人不能忍受的是情感上的隔膜。相反,情感上的交融往往是人们结成生死之谊的前提。"要珍惜纯真的爱",这并不是作者的抽象议论,而正是对现实生活的一种经验总结。在今天没有哪一个人能够否认那一段尚逝去不久的曾经造成人们情感上不易愈合的创痛的可悲历史,"爱"作为人的正常情感在那一段历史中的境遇,确实是被扭曲和玷污了的。《驼》正是以童话般的故事告诉人们,要像阿赛和孩子们那样珍惜纯真的情感,不论在什么样的情况下,都要爱得执着、深沉,更要真挚。不要像放驼人和娇小女人那样在情感上轻率和不负责任。因此这种爱的情感并不是"抽象"的,而有着充实的内容。

马克思把艺术看成是人类掌握世界的一种方式,这不仅表明了艺术对现实的反映有它的独特性,而且也说明了每个作者在处理创作与现实的关系时又可能是有所差异的,对爱的描写当然也是如此。《驼》的作者能以富有诗意的题材和敏锐的笔触,深入到情感领域里进行有益的探究,我以为是可贵的。如果我们看不到艺术反映生活的特性,或体味不到作者真实的创作动机和意图,单纯地去追究人驼之间发生这种情感联系的可能性,那就应着了一位外国批评家的话,这样的批评"有如鸟影离开逐渐高飞的鸟一样。鸟没有什么不对——它向上飞,矫健而平稳。鸟影也没有什么不对——轻快摇曳地通过道路和花园。错误之处在于鸟和影的相似性已越来越少,两者已无法像当初鸟停在地面上时那样互相接触。批评,尤其是一系列批评,就有这种危险。无论批评的意念多么高远,方法多么正确,它所要批评的对象却能从下面不声不响溜了出去。"(佛斯特《小说面面观》第86—87页)

如上所述,从作品中事件的构成和发展看,我们并不能找到"抽象"的根据。但这可能还不能解除一些人对于《驼》是"抽象"的看法。有的同志认为这部小说的时代感是极模糊的,并把这点当成是《驼》之所以"抽象"的另一个佐证。对于这样一个颇为严肃的问题,是需要仔细加以分析和澄清的。

《驼》所描写的一切是不是孤立的,是不是游离于社会时代之外,我以为不能简单地看,如果真是这样,它就不会使人感动,更不会引起我们对现实的思考。《驼》之所以获奖,是有着一定社会基础的。我始终认为,没有时代感的作品是不能成为优秀作品的,这大概也是大家都认可的一个前提。那么,问题的讨论,很自然地就会归结到这么一点上,即什么是文学的时代感,文学作品的时代感究竟是怎样体现的。

应该承认,文学作品的时代感是个内在的东西。因此,一部作品的时代感应从作品的整体上得到体现或感知。文学作为丰富多彩的社会生活的反映,时代感在不同的作品里也必然有着不同的表现。写重大题材的作品,其时代感固然可能强些,但写"凡人小事"的作品的时代感也未必就弱,这样的例子在世界文学史上是举不胜举的。况且时代感本身就是个较笼统的提法,时代感只有通过具体的人或事才能被我们感受到。《驼》的时代感,有它独特的表现方式和途径。作者舍弃了貌似惊涛而绝无波澜的故事,从独特的、具有感染力和思想内涵的特色入手去展开故事。《驼》没有大肆渲染周围的社会环境,在这点上作者是不应受到指责的,他是严谨的。因为在儿童的眼里无论是社会环境还是社会关系,这些几乎都是微不足道的——儿童自有他们自己的世界(包括内心世界)。一个在成人看来是废物的东西,却足可以陶醉儿童的整个身心。因此,我们不能拿成人对社会、对周围关系的感知去衡量儿童的世界,正像我们不能拿现代人的感知去理解原始人的意识一样。《驼》的时代感,正是以思考的方式和内在哲理的深邃,从整个作品的意境上体现出来的。只有经过那可悲历史一幕的人们,才会对情感有这样深沉的思索,这种思索积淀着明显的历史感和时代感。不注意《驼》的时代感表现的这个特点,一味看它所描写的具体环境与时代的联系,无疑是把文学作品时代感的表现方式简单化、绝对化了,因而不免会得出相反的结论来。

(二)在文学发展的历史源流中,有人曾把文学对现实的反映方法划分为再现和表现两个基本类型。这样的划分尽管不一定完全科学准确,但说明文学在反映现实的方法上是有所区别的,这区别也决定了人们进行文学欣赏和文学批评时的差异。批评不应当成为一种固定的模式,它是要随着自己的对象——文学作品本身而有所变化的。对《驼》的一些批评,就没有顾及这篇作品在反映现实的方法上的某些特点,因而没有能够准确地抓住作品的主旨,进而也影响到对作品其他方面的评价。

毫无疑问,《驼》的作者在艺术地反映现实生活上有其独到之处。关于作品构思上的特点,我们已有所提及。这种构思说明了作者在处理文学与现实的关系时,是在追求着一种新颖的艺术手法。正因为如此,这部作品才以"还不多见"(苏叔阳《探索者的足迹》)的面目,给人留下了深刻的印象。

《驼》在艺术手法上的特色,本文不想一一论及,只着重地指出两点。

第一,作者熟练地运用了象征这一艺术表现手法。我们在上面已指出,作品所表现和达到的思想深度,并不仅仅停留在所描述的具体事件上,而是把人引向了更深沉的思索,这在很大程度上是靠象征的手法完成的。被象征的,当然是我们这个时代和社会中人们感情的波折,和其中那些值得珍视的东西。这样一个有深度的思想内容,通过阿赛和孩子们的纯真友爱,以及放驼人和娇小女人对生命和青春所做的轻率的感情行为,得到了含蓄而形象的表现。这部作品所具有的诗意,很大程度上得力于象征手法的运用。在有些地方,作者的这一手法运用得恰到好处。如阿赛失去驼羔后,陷入痛苦之中,小塔娜帮助它解除了痛苦,给它以一种不可名状的慰藉,这成为发展她(它)们之间爱的情感的一个基础。这使我们很容易地想到:只有在非常的情境中才能够衡量出情感的价值,即所谓的"难中见真情"。这对于那些落井下石的行为是个有特殊意义的注脚。作者所虚构的人驼之爱的故事,也是有其象征意义的。驼是动物,人则是还未正式涉足世事的儿童,在她(它)们之间尚能有着如此执着,纯真的情感,这足以发人深省。这与作者那"人们啊,为了未来,要珍惜纯真的爱"的深情呼唤是完全呼应的。

第二,叙事观点有变化。这篇小说的重要叙事观点,是以孩子的眼光看待周围一切的,然而就以这么一种角度写下去,还不足以承担作品所含有的较深刻的思想内容。因此,作者在故事发展到一定的时候,也适当地以更换叙事观点的手法,来把人们的思绪引入更深远的境界。像第十一、第十二,以及结尾等章节,通过放驼人对往事的回味,也通过孩子们真挚情感及其行为的震动,放驼人情感的心扉像是被猝然撞开了,理智和情感都得到了新的升华。作者在这里虽没有做更多的铺陈和渲染,却很自然地起到了一种哲理性的概括作用,这是用前一种叙事观点不易达到的。从作品的结构上说,叙事观点的变化也使情节的发展富有一种内在的节奏——叙述中的跌宕变化,不流于板滞。也正是由于这些艺术手段,使这篇作品很好地把童话与现实交织在一起,既富有情趣,又不失应有的深度。

《驼》在艺术手法上的特点,对作品的整个意境的体现和主旨的完成有着很大的影响。如果在分析这部作品时,忽略了这些特点,就不能给它以恰如其分的评价。特别是多年来,我们在文艺评论上习惯于用现实主义的批评原则去衡量一切文学作品,尤其是对小说,讲形象时必讲性格,讲场景时必讲典型环境,讲典型时也仅仅是"典型环境中的典型人物"……当然这些都是文学批评的重要尺度,但却不是唯一的尺度,因为文学创作本身不单单囿于此中。所以,我们在文学批评上要坚持对具体作品作具体分析、实事求是的马克思主义的方法,对《驼》的评论也应当如此。

(原载《内蒙古社会科学》1985 年第 3 期)

本文作者:
章程,内蒙古建筑学校马列教研室教师。

《驼峰上的爱》复调主题生成的形式因素分析

李 芳

"复调"原是音乐术语,"复调音乐"(polyphony)是多声部音乐的一种主要形式,与"主调音乐"(homophony)相对。"复调音乐"是由两对以上同时进行的旋律所组成,各声部各自独立,但又彼此形成和声关系。1929年,苏联著名文艺理论家 M.M.巴赫金在研究陀思妥耶夫斯基的小说创作时首次将"复调"引入小说研究领域,20世纪60年代以后开始引起学术界的高度重视。巴赫金的"复调"理论自1982年被译介到我国以来到现在已经有二十多个年头了。在这二十多年的巴赫金接受历程中,我们经历了从现实主义诗学到形式主义美学,再到后现代文化诗学的更迭。正如巴赫金一再提醒的,"不要忘记这一术语的隐喻性出身"。正是这一隐喻性,滋生了"复调说"所指的丰富性。它们既指文学体裁,也指艺术思维;既指哲学理念,也指人文精神。"复调说"由此具有了极大的思想容量与极强的理论辐射力。尤其是20世纪80年代后期捷克作家、文论家米兰·昆德拉提出现代复调小说理论以后,让我们对"复调"的认识有了进一步的丰富。然而,具有充分价值的不同声音同时存在于一个统一体中,始终是我们把握"复调说"的基本原则。复调主题是指在一部作品中"有着众多的各自独立而不相融合的声音和意识",这些具有充分价值的不同声音围绕一个主题链形成和声。这不仅指一部作品主题存在丰富多义的态势,更重要的是这种丰富多义之间存在和声关系以及由这种和声带来的作品更高形式的统一,或者说多重主题如何形成一个统一体。

冯苓植的《驼峰上的爱》(以下简称《驼》)自1982年发表以来,它的主题被后来的评论者或以片段的形式,或以整篇的形式不断重新阐释,进而逐渐呈现出丰富和多义的态势。梳理一下,我们会发现,主要观点有以下几种:1. 母爱与童心说。这种说法从歌颂人类最本真、最朴素的情感入手,进而从更广泛的意义上呼唤人性的善良。2. 人与自然说。这种说法探触到人与异类、自然交合的深广而复杂的内容,体现出现代人心灵底层的动物崇拜意识。3. 恋爱与婚姻说。这种说法从探讨家庭和谐与儿童成长的关系入手,希望人们能珍视纯真的情感。4. 沉沦与救赎说。这种说法重在发掘尽情书写儿童和动物间最原始最质朴的情感的内在动机,借助儿童和动物对于生命和爱原初的渴求和坚持,使救赎那些在世俗中沉沦并失去方向的人们成为叙述者隐含的渴望。以上这些题旨看似分离,自成一体,但实际上是紧密联系又互为依托的,这就是建立在更高层次上的关于"爱"的哲学命题。这是最为典型的围绕一个链条呈现多元和开放状态的复调主题形态。促成《驼》复调主题生成的原因很复杂,如作家创作心态的因素,读者的因素,小说自身的因素,等等。就小说形式而言,笔者认为,主要有两方面因素:一是文体形式的交叉并置;二是多重视角的交错运用。

一、文体形式的交叉并置

1982—1985年间,在内蒙古文坛发生了一次较大规模的文学论争,论争的缘起即小说《驼》的发表。其间《草原》文学月刊和《内蒙古社会哲学》相继发表数篇评介文章,就作品的时代性、真实性、格调以及小说所反映的爱的属性等问题发生了争鸣,尤其在小说的真实性方面争论尤为激烈,毁誉参半。很多评论者都提出《驼》中对于母驼的爱的"描写是十分虚假的","随意割断了某一具体环境和人物形象与整个时代与社会的联系,孤立地描写环境和刻画人物""这种摹写非但没有意义,也是不真实的"。当然,也另有论者认为,小说《驼》"紧紧拥抱现实,力图改造现实","《驼》的时代感有它的独特的表现方式和途径","体现了'为情造文'的艺术特质"。今天看来,这场论争其实是基于小说的本体性问题,或者更准确一点,是关于传统意义上的小说的真实性、典型性和时代性的论争。但如果重新审视《驼》的文体特征,如果假设《驼》并非一部纯粹的传统意义上的小说,那么,以上的批评意见将不再具有可靠的理论基础。笔者认为,当年对《驼》"不够真实"的批评意见,今天看来不仅不是它的弱点,恰好是这部小说的特点,是这部小说区别于当时很多小说,成为"一部不多见的书","一部颇具特色的小说"的出发点。笔者认为,《驼》是一部融小说、童话和轶闻为一炉的现代型复调小说。

昆德拉在《小说的艺术》一书中谈及复调时曾将布罗赫的《梦游者》与陀思妥耶夫斯基的《群魔》作过比较,对布罗赫把故事、通讯、诗、论文"综合"成小说的技法予以充分肯定,指出"把非小说风格综合成复调小说"正是布罗赫的"革命性创新"。显然,昆德拉这里所肯定的"文体的复调",主要指小说中多种文类的同时展现。关于这种文类的"多声部性",昆德拉界定了其必具的两个条件:"诸线索均衡"与"整体上密不可分"。只有符合了这两个条件,诸种文体类别才能在彼此互照、互补与互动中产生"张力",形成"合力",达到复调叙述的意旨。尽管昆德拉小说理论的译介和传播在我国是20世纪80年代后期的事,但具有该理论概括特征的文本在我国其实早已存在,《驼》就比较典型。

小说《驼》由三个部分组成:一是有关《恐怖的趣闻》的材料转述;二是小吉尔家的真实故事;三是小吉尔和小塔娜与疯驼阿赛之间超现实的奇异叙事,或者说童话故事。这三部分各自独立,轶闻、童话和小说构成"复杂的交响乐",各个声部交相混响,而这些要素处于平等的地位,彼此依存,不可分割,互相衬托和阐释。

小说最显在的主题是通过单亲孩子小吉尔离家出走,后被找回的故事,告诫年轻的夫妇要慎重地对待情感,珍惜纯真的爱。这一主题主要通过对现实中小吉尔家的真实故事来实现的:"放驼人"和"娇小女人"在那达慕大会上相识相爱,他们很快结合并有了儿子小吉尔。但寂寞的大漠生活让"娇小女人"感到乏味,平淡的婚姻生活让"娇小女人"感到窒息。她的离去彻底击垮了"放驼人",他整日沉迷于酒精和昏睡之中。小吉尔就是在极度缺失母爱和父爱的环境下长大的。几年以后,思念孩子的"娇小女人"重回大漠,虽然"放驼人"和"娇小女人"彼此仍然相爱,但自尊心和过去的仇恨让他们终不能走近对方。终于有一天,为了拯救被父亲卖掉的骆驼,也为了寻找快乐的生活,小吉尔毅然选择了离家出走。他的行为警醒了"放驼人"和"娇小女人",他们一起找回了濒于死亡的孩子,更找回了旧日的情感和重新开始的勇气。在故事结尾,叙述人直接介入:"人们啊,为了未来,要珍惜纯真的感情!"立意鲜明,水到渠成。从这一主题出发,《驼》应属于典型的"问题小说",题材不够新颖,故事也难说曲折,作品除了叙写异域风光,在一定程度上体现了小说创作的民族性探索外,在当时应该很难脱颖而出。

然而,纵览全篇,我们会发现,作家的笔墨更多地停留于孩子和骆驼的交往,沉醉于一段"梦幻式的叙事"。这种叙事,"挣脱了理性的控制和逼真的联系,闯入一个理性的思考所无法进入的风光之中"。它更像是童话,或者说具有鲜明的童话精神,童话之幻和童话之善被充分地书写。从开篇作家就让母驼阿赛因失去幼驼以至发疯而进入一种"非常态",此后叙述的人驼交往基本上也都是超现实的:小姑娘意外地用轻灵的歌声和温柔的挤奶制服了疯驼阿赛,阿赛对小塔娜完全人格化的情感表达以及身负重伤的阿赛用尽最后的气力,荒漠掘水,用无私的母爱挽救两个孩子的生命。故事模式属于"人与动物"母题中的救助亚型类,本身就具有神话色彩。它的发生源自"万物有灵"的原始思维模式,而这种思维只有在儿童身上才一直被复演着,也只有儿童能在这种"万物有灵"的世界中找到特有的情趣。骆驼成为有情感有人格的生命,儿童与骆驼之间假定的孩子与妈妈关系成为故事推进的充要条件,人与动物之间如梦如幻的情感交往在现实与幻想的夹层里展开延伸。"童话故事从根本上不是关注事物的可能性,而是关注愿望的满足性。"因此,由真实的情感和善良的心灵组成的童话世界往往成为人类最终的精神家园,"善在童话中有多种表现,是对弱小者的慈善、体贴;是对罪犯的宽恕;是对上帝一切造物的以礼相待;是对一切不幸者人们的舍身相救;是无私的奉献……"在这个故事中人性之善、兽性之善被作为主旋律贯穿始终,人与动物之间至真至纯的情感成为抚平心灵创伤的灵丹妙药。尤其是母驼阿赛,作家动情地歌颂了她最原始的母爱精神的纯洁与崇高,"并从更广泛的意义上,对善良的人性进行了深情的礼赞,对那些扭曲人性的丑恶力量予以挞伐,揭示出了深广的人与异类、自然相交合的复杂内容,勾勒出了生命的内核与支柱,便是一个'爱'字,寄托了作者对人类与世界更高层次的追求与希望"。孩子和骆驼的故事从表面看来似乎缺乏真实性,但因"梦幻式"的表达反而使其具有了隐喻的意味,所蕴含的主题也更为深邃,比传统小说更多一些寓言的诗意。从某种意义上讲,这与作品作为"问题小说"最显在的主题似乎有所偏离,但仔细看来,这一支脉是从更广泛的意义上探讨"爱"的命题,比作为问题小说的明确主题更为"形而上",它拓开了作为写实小说的局限性,让主题的复义解读成为可能。

至于小说的引子和补白,是关于《恐怖的趣闻》的材料摘录,这段摘引介绍了沙原上的疯驼现象和制服疯驼的具体办法,应属于科学散文的文体。它独立于以上的两条叙事线路而存在,在为故事中的母驼发疯现象提供现实依据的同时,又用制服疯驼的具体办法解构了故事的真实性。但它从科学性的角度提出情感安抚法之于疯驼的作用。

于是,我们发现,使这些不同文类、不同内容"和平共处"的秘密就在于,它们虽然侧重不同的主题,但都是围绕"爱"这一哲学命题的思考。这有如一条隐形的红线,串起表面上看似互不联系的许多材料,使读者在不同文类的交相并行里,在科学、叙述和梦想的统一中,可以任意读解小说家的主观创作意念。这种虚实相杂、真假相杂的写法,不但打破了一般小说单一的格局,更重要的是带来了"混合体"小说主题的丰富性和多义性。

二、多重叙述视角的交错运用

视角也叫观察角,指叙述者或人物与叙事文中的事件相对应的位置或状态,或者说,叙述者或人物从什么角度观察故事。这里使用视角的概念,只是顺应一种约定俗成,并非只涉及视觉,它还包括其他感觉(听、触、嗅、味),并诉诸认识、情感、价值取向等主体因素。视角在叙述中占据极其重要的位置,如果观察的角度不同,同一事件就会出现不同的结构和趣味。事实上,在一部作品中,严格地按照一种类型的视角进行叙事的作品并不多见，绝大多数作品都不同程度地存在着视角的交叉互渗现象。所谓多重叙述视角，即作品有意安排多种类型的视角进行叙事，不仅体现为叙事中内视角与外视角的切换，还体现为叙事作品中多个楔入观察者视角的切换。这种多重叙事视角的交错运用动摇了传统的叙事逻辑，扩大了叙事艺术的表现空间，是一种革新小说叙事的重要手段。《驼》在叙述视角上的特点即属于多重叙述视角的交错运用，不仅表现为叙述者视角与作品人物视角的频繁切换，还表现在叙事过程中儿童视角、动物视角和成人视角的交错运用。

第一，叙述者视角与作品人物视角的频繁切换。

《驼》的叙述者是以第三人称的口吻讲述故事的，但叙述时采用的却是故事中人物的视角，受人物视角的限制，有节制地发出信息，属于内聚焦叙事。如在第一节中，叙述暑假那达慕大会时采用的是小吉尔的视角，第一天的叙事因小吉尔睡着而有所回避，第二天的叙事则从天快亮以后，小吉尔被一阵轻轻的啜泣声惊醒以后开始展开。就局部而言，这种固定焦点的第三人称叙述亦可改为第一人称，其结果是"除了引起语法代词的本身变化之外，不引起任何其他的话语变化"。也就是说，这种叙事同以第一人称"我"叙述的作品一样，是一种严格的限知视角，只有进入"我"观察范围的，才可以进入叙述范围，正如作品中以小吉尔为观察点时，作品绝不写小吉尔的外貌，更不会写别人的心理活动。与此同时，我们发现作品中还有很多叙述是不受作品中人物视角控制的，如一些介绍性的段落，"那还是放暑假之后，查干敖包下举行了三年一度的那达慕盛会。放驼人好像惧怕欢乐，单单打发小吉尔带着笨头笨脑的大狗，跟随着牧马人阿杜沁全家去了……"；再如，一些抒情和议论的句子，"阿赛的胸怀是宽阔的，可以容纳更多的伙伴""爱，沉默中的爱是最深沉的！"这些片段的存在提示我们叙述人的独立存在，叙述的展开还依赖着一种故事外部的视角。如果将作品营构的世界看作B世界的话，那么叙述人存在的空间就是B世界之外的A世界，他存在于故事外围，叙述的是别人的故事，他是B世界之外的异叙事者。更直接一点说，故事的外围存在一个叙事人视角，叙述人是站在A世界观察B世界，叙述人本身的身份是确定的，视角所隐含的价值趋向也是确定的。《驼》的叙述正是在这种叙述人视角和作品人物视角的不断切换中逐级推进的。

　　叙述人视角独立性的显现反过来暗示我们，作品中人物的视角其实是充分戏剧化的艺术视角，它是人物自己的，更是叙述人塑造的。"这双眼睛后面存在着两个脑袋，一个是作者的，一个是人物的。这两种观察可能是相近的，更可能是相悖的、相冲突的。"尤其是儿童视角和动物视角，其虚构性更为明显。作为成人的作家根本不可能真正地实现纯粹的儿童视角，更不要说动物视角了，因此儿童视角也好，动物视角也好，可以肯定地说，合成性是其最大的特性，这里有儿童的视线也有成人的视线，有动物的视线也有人类的视线，这种视线的交融本身就很可能带来文本的复调意味。这是很多采用儿童视角或动物视角小说呈现复调特征的重要原因。更何况，《驼》中的叙事者属于那种有着强烈干预精神的叙述者，叙述的复调意味就更为明显了。

　　第二，儿童视角、动物视角和成人视角的交错运用。

　　小说《驼》叙事的展开还依托于作品中人物视角的切换。尤其值得关注的是，作者采用了三种观察方式和价值取向完全不同类型的视角：儿童视角、动物视角和成人视角。"在绝大多数现代叙事作品中，正是叙事视点创造了兴趣、冲突、悬念，乃至情节本身。"视角选择体现着创作主体的叙述智慧，极大地影响着一部叙事作品的营构甚至最终的成败。选择儿童视角叙述，即意味着以单纯的眼光和直觉的认知形式去碰触世界，也决定了小说对现实生活关注的兴奋点，反映的方式，以及小说整体的审美基调必然与单纯依靠成人视角叙述的作品有极大的不同。儿童视角的运用使小说《驼》表现出亲近自然，淡化社会生活的特点，人与动物的亲密交往成为故事关注的重点，至于故事的时代背景、蒙古族人民生活的现状，以及成人世界的情感纠葛一律进行了淡化处理。选择动物视角，使动物处于"看"的位置，获得了"看"的权利，在叙述中渗入动物的道德法则与价值判断。采用动物视角的叙事，使《驼》的主题在"人与自然"的命题中生发了诸种可能性。如张扬美好的"兽性"，力图激活"人性"的本真，再如抨击人类无情掠夺自然的劣行呼唤"人与自然"的和谐共生等。在《驼》中，成人视角作为儿童视角和动物视角的必要补充，一方面展示了成人世界的情感空间，另一方面为小吉尔在那达慕大会上同"娇小女人"的交往提供了情感背景。此外，叙述者视角从严格意义上说也应归入成人视角,这种视角为整个小说注入一种知识分子的理性精神。

不同的视角折射不同的思维特征,关注不同的外部细节,体现不同的叙事姿态,展示不同的情感空间。当然,如果不同的视角呈现的是完全不相关联的叙事,那么就不会出现复调现象,只有当它们的视线射向同一事件或同一主题时,对话才可能发生,正所谓"不同的声音用不同的调子唱同一个题目"。《驼》利用三种不同的视角进行叙事,虽然各自相对独立,但都是围绕爱的主题奏响的交响曲:在成人世界,人们为爱困惑迷惘;在儿童世界,孩子们用最率性的方式表达对于爱的渴望和付出;在动物世界,骆驼撕心裂肺地上演关于母爱的千古绝唱。这种同构而异质的表演,形成了互文性,我们从这个小说中似乎看到了不同文本的参照、并置和融进,这是诱发《驼》的读者和评者多声解读和复义阐释的重要原因。不仅如此,在不同视角切换的过程中作者有意识地安排了某些事件的重复叙事,即叙述上的重复。我们知道,在叙事作品中,没有两件完全相同的事件,也不可能有完全相同的叙述。这里称为"相同的事件"或"同一事件的重叙"仅基于其形似,实际上这是一种"伪重复",正是这种"伪重复"提供了叙事的不同声部,使复调叙事成为可能。如驼群与"黄胡子"的冲突,作者分别从两个孩子、骆驼阿赛和"黄胡子"的视角进行叙述:作者先从小吉尔和小塔娜的视角进行叙述,出于恐惧孩子们根本不敢正视"黄胡子"残忍的暴行,因此冲突的细节根本无法展开,更多表现的是孩子对于骆驼阿赛的担忧和疼惜。此后,作者笔锋一转,"牲畜和人一样,也有一种本能的预感"。立刻切入了动物视角,从动物的视角反观人类。透过阿赛的眼睛,我们目睹了"黄胡子"的狡诈、贪婪与残暴,虽然此前透过小吉尔的视线也曾描述过"黄胡子"的油滑、可憎,但这一次因为直接危及驼群的性命,这种感受就来得更真实更强烈。深入阿赛的内心,我们又体会到动物对人类复杂的情感,一方面是对孩子们的思念和依恋,另一方面又是对人类暴行的叛逆和反抗。中间还穿插了"黄胡子"的视角进行叙述,从特定的成人视角来看,骆驼就是畜生,人类驯服动物是天经地义,就应该心狠手辣。三种视角在同一事件上的对峙使叙述出现了复调意味:儿童与动物彼此的惺惺相惜;成人攫取自然的"物种优先"意识;人类对动物的残酷暴行;动物为了生命尊严的誓死反抗。

视角选择作为作家的叙述策略,不仅限制了文本反映生活的范围和方式,更重要的是隐含了某种特定的价值取向。正所谓相由心生,每一种视角背后必定潜藏着对世界为何要如此"视"的"心态",因此视角的选择与主题的表达密切相关。当一部小说采用多重叙事视角的交叉渗透来进行叙述时,其背后隐含的作家的创作形态一定是相当复杂的,这种心态的复杂性直接带来了主题表达的复义性,呈给读者的文本也就很可能是一个"众语喧哗"的状态。然而,这些复义主题如何围绕同一主题链形成统一体,始终是一部小说成功与否的关键所在。《驼》隐含在多重视角背后的系列主题虽然自成体系,看似并不相融,但关于"爱"的哲学思考将这些主题圆融地结合起来,这是《驼》成功的重要因素之一。通过以上分析,我们可以得出这样的结论:文本形式的复调是文本主题复调生成的重要因素,这种形式特征为读者提供了一个基本面,而这一基本面使复调主题的出现成为可能。就《驼》而言,这一形式特征就是文体形式的交叉并置和多重视角的交错运用。

(原载 2009 年第 11 期《前沿》)

本文作者:
李芳,包头师范学院教育科学学院副教授。

一侃到底
——读冯苓植长篇小说《出浴》

牛玉秋

冯苓植的长篇小说《出浴》的叙事风格可以说是一侃到底。侃是日常生活中常见的语言现象，正像所有的俗语一样，"侃"所包含的意义非常丰富、很难科学界定。从内容上可以古今中外、触类旁通，从形式上则可以说学逗唱、嬉笑怒骂。它看似轻松随意而不严肃古板，却包含着实质性的内容而绝非耍贫嘴。我正是在这种意义上使用这个词来概括《出浴》的叙事风格的。首先，侃与这部小说的文化韵味相契合。这部小说以中国浴文化为依托，写"一条藏龙卧虎的明清胡同，一处历经沧桑的老澡堂子，一位大字不识的修脚圣手"。浴文化与衣、食、住、酒等文化虽同属实用文化，但其实用的级别更高，不像衣、住中有美学，食中有营养，酒中甚至有诗。即以小说中所提到的"一把抓""逍遥游""摘鸡眼""极乐手"而言，都是人不同层次的生活需求，虽有深厚的文化底蕴，却很难登上大雅之堂。浴文化换了偏旁就是俗文化，俗文化用俗的语言形式来表现，当然更容易恰如其分。其次，侃与这部小说的叙事对象相一致。洗澡是俗事，澡堂子和胡同里活动着的是一群俗人。这中间有修脚的鸡眼李父子、卖大力丸的老小横二、钉鞋的，唱戏的，卖羊杂碎的。唯一一个有些家世渊源的金七爷却自称"弃爷"，以示见弃于家庭，后来当了右派，更见弃于社会，成了一个与死人打交道的鞭杆子。这些人的生存方式和他们的精神风貌都不可能文雅细腻，但却决不简单粗糙，就像小鸡眼李与杏儿、雪条儿、环妮儿、小柳柳四个女人之间的感情纠葛，个个都算得上是椎心泣血。但对于底层人来说,生存是第一要务,当生存面临巨大压力时,任何感情问题都必须让路,都必须以非感情方式来化解。化沉重为轻松,化痛苦为笑骂,侃无疑是可取的方式。

再次,侃与这部小说的人物命运及性格相融合。小说的主人公小鸡眼李生而丧母,从小在澡堂子里供众泡爷解闷打哈哈,养成了嘴尖毛长、轻皮抖擞的性格,难得的是心中存一份善良正派,手上有一份绝技绝活。在他的性格中,清醒与糊涂,放纵与把持,诸多反差极大的成分都有机地统一在一起。他的命运也是起伏跌宕,乍吉乍凶:得意时能给市长、部长甚至外宾修脚服务,倒霉时则连手中的修脚刀都差点丢了。他命运中最光彩的一笔无疑是他借为外宾服务的机会,装疯卖傻,为金七爷、莫铭和小柳柳洗清冤柱,恢复了他们应有的社会地位,而自己却坦然离世。表面无价值的插科打诨,包裹着无比珍贵的真情实意、坚定不移的做人准则。只有侃这种叙事风格,才能比较顺利地传达出这种反差极大的性格的韵味。如果要类比的话,侃有点像西方的黑色幽默。它把沉重的人生化解为洒脱的一笑,笑中还饱含着苦涩与辛酸。而这正是小说主人公一生命运的真实写照。能把侃这种叙事风格坚持到底,还是需要一些真功夫和大气力的。

(原载 2003 年 8 月 12 日《文艺报》)

本文作者:

牛玉秋,著名文学评论家,曾任中国作家协会创作研究部副研究员。

市井生活　文化氤氲
——读冯苓植《茶楼轶事》

于　雨

前几年文艺界兴起的文化热，如今似乎有些降温；即使有人提起，也多少带点揶揄的味道。其实，猛然来一阵子文化热，似乎真能解决文学创作的诸多问题，本身就未必能站得住脚，加上一哄而起，文化成了灵丹妙药，物极必反，不免令人感到厌烦。但是，作为一个民族长期形成的精神状态，心理结构，以至于生活习俗、行为规范，特别是内在的体验，至今仍渗透在每个人的心灵中，常常影响到一代人或几代人的精神品格，这种文化氤氲，笼罩着整个社会生活，恐怕也是不容忽视的。人为缔造成一股风的热，固然肤浅，不重视这种氤氲，不重视这种传统对于现代人的影响（自然有好有坏，有束缚也有支撑），也难以更深入地揭示人们的心态和思绪。有些作家，似乎是在那里勾勒平常的生活，平常的人，但由于着眼在这种文化渗透上，就给人以思索的余地，虽然他们并不是在那里着意标明写文化小说。

最近，读到冯苓植的《茶楼轶事》(《人民文学》1991年第10期)，就很有一些这样的感触。《茶楼轶事》写了一个边塞古城闹市区的茶馆，写了这个茶馆里发生的两则小事。一是一个被茶馆主人收留的不知来历的愣小子，生性邋遢，举止猥琐，空长一身肥肉，脑袋空空如也，做事必然闯祸，为人窝窝囊囊。但是当茶馆主人受辱之际，举凡城内有能耐的人都缩颈退后，他却以一身蛮力，举起重逾千斤的石狮子，使敢于撒泼的无赖望而生畏，然而他也就从此销声匿迹。一是写了一个穷苦之极,满身鬼气的引魂撒纸钱的角色,他身怀绝技,却是为死人开路,他穷愁潦倒,却是附庸风雅,架子不倒。就是这样一个人,好不容易遇到该城维持会长的老子死去,为摆排场,要他露一露绝活,并声言付大洋一千,他却置之不顾,当众离去,宁可饿死,不为恶贯满盈的汉奸向阴间开道。读到这样的故事,这样的人物,不禁使人想起司马迁在《史记·游侠列传》中写的那些朱家、郭解之流,这些人生活在市井之中,并非英雄豪杰之辈、俊雅飘逸之士,即使他们从事的职业,也常常是低下卑贱,无足轻重。但他们身上在紧要关头表现出的这种豪气、义气,以至于这种坦荡的襟怀、清白的操守,使人钦敬,也给人激励,这也许正是民族文化传统中那种义薄云天,清白为人的气节长期熏陶的结果。作者致力于此,加上气氛的烘托、描写的逼真,确能使人感到即使在塞外古城,也充满着民族文化的氤氲,渗透在人们的心理中。当然,从这些人的窝窝囊囊、穷愁潦倒,也未尝不可以看到民族文化传统中的负面。司马迁在《史记·游侠列传》中曾慨叹:"儒以文乱法,而侠以武犯禁。"空讲文化的人未必能干,而浸溶在文化传统之中显示出一种精神力量的人,却常被人鄙视、忽视。这也许正可以为致力于写这样的小说的作家添一个注脚。

(原载 1992 年第 1 期《小说评论》)

本文作者:
于雨,内蒙古文学评论工作者。

读《猫腻》

奎 曾

冯苓植的《虬龙爪》,曾引起评论界的齐声喝彩,并荣获上海《小说界》第二届优秀作品奖;最近他又推出中篇小说《猫腻》(载《中国作家》一九八六年第五期)。两篇作品,一个写鸟,一个写猫,其实都是写人,写社会,写我们民族古老却又打上当今时代烙印的文化积淀,包括它的疮疤和痼疾。读后,你会在笑声中饱含泪水,于轻松中感觉沉重。我们国家的全面改革,势在必行;其中最重要而又最艰巨的改革,恐怕还是在这些玩鸟玩猫背后的民族文化心理结构的变革和更新。

《猫腻》写了这么一个崇高的卑微和伟大的荒唐的故事:当代塞外古城有一条古色古香的大裤裆胡同,尽管四周已都盖起了现代化的高楼大厦,但因为它的古老而具有文化特色,故不被拆除,居民们也怡然自乐,安然相处。这一日正好"老外"(外宾)们到此参观,忽听得鼓乐齐鸣,鞭炮震响,准是办喜事了。果然从胡同两头迎面走来两对夫妻,互道"亲家",喜形于色,但却不见有新郎、新娘——原来新郎、新娘是两只白雪一般的尊贵的波斯猫,他们是在结"猫亲家"哩。猫们大概也反对"包办婚姻",尽管猫主人们乐滋滋地要缔结百年之好,它俩却毫无爱恋之意。被唤作"佐罗"的雄性公然反抗,"拒婚",从主人怀中一跃跳上了房顶,而雌性"苔丝"也哀怨悲伤,作不从状。于是,一场好戏坍了台,观众也都扫了兴。"猫亲家"们当即决定,由"佐罗"的男主人"瓶底儿"(本人性功能不全高度近视,所戴镜片如瓶底)和"苔丝"的女主人"瓷人儿"(貌美如玉,但据说不能生育)联合守护二猫,促使它们"培养感情"。结果,二猫无大进展,而这两位被认为"不会生孩子"的"半截人儿"却相怜相爱,感情日深。当他们得知自己的妻子、自己的丈夫正利用这个时机寻欢作乐时,他俩终于也同了床。这时,他们才发现原来自己并非"半截人儿",从而挺直了腰杆,获得了真正做"人"的权利。自然,彼此也享受到极大的快乐。但,"猫腻人家腻事多",这事传扬出去,未免有碍风化,有损大裤裆胡同的淳厚民俗和"国际声誉",于是两家自动避嫌分迁两地。后来,"佐罗"和"苔丝"虽然已经培养起了感情,谈起了"恋爱",两家人却没能结成"猫亲家",更没有做到"有情人终成眷属",给人留下了苦涩和惆怅。

《猫腻》当然不是"社会问题小说"或"改革文学",但可以看作是一种新的"市井文学"或"文化小说"。它和《虬龙爪》一样,意蕴深邃,耐人寻味,透过"结猫亲家"这一生活中的平常琐事,活脱脱地刻画出一群各具特色的当代市民的社会心态,展示了他们既摆脱不了中国传统文化的羁绊又盲目崇洋的性格弱点,同时呼唤和颂扬着人性的复苏和回归。小说的语言充满"京味",既幽默诙谐,又冷峻热切,有讽喻,有讥刺,更有希冀,很有特点。

(原载 1987 年第 1 期《小说评论》)

本文作者:
奎曾,著名文学评论家、文化学者。

《驼峰上的爱》争鸣综述

冯 迪

我区中年作家冯苓植的中篇小说《驼峰上的爱》,发表于一九八二年第二期的《收获》,同年并获全国优秀中篇小说奖。一九八三年作者将小说改编成电影剧本,北京电影制片厂正在拍摄。《驼峰上的爱》发表以后,在广大读者中引起一定的反响。《草原》文学月刊和《内蒙古社会科学》相继发表了有关《驼峰上的爱》的评介文章,有肯定,也有批评。这种争鸣对活跃我区文艺批评、促进我区文学创作的繁荣和发展,起了积极的作用,其重要论点如下:

一九八三年七月号的《草原》文学月刊上发表了滑国璋、黎伦题为《她掘出了人们心底的爱的清泉》一文,对《驼峰上的爱》持肯定态度。

他们认为,《驼峰上的爱》以"母爱为主题,动情地讴歌了这种爱的纯真和崇高,并从更广泛的意义上,对善良的人性深情礼赞,对那些扭曲人性的丑恶力量予以挞伐"。对于母驼阿赛的形象,他们认为"是作者思想观念的典型化的体现","母驼阿赛的形象完全被拟人化了,或者更明确地说,他干脆是在写人"。因此,作者指出,《驼峰上的爱》告诉我们:"母亲不能失去孩子的爱,孩子也不能缺少母爱。"

一九八四年一月号的《草原》文学月刊上发表了包明德的题为《琐谈〈驼峰上的爱〉及其他》,作者对小说本身及滑国璋、黎伦的评论文章提出了不同的看法。

包明德认为:"作为文学作品,冯苓植同志的中篇小说《驼峰上的爱》,主要角色是骆驼,但指归在于人,人性,希图表现的是人间之爱。我们感到作品中'人'

的格调是低郁的,'爱'是虚幻的。……我们首先想说的是,《驼峰上的爱》的确流露着一股孤独怨尤的情调和离群索居的隐逸倾向。"他还认为:"从总的艺术效果上来看,《驼峰上的爱》非但把生活中极其鲜明,人人都有感受的'母爱'表现得虚幻模糊,并且以骆驼的低级表现衬托了人的丑恶,以翡翠王国的辉煌,对比地显示了草原的昏暗。给人的感觉是,美不是存在人间,而是存在于动物界,存在于虚幻缥缈的非现实之中。"

一九八四年九月号《草原》的"争鸣论坛"专栏,刊登了陈全荣题为《评论,应当从实际出发》的文章,对《驼峰上的爱》及几篇评论文章提出了异议。对于滑国璋、黎伦持肯定态度的文章,和包明德持否定态度的文章,他认为,虽然两者立场、观点相反,但"对《驼峰上的爱》的创作出发点与主题的认识与判断上,二者则是一致的""一言以蔽之,《驼峰上的爱》的写作不是从活生生的可感触的现实生活出发的,而是从作者自我抽象的爱的思想观念出发的"。陈全荣认为"这根本不符合作品的实际"。

他说:"作者的出发点不是什么抽象的'爱'的'思想观念',而是现实生活中家庭、夫妻关系中的伦理关系的破裂和新的伦理关系的生成;作者所依据的主要不是作者自身'感情的逻辑',而是客观存在的,不以作者的意志、感情为转移的'生活的逻辑'。"

陈全荣不同意包明德的观点,他认为"作品的整个倾向……是紧紧地拥抱现实,力图改造现实,希望现实世界变得更加美好"。

针对陈全荣的文章,包明德在一九八四年十一月号的《草原》文学月刊上发表了《二论〈驼峰上的爱〉及其他》一文,提出了反批评。

在这篇文章中,包明德坚持自己的观点,并提出"文学作品的创作出发点不等于作品的主题"这一观点。他认为陈全荣是"犯了常识性的错误,即把作者的创作动机和作品的主题混为一谈了。……在《驼峰上的爱》中……'爱'就是作品的主题"。

与此同时,《内蒙古社会科学》一九八四年第二期发表旸谷的题为《浅探小说中的意境》一文。文章提及《驼峰上的爱》,并指出:"整个作品是一曲交织着深沉、缠绵、悲壮、真挚的爱的雄浑的交响乐,它的主旋律异常清晰:爱就是生活,爱就是幸福,爱就是真善美的统一。"文章说:"有人对此曾提出异议,似觉有失真之处。殊不知,这正是'不求形似''发愤抒情'的中国艺术和中国美学的主流。""《驼峰上的爱》正体现了'为情而造文'的艺术特质,作者为多年来倍遭摧残的人与人之间的感情而积郁。""作者希冀通过作品中的艺术形象,挖掘人们心底爱的清泉,让人们载回'驼峰上深沉的爱'。"

一九八四年第六期的《内蒙古社会科学》发表了张锦贻的文章,题为《也谈〈驼峰上的爱〉》,对旸谷文章及小说《驼峰上的爱》提出批评。她对小说是否表现了"纯真的""神奇的"爱提出质疑:"这是什么样的纯真的爱呵?爱,和嫉妒在一起,和冷酷在一起。人世间冷酷无情,只有母驼阿赛对孩子温情脉脉、忠诚不移。'爱,那只是遥远的过去,现在荒原上再不存在了。'"文章继续指出:"显然,所谓'纯真的爱',是失真的'爱',是被扭曲的畸形的爱;所谓'神奇的爱',是离奇的'爱',是被矫饰的虚妄的爱。这一空洞的'爱的呓语'丝毫无助于人们进一步清算文艺创作中把人性简单化的'左倾'思想,而只能把人们引入一种超阶级的、超社会的虚幻的境界。"

同期还登载了黄薇、特莫沁乎合写的《评〈驼峰上的爱〉》一文。文章主要针对《驼峰上的爱》的真实性,提出了批评意见。他们认为,"作者只强调了人物活动的具体环境","却割断了具体环境与整个社会环境的统一",因而,"就更缺乏真实感"。同时,文章对小说塑造的人物也提出了批评:"《驼峰上的爱》中的人物为什么让人感到不像蒙古族牧民,主要原因就在于它没有把握住蒙古民族的'特殊性'。""特别需要指出的是,这种不能反映少数民族本质的片面描写,实际上产生了丑化人物形象的效果。"

黄文对文学工作者的责任提出了自己的看法:"既然生活没有停留在一个定点上,那么文学也就不应该在生活已发生了翻天覆地的变化以后,依旧掉过头去,揣摩和吮吸已经干瘪了的昨天。作家的责任就是站在时代潮流的浪巅,做一个勇于进取的弄潮儿,去反映新的生活、新的感情。"

对小说的真实性、小说的构思及小说所反映的爱的属性等问题,本期章程在《我读〈驼峰上的爱〉》一文中阐明自己的观点。他认为"现实生活中充满着爱",并"以其具体的内容和方式存在着。文学作为以人的生活为中心的生活画卷,更不能忽视对人之常情的描写"。"《驼峰上的爱》的作者能以富有诗意的题材和敏锐的笔触,深入到情感领域里进行有益的探究""故事是感人的"。作者说,它"之所以感人,并不是因为它叙说了人驼之爱或原始母爱,而是由于它把读者带到了一个更加深沉的境界"。

在谈到什么是文学的时代感、如何体现文学的时代感时,文章指出:"文学作品的时代感,是个内在的东西。因此,一部作品的时代感应从作品的整体上得到体现或感知。""《驼峰上的爱》的时代感有它的独特的表现方式和途径。作者舍弃了貌似惊涛而绝无波澜的故事,从独特的、具有感染力和思想内涵的特色入手去展开故事。"作者还认为:"不注意《驼峰上的爱》的时代感表现的这个特点,一味看它所描写的具体环境与时代的联系,无疑是把文学作品的时代感的表现方式简单化、绝对化了。"

综上所述,围绕中篇小说《驼峰上的爱》的争鸣,是各抒己见,褒贬不一的。争论文章从不同的角度对小说作了细致的剖析。其中也涉及了文艺理论、文艺批评、文学创作及其规律等根本性问题。无疑,这不仅对我区文学创作是一个促进,而且对文艺理论的探讨也不无裨益。

(原载1985年第3期《内蒙古社会科学》)

本文作者:
冯迪,文学编辑。

上海《虬龙爪》座谈纪要

读《虬龙爪》断想

吴 亮

虬龙爪是不能跳读的——它一环紧扣一环,跌宕起伏,峰回路转,高潮迭起,非让人连贯地一口气读完不可。《虬龙爪》又是经得住读几遍的,这在情节性强的小说中不太多见。通常一部扣人心弦的小说读过就算了,很少有人会再次拿起。

因此,情节的紧凑、密集、连贯,加上它的经得起咀嚼,是我推崇《虬龙爪》的最初两个理由。小说的可读性,现在既不受注重,又非常受注重。在追求情节淡化、结构烦冗、寓意深奥的小说中,可读性不同程度地被忽视;另一方面,在重提可读性不可偏废的人们那里,又出现了为情节而情节的倾向,不过,那些容易讨好的、光怪陆离的小说并未在读者心目中留下久远的印记。《虬龙爪》较为适度地处理了这两方面的难题:既以情节抓人,又不断暗示出里面蕴藏着的诸多含意。

《虬龙爪》的可读性,在于它的口语化、世俗化和趣味化。《虬龙爪》的耐读性,则在于它的象征意味和言外之意。

生动的口语,使宗二爷、关老爷子和侯七,一个个跃然纸上,呼之欲出。每个人的阅历、脾性、习惯、心理动机,都通过那些有声有色的描绘和对白得到了朴实的表现。环境氛围的世俗化,使这篇小说具有一种民俗学意义上的价值;而关于养鸟的种种细节描绘,又极富趣味性。

当然,若《虬龙爪》仅到此为止,那么它的分量是有限的。我觉得它的内涵——关于国民心理的剖示——才是它的本意和分量所在。我之所以要简扼地概言一下它可读性何在,主要出于这么一种考虑:时下的小说有两种倾向,要么为了追求象征而放弃表面性相;要么为了外在效果而不注意内部性相。而《虬龙爪》则是通过明白晓畅的外在效果,自然而然地过渡到内部性相。这两者关系的圆通,使它成为雅俗共赏的了。

养鸟,本是中国士大夫、遗老遗少或是赋闲在家之人的爱好,它陶冶性情,养颐一种平和的心境。它的本意是"超脱尘世",和自然相处,从中获得愉悦和祥宁。但是,事情往往和人的本意相违拗。《虬龙爪》不无揶揄地描绘了养鸟一旦成为一群人共同的追求,一旦成为一群人的文化需要,一旦成为一群人的市场竞争,将怎样反过来损害了养鸟的最初动机,使它和本意相脱离。

当养鸟和养鱼养花,甚至和集邮一样,在社会化的过程中,它"异化"了。群体往往会形成一种盲目的动力。它促进人的自尊和虚荣。宗二爷的心理多次处于微妙的激荡里,他曾受人簇拥,又担心这种簇拥的丧失。合群本来是人的社会本能,但是合群会派生出等级,派生出对"首领"的尊崇,以及一旦失去首领的忐忑。"虬龙爪"无非是一根长相奇特的树丫,可是合群的人们却赋予它一种权威和中心的含意。人是需要偶像的。

禽鸟类的鸣叫,本不过是求偶和呼唤的信号。人把这种信号变成一种精神享受,复而又变成一种文化生活,再而又变成一种社会关系……

人情味、迂腐、仗义、豪爽,以及工于心计、挑唆、迎合,这种种纠缠不清的心理描写使《虬龙爪》有助我们了解自己民族的心态。民俗和心态是互为表里的。

宗二爷的社会习惯并未在养鸟活动中得到改变。养鸟的社会所通行的人际规则和原来习惯的那一套并没有什么两样。对首领的阿谀奉承,对奇闻轶事的好奇,对各种消息和传说的传播,对地位的向往和垂涎,《虬龙爪》以它略有讽喻性的口吻,又不无理解地为我们揭示了世态的炎凉和人性的弱点——当然,里面也有国民特有的习性。

上面的一些看来互不连贯的想法,都是由《虬龙爪》引发的。确实,就同时追求可读性、民俗学、口语化和国民心理剖示这几方面而言,我觉得《虬龙爪》提供了新的经验。它既不偏废固有的小说规范,又不停留在这些规范上。力图刻画人们行为背后的动机和由此产生的寓意,又时时抓住引人入胜的生活现象和细节不放,是《虬龙爪》留给我的一个最深印象。我认为不论在了解世俗、世态和世故方面,还是在对国民意识的深切关注方面,《虬龙爪》都体现了一种"圆识"。

世态纷呈的社会写生

郦国义

  《虬龙爪》是一幅情趣洋溢的养鸟图,更是一帧世态纷呈的人间写生,细致入微的社会众生相跃然纸上。作者冯苓植集中笔墨刻画的不过只是三四个人物,可他们却包蕴着极大的信息容量,令读者不时透过小说提供的具象,去作超越时空的思索,使人联想到现实生活中某些复杂微妙的人际关系、改革所面临的盘根错节的矛盾纠葛,乃至中国古代的文化背景对国民性的影响……小说写的是消闲娱情的养鸟,实则针砭时事,发人深省。

  《虬龙爪》的成功还在于:它不像有些作品光靠理念构筑形象的骨骼,能令读者有所感悟却缺乏回味,而是融理趣于有血有肉的人物形象之中,引起人们的思索和联想,值得反复地回味揣摩……

好一个宗二爷!

  为宗二爷叫好,意蕴双重:一是为冯苓植替当代文学的人物画廊增添了一个栩栩如生的艺术形象而击掌;二是为作品(也可以说是现实生活)中的宗二爷深得人际关系的奥秘、攀高有术而叫绝!

  宗二爷是个"在哪个行当上都站高枝儿"的角色。侯七此语不无妒忌,却是实话。三十年间,他从"香必居"酱园的小伙计,一步步地成为蔬菜界炙手可热的人物"宗头儿",直到"冷不丁地被拨拉下来了",尽管为此大病一场,他的那种欲望并没有因此减退。当他端着鸟笼洒脱地出现在公园里时,他的灵魂并没有从

"攀高欲"的枷锁中超脱出来。

养鸟虽可怡情养性,但在"虬龙爪"下,养鸟也"异化"了。宗二爷的儿子原指望父亲靠着"百灵子"转移注意力,然而,宗二爷的"攀高欲"却又一次被虬龙爪激起来,养鸟竟然成了他这种欲望潜能的又一个宣泄渠道!"虬龙爪"乃一树杈子,本不可与蔬菜界头儿的实权相提并论,可宗二爷独占虬龙爪的三个月,却也"得到了多少满足,得到了多少欢乐"!何以呢?因为宗二爷在这里可同样感受到被敬仰、被恭维、被崇拜、被前呼后拥的心理享受!

在小说的前半部,作者刻意突出宗二爷的这种强烈的"攀高欲",宗二爷有一段"几乎脱口而出"的自我感叹是写得绝顶出色的:"天哪!命运多舛,生不逢时!办公室里嫌老,虬龙爪旁嫌小,天灭我曹,天灭我曹!"这是宗二爷心灵世界的大暴露。然而,作者深深掌握了宗二爷的性格,宗二爷毕竟只是"几乎脱口而出",如是,"脱口而出"者,就非宗二爷之辈了!在小说的下半部,作者着力展现的便是二爷的"攀高术"了,这是力透纸背、入木三分的。宗二爷形象的认识作用便在于此。

"虬龙爪"下的争夺战,虽无刀光剑影,却也激烈万分,这里既有鸟与鸟之间你死我活的鸽斗,也有人与人之间嬉笑怒骂的明争暗斗。在这激烈的争斗中,宗二爷始终是争斗的一方,而他的表现却并不穷凶极恶、锋芒毕露,看起来是那样的宽大厚道、那样的温良恭俭让!这正是宗二爷在那个养鸟者社会里得以战胜对手、独占高枝的条件所在!冯苓植将这个欲火内炙而外表谦逊、宽厚、洒脱的人物表现得如此传神、如此深刻,真可谓是大手笔!

宗二爷精通"人际关系学"懂得争取群众,笼络人心。烟酒不分家,搞一点廉价的西红柿分给鸟友们,这是"关系学"的基本功,宗二爷自然懂得。更主要的是,宗二爷知道鸟友们的心理性格弱点,他明知自己的小妞儿比别人的都强,就是常常不让它露脸——为的是免得把大伙儿的鸟比低了。在物质上让鸟友们占点小便宜,在精神上联络他们的感情,这就不但使他自己在养鸟圈的芸芸众生中得了一个好人缘、好印象,而且一箭双雕,硬是把关老爷的人缘儿给挤了,把关老爷比下去了。

令人惊讶的是,作为关老爷子实际上的竞争对手,宗二爷在他面前始终表现出诚恳的谦恭姿态,宛如一个听话的孝顺晚辈。而且,宗二爷善于随机应变,懂得怎样抓住关老爷子的心。表面上看来,他处处在迎合奉承关老爷子,而实际上,关老爷子无疑成了宗二爷高明的擒纵术的对象!

小说在表现这位老于世故、精于攀高的宗二爷时,相当有节奏、有层次,从容不迫步步深入,作者把笔锋深入到宗二爷的灵魂深处去了。在"厚葬老闺女"和"意砍虬龙爪"这两节里冯苓植用略带幽默的浓彩重墨,让宗二爷淋漓尽致表现了他对关老爷、对鸟友们的"义气""厚道",他的为人处世的手腕。然而,小说没有到此为止,奇峰迭起,安排了"新丫头"的出场。宗二爷眼看虬龙爪独占在望,"新丫头"的出场对宗二爷无异于当头一棒。然而宗二爷的脑袋霎时就活转过来了,小说有这样一段描写他"一脸微笑,两眼泪花,一下子就扑到了老爷子身旁,厚道地托起老人家端鸟笼子的双手,眼里闪出忠诚,声音里含着激动",热切地表示要把小妞儿送到关老府上去,为"新丫头"压口。而这时,关老爷子老泪落下来了:"您哪,厚道人儿!"这一节真令人拍案叫绝!它可以使我们见识一下天下的"厚道人儿"是如何的会做假,如何的伪饰,如何的用假情假义的"表演"去得世人真正的称赞——这可恶的"厚道人儿"啊!

《虬龙爪》对"人情世故"的揭示,使人会想起《红楼梦》。不知宗二爷除了养鸟之外,是否钻研过"红楼",他的处世为人哲学与大观园中的花袭人颇为相似。曾经有一位批注者给袭人的性格作了如下批语:"偃旗息鼓,攻人不意者,曰:袭。"宗二爷对付关老爷子的手段,似也可以用这段批语概括。当然,宗二爷也许根本不读"红楼",而是现实的人生、现实的社会教会了他这一切。中国的传统文化,向来注重人际关系的处理,而宗二爷之辈的出现,想来也是一种"异化"吧?

"厚道人儿"宗二爷终于独占"虬龙爪"并谋得了一席闲职(爱鸟者协会副主席),好在这养鸟圈子里的高位,并不为大多数世人所注重,然而小说使人想到的是,在现实生活的人际关系中,常常也不都是由宗二爷之辈获得了成功吗?!其所以如此,该是中国社会的"国民性"之咎吧?记得鲁迅在分析论述"国民性"的问题时,曾尖锐地指出:"谓世人毁誉褒贬是非善恶,皆缘习俗而非诚,因悉措而不理也",疾呼要"举一切伪饰陋习,悉与荡涤""不取媚于群而随顺习俗"。冯苓植塑造的宗二爷形象,使人激起对现实人际关系中"非诚""伪饰""取媚于群"的厌恶,这于人物的审美意义该在此吧?

侯七的人性善恶

《虬龙爪》的结尾是：宗二爷被拥上了鸟协副主席的高位，而侯七的秘书长却落选了，因为，这小子精神失常了。

世人会说，这小子罪有应得，恶有恶报。此话不错，侯七确实可恶，在作家笔下，侯七的形象近乎"性格"人物（或称漫画人物），作家将他人性恶的一面刻画得很为鲜明。如果将侯七与宗二爷放在一起作性格塑造的比较分析的话，宗二爷的形象自然容易被评论家称之为"圆形人物"，相形之下，侯七不免显得有些"扁平"，然而，这并非艺术上的笨拙，而是一种性格衬托。英国一位著名的小说家曾经说过：一本成功的小说常常需要扁平人物与圆形人物出入其间，两者的相互衬托的结果可以表现出想象不到的人生复杂真相。冯苓植深得其中之道。小说中宗二爷和侯七一搭一档的表演真使读者受益匪浅，那些在现实生活中需要付出碰壁乃至失败的代价才能懂得的复杂奥妙的人际关系，往往一经他们展示，便令读者茅塞顿开，感悟了其中的奥秘。

必须指出的是，如果我们单独对侯七的性格塑造进行分析的话，就会发现侯七的形象其实并不"扁平"，他的性格弧线趋向圆形，尽管他的形象带有漫画色彩，却并不失人性的深度。

侯七令人厌恶，首先在于他的势利。在关老爷的鸟儿独占虬龙爪的那些日子，他瞅准了老头子爱戴高帽的弱点，干了不少惹人嫌的事，而当关老头重返虬龙爪时，侯七对关老头的恭维、吹捧更令人反感。鸟友们对侯七的不满，还因为这个"帮闲"的角色，常常拨弄是非，捣得个虬龙爪下不得安宁，破坏了爱鸟者社会的和睦空气。而且，他不惜挑动鸟儿斗鸟儿。小妞子与老闺女那场拼死的鹆斗，其笼前策划者，不也就是这个侯七吗！

侯七如此这般，其行为的动机是什么呢？小说有一段心理描写告诉人们，侯七要的是这个："在这儿你（宗二爷）也站高枝儿？嘿嘿！咱就要出出几十年这口窝囊气儿，臊臊你的皮儿。"如果单把侯七的所作所为理解为妒忌而产生的报复，这未免局限了侯七这个人物的丰富性。当宗二爷下了饭桌上的功夫——请客宴请侯七后，侯七便仿佛让酒洗过，换了人儿，从此为宗二爷摇旗呐喊，竭尽"帮闲"之劳了！一两桌酒席是冲不掉侯七几十年所受的窝囊气的，可见，侯七的所作所为还得从他的人性上去分析。

西方的人本主义心理学曾从心理学的角度对人性的自然因素进行研究提出了人的需要的相对层次关系。按照这个理论，人们的需要依低级到高级分为七个层次：生理需要、安全需要、归属和爱的需要、尊重需要、认知需要、审美需要、自我实现需要。而且，高级需要比低级需要具有更大的价值，因而当两种需要都得到满足的人（特别是在早年），能形成健全的品格，能为高级需要的满足而忍受低级需要的剥夺，甚至成为殉道者。反之则不然。西方人本主义心理学家的这个见解，无疑有他的片面性和局限性，然而借用来分析一下侯七，倒不无参考价值。侯七的早年是酱园坊的小伙计，在那个年代，衣食住行的低级需要得不到满足，精神的高级需要更何从谈起，这就促成了侯七品格的缺陷，导致了他人性恶的一面。因此，侯七在虬龙爪下的劣迹并不仅仅由于报复的直接原因，而是他低下的品格和人性恶的必然表现。

但是，如果把侯七之流的出现完全归结为个人的品格和人性因素，那也是不公道的。正是因为关老爷子、宗二爷这般人物需要侯七这些帮闲的角色，侯七之流才得以有存在的价值和理由。养鸟圈里的众人没有不憎恨侯七、不厌恶侯七的。然而，宗二爷却很快就发现侯七的可爱，认为他是鸟协秘书长的适当人选。这正说明了：宗二爷之辈要上台，是离不开侯七之流的！而侯七也并不辜负宗二爷的期望，他确是为宗二爷真正出了力、效了劳的。

可悲的是，侯七疯了，这是他作恶的报应。可是，当读者看到宗二爷就此不动声色地取代了关老爷子的副主席时，不免觉得侯七倒也并不是《虬龙爪》里最恶的角色。他的疯不也可以说是显示了他的一点人性善吗？

若不是内疚、痛苦、悔恨之至，或者是心理的极端矛盾，大凡是不会疯的（无神论者不相信人间有专施报应的天公）。而且，就在他疯了的时候，还不断在向关老爷子的亡灵讨饶："我可不是存心的呀！"想来，这话也是可以相信的。平心而论，侯七的人性其实确也并不全由恶的一面组成。细心的读者不难发现：当宗二爷在虬龙爪下作精彩的"伪饰"表演时，侯七常显出其人性率真的一面，他不时有一二句脱口而出的真话，使精于世故的宗二爷极为难堪。

呵，可恶、可悲，又有点可怜的侯七！

"鸟如其主"的审美投影

程德培

冯苓植的中篇新作《虬龙爪》,不像其他引人注目的作品那样是伴随着某种群体意识问世的。它的出现有点冷门,有点独特。虽然,这也并不是作者的第一部作品,在这之前人们已经熟悉了以《驼峰上的爱》为代表的一系列中篇。尽管如此,《虬龙爪》还是因成功而令人感到陌生。

这里没有浓烈的味,也没有炽热的情,更没有动心荡怀的矛盾冲突。这似乎还是个清闲的世界、调理心情的地方。小说描写的是北方某城市内养鸟的生活,这本是退休、闲散人的生活,宗二爷的养鸟、关老爷的养鸟虽经历不同,但也都是起因于求清闲的。

但是闲中自有不闲,舒坦之中自有不舒坦,那一汪湖水,几株垂柳,跨过石带桥的隐秘的鸟的乐园却成了人际之争的场所。

一个是鸟攀高枝的虬龙爪,一个是人争高位的养鸟协会。关老爷的老闺女和宗二爷的小妞子争上虬龙爪,并非鸟之事,而是在其背后有着人之争。所谓鸟如其主,并不是有什么像人一样的能力,而是主人的欲望,心理定式,支配别人高于别人的念头在作怪。宗二爷近一辈子养成的处世之道和成败欲望,给这清闲之地带来了不清闲。这样,我们从鸟如其主中,看到了主人作为人的表现在鸟身上的延伸,结果鸟成了人的心情、作为的表现,鸟性亦人化了。

关老爷重得新妞,病也奇迹般地好了。鸟完全因为人的一种精神现象而变成了奇鸟。但也正因为这种过分地、过早地鸟得人宠而导致了"脏口"的毁灭。其背后的理趣已远远地超越了鸟的命运。

《虬龙爪》不仅写的是鸟与人的关系,更为重要的是,作者关注通过爱鸟玩鸟而聚集一处的人,这里也是一个"世界"、一个"社会"、一个"民族"历史的侧影。那些各自带着自己人生足迹的同行们因鸟而聚,表面上大家是为摆脱忘却昨天而合,事实上他们也为难以摆脱昨天而合,人有更多内在的东西并不因为退休而退休的。宗二爷和侯七在养鸟世界的成与败不正是几十年前各自命运的意味深长的重演吗？

成立老城的鸟协，本是桩沟通爱鸟者的事情，竟成了各自表现和满足自己竞争欲的舞台。作品中刻画的四个人物，不能说他们都具有同一程度的欲望和要求。一个人可能由于自己的处境、地位不同而要求也不同，像侯七这个长期在生活中不走运的人物，他至多也只能是要求别人看得起他。同是与鸟的关系，宗二爷、关老爷、辛白之又是各不相同，但是，他们人争高位的趋向是同等的。

这种意向同一的欲望便构成了纠葛，陶冶性情的天地便因人的欲望的表现而走向自身的反面。鸟协的成立产生了异己的力量，成了英雄排座次的确立。

宗二爷当然是此中英雄，作为人物形象，他也是作者写得最用心计和功力的一个。他那不露声色的处世哲学，几乎给他带来一生的成功。这"成功"总是耐人寻味的，它也可能蕴含着更广阔、更普遍的"不成功"。"成功"总是垂青于这种人生和处世的哲学，这也可能是它为什么那样顽强地存在着的缘故吧！千百年来，儒学所列的种种做人的劣迹，是进入宗二爷骨髓的。这不能不使人感到，在宗二爷的得意背后，有着作者淡淡的哀和深深的忧。

争夺是激烈的，各人甚至自觉与不自觉地运用了浑身解数（人生的阅历，经验中糅杂着历史文化的积淀），但是，作者徐徐道来的行文又是平淡的、徐缓的。小说有着一种默默地观察得来的静趣。作者表现了自己对民族劣根性的思考，甚至愤愤不平的精彩之处也是到了至闲至静的地步的。

作品中反复出现的，那虬龙爪无主的惶惑感，那两主夺虬龙爪的慌乱感，不仅是精彩的写实，而且也是富有荒诞意味的联想与象征。

《虬龙爪》的好处，正在它的虚实相间。作者写的是一件实在的事，甚至细微之处也写得极富有情趣，那养鸟的规矩、养鸟的常识、养鸟的历史变迁和绝根，都有滋有味地一一道来，但小说在实的背后又分明有着许多可供人思索的虚的意蕴。

你可以从中看到一部退休的人生相，又可以联想到这些人的历史陈迹和不同社会层次的印痕；你既可以从中清楚地想到处在改革之中的中国国民相的一面，又可以不那么清晰地联到更深远的民族的文化背景。

这部小说的恬谧之美反映了作者创作中的静默和心情，整个过程的大度、无燥气，一种胸有成竹，胜任有余的气度，使得小说新闻式的煞尾，百尺竿头，更进一步。整个小说后半部胜于前半部，这是很不容易做到的。但是，《虬龙爪》又不能单单地归结为一部恬淡之作。从对一个作品不同层次的划分来看，作品本身所展现的物象是一个层次，如小说家的世界，作品中的人物背景等等，这是客体层；另一个世界则是由于读者主观过程的参与而完成的层次，从接受过程来看，这是有意识地进行意向性的综合活动。从前一层次来看，《虬龙爪》是淡的，这不仅是因为它的叙述态度，更为重要的是作为叙述主体能自主地将自己激烈的情绪始终深藏于文字背后。从后一个层次来看，这部作品表现的内蕴和给予读者的感受，又是十分浓烈和深刻的，这正像有人指出的，《虬龙爪》表面上看是闲情逸事之作，但事实上它是一部地道的忧国忧民之作。这是一语中的。所以，结合这两个层次，《虬龙爪》又可以说是一部浓淡相宜之作，所谓"浓尽必枯，淡者屡深"，这是一例。

《虬龙爪》的叙事体态，它的结构形态还是线性的，讲究一种叙述过程中的连续性。但它又很有自己的特色，在整个线性的叙述过程中，作者不断地运用漂亮的绕弯来吸引读者，小说虽没有不断的精彩"射门镜头"，但却以不断的"过人镜头"令人神往。小说的另一个显著特色是融知识性、情趣、理趣于一炉，从这一点看，《虬龙爪》又是一部成功的雅俗共赏之作。

两点感想

王安忆

冯苓植同志过去的作品有些没有看过，不能很好地对比。《虬龙爪》给我的印象很深，我很喜欢。听了大家的发言，对我很有启发，我想说两点。

第一，我感到作品里有一种世故，这个世故绝不是什么坏的意思，我想指的是人生阅历。曾经有一个作家对我讲过一句话，我觉得很有道理。他说，你们年轻作家写的作品里有很多诗，但没有世故。写小说要写出诗意，但世故确实很重要。最近，我在看电视剧《四世同堂》，有一点十分突出，剧中哪些台词是别人加进去的,哪些台词是老舍原作中就有的,一听就能听出来。比如剧中有段祁老太爷的话,他说:我错了,原来我以为北平的难三个月就能过去的,……我还想到祁家是要遭难的,但不至于伤人口。这种话一听就知道是老舍写的,这里面带有一种老舍本人的经历和生活,别人再有才气也是不会如此讲的。《红楼梦》里的世故也很深,贾母说的那些话,你怎么想也想不出来,世故得不能再世故了。我觉得《虬龙爪》里世故也很深,我们和冯苓植同志相差一些年纪,十几岁,但这是怎么也不能代替的,叫我是写不出来的。小说中宗二爷这个人写得非常好,这个人表面很厚道,但内里却十分有心计。

第二,《虬龙爪》不是动物小说,它主要是写人的,和日本的《狐狸的故事》是不同的,作品不完全是我们过去的传统现实主义手法,有其荒诞的一面,小说每到后来荒诞愈来愈强烈,但那种荒诞,那种变形是建筑在我们民族文化基础上的。我联想到《透明的红萝卜》,也许是受拉美文学的影响吧,《透明的红萝卜》这类作品近来较多。我有些看法,我感到我们文化,我们中原文化,实际上神鬼的味道是不多的。最近我比较注意中原地区的民间传说,非常奇怪,这些传说非常实,不大有什么离奇的东西。哪怕是再神话、再鬼怪的东西,也还是很现实的,在《透明的红萝卜》中,写了那么个小孩子,作品里写的那种神奇的东西实际上没有我们文化的基础。红萝卜是一种象征,但看不出有什么内在的东西,可以换成山芋,也可以调另外的什么。在《百年孤独》里,写了一条路,那是有他们的文化做背景的。《虬龙爪》对我们很有启发,我们要魔幻现实主义,要变形,要荒诞,但不能脱离我们民族的传统,要在我们民族文化的基础上发展。

我读《虬龙爪》

钱谷融

我怀着很大的兴趣阅读了冯苓植同志的新作《虬龙爪》,觉得他的确写得好。同他过去的作品相比,笔致似乎更从容了。哪怕最紧张难写的场面,他仍能出之以舒徐,举重若轻,挥洒自如。而且把矛盾处理得十分自然熨帖,使读者感到心服意惬。非有大笔力是难于做到这一点的。

但我对这个作品的总的评价又是不很高的。

这个作品写了鸟,也写了人。分别看来,应该说,无论是鸟,还是人,写得都相当不错。"小妞子""老闺女",各各活灵活现,宗二爷、关老爷子,也都神情毕肖。但从鸟和人的关系以及人和人的关系上看,就不能说也写得很好了。宗二爷对小妞子,关老爷子对老闺女,的确是视同性命,爱护备至。这一点作品是写出来了,我们也深深地感觉到了。但小妞子对宗二爷,老闺女对关老爷子又怎么样呢?虽也似乎不无情意,但并不使人感到这情意有怎样的深切。文学作品写动物,常常也是写人,作家不但从人对动物的态度上来表现人的性情品格,也从动物对人的态度上、从对动物本身的描写上来显示出动物也是有灵性的,也具有与人相通的感情和意趣。这里姑且从我国现代文学中举一些例子。譬如夏丏尊的散文《猫》和王鲁彦的散文《父亲的玳瑁》,写的都是猫,可他们笔下的猫又是这样的善知人意、善体人情。因此当它们的主人失去它们的时候,我们就禁不住要和它们的主人一同悲伤,心头也要感到和它们的主人一样的沉重。就是冯苓植同志自己的名篇《驼峰上的爱》,写母驼阿赛与小牧民塔娜之间那种纯朴的、真挚的、超乎物种的爱,是多么感人呵!读到这样的作品,谁都不能不感到激动。可是,在《虬龙爪》里,小妞子、老闺女虽都是鸟中的佼佼者,灵巧善鸣、逗人欢喜。也曾为它们的主人博得不少彩声,给他们带来莫大的喜悦。但它们在知情达理、善体人意这点上,作品却接触不多,不足以使我们感到它们也有与我们一样的感情,要用像对待我们的同类的态度去对待它们。因而,当老闺女死去后,尽管关老爷子呼天抢地,痛不欲生,我们心头却并不感到怎样沉重,并不引起我们多大的悲伤。

当然,作品的重点是在写人和人的关系。人和鸟的关系只是陪衬,只是手段。一个作品的价值的高下,主要该看人和人的关系写得怎么样。这种关系不但应该写得真实、具体,像生活一样的多姿多彩,而且更重要的要能通过对现实生活中人与人的关系的生动描写,在人们心头激发起一种对美好理想由衷的渴望与追求,同时,对一切丑恶和黑暗的东西的无法容忍的憎恶,并产生出要起而铲除它的决心和勇气。这当然是对文学作品的一种最高的要求，不能以此来要求所有的作品。让我们还是就《虬龙爪》来谈《虬龙爪》，这个作品里的人际关系究竟写得如何吧。

这个作品里写到的有名有姓的人物一共是四个。辛白之虽只寥寥几笔，着墨不多，却也勾勒出了一个在随着时代一起前进的知识分子的轮廓。但因这个人物在作品中毕竟不是十分重要的，写得也实在太少，我们可以不去谈他。另外就是宗二爷、关老爷子和侯七三个了。宗二爷以诚待人，为人和气而又谦虚。关老爷子也胸怀坦荡，潇洒脱俗。这两个人就人品而论都是不错的。只有侯七这个人，刁钻促狭，鬼头鬼脑，总爱惹是生非，寻衅捣蛋。这三个人，分开来看，应该说写得都不错，给人的印象都相当鲜明。但把他们三个人合在一起，把他们作为一个有机整体，从他们的相互关系来看，就觉得这样纷纷攘攘，究竟所为何来？不错，侯七对宗二爷因嫉妒而生恨，总想找机会伤害他，多次在人前用尖刻的言语讥刺他、嘲弄他，使他当众受窘。但宗二爷却并不跟他一般见识，虽然看不起他，甚至相当讨厌他，却并不跟他计较，对他还是很宽厚。侯七想用关老爷子来压宗二爷，特别想利用虬龙爪来挑起他们之间的矛盾冲突。

可他们两个却都并不想为争强求胜而钩心斗角、而设法去利用各种可资利用的关系与手段，从而让我们看到更多的社会现实关系，更惊心动魄的纷纭世态和诡谲人情，并引起我们更深沉的、难以搁置的思考。现在我们通过作品的描写所看到的却只是侯七的卑劣心肠，与宗、关二人的磊落襟怀。若问侯七为什么要这样卑劣，宗、关二人又为什么会这样磊落？我们只能回答说，这大概是他们天性使然，此外就不能再说什么了。

侯七起先是一门心思地想要变着法儿来伤害宗二爷，对关老爷子则巴结逢迎，极尽恭维之能事。可是自从宗二爷请这个侯七吃了一顿酒以后，这个侯七就真"仿佛让酒洗过，换了个人儿一般"，他一反过去之所为，对宗二爷就似乎非但不再怀有敌意，反而显得处处在卫护他一样。而对关老爷子则再也不像过去那样的一味巴结逢迎，忽然转而经常对他进行中伤、污蔑了。这是怎么回事？宗二爷在酒席上究竟对侯七说了些什么，竟会使侯七发生这么大的变化？人们很自然地会作这样的猜测：这一定是宗二爷为了跟关老爷子争当鸟协主席而收买了侯七,唆使侯七这么干的!特别当我们读到在侯七向鸟友们报告了关老爷子尽逼着老闺女为一些"匪派儿"录十三套的消息,并幸灾乐祸地估计到老闺女将因不胜劳累而死时,他一面说着:"老少爷儿们!等着瞧吧,乐子在后头呢!"一面还特意向宗二爷挤眯了一下眼儿,接着又跟宗二爷悄悄地咬起耳朵来。就更要使我们往这方面去想。但宗二爷的一些实际表现,宗二爷此后在对待关老爷子和侯七的态度上,举凡他所说的每一句话,所做出的每一个举动,又都会使我们否定这种猜测。这种猜测跟作品所表现的宗二爷的一贯的为人,跟作者对他的总的态度也是不一致的。事情绝不可能是这样。那么,侯七究竟为什么要这样做,会这样做呢?我们所能作的回答,恐怕仍只能是:大概这是侯七的天性如此,他就是这么个古怪的坏人!这样的回答当然是不能使人满意的,我们自己也并不感到满意。但我们只能如此。

事实上,关老爷子的命就是送在侯七手里的。先是他让大公园里的洋鸟派儿(即匪派儿)赶来参加老闺女的追悼,会使关老爷子在万分悲痛之中又被这些年轻人恣意嘲弄了一番。后来,又是侯七在洋鸟派儿中散播关于关老爷子的"新丫头"的神话,怂恿他们不断地来纠缠关老爷子,使关老爷子已经很虚弱的身体更加支撑不住。最后,又是这个侯七,当新丫头骤然来了一声怪叫,就一口咬定是"猫头鹰叫!脏口"!其实,当时在场的其他人都是"越听就越感到不是什么猫头鹰叫"。

可关老爷子听了侯七这一声惊呼以后,竟浑身打战起来,认为这真是脏口,真是猫头鹰叫,就一把将新丫头紧紧地攥在手里,竟把它活活地捏死了。捏死了新丫头,就等于断送了关老爷子的命根子,随即他自己也就一命呜呼了。这岂不是侯七送了关老爷子的命吗?侯七究竟为什么要这样干呢?人们不免又一次要把猜疑的目光投到宗二爷身上。特别联系到当关老爷子提着新丫头重上小公园,并指着它对宗二爷说"宗二爷,这可是只难得的好鸟儿"时,作者写宗二爷这时竟"只觉耳朵眼啸得一声轰鸣,随之那鸟儿便骤然间臌胀起来,黑乎乎地变得老大老大,挡住了众鸟友,挡住了众鸟儿,就连自己那小妞子也让挤得什么都看不见了"。新丫头的出现竟会给予他这么大的刺激,似乎在暗示着这时宗二爷的心里正在转着这样的念头:"老闺女死了,本该小妞子露脸儿了,可偏偏又蹦出个新丫头来！"这一念头作者在下面是把它作为鸟友们的想法而写出来的，并没有把它安在宗二爷头上。难道作者是因为要为宗二爷讳而故意隐约其词的吗？但如果有人认定这种想法所反映和表达的就是宗二爷的心声，恐怕也不能认为是全无根据的。那么，作者本人究竟是怎样的态度呢？他是否真是把宗二爷当作一个城府很深的，惯于阴一套阳一套地玩手段施诡计的十分奸诈的人呢？我不相信会是这样。因为，前面说过了，这跟作品所表现的宗二爷的一贯为人不合；跟贯穿在作品中的作者的总的态度也不合。顶多只能说这是作者在写宗二爷的潜意识中的活动，写他从内心深处不自觉地涌现出来的一闪念的印象。这样写，并不破坏宗二爷形象的完整性，也不至于会从根本上影响作者（和我们）对宗二爷这个人物的总的评价。所以，这倒是很可能的。

但不管侯七后来的行动，究竟是不是受了宗二爷的指使，也不管宗二爷究竟是不是有心要跟关老爷子争当鸟坛的盟主，从作品所展示的生活画面来看，通过他们之间的矛盾纠葛所涉及的社会内容，所表现的人物性格都是并不怎样深广的。由于《虬龙爪》的视野只局限在某地养鸟界的一个很小的角落里，接触面不广，本来这类作品只有靠展示人物性格和灵魂的深度来弥补表现范围的狭窄。但作者的用笔又过于潇洒飘逸，不适于进行深入的开掘，因此这一作品的社会意义就不能不受到很大的限制。

我一向很爱读冯苓植同志的作品，对这篇《虬龙爪》也很喜欢，认为它不失为一篇好作品，特别是艺术上写得很精致，文字优美，格调较高。上次在上海文艺出版社召开的座谈会上，与会同志一个个都十分热情地赞扬了这篇作品，说了它的许多优点，这些优点我觉得是确实存在的，并非溢美之词，我也大都同意。但由于我上面所说的理由，从思想意义上来讲，我觉得不能给这个作品以过高的评价。这就与到会的同志们的意见，有较大的出入，显得很特别。当时冯苓植同志也在座，他很有雅量，一点不以我的意见为忤。其他同志也都毫无保留地各抒所见，充分摆出自己的观点，陈述自己的理由。这真是一次很好的讨论会，使我受益匪浅，并为之感到非常高兴。我们过去总好像认为对于一部文学作品只能有一种看法，如果有不同的看法，总想要求得统一。其实，文学作品是生活现实的反映，正像对于同一生活现象可以产生各种不同的反应一样，对于一部真正的文学作品,在不同的人们中,自然也常常可能会出现一些不同的看法和意见,这是毫不足怪的。这种看法和意见的不同,不但来源于读者的经验阅历、情趣好尚和思想修养的差异,也来源于作品本身内容的复杂性。只要这些看法和意见,确是读者对作品亲身感受、体验并经过思考以后作出的,就一定都有它的可取之处,不但可供作者参考,对其他读者也会是有助益的。我们大可不必急于强求它们的统一。而且,我觉得,这种认真的真正发自读者内心的看法和意见愈是丰富多样,正显示出这个作品有着旺盛的生命力,在吸引着各种不同的读者的广泛的注意,无论从哪一种意义上来说,都是值得欢迎的。今天,在我们文艺界,这种值得欢迎的现象,已经出现得愈来愈频繁了,这次关于冯苓植同志的作品讨论会就是一个明显的例子,相信这不但对于冯苓植同志能多少起些推动作用,就是对于其他作家也将是一种促进。我预祝冯苓植同志和他的同行们在今后的创作中取得更大的丰收。

让养鸟真正进入审美、娱乐境界

江曾培

  人与自然的关系,一是把自然当作劳动生产的对象,此系实用的关系;一是把它当作休息娱乐、怡情悦性的对象,此系审美的关系。马克思在《1844年经济学哲学手稿》中指出过:"在认识领域里,例如植物,动物,矿石,空气,光线之类组成人的意识的一部分,时而作为自然科学的对象,时而作为艺术的对象……"当然,这两个"对象"不是分割的,因而自然物对人类来说,往往既是实用的,也是审美的。特别是在人类的幼年,美与善几乎是不分的。古希腊的苏格拉底,就认为美的标准是实用。"任何一件东西如果把它能很好地实现它在功用方面的目的,它就同时是善的又是美的。"因此,在狩猎时代,人们多用动物装饰。有的拔掉自己的上门牙,以便和反刍动物相像;有的则锉短自己的上门牙,以便和肉食的野兽相像。到了农耕时代,发现了植物的用途,人类才有植物装饰,妇女才以花来打扮自己。那些对人类生活没有实际功用的自然现象，如狂风、暴雨，在当时决不能成为审美对象。这种美善不分的情况，随着人类劳动的发展，生产有了剩余，开始从自然的束缚下解放出来，有了改变。人们可以逐步地离开实用的观点，用审美的观点看待自然，于是，许多既不能解饥，又不能御寒，对人类生活没有什么直接功利的自然现象，也成为人们的审美对象、艺术对象。即使是威胁人类生存的狂风暴雨，像在范仲淹的《岳阳楼记》中，被描写为"阴风怒号，浊浪排空；日星隐曜，山岳潜形"，也成了一种美。当然，在这种审美观照中，寄托和抒发着人们在生活中的感受，仍然包含着一种曲折而间接的"功用"。把美与善完全割裂开来，也是不妥的，但这里的人与自然的关系，毕竟不是那种狭隘的、直接的实用关系了。由此来考察人们所以养鸟，是基于人类文明的进步，满足一种审美、娱乐的需要，而非实用的需要。《虬》文中交代，爱鸟者养的鸟儿大体分为两类：一类是看的——观赏鸟，偏重在欣赏鸟的毛色、身架、姿态；一类是听的——听口鸟，偏重于欣赏鸟的声音。养这两类鸟，都是为了娱人耳目，供人欣赏。此外，还有一类鸟，专来些杂耍特技表演称为杂耍鸟，它们虽然有的能把小纸旗送到旗座上，有的能把抛向高处的弹丸凌空接住，但是养鸟者养鸟绝不是为了派这个用场，而是要它们以此"杂耍"一下，博大家一笑，因此，也还是审美娱乐作用。正因为这样，养鸟这一玩意，不可能产生于人类的茹毛饮血年代。当人类最基本的生存问题还未解决，产生不出这样的需求，只有当生产有了剩余品，一部分人有钱，也有闲的时候，才能发展起来。历代的养鸟、玩鸟者，大多是遗老遗少。这不是说，这些遗老遗少的审美能力特别发达，而是因为他们不为衣食所迫，有着这方面的闲情逸致。尤其是清朝皇裔，养鸟成风。作品中的关老爷儿，在家资富有的时候，曾经以一溜大正房换来一只好鸟儿，三间偏西房换来一个乾隆年间的鸟罐儿，为的是养鸟其乐无穷，"才叫神仙过的日子呢"！当然，过去在那些为生活所困的劳动人民中间，也有养鸟玩鸟的。因为，再穷困的人，也有着精神生活的需求。对一些人来说，"玩玩鸟找个乐子，求个清静"，不失为一条好的门道。新中国成立以后，在"左"风影响下，特别是在那个动乱年代，养鸟玩鸟的活动，被打上剥削阶级的印记，砍掉了。这是一种愚昧、野蛮、倒退。诚然，养鸟、玩鸟活动中可能滋生"玩物丧志"等不正确的东西，像关老爷当年那样，把养鸟、玩鸟看得"高于一切",沉溺其中,应该予以纠正;然而,养鸟、玩鸟本身,毕竟有助于人们休息娱乐、怡情悦理、修身养性,它反射着人们在精神上、审美上、娱乐上的一种追求。我们倒脏水不可以把洗澡的孩子也倒掉。现在,由于国泰民安,人民生活水平不断提高,退休离休人员日益增多,有钱、有闲了,养鸟这一玩意,空前兴旺起来。在不少城市,养鸟、玩鸟者已经可以成为一"界"。

冯苓植的可贵,在于及时地发现了这一特殊"世界",并艺术地加以表现。然而,如前所述这个本应成为审美、娱乐的养鸟者社会,更多的却是呈现着世俗利害的纷纷攘攘,"实用"味很浓,这就不能不引发人们的一些遐思、深思。

说它是"实用"味,不是说养鸟者把养鸟来用于吃,用于滋补营养,而是指养鸟者通过鸟,在那里争"座位"。养鸟界热衷于"梁山泊英雄排座次",鸟成为他们手中的一个工具,一个砝码。这一风气也可以说"古已有之",但于今尤烈。试看,主随鸟荣,谁的鸟有资格登上那株高高的虬龙爪,谁也随即身价百倍。于是,一些人蝇营狗苟,机关算尽。突出的是那位侯七,在宗二爷与关老爷之间挑拨离间,时而拉宗打关,时而拉关打宗,翻手为云,覆手为雨,一切以他个人私利为中心,犹如"害群之马","把大伙的和睦给搅了"!宗二爷的表现貌似"正派",实际上攀高欲烧得最凶。他所以能够大病再起,让百灵子把他的魂衔回来,也因为他的百灵子成了鸟类王国的"盟主",站上了虬龙爪,一片恭维之声,使他"只觉得一股热气腾腾的暖流,刹那间传遍了全身。然后又汇聚在一起,直向心窝子涌去,一涌,两涌,猛地把堵塞的心眼儿全都涌开了窍"。因而,后来当他的鸟在虬龙爪上的地位动摇时,他又惊骇、痛苦得不能自已。关老爷养鸟、玩鸟,"曾经沧海难为水",胸怀显得宽广些,但也不能忘怀"高枝"之荣,他的"老闺女"百灵子一死,也就把他最后一点精气神儿叼走了。这些,都说明养鸟的人,在鸟的身上,过多地沉溺于世俗的名利追求。养鸟、玩鸟,本应当把鸟当作娱乐的对象、审美的对象、艺术的对象,在观赏鸟的毛色、身架、姿态中,在欣赏鸟的叫声中,怡情悦性求得精神上的愉悦。养鸟者社会对功利应该有一种距离与超脱。现在的作品表现超脱气不多,主要折射了现实社会的纷纷攘攘。我以为,一方面这是优点。它反映了作品是现实主义的。我们今天养鸟界的不少人,确为名利所羁,"尘心未断"。有像侯七与宗二爷那样,退休前在工作岗位上未攀到"高枝",希图退休后在养鸟社会中得到。有像市政协副主席辛白之那样,在工作上已经攀到"高枝",但未雨绸缪,利用自己的权力,已把手伸到养鸟者社会,企图在离休后继续攀住另一个"主席"的"高枝"。这样的钻营、争夺、纷争,在现实生活中时有所闻。那些养鸟协会,养花、养鱼协会,还有什么书法协会、工艺协会等等,常常为排座次,争座次,闹得面红耳赤,恶语相向。因此,《虬龙爪》写鸟,写养鸟者社会,实际上是写人,写现实的社会。养鸟经寄寓着深刻的人生经。这是这部作品的一个深厚处、成功处。但是,另一方面,鸟既然是作为"艺术的对象"进入养鸟界,养鸟界本应该成为一个审美的世界,过多地为名利、功利所羁,总是一种不调和的杂音,有损这个审美世界应有的超脱、和睦、舒坦、宁静的气氛。这不能不是一种遗憾。当然,这是对那些养鸟者的遗憾,不是对作品的遗憾。也许,作者正是想通过这一作品,引起人们的这种遗憾,从而促进生活中这种遗憾的消失,以便今后在描写养鸟界的作品中,能主要从审美角度切入,更多地表现人在养鸟、玩鸟中审美心理的发展、变化。

我想,我的心大概与作者的心相通。因为,作者两次写到,要砍掉那"惹是生非"的虬龙爪。这是一种象征,象征着要在这审美王国里,砍掉那争名夺利的功利观。抛开这种狭隘的功利观,养鸟者社会才能进入一种求美、求乐的新境界。这将是人的进步,社会的进步,人与自然关系的进步。

耐 人 咀 嚼

曾文渊

《虬龙爪》这篇小说,我读了好几遍。说实在,读第一遍时断断续续,只觉得新鲜有趣,并不感到怎么样,后来又反复读了几遍,越读越觉得有味道。这是一篇耐人咀嚼的好小说,不仅在题材上有新的开拓,而且艺术上也颇有特色。

首先,它选取了一个新的角度,借对市井风俗的描绘,表现了作者对某些社会现象的看法,寓意深刻。小说是写养鸟和养鸟者生活的,这是一个过去很少为人涉足的领域。从作品看,作者对于此道颇为熟悉、精通。什么鸟有观赏的、听口的和杂耍的三大类,画眉讲究四川产的、鹦鹉讲究青岛产的、百灵讲究张家口产的啦;什么养鸟要讲究"鸟行头",鸟笼子要用吉安的青竹、做工要"涿州马"的手艺、食罐儿最好是乾隆年间的瓷货啦;什么百灵子要学会"十三套"得先请人"压口",先是模仿"燕子""鸡下蛋""小叫驴"之类,压轴戏才是"猫儿叫"啦;什么"压口"时如果出现"脏口"(学乌鸦叫或猫头鹰叫)就意味着晦气,鸟儿再好也不能要啦;还有鸟的"肉食"啦、"素食"啦,等等,读后真是大开眼界、大长见识!没有想到养鸟还有如此高深的"学问",难怪有些人要乐此不疲把它当成终生的"事业"了。

作者如此大讲鸟道显然不单纯是为了向人们传授养鸟知识,而是出于塑造形象和表达思想的需要,否则,一篇千把字的知识小品就足够了,何必如此洋洋洒洒地大肆铺陈呢?人攀高枝,鸟也攀高枝;鸟如其主,人随鸟荣。你看,围绕着一枝虬龙爪,"鸟的乐园里一会儿冷冷清清,一会儿闹闹哄哄,一会儿嘻嘻哈哈,一会儿惊惊乍乍"。为了占据这枝虬龙爪,宗二爷及其"小妞子",关老爷及其"老闺女""新丫头",还有侯七及其"老西子",展开多么尖锐激烈的斗争啊!他们纵横捭阖,时而剑拔弩张,时而握手言欢,时而唇枪舌剑,时而称兄道弟,可谓钩心斗角、无所不用其极!还有,老城爱鸟界分成"老帮子"和"匪派儿"两大派,经过反复的较量和磋商,统一的鸟协总算成立了,主席由德高望重的市政协副主席辛白之老先生兼任,关老爷一命呜呼,宗二爷被土洋两大派爱鸟者一致推选为副主席,侯七的秘书长职务却落了空,都是引人注目的。当然,作者描写这些不一定是为了隐喻现实,但的确能够启发读者的想象,由此而运用自己的生活经验加以补充。这是文学鉴赏过程中常有的现象,也是作品所写的人和事有一定典型性的证明。

其次,这篇小说在人物形象的塑造和故事情节的安排上也相当出色。几个主要人物刻画得栩栩如生,个性鲜明,给读者留下很深的印象。主人公宗二爷原是蔬菜公司的头儿,对养鸟本无兴趣,不料在调整领导班子时"冷不丁地被拨拉下来",出于无奈才混迹于爱鸟者之间。他凭借过去当头儿那套本领,耍政治手腕，笼络人心，很快攀上高枝，被捧为爱鸟界的"精神领袖"。作者是怀着憎恶来写这个人物的，小说对他被拨拉下来后那无可奈何的情绪，为人处事那种世故圆滑、口是心非的态度，以及他那权欲熏心的内心世界，都揭露得淋漓尽致、入木三分，让人们看到在"洒脱"外衣下隐藏着一个多么丑恶的灵魂！和宗二爷一样，侯七也是蔬菜公司的职工，可是他的景况同宗二爷却不可同日而语，辛辛苦苦几十年仍是个卖菜的。如同他的"老西子"在杂耍鸟里属于末流货一样，他什么本事也没有，只会喳喳乱叫。在爱鸟界，他东倒西歪，时而投靠关老爷，时而充当宗二爷的打手。结果是统一的鸟协成立了，他什么也没有捞到，只落个神经病的下场，从他身上很可以看到生活中某些人的影子。关老爷又是另一副样子，他是道道地地的养鸟"权威"，满肚子的养鸟"学问"。为了养鸟，他可以废寝忘食，甚至于典房卖屋也在所不惜（小说对他新中国成立前被追债那段生活写得十分精彩），他矜持高傲，很有点儒雅风度。可是，当他在爱鸟界的地位受到威胁，特别是当他的老底被抖出时，他又对人破口大骂，露出另一副面目。作者对这个人物也是极尽揶揄之能事的。小说在塑造这三个形象时，虽然以他们在爱鸟界的活动为中心，但并不局限于此，而是联系他们过去的经历，把他们放在急剧变化的社会中去表现，唯其如此，这些形象才有那么凝重的现实感和纵深的历史感。

在情节安排上，小说以宗二爷和关老爷子争夺"鸟坛盟主"为主线，辅之以侯七同他们的矛盾，逐步展开，有波澜，有起伏，显得层次分明，而又丰富生动。宗二爷从养鸟的门外汉到成为鸟坛的"精神领袖"是经历过一番曲折历程的，先是趁关老爷不在时乘虚而入，继而是同关老爷及其"老闺女"斗法，最后是由于"老闺女"的病故、"新丫头"的"脏口"，以及关老爷的去世。小说在展开情节时不是平铺直叙，而是错落有致，往往在情节逐步推向高潮时来个急转弯，逆转一下再继续开展下去。宗二爷得意时关老爷突然回来是如此，"小妞子"和"老闺女"较量时难解难分、有输有赢更是如此，"老闺女"猝死后冒出"新丫头"又何尝不是如此！情节奇峰突起，既出人意料，又合乎情理。关老爷病入膏肓时"新丫头"使他起死回生，这个情节乍看有点荒诞，细想又是可信的。关老爷视鸟如命，鸟儿已成为他整个生活的精神支柱，临死时回光返照，鸟儿衔回他的魂儿不是完全没有可能的。

最后,还有一点很突出,那就是作者的语言很好,幽默、风趣、生动,富有表现力,有些地方还带有音乐性。小说写的是北方的市井生活,用的是北方群众的口语,两者显得非常协调。请看"小妞子"同"老闺女"较量时,小说对宗二爷的一段描写:"宗二爷一个人瞪着眼,咬着牙,攥着拳头,急得痴迷了心窍儿。猛然间,他觉得已经和小妞子合为一体了,正隔着鸟笼子和那老头子的老闺女抖翅儿大战姥姥!我姓宗的也不是好惹的,多半子的混混饭也不能白吃了!"再看关老爷对"小妞子"的夸奖:"喂呀!多少年了,它可是这片树林里少见的好鸟呀!侯七,你小子可是有眼不识金镶玉,错把茶壶当夜壶啊!诸位瞅瞅,瞧这毛色,瞧这身架,瞧这眼神儿,瞧这灵劲儿!啧啧啧啧……"再看侯七对宗二爷在爱鸟界活动的分析之词:"得了吧,二哥!我还不能知道你的心思?就只顾得了人缘儿,稳住老头儿,掏腾来绝活儿,却忘了防这一手!你呀,嘿嘿……"这三段,有的是叙述语言,有的是人物语言,而不论是前者还是后者,都是道地的北方口语,明白、流畅,非常准确地把人物的思想和神态表现出来。当然,这里采用的口语是经过提炼加工的,不是照抄照录,有的还吸收了流行于生活中的俚语、俗语,使其更有韵味。不少地方还采用成语、典故及古人的语言,而且用得恰到好处,既活泼、又自然。如写"小妞子"和"老闺女"争雄时鸟友们的心情:"好您哪!天无二日,国无二君,一枝虬龙爪能落得住两只好斗的鸟儿吗?"写"小妞子"遭到挫折时宗二爷的心理活动:"天哪!命运多舛,生不逢时!办公室里嫌老,虬龙爪旁嫌小!天灭我曹,天灭我曹!"写宗二爷和关老爷握手言欢、两人一道去求见市政协副主席时,作者说"这叫将相和",还补上一句:"虬龙爪下,其乐融融。"写关老爷和宗二爷相继不露面鸟友们感到心里不踏实:"鸟无头不飞,人无头不走……唉!这没有一鸟挑头,哪有百鸟齐鸣?玩鸟儿还有什么乐子?"关老爷的"老闺女"病故,小说在对那个"涿州马"鸟笼子进行一番描绘之后有这么两句话:"想当年虬龙爪上演尽千古绝唱,看今日鸟笼底下全无半点风流",还写道:"虬龙爪啊虬龙爪,引多少英雄竞折腰?"其他还有什么鸟家们"以鸟会友"、鸟儿们"以叫会友",等等,采用可谓娴熟自如,不仅把作者的观点表现得更加鲜亮,而且妙趣横生,为整个作品增添了不少色彩。

笼子里的鸟和笼子外的人

冯苓植

我的一生是和草原息息相关的。有些是成正比例的,如,草原很辽阔,我的头脑也很空旷。没有哲学、没有美学,有的只是草原上通往迷茫远方那曲曲弯弯的小路。但有些又是成反比例的,如,草原坦荡无垠,而我的目光却非常短浅,即使跨在高高的驼峰间也看得不远。我很伤心,因为我知道这正是我创作中的致命弱点。

也正因为如此,我从不敢想什么我的作品是"教育"人民的。我算什么呀?人民、只有人民,才是创造历史的动力。我的写作总是战战兢兢的。我只想把自己的某种感受或感觉写出来,如果这种感受或感觉又能在一部分读者中引起某种共鸣,我就深深地感到满足了。我是由一个读者慢慢成为一个作者的。这种经历使我模模糊糊意识到:作品不应是平面的,但又似乎很难成为立体的,作者应尽力把它搞成浮雕似的东西,剩下另一半仿佛应靠读者的联想来完成。从某种意义上来讲,作品应该是由作者和读者共同完成的。虽然有些时候读者和作者的原意不尽相吻合,但我觉得这也是完全正常的。这是补充、是修正、是发挥,好啊!

作者一定要相信读者,尊重读者……

《虬龙爪》的创作即是如此,现在正靠着读者、编辑、评论家们的修、补、填、充在逐步成形。从这一点上来说,我更感到作品应该是"提供",而不应该是"施于"。回想我创作这篇小说的初衷,我似乎对这一点更有所理解了。

《小说界》提要中说我是写动物的。是的,我长期生活在草原上,是热爱大自然,热爱动物的。但我热爱的只是那些大自然中自由奔放的动物,却从来没想到把鸟儿关在笼子里。我由草原上调回到了呼和浩特市,那些作为玩物的鸟儿曾使我想了很多很多,朦朦胧胧,若明若暗,但脑海里始终理不出个头来。据说一些义愤者曾砸碎笼子想把这些鸟儿放归大自然,但初作尝试便遭到失败。放归大自然的鸟儿竟一个个头重翅软、茫然失措、不会觅食、不会飞翔,仅仅几个小时便栽到垃圾箱旁自毙了。这使我感到惊讶,感到愕然。

但在我认识了几个养鸟者后,一种创作的欲望还是在我心头萌动了。但这绝不是在创作《驼峰上的爱》《沉默的荒原》《翅羽上的故事》时的那种心情。那时的心情是坦荡的、浩渺的,甚至是有些苍凉的。人、动物、大自然的关系,使我心头充满了一种神秘的雄浑之感。而现在距离变得更近了,却产生了一种扭曲的、乖僻的、令人心烦意乱的感觉。这两种强烈的反差对比的心情,又使我想了很多很多。我首先想到了鲁迅先生所经常提到的"国民性",想到了社会上种种令人琢磨不透的现象,想到了沙漠中海市蜃楼的光折射原理……

我感到惶然,似乎想得越多就越糊涂了。我决定不去多想了,什么和什么呀?我猛然感觉到还是回到最初的起点最好:还是专心一意地研究笼子里的鸟儿和笼子外的人!我进入了养鸟界,力求自己和人及鸟儿作朋友。渐渐地几个养鸟者在我眼前越来越清晰了,几只鸟儿也仿佛在我心头雀跃不已。什么意念都不要有,我只想把养鸟界的一角介绍给大家。这其间有知识性、趣味性,也有人和鸟儿的悲、欢、离、合。写吧,就写这些吧!

好在我生活的这座塞外古城,虽然什么都比内地慢半拍,但这方面仍不乏祖宗留下的小情趣。生活在为我作补充,写起来心里就有个"底"。我动笔了,有时写得很舒坦,有时写得又很艰难。但草原人生活节奏慢,我也就压着性子写。磨吧,一天一点地磨,跟着文章中的几个主人翁的步子慢慢地磨。本来,养鸟界就容不得急性子的。但慢也有慢的坏处,写着写着就犯迷糊,有时竟分不清小说中到底鸟儿是人的道具,还是人是鸟儿的道具。

按生活去写,只是在纸上落下自己的感觉和感受。我坚信,只要符合生活内在的规律,即使自己不理解的,读者也会去按自己的联想去补充。小说中的人和鸟儿愿怎么着就怎么着。常言说得好:林子大了,什么鸟儿都有;世界大了,什么人儿都有!干嘛作者总要和他(它)们闹别扭呢?

我写完了,交给读者去完成另一半……

临完我还得声明:我绝不反对养鸟儿,我只是写了几只鸟儿和几个人儿,与高雅的养鸟者绝无关系。谁让小说中的某些人抢"虬龙爪——高枝儿"呢?另外我在这里还要表示对上海文学界的感谢。他们对这篇小说的讨论,完全是对偏远地区文学事业的支持!

　　谢谢《小说界》……

（原载 1985 年第 6 期《小说界》）

本文作者：
《虬龙爪》座谈会参与者均为上海著名的学者与作家。

从《蝇王》和《虬龙爪》看中西文化的异同

刘有元

自人类社会诞生之日起,表现人类社会内部角逐与争斗的文学作品似乎就应运而生了。这在西方,有古希腊神话一代代天神相互倾轧的故事。在东方,譬如我们中国,则有《山海经》关于蚩尤伐黄帝反为黄帝所杀的传说。进入阶级社会以后,统治者内部旷日持久的权力争斗,统治者与被统治者之间围绕最高权力——政权——而展开的较量,更是各个时代的文学作品着力表现的重要主题。中国如《三国演义》《水浒》等古典名著,西方如《艾凡赫》《九三年》等文学名著,即其代表性作品。在当代中外文学中,表现这一主题的名篇佳作更数不胜数。这其中,最足以体现中西方文化特征的作品之一,要数《蝇王》和《虬龙爪》。

一、杰克:英国式悲剧的制造者

长篇小说《蝇王》是英国当代著名作家、1983年诺贝尔文学奖获得者威廉·戈尔丁(1911—)的成名作和代表作。小说的故事情节并不复杂,它以作者想象中的第三次世界大战为背景,写一群被疏散的英国孩子因飞机失事而流落到一个荒岛的故事。这使我们很容易想到笛福的《鲁滨孙漂流记》,尤其是巴伦坦的《珊瑚岛》。作者本人承认,他这部小说的原型是《珊瑚岛》。甚至部分人名也承袭了后者。事实上,这即是戈尔丁创作上的一个特点:其作品大多由别人的作品派生而来。从小说开头部分的描写看,《蝇王》的确与《珊瑚岛》类似:孩子们栖身的这个荒岛,也是个得天独厚的宝岛。岛上有可供他们食用的野果和饮用的淡水,还有可用来搭茅棚的林木。想吃肉,野猪也不少。于是,这群年大者不过十一二岁、年小者才五六岁的孩子,推举大孩子拉尔夫为头儿,开始过一种有组织的荒岛生活。并把将他们联系在一起的海螺,当作民主的信物和标志。为了获救,他们还在山顶上保留了一个大火堆。

可是,戈尔丁没有让自己的小说沿着巴伦坦的老路继续往下展开。他无意于让他笔下的人物落入前人的窠臼。关于这一点,作者本人明确指出:"巴伦坦笔下的荒岛是英国小男孩居住的十九世纪的小岛,而我的小岛却是二十世纪英国小男孩居住的荒岛。"

这样,小说描写的重心便立即转到写孩子们之间的对立和分裂,以及火拼残杀上来。择其大要而叙之是:杰克,这个原唱诗班领唱、现猎猪队队长的大孩子,本因未能当上荒岛头儿而不悦,但终归未发作。一天,他和他的猎猪队打到一头野猪。于是他心中的"恶"便因这头野猪的被宰杀而极度膨胀。他公开打出与拉尔夫分庭抗礼的旗号,另立山头。随着孩子们分裂成两派,杰克同拉尔夫的对立与争斗愈演愈烈。他先是夜袭拉尔夫的营地,抢走取火工具——比奇的眼镜。继而野蛮地杀死无辜的孩子西蒙,并把比奇推下悬崖活活摔死。最后是追杀拉尔夫,不成,便放火烧山,企图活活烧死他。杰克的追随者也都一个个成了行凶杀人的野蛮人。后由于森林大火引来路过的一艘英国军舰,孩子们的这场野蛮杀戮才被中止。

从作者的主观创作意图看,戈尔丁把孩子们的互相残杀安排在一个远离人类文明的荒岛上进行,用意很明显,他是想证明:一旦失去成人社会的约束,孩子们会自发地萌发"恶"的念头,最后酿成大残杀。也就是说,在戈尔丁看来,人性中天生即存在"邪恶"。杰克是这场大屠杀的祸首和策划者。他是怎样堕落成一个杀人元凶的呢?我们根本无法从外部找到任何原因,而只能深入到他自身去找。从杰克这个孩子的本质来看,似乎挺不错,因为从他曾经担任唱诗班领唱这一身份我们可以认定,他必定是个虔诚的小基督徒,长期沐浴在基督教忍让、宽容、仁慈的教义之下。从而,他从最初的不悦到最后的残杀同伴,直接的动因,就只能解释为他自身之中的"恶"了。杰克身上的这种"恶",具体来说,表现为对权力的追求。也就是说,在戈尔丁看来,每一个人的天性中都存在着强烈的权力欲。这种强烈的权力欲在通常情况下处于被压抑的状态,不会迸发。但一旦遇上特殊情况,譬如说像杰克这样突然流落到一个与世隔绝的荒岛上,失去应有的社会约束,便会恶性膨胀,酿成灾难。为了强调"恶"就是人性的一部分这一观点,作者在小说第八章还通过西蒙在意识蒙眬中与落满苍蝇的死猪头即"蝇王"的对话来特别点明:

"蝇王",典出《圣经·列王记》上卷,希伯来原文为 baal zebhubh,系犹太人对迦南神的称谓。基督教的《新约全书·马太福音》用希腊文将其写作 Beelzeboul,意为"鬼王"。从全书描写看,戈尔丁只是借用"蝇王"一词,将其引申为"恶"或"邪恶"。这里,借蝇王之口,作者明白指出:你们这些相互斗殴的孩子之所以闹到这步田地,是因为你们自身有着我"蝇王"邪恶的一面。这种对"性本恶"的强调,可以说,贯穿于戈尔丁的全部创作之中,是他创作的又一特点。正因为戈尔丁对人的看法是如此悲观,所以国外众多批评家才把他看作一个悲观主义者。尽管作者本人对此持保留态度,但其创作实践表明:他对人的看法的确如此。

杰克作为小说中的一个重要人物,他的身份自然是个孩子。然而,从更广泛的意义上看,他又不止是个孩子。实际上,作者是把他当作人类的一个代表来对待的。小说里的其他人物,像拉尔夫、西蒙等,也应作如是观。作为一个具有明显"现代"倾向的小说家,戈尔丁被人称为"寓言编撰家"。尽管在人物描写和故事叙述上,他仍使用传统的现实主义手法,但已不再像传统现实主义作家那样直接反映现实生活,而是通过编撰神话和讽喻故事,来反映他的哲学思想和伦理道德观念。因此,有的批评家又将戈尔丁称为"哲学小说家"。

的确,杰克的一些举动,比如用巨石作镇守山门的武器,组织严密且效率甚高的围猎等,与一个十一二岁孩子的智力水平相去甚远,难以令人相信。只有把它们放到神话的框架中去理解,才能得到满意的解答。事实上,作者一定程度上是把杰克当作一个"恶"的代表,当作野蛮部落的头目来对待的。在与拉尔夫的对抗中,杰克处处表现出野蛮部落头目的思维特征,例如:每次行动他都让他手下人画花脸,围捕野猪时人人都发出野蛮的嚎叫,以及用木棍支起猪头作祭仪,等等。从而,《蝇王》这部小说就超出了普通小说的现实性意蕴而具有神话的象征性含义。例如,作者让杰克——一个生长在现代文明社会的孩子——的"恶"表现出之于野蛮人的形式,意在向现代文明社会的"善良人"提出警告:若不设法制止"恶",它就会对现代社会造成严重后果。同理,杰克对西蒙的宰杀,是野蛮对现代西方人宗教信仰的扼杀;而杰克对比奇的屠戮,则是愚昧对现代理性与科学的毁灭。至于拉尔夫败在杰克手下,可以理解为现代人对野蛮人的失败。其他如海螺、眼镜、猪头等,均各有其象征意义,因现有评论多已论及,就不赘述了。

　　作者就是借上述这些象征性描写,来表明他对英国现实和人类的基本看法。特别是站在哲学本体论的高度,从人自身的弱点出发,来探讨人类社会战争频仍的原因。这种抛开社会的政治经济条件,忽视社会政治制度的性质,而只在人性的善恶上寻找战争原因的哲学思想和伦理观念,自然是片面而站不住脚的。不过,作者在三十多年前就能看到人自身应对人类社会的安宁和人类的前途负责这一当前的世界性话题,还是难能可贵的。作者深刻的地方还在于,他在更广泛的意义上看到了人类的悲剧:最后将拉尔夫从虎口中救出的,虽是他希望中的成人,但却隐藏着更大的危险,因为赶来救他的英国军人,是乘坐现代化的杀人武器——军舰来到荒岛上的,这意味着那场原子战争仍在继续。这是拉尔夫不愿看到但又不得不接受的现实。

二、宗二爷:中国式悲剧的制造者

　　如果说戈尔丁的《蝇王》主要是在孩子的天性中挖掘邪恶,揭示人心的黑暗。那么,殊途同归,中国作家冯苓植的《虬龙爪》则着重通过对老年人心灵中的邪恶的剖析,来揭示人心的黑暗。

冯苓植的中篇小说《虬龙爪》发表于1985年,情节亦不复杂:宗二爷,塞外某城蔬菜公司一个已届退休年龄的干部,"在干得正欢实的节骨眼上,冷不丁地被扒拉下来了"。权力的骤然丧失,使他有一种强烈的失落感,机关和家庭被他闹得不得安宁,他本人也因这种折腾而诱发了心脏病,"在医院冰棍似的整整躺了一个多月"。后来靠着当司机的儿子孝敬给他的一只被他称作"小妞儿"的百灵鸟,在玩鸟者的"老帮子"中攀了"高枝"——因为鸟儿出众而有权将鸟笼挂在树林里横长出的一根名为"虬龙爪"的小树上——而恢复了昔日的风采和荣光。然而好景不长,三月后养鸟界祖师爷关老爷子回来了,众鸟友又将后者捧上"高枝",让他的"老闺女"挂在虬龙爪上。这样宗二爷又一次跌入人生的低谷,整天又是喊气闷心慌,又是骂骂咧咧,还一个劲砸东西。闹腾一阵子后,宗二爷若有所悟,他不再骂人,也不再跟自己过不去,而是又请客又赔不是,把个关老爷子哄得忘乎所以。结果关老爷子在不自知中鸟毁人亡,他则堂堂正正地攀了更大的虬龙爪——当了老城鸟协副主席。

从比较文学影响研究的角度考察,看不出冯苓植的《虬龙爪》受戈尔丁的《蝇王》影响的痕迹。然而,只要我们仔细研读这两部作品的文本,我们又不得不承认,二者在思想内容和艺术表现上存在着惊人的相似。

首先,两部小说的主题十分接近。关于《蝇王》的主题,前面我们作过分析,是通过两个孩子争当荒岛头儿的故事,来突出"人心的黑暗",进而指出人类战争的根源在"人性恶"。《虬龙爪》的主题大体上也是这样。从领导岗位上退下来的宗二爷,尽管人已老了,但心却不老。换句话说,他头脑中根深蒂固的"恶"——权力欲,并没有随着年岁的衰老而衰老,相反,却因自己被拉下来而愈加强烈,愈加不可遏止。诚然,《虬龙爪》关于两位老人争当鸟界盟主即头儿的描写,不如《蝇王》那么直露,那么刀枪相见。它主要通过宗二爷对虬龙爪强烈的占有欲,来曲折地加以表现。宗二爷对虬龙爪强烈的占有欲,主要又是通过他的小妞儿身价的高低和嗓音的雅俗来表现的。从而,鸟荣主荣,鸟衰主衰,宗二爷对权力的企望和追求,全自鸟情冷暖中见出。小说第三章的人物描写,很典型地反映了这一特点。当宗二爷的小妞儿得到关老爷子的褒奖时,宗二爷的心是舒展的,特别是当他的小妞儿因啄伤老闺女而赢得关老爷子发自内心的赞赏时,他更自在了,"感到魂儿是真正归了壳儿"。而当关老爷子的老闺女要表演绝招"十三套"时,尚未开口叫,他立即愣住了,"舒展了的心情又变得冷冰冰的了",未待老闺女表演完,他就丧魂落魄不声不响地溜了。他深知自己将被从虬龙爪上给赶下来——失去昔日的权力。

正是这种强烈的权力欲,使得宗二爷像杰克对待拉尔夫那样,挖空心思把关老爷子往死里推,尽管在具体做法上他与杰克明显不同。凭着几十年玩弄权术积下的经验,他先是老谋深算地对自己过去的同事兼下属侯七又是请吃又是许愿,借他那张飞短流长的嘴到处攻击关老爷子,以降低他在玩鸟界的威望。再就是别有用心地百般恭维讨好关老爷子,骗取他的信任,然后背后捅他一刀——让侯七出面在关老爷子病重时诬称其新到手的救命鸟是"脏口",从而使关老爷子在"知、知我者宗二爷您、您……"的呼唤中一命呜呼。而他靠着关老爷子临终时的信任即举荐,顺顺当当地荣登老城鸟协副主席的宝座。可见《虬龙爪》的主题同《蝇王》极为类似,即都是表现人性中的"恶"所导致的人类社会内部的权力争斗,尽管侧重点和结局有所不同。

其次,在艺术表现和构思上,两部作品也存在着某些一致。《蝇王》悲剧性的故事,是在一个封闭的荒岛上展开的,既远离人类文明,又在人类社会的约束之外。从表面看,《虬龙爪》那场看似平静实则刀光剑影的厮杀,发生在中国某个现代大都市之中,似乎未摆脱社会的约束和影响。实际上,它也是在一个相对封闭的小天地——老城公园的一片小树林中展开的,与爱鸟者之外的那个外部世界无涉。为突出这个小天地的独立性和超越性,作者作了两方面的努力。一是有意淡化社会背景的描写。比如对主要人物的政治身份就不多涉及,更甚少从政治层面展开人物社会关系的描述,以达到这种超越性。再就是在小说的第二章通过下述描写来点明玩鸟者驻足的这块土地的独立性:

> 一汪湖水,几株垂柳,跨过石带桥就是那隐秘的小树林。这里便是鸟的乐园、自发的鸟市、老派儿爱鸟者独有的社会。……据说,一位自谓功力深厚者刚刚在这里运气入定,就见数十个爱鸟者一齐掀掉鸟笼套,刹那间百鸟争

鸣、婉转入云,入定者一惊一乍,差点走魔入邪,从此就再没有犯境入侵者。

故事就是在这样一个完全与外界隔绝的小天地中展开的。小说中唯一一个与这片天地有牵连的"局外人",是老城的政协主席辛白之,但有关他的描写笔墨甚少,而且就仅有的几笔描写来看,他对于发生在这片小树林中的明争暗斗,采取一种超然的态度。

再次,就小说的形式而言,《虬龙爪》也与《蝇王》有相似之处,它大体上可以当作一部"寓言"小说看。我们从这个养鸟的故事中所看到的,绝不止是关老爷子和他的两只鸟儿悲凉地离开人世的不幸,以及宗二爷靠卑鄙手段攀高枝的邪恶。也就是说,我们不能把小说的意义局限在小说自身那个狭小的圈子里。关于这一点,作者曾不止一次向我们暗示过。小说作者在叙及宗二爷因鸟失宠而失态时,几次提到,他或把鸟笼或把虬龙爪幻化为昔时的那间小小的办公室而感慨万千。这一方面既是宗二爷当时心态的写实;另一方面,显然又是作者在提醒我们读者,不要把对于虬龙爪的争夺,仅仅囿于玩鸟界。

作为一部具有"寓言"倾向的小说,《虬龙爪》也大量地使用了象征。总体的象征,是借鸟喻人,小说的副标题"鸟如其主"就昭示了这一艺术构想。局部的象征比比皆是,如以鸟笼喻办公室,以破旧的鸟食罐喻关老爷子的腐朽不堪等。作品中最重要最大的象征,是关于虬龙爪的象征。在小说中,"虬龙爪"是出现频率最高、也最为醒目的一个字眼,特别是小说结尾用来点题的那几个字,更耐人寻味:"啊!虬龙爪……"既具强烈的感情色彩,又饱含深邃的哲理意蕴,而且还能激起人们丰富的联想:古往今来,虬龙爪下,有多少关老爷子丢掉了宝贵的生命,又有多少宗二爷顺遂了梦寐以求的野心,还有多少侯七因天良丧尽而精神失常!这里,你可以把虬龙爪当作是"野心"或"欲望"的代名词,也可以把它看作是权力地位的象征,或者别的什么奥秘的寓意。从而,小说《虬龙爪》从这些多重的象征意义中升华,达到了哲学本体论的浩瀚。正如有的评论精辟地指出的:"它以完整的形式系统构成了一个艺术的世界,一个缩小了、提炼了的人类社会,这种现象具有表征意义,可以烛照社会各个层次所在的'攀高枝'的'病态',并把思考伸向历史。"

三、差异：文化层面的观照

尽管《蝇王》和《虬龙爪》有着惊人的相似之处，然而，它们毕竟是中西两种不同的文化背景中的产物，从而深深打上了各自的文化印痕。从文化传统上看，西方文化从上古开始便顽强地显现出基督教文化的渗透。进入中古社会以后，这种渗透更为广泛更加深入。作为西方文化重要组成部分的西方文学，自然难免基督教教会文化的渗入。西方文学作品热衷于表现"原罪"，即其突出例证。关于原罪，包括两层含义。第一层含义谓人类的始祖亚当和夏娃因受蛇的诱惑而偷吃禁果，结果被逐出伊甸园。由于亚当和夏娃的这一罪过是整个人类的原始罪过，故名。这是基本的含义。第二层含义谓夏娃、亚当的这一罪过可通过遗传传至其所有后代而成为人类一切罪恶和灾祸的根由，即使是刚出世旋即死去的婴儿也是罪人，因其具有与生俱来的原罪。这是由第一层含义派生的引申的含义。显而易见，《蝇王》在创作上沿袭西方基督教文化传统，相当典型地从第二层含义上表现了这一古老主题。在作者看来，杰克之所以在摆脱成人社会的约束之后一再做出如此野蛮、残忍的举动，甚至残杀同伴，就在于他心底的所谓原罪。

而从《虬龙爪》折射出的文化精神（当然是就消极方面而言），却是中国式的，即表现出儒家文化思想的渗入。关于儒家文化有哪些消极因素，目前学术界还在争论之中，尚无定论。不过，从宏观角度审察，入世的儒家文化鼓励历代知识分子往仕途上奔，进而在全社会中形成一股朝官场上挤的狂热却是千真万确的。当这种全社会中人悉往官场上挤的狂热与中国社会根深蒂固的封建等级观念纠结融合在一起时，便造成了无止境的"权力欲"这种可怕的东西。在当今的中国社会中，这种可怕的权力欲并未因剥削制度的消亡而绝迹，可以说，它在相当一部分人的头脑中还很顽固地存在着，尽管从总体上看，它受到了有效的遏制。宗二爷对于高枝虬龙爪的疯狂追求，关老爷子对于高位鸟协主席的梦寐以求，以及侯七对于鸟协秘书长这一实权职位的觊觎，相当真实地反映了入世的儒家文化思想的消极方面，或者说，它的当代形式"官本位思想"，对于当代中国人心灵的腐蚀和毒害。宗二爷，更是其中的一个活标本。

从对"人心的黑暗"即邪恶的具体揭露来说,《蝇王》与《虬龙爪》也典型地表现出中西方文化的巨大差异。西方人通常比较直,比较露,说话做事开门见山,不大爱绕圈子。这种文化性格表现在争斗上,就是明枪明剑,直来直去。我们不妨将西方人这种文化性格称之为"刚为主"的文化性格。《蝇王》就体现了西方人的这一文化特征。杰克要当头儿,公开站出来要,不给,就在大庭广众之中公然煽动孩子们跟自己走,敢于亮出自己的不洁思想。

中国人的文化性格则正好相反。一般而言,中国人较曲较含蓄,其一言一行,一举一动都体现了中国文化"柔为主"的特征。见之于争斗上,就是俗话所说的:当面说好话,背后下毒手。我们不妨称中国人的这种文化性格为"柔为主"的文化性格。《虬龙爪》关于宗二爷形象的刻画,就体现了这一文化特征。作为自己攀高枝的劲敌,宗二爷从内心深处恨透了关老爷子。但表面上,他却装出一副十二分崇敬后者的媚态,似乎唯有他宗二爷才真正关心关老爷子,臣服关老爷子。与此同时,另一个宗二爷却在暗处把他罪恶的双手死死扼住关老爷子的脖子。同样是杀人,但在方式上则完全两样。可以说,宗二爷的选择是杰克压根儿想不到、更不会去仿效的。

(原载1993年第2期《衡阳师专学报》)

本文作者:

刘有元,中南大学外国语学院副教授。

走进"戈壁荒原"
——读冯苓植小说的启示

黄秀琴

冯苓植,久居偏远地区,不求闻达,甘于寂寞,大半辈子跋涉于戈壁荒原之间。他是一位行者,野性不羁,热烈执着。流浪是他生活的形式,书籍是他旅行的伴侣,而写作则是他栖息的港湾。

那么,这样一位执着的作家,他会给你带来些什么呢?他笔下的戈壁荒原到底有些什么故事发生呢?让我们一起来品读他的几篇小说,相信这会让我们获益匪浅。

草原小说——《沉默的荒原》

故事梗概:

女主人塔娜18岁生日的前一天,在一片胡杨林里见到一个奄奄一息的老人和他的孙子——一位白衣少年。追慕她的硬汉伊萨克送来了象征吉祥幸福的鹿羔贝贝,塔娜为了消除狂暴的父亲的怒气,违心地收下了礼物。但她已经心有所属,她暗恋着那个白衣少年。父母为了把女儿从痛苦的相思中解脱出来,举家迁到了圣母湖,但阴差阳错,塔娜和白衣少年不期而遇,有情人终成眷属。

寻根探秘: 故事是平常故事,不寻常的到底是什么呢?

第一辑 其 文

请看——

"遥远、荒僻,这是一块被人遗忘了的荒原。前面有人迹罕至的群山挡路,后头又有茫茫无际的沙漠围困着,严酷的大自然的禁锢,使人们仿佛仍然在古老而遥远的梦境中生活:跨骏马、住毡包、放牧畜群、赶着勒勒车逐水草而居,一代又一代,沿着祖先遗留下的车辙,周而复始,缓缓地行进着……"

这的确是一片古老而又神秘的荒原,这草原上都有什么呢?

野生胡杨林——

"这是一片原始的野生胡杨林,深幽、沉寂,到处弥漫着一种古老的气息。外围的古树枯死了、焦裂了、风干了、石化了,但仍然挣扎着屹立在那里,阻挡着涌来的黄沙。越往深处走,便显得越有生机,枝杈交错,郁郁苍苍,使整个林莽沉浸在神秘的静穆之中。这里有绿叶间筛下的阳光,有枝头啾啾鸣叫的小鸟,有扭曲变形的苍劲树干,有枯枝败叶间新顶出的嫩芽,有生命、歌声、幻想、梦境……"

圣母湖——

"这是一汪在沙原人心目中占特殊地位的湖泊。它像一块闪光的明镜,镶嵌在山脚下一望无垠的荒野里。湖周围长满了扬花的苇丛,好似银色的镜框一般,把蓝天、白云框在它平静的湖面上。而包围这丰饶草滩的,又是那无边无际的沙漠。相传山腰喇嘛庙的六世活佛,就降生在这湖泊旁。他那慈祥的母亲,正是用这湖水为活佛首次沐浴的。从此,湖水里就永远荡着活佛的温暖,有了奇异的神力。每年都有许多牧人来这里,洗涤罪孽和烦恼。葱茏的群山,湛蓝的湖泊,丰美的草滩,深幽的峡谷,还有那动人的传说……"

象征幸福的小鹿贝贝——

"荒漠上流传的宗教仪式中,鹿是吉祥如意、美满幸福的象征……贝贝获得了自由,它张望着幽深的峡谷,耳朵激动地颤抖着,迈开纤巧的蹄腿向前走了几步,但又慢慢站住了,依依不舍地掉过头来,久久地看着伙伴们……最后,贝贝终于一步三回头地走了,隐没在神秘的原始森林里。从此,峡谷旁的草岗上常常闪现出一头小鹿,披着一身晚霞,痴痴地向这里张望着……"

这位与大漠荒原为伍的作家用粗犷简练的线条,一笔一笔地勾勒着这片古老神奇的土地。野生胡杨林,由外到里,由广到狭,由粗到细,仅用了"弥漫、挣扎、阻挡、沉浸"等典型的几笔,再点缀上"阳光、小鸟、树干、嫩芽",就勾画出一幅静穆深邃的画面,而圣母湖在无边的沙漠上仿佛一块明亮的镜子,镜框是一束束苇丛,镜中是蓝天、白云。动人的传说给画面笼上一层神秘,形神兼备的圣母湖就展现在读者面前。那神奇的小鹿呢?在依依难舍中与主人分离,但最粗重的一笔却是它"披着一身晚霞,痴痴地向这里张望着……"这一点睛之笔使小鹿成了沙漠之神。三言两语,便见精髓,这泼墨般的写法不就为这个平常的故事笼上了神秘的色彩吗?

动物小说——《黑丛莽》

故事梗概:

黑丛莽养育了一群人,也养育了一群狼,人比狼似乎更狠。不久,丛莽深处野兽绝迹了,但狼没有屈服。当草莽有了炊烟、田园和牛羊时,那些强悍而不屈的动物开始复仇了。为了消灭它们,丛莽人寻访到了神秘枪手断魂张,断魂张带着女儿果果在荒野垒起石屋,和狼展开了搏斗。断魂张猎得头狼乔勒的三个狼崽,利用它们将狼群一举歼灭,但头狼乔勒死里逃生,一年后它领着被果果偷偷放掉的三个儿女向断魂张复仇,断魂张命丧黑丛莽。果果找到了丛莽上钟情于她的亡命徒(绰号"花面狼"),此人用计围困了这最后四条狼,果果得以为父报仇,但花面狼为此送命,最终果果以花面狼未婚妻的身份自缢而死。

寻根探秘: 这是一个遥远的黑色的传说,这个传说悲壮、惨烈,惊心动魄。

头狼乔勒还没有出现,作家就不惜重笔泼墨将它描述一番:

"这是一条恶名远扬的母狼。这里的牧民很久以前便多次尝到过它的苦头,都用异方语言称之为魔鬼——乔勒!据说乔勒在狼群里已算是曾祖母辈了。脖子上的绒毛早已落尽,只剩下老化的沙毛像针刺般飞炸着,它却越老越变得凶残狡诈。丛莽中的野兔没了,土拨鼠消失了,麋鹿无影无踪了,它便率领着狼群以百倍的仇恨向人及牲畜展开进攻。声东击西,神出鬼没,面对着频频出现的枪口和陷阱竟能所向披靡。人们传说乔勒能把羊只叼起甩搭在背上,借着草丛鬼影般逝去。有的人还亲眼看到,乔勒能飞蹿上烈马的脊梁,赶着它,让它自己飞奔着去送死。但一般乔勒总是不亲自出马,而是魔怪般隐于幕后,指挥着狼群凶悍地四处出击。因而关于乔勒的传说越多,人们越难见这母狼的踪影了。"

先声夺人,先入为主,这一番铺陈,使得此后断魂张与狼群的搏杀,"花面狼"与乔勒的拼杀顺理成章,水到渠成,更巧妙的是通过人与群狼的斗智斗勇,凸显出了人的原始野性的强悍剽勇,从而贬斥了现代文明给人带来的弱化心态和衰退的生命力。应该说,作家的这一铺垫是高明的,它使我们在强烈的好奇心的驱使下一刻不停地走进了作品深处。在人与狼的搏斗中,自然景物的渲染烘托更是妙不可言,断魂张全歼狼群的那个夜晚,是一个怎样恐怖的夜晚啊!

"夜,又一个恐怖之夜终于到来了,茫茫的黑丛莽就像扣在一口巨大的黑锅之下,只有孤寂的石屋前意外地点燃四堆篝火。熊熊的火焰狰狞地跃荡着,时而倒映出山峦嶙峋的黑影——火光闪闪,怪影憧憧,更使这暗夜之中的蛮荒旷野蒙上了一层阴森森的气氛。

夜,越来越深了……"

黑丛莽、石屋、篝火使这夜变得狰狞可怖,这是一场人与狼厮杀的前兆。而断魂张被狼撕碎的那个夜晚也是这样的一个夜晚。

"这本来是一个明月高悬的蛮荒之夜,但随着夜风的徘徊却骤然堆起了漫天的云团。莽莽苍苍的旷野间朦朦胧胧的,只有云隙间偶或透出的月光冷冷地在大地上飘洒着……"

这浓浓的夜隐藏着杀机,让人一下就预感到危险和恐怖,这就是对自然景物渲染烘托造成的艺术效果。

哲理小说——《死海》

故事梗概:

十个下乡知青因为触犯某个干部,被派到人迹罕至的大漠腹地,他们在那里无所事事,为排解孤独和苦闷,他们因为一点点小事就打架斗殴,直到打得伤痕累累精疲力竭为止。三个月后的一天,原来送食物的老桑布派女儿娜布琪来给这些男子汉们洗衣服补被褥,结果她带走了十人中最软弱的肖玉生,这引起了众人的愤怒。这愤怒的情绪,使他们像疯子一样对沙原小动物——蜥蜴进行了血腥屠杀,结果引起了沙原蜥蜴的复仇。值得庆幸的是危难时肖玉生和老桑布带领大漠人及时赶到,救走了他们。

寻根探秘:

这个故事是神奇的,人们也许永远也不会明白人在无声的孤独的世界里为什么无法生活,那些沙原小动物何以化成愤怒的大海向人类复仇,但我们的确看到了这个独特的背景下发生的一切。

且看:

他们骑着骆驼晃荡过一片又一片黄沙,来到不见丝毫人迹的沙漠腹地。这里:

"起伏的沙丘、茫茫戈壁。炽热、干渴、死一般的寂静,……夜,死寂的夜,月光飘飘洒洒为一峰峰沙丘镀上了一层阴森森的冷光。向远望去,幽幽冥冥,死死沉沉,恍恍惚惚,影影绰绰,多么可怕的茫茫无际的无声世界啊!

……我们被茫茫无际的大漠吞没了,很快就陷入了重重叠叠的沙波沙浪布下的迷宫之中。眼前总是突起着一座又一座高耸的沙峰,身旁总是闪现出一道又一道的沙湾、沙湾。一样的色彩,一样的形状,扑朔迷离,冷漠无声,就像沉入一片浩渺的死亡禁区之中。死寂,四周是一片永恒的死寂……"

在这片死神也惊惧的大漠里,他们有何感受呢?

"我们就在这无声的世界上生活着。没有色彩、没有响动、没有变化、没有点缀。绝对的寂静甚至把我们最后的咒骂、狂叫、号啕、牢骚都吸收殆尽。

……

寂寞啊!横的是寂寞,竖的也是寂寞……

横看,眼前总是坟堆般的沙丘、沙丘。竖看,一天天总是死亡般的漫长难熬。单调、无味、无休止的重复,使这横的竖的交织成一片死寂的网,把我们牢牢地捆扎在这人迹罕至的死海上,无法挣脱,无法逃遁。何时是个了啊……"

第一辑 其 文

　　这种环境使知青们生出了一股莫名的仇恨,这仇恨使他们拿起铁锹像饿狼般开始铲杀荒漠里小小的无声的动物——沙原蜥蜴,这小动物"终生是沉默的,没有愤怒的咆哮。没有欢乐的嘶叫,甚至在悲哀时,连微微的叹息都没有……它们独来独往、来去匆匆,每日里只在沙丘留下一串串神秘的足迹"。可这群被孤寂围困的疯子们却对这样一群见人就躲的小动物进行了一场乖戾的血腥的屠杀:

　　"沙尘飞扬、杀声遍野! 不到半日,这场虐杀已升级为一种残酷的比赛,他铲杀了 38,我铲杀了 56,大漠腹地,到处是一片这种无声小动物身首异处、肢残尾断、粉身碎骨、垂死抽搐的惨景。血,沙原蜥蜴的血虽然少得那么可怜,但仍为这苍黄的大漠第一次涂上了悲剧的色彩。艳红,但可怕。"

　　当然这些小动物最终"仿佛受着一种超自然力量的操纵,沉默中积蓄着力量,反过头来不顾一切地向人类发动进攻了"。

　　"浩浩荡荡,汇成了恨的波,聚成了仇的浪。缓缓向前,但势不可挡。群情激愤,但绝无声息。任你铁锹狂舞、狂喊乱杀,它们却置若罔闻。同类横遭惨死、弃尸身旁,它们也视而不见。你能杀,挡不住它数多。前仆后继、视死如归,不一会便用无数身躯淹没了血迹,覆盖了尸堆,又浩浩荡荡地涌动而来了。"

　　最终,他们是获救了,但留下了永恒的启示:

　　人、动物和各种形式的生命存在着某种平衡,当这种平衡遭到不可忍受的破坏时,就会出现现代科学无法解释的自然现象。

　　在这里我们应感谢作家丰富奇特的想象和大胆的夸张。沙丘戈壁上的死寂无声、年轻人生命里原始的狂躁野蛮、小动物沙原蜥蜴的团结无畏都是一种极端,一种被夸张的极端,然后,再用瑰丽的想象把这极端的内容加以画面化,于是那大漠腹地的死寂也紧紧地围困了我们,那些青年的绝望、仇恨和疯狂也燃烧着我们,而那铺天盖地、密密麻麻复仇的蜥蜴洪流刹那间也将把我们掩埋。是的,我们这些读者不早已身临其境了吗?

　　那么,小说读完了,掩卷深思,你不觉得意犹未尽吗? 戈壁荒原,大漠沙洲,狼虫人畜,哪一点不醒目,哪一处不清晰? 粗线条的勾勒,大气魄的铺陈,浓重的点染烘托,奇特大胆的想象夸张提示我们:用这些极具个性的手法将大自然人性化,会使艺术作品放射出摄人心魄的光辉。

　　但愿走进冯苓植的戈壁荒原,能开启你的一扇写作之门。赋予大自然中的一切以人性的魅力,就像那头鹿,那只狼,那一群沙原蜥蜴,还有那片胡杨林、圣母湖、黑丛莽、大漠腹地,那么你的写作也会生动,而且神奇!

(原载2007年第9期《作文成功之路》)

市井人生景观描摹
——冯苓植京味市井小说探微

韩丽娟

摘　要：市井小说作为审美元素或一个小说类别，在文学中有一定的地位。中国当代文学中，市井成了重要元素进入作家们的视野，出现了京味小说、津门小说、描写苏州市井的以及写武汉市民生活的等诸多具有地方文化特色的市井小说。作为中国当代文学的重要一隅，当代内蒙古作家中也不乏市井小说创作之人，冯苓植便是致力于京味市井小说创作的作家之一。

冯苓植敏锐地捕捉到了民间日常生活繁细、庸常的本真面貌，于小说中关注这些普通人的生活，还原其最真实的日常生活。市井小人物有他们独特的活法儿和生存法则，他们既没有成为社会精英的理想，也无严肃的政治使命感，他们奉行经济适用原则，注重个人得失，追求平凡快乐的生活。作家冯苓植在叙述过程中体味他们的冷暖、悲喜、崇高与卑劣，肯定他们的基本生存需求和自然人性的需要，表现出最朴素的人性关怀。在小说创作上，冯苓植继承了鲁迅先生对国民性批判的探索。与鲁迅先生有别的是，冯苓植笔墨并非犀利充满激愤，更多的是调侃诙谐的笔调中透出对现实生活的思考。作品还融入了老舍风，即写市井普通人、小人物的悲、喜剧，富有浓浓的京味。可以说在市井小说创作道路上，冯苓植不断探索逐渐形成了自己的京味小说创作风格。

本文在引言部分，主要介绍了内蒙古作家冯苓植的创作历程，在内蒙古文坛上的影响和地位，对京味小说这一概念做出界定；阐述了冯苓植京味市井小说的研究现状。

第一部分梳理了冯苓植京味小说创作脉络。从20世纪80年代开始一直延续到21世纪,不同时期都有好的作品问世。本文选取不同时间段的代表性作品,并对其进行分析,试图挖掘出作品的思想内涵;其小说主要有三个特点:展示市井文化与勾勒市民生活、浓染绥远地区风俗特色、反思与批判意识;冯苓植从前辈手中接过了"市井文学"传承的火炬,于新时期继续谱写市井传奇,他是内蒙古文坛上不可多得的具有独特风格的一位作家。

第二部分是本文的论点。作家往往展示市井的古老心态和沿袭的遗风,从身边近处反映出当代市民的生态景观,来揭示民族性文化传统及文化心理的历史沿革、继承和发展。笔者认为,冯苓植京味小说大致从五个方面来展示市井人生存景观的。首先是疏离政治,政治上处于次中心地位;这是由深刻的历史文化原因造成的市井人靠自己的双手活命,手艺的好坏决定着生活是否温饱无忧;正是因为政治上的失利,市井人扮演着安于日常生活的小民角色,追逐物质、混世、找乐,并肯定了他们合理的生活诉求;为了在市井中立身活命谋生存,市井人就不得不学会适应市井的那一整套处世知识;趋利避祸、虚伪狡诈、贪图享乐、老于世故、迎奉权贵等等写作市井小说必绕不过对国民性的探讨,冯苓植小说多角度、全方位地探讨民族心理痼疾,为国民性思考开拓了新的空间。

第三部分阐述冯苓植京味市井小说的艺术特色。具体从叙事视点、叙事模式、人物塑造的方法、语言的特点等方面来阐述冯苓植京味小说的艺术特点。

结语部分总结全文,指出冯苓植京味市井小说的缺失、论文的创新点以及论文的局限和不足。

关键词:冯苓植;京味;市井;小说

引　言

随着文化热、寻根潮的涌动,地域性的文化大放光彩。京味小说与新的时代精神结合，现在已经发展成为不可忽视的、较有影响的并受广大读者欢迎的小说流派。作家们纷纷拿起笔，想象、虚构、追怀、书写北京——这座历史悠久的城池以及人物和文化。京味小说在当代找到了其恰当的位置，给文坛带来了新鲜的文风。当代内蒙古文学，在小说创作上成绩斐然，京味小说颇多佳作。内蒙古作家冯苓植的京味小说，继承了鲁迅先生的国民性批判传统，同时融入了老舍风形成了独特的创作风格。冯苓植的京味小说描写市井人，展示市井文化，不仅扩大了当代内蒙古文学的表现领域，还传达出一种醇厚的民俗韵味，给人带来一种全新的审美享受和精神愉悦。

冯苓植（1939—　），四川省灌县人。1959年毕业于内蒙古师范大学中文系，开始在内蒙古草原生活。历任教师、歌舞团编剧、文联创作员，内蒙古作协专业作家。冯苓植是内蒙古文坛中的一员骁将，从《驼峰上的爱》(1982)一首哀婉的爱的赞歌到广受好评的《虬龙爪》(1985)，他创作了非常多的好作品，在当代内蒙古文学史上具有重要的地位。其创作大致可分为三个阶段：

20世纪五六十年代。冯苓植的小说创作始于20世纪50年代末。1957年在《儿童时代》上发表了第一篇小说《林中遇险》，之后在《啄木鸟》《小说界》等期刊上连续发表多篇作品。

20世纪70年代。冯苓植在文学创作道路上继续前行，20世纪70年代末作家有两部长篇小说问世，分别是《阿力玛斯之歌》(1977)、《神秘的松布尔》(1980)。《阿力玛斯之歌》发行上百万册，还被中央人民广播电台选中全文配乐广播；《神秘的松布尔》随之获内蒙古自治区长篇小说一等奖。两部小说遵循文艺革命路线，所塑造的都是高大的英雄人物，他们为了保护国家、人民的利益与反动派敌人作斗争，同时批判"左倾"思想，弘扬艰苦奋斗的精神。早期作品难免有斧凿的痕迹，而且有鲜明的时代烙印，"这是两阕英雄主义的赞歌，但无论是斗争——胜利的哲学，还是实事求是的思想，都是那个时期政治和新闻的回声，还缺乏作家自己的独到认识和理解"。[①]尽管这些小说存在局限性，但在当时的社会历史背景下来看不失为思想、艺术上颇具价值的作品。

[①] 班澜：在冯苓植小说的坐标系上——兼论中篇小说《虬龙爪》艺术个性的追寻[J].内蒙古社会科学，1986(2)。

20世纪80年代至今。经过不断的创作磨炼之后，作家的创作逐渐步入成熟阶段，人物形象塑造日益复杂化、多样化，消解崇高，消解宏大主体结构的创作理念，回归到现实人生的干预、社会历史生活的思考、悠久的民间历史文化的展示续写中。冯苓植笔耕不辍，在这一时间段创作出大量的作品，有《驼峰上的爱》《沉默的荒原》《翅羽上的故事》《叛逆者》《死海》《黑丛莽》等优秀篇目。其中包括动物小说、荒野小说、市井小说、现代派小说等，并且很多作品荣获区内外多个奖项。《驼峰上的爱》发表以后，在广大读者中引起很大的反响，获全国优秀中篇小说奖。这部小说是对"爱"的阐释，它通过叙述说明了无爱的生活对人心灵的扭曲与人对爱的强烈渴求。作者的初衷是希望通过小说告诉我们，人类如果没有了"爱"那生活就会变得畸形，"爱"是生命的源起。《草原》文学月刊、《内蒙古社会科学》上相继发表了有关《驼峰上的爱》的评论文章，有肯定，也有批评。争论文章从不同的角度对小说作了细致的剖析，其中也涉及了文艺理论、文艺批评、文学创作及其规律等根本性问题。无疑，这不仅促进我区文学创作，而且对文艺理论的探讨也不无益处。此外，《妈妈啊！妈妈》(1994)经改编获全国五个一工程奖，《女王之死》(1985)获全国金盾小说奖，《盗马贼》(1993)获全国侦探小说佳作奖，《大漠金钱豹》(1993)获《人民文学》中篇小说奖。

尤其是1985年以来，冯苓植开始写一系列京味市井小说。他善于选取大量带有浓厚生活气息的，普通人的普通生活琐事做生动的描写，从而表现出生活本身所蕴含的丰富内容和社会意义。作家已先后发表了《虬龙爪》《落凤枝》《狐幻》《猫腻》《老人、老狗、老鸟》等。继多部中篇京味市井小说之后，冯苓植于2003年完成了首部长篇京味市井小说《出浴》，获第六届"上海长中篇小说优秀作品大奖"长篇小说三等奖，为其创作生涯再添硕果。他为繁荣内蒙古文学做出了巨大贡献。

（一）京味小说的界定

本文论述的是冯苓植的京味小说。我们要明确京味小说这一概念，必须先确定"京味"的含义。何谓"京味"？目前对这一概念的界定没有完全统一的概述，文学评论界对此有过不少的争议。

首都师范大学历史系的李淑兰认为:"京味文化是晚清至民国时期在北京形成的一种文化。它是宫廷文化、缙绅文化和庶民文化三者相互结合的产物。它具有庄重和谐、雅俗共赏、悠闲自在三大特征。……所谓'京味',既是指北京特有的这种地方风物韵味,更是指北京作为都城的那种帝王气象和官绅云集、鸿儒骄闻的大家风范。"①显然,这是从文化、历史民俗的角度对"京味"这一概念做出了诠释,明确了形成的时间以及独特的地域风俗文化内涵。

　　从文学、文化的角度阐述,学者赵园认为"京味是由人与城间特有的精神联系中发生的,是人所感受到的城的文化意味。京味尤其是人对于文化的体验和感受方式。……'城'在他们意识中或无意间进入了、参与了摄取活动,并使这种参与、参与方式进入了作品。这就给了我们经由人探究城,经由城探究人,尤其探究人与城的具体关系的实物根据"。"老舍是使'京味'成为有价值的风格现象的第一人"。② 北京是一座古老的文化名城,它集中地体现了中国的文化传统,以它这种传统文化积淀在人们身上的反映和延续,尤其是对人们心理素质上的浸染、社会风俗和人情的影响是深刻的。北京是京味文学的发生地,因此京味文学其实是对北京文化的一种阐释。赵园在这里强调的是人与城的内在联系,人对于城的文化体验和感受,再者京味属实是一种风格。

　　基于赵园的观点,王一川认为京味文学应具备五要素,即:地、事、风、话、性。"第一,地,是指京味文学总是要再现故都北京城特有的地点景观;第二,事,是指京味文学总是要讲述发生在故都北京城;第三,风,是指京味文学要描绘故都北京城的风俗民情;第四,话,是指京味文学总是要讲故都北京特有的语言;第五,性,是指京味文学要刻画生长在故都北京的人们的性格特征。"③这是对京味文学更为详尽的界定和表述。

　　北京文化的形成已有近千年的历史,但是作为一种地域风格的北京文学出现得比较晚,它的最终成形是以20世纪二三十年代的"京味"文学兴起为标志。20世纪80年代,以邓友梅、陈建功、王朔等人为代表的新的"京味"文学再度兴

---

① 转引自毛荷花:传承与现代——清末民初京味小说生成考辨[D].南京师范大学,2007.
② 赵园:《北京:城与人》[M].北京市:北京大学出版社2002年版,第14页。
③ 王一川:《京味文学的含义、要素和特征》[J].《当代文坛》,2006年第2期。

起,实际上是这一文学传统的延续。京味小说中有"市井味""传统味"之外还有丰富的"乡土社会"的描绘,即"乡土味"。这三股味互相渗透,融会一气,共同熔铸成北京人传统的心理习俗、精神气质。京味是作品的风格标记,它不仅仅是文学与地域文化关联的唯一模式,创作京味小说的作家并非都像老舍一样是土生土长的北京人,其代表作家不乏众多的"外乡人",正是他们的积极投入与建设,才构成"京味小说"及其独到的追求与风格的。

(二)研究现状

《虬龙爪》是冯苓植的第一篇京味市井小说,写作于1985年,获内蒙古中长篇小说一等奖。之后有中篇小说集《猫腻》,长篇小说《出浴——朔方贝子池搜奇》。关于《虬龙爪》这部小说的评论文章,据统计有20篇左右。《小说界》1985年第6期设"别开生面,耐人玩味的《虬龙爪》讨论会"专栏,吴亮、郦国义、程德培、王安忆、钱谷融、江曾培、曾文渊等7位作家、评论家参与讨论并发表文章。讨论涉及国民性批判、异化、人性的善恶、人物塑造等诸多方面的内容。郦国义《世态纷呈的社会写生》[①]一文中,全面介绍宗二爷深谙人际关系之道:给鸟友小恩惠;不让"小妞子"与其他鸟比试高低,博得了好人缘;拉拢侯七,伪善却深藏不露。文章还分析了侯七的人性恶,刻画得不失人性的深度,挑拨是非扮帮闲的角色,具有低下的品格和人性恶。关老爷子宗二爷需要这样帮闲的角色,所以才为其提供了可施展的空间和存在的价值。程德培《"鸟如其主"的审美投影——读中篇小说〈虬龙爪〉》[②]一文提到,小说不仅是鸟的争夺实属人们争高位的表现,主人的意志在鸟身上延伸,鸟成了人的心情、作为的表现,玩鸟聚集的这些人也是一个社会、一个民族历史的侧影。文章中还提到了人的劣根性以及养鸟被异化的问题。钱谷融《我读〈虬龙爪〉》[③]指出,与小说《驼峰上的爱》里的人与动物淳朴真挚的感情相比《虬龙爪》稍逊一筹;三个主要人物鲜明各有特色,宗、关二人的宽厚磊落与侯七的卑劣成对比,侯七使关老爷子丧命,宗二爷是无辜的;作

---

① 郦国义:世态纷呈的社会写生[J].小说界,1985(6)。
② 程德培:"鸟如其主"的审美投影[J].小说界,1985(6)。
③ 钱谷融:我读《虬龙爪》[J].小说界,1985(6)。

品展现的生活画面和社会内容不广,思想意义上价值不高。《内蒙古社会科学》1986第2期上发表了班澜的《在冯苓植小说的坐标系上——兼论中篇小说〈虬龙爪〉艺术个性的追寻》一文。文中详细说明了冯苓植的创作风格如何从悠扬的牧笛变成了生活的解剖刀。《虬龙爪》剖析封建制度遗留下的病态灵魂,宗二爷在强大的权力欲支配下,即使在养鸟界也想独占鳌头,不仅深谙攀高术,笼络他人,还将自己的本来面目隐藏得很好;小说对人物的塑造深刻具有生活感,叙述语调冷静,是冯苓植向富于哲学意味的典型的一次进取。一部小说能引起这样别开生面的讨论,作品自身的魅力可见一斑。中篇小说《猫腻》发表于1986年,"作品深刻地表现了对民族文化弱点的忧患。沉湎于文明古国的国粹,在外国人面前用盲目的自尊掩盖自悲内茬,以及前面说过的那些愚蠢的种性观、生育观,家庭与人际间微妙的关系,时髦和陈旧相交织等等都是民族行为方式的表现"。[①] 小说重要的是,对时代、民族心理流向的观察、翻新与守旧,时髦与陈腐,有趣地、滑稽地结合在一起。继多部中篇京味小说之后,作家于2003年完成了首部长篇京味市井小说《出浴》,为其创作生涯再添硕果。目前只搜集到一篇关于《出浴》的评论文章,文章肯定了作家的小说并指出小说的整体叙事风格是"一侃到底""侃与小说的文化韵味相契合""与小说人物的命运及性格相融合"。[②] 对冯苓植京味小说的研究及其评论文章集中在其早期的小说上,缺乏从整体概况出发的宏观解读,这些导致了对作家及其作品评价和研究的不足。

(三) 研究方法和意义

从目前的情况来看,对冯苓植京味小说的研究主要集中在《虬龙爪》等早期中篇小说,而对于其他篇目的评论和研究甚少。《猫腻》这部集子中收录的几个中篇和《出浴》这部长篇写得精彩而又耐人回味。本文主要运用文献检索、归纳、比较、综合分析等多种方法对冯苓植京味儿小说进行深入解读,探究作品的内在意蕴,从而更准确、全面地研究和评价作家作品。

京味小说是指具有鲜明北京地域文化的,写发生在这里的人、物、事。作家

---

① 林焱:裹着谐谑的忧患——关于冯苓植《猫腻》的对话[J].当代作家评论,1986(6)。
② 牛玉秋:一侃到底——读冯苓植的《出浴》[N].文艺报,2003.08.12。

文坛"游牧人"冯苓植

冯苓植将北京想象置于"塞外古城"——戍边子弟仿北京城建造的一座遗城。虽然地理上隔着十万八千里,然而却是地地道道的具有北京文化特点的一座城市。作者将北京想象移植于北方广袤的土地上,格调上与这里的草原游牧民族文化差异较大,是作家独特而大胆的文学想象。市井一面连着都市,一面连着乡村,可看作城乡交流的联络点,起到过渡的作用。所以它既融汇了城市的喧嚣,也具有乡村的保守,成为了一个特殊的地方。市井中最发达的是商业,各种商贩汇聚于此,市井虽然老油泥深厚,却也是藏龙卧虎之地,这些成为冯苓植取之不尽的写作素材。我们看到了内蒙古作家在文学创作上的探索和努力。

在当代内蒙古小说创作中,写京味市井小说的作家并不多,作家冯苓植能在这一领域内有如此骄人的成绩,值得我们去关注和研究。冯苓植京味市井小说不仅扩大了当代内蒙古文学的表现领域,还传达出一种醇厚的民俗韵味,给人带来一种全新的审美享受和精神愉悦。希望通过本论文的梳理阐述,让更多的人认识到内蒙古优秀作家作品的价值所在,并推动内蒙古文学的创作和研究。

一、冯苓植的京味想象

文学想象是人类独有的直观的艺术化的想象。文学离不开想象,想象是文学的关键和基础;即便是非虚构文学,也必须经过想象。对文学来说,想象就是一种认识、机智,有了不同以往不同他人的想象,才有可能形成新的认识,形成思想,形成新的创作。作家丰富复杂的感情和饱含情感的想象,它或许给人的印象会远比原物原貌要复杂生动许多,然而作者所要给予读者的很大程度上其实也是作者自己内心丰富情感的寄托,是他所要抒发的真情实感。冯苓植所勾勒的北京形象,在很大程度上是一种文学想象的产物。这里不是说作家是否真实地描述了北京的情态,而是指出于相似的文化逻辑对北京形象的建构。冯苓植曾在北京居住过一段时间,对北京的生活、风俗有一定的了解。他的京味小说是文学想象与城市历史的产物,小说里作为文化依托的城是坐落在塞外的一个名叫

"塞外古城"的地方,有着悠久的历史文化遗风,作家将北京想象置于此地。茶楼、酒肆、天桥、各种小吃和着吆喝声一起构成了典型的京味图画。故事都发生在这座戍边王爷建造的遗城,城里的重要场所叫大裤裆胡同,"东西各伸出一条裤腿儿,而裤腿儿交接之关键部位,有一眼名闻塞北的古泉井,古泉井左为一茶楼,右为一酒肆",小说中的故事都发生在这里。于此粉墨登场的没有贵胄、上层社会的名流,更没有精英人物,有的只是安于自己小日子的市井之民。城中演绎着属于他们的家长里短、日常琐碎、人物纠纷、人物的悲喜剧。从最初的中篇《虬龙爪》到长篇小说《出浴》,无论从作品的审美或是市井文化风俗的展现都显示了作家创作的娴熟自如。在当代内蒙古文学史上,写京味市井小说并能有如此辉煌成就的小说家并不多见,由此奠定了冯苓植在内蒙古文坛上市井小说作家的特殊地位。

(一) 冯苓植京味小说创作的发展轨迹

1985年在《小说界》发表一篇题为《虬龙爪》的小说,作家独特的视角和清新的风格为小说注入了活力,发表后顿时引起了文坛和读者们的注意,广受好评。从此开启了冯苓植的市井小说创作生涯。

小说《虬龙爪》讲述了养鸟的故事。宗二爷在工作上被拨拉下来,气愤之极差点为此丧命,多亏儿子孝敬的鸟被鸟友们捧上了高枝儿——虬龙爪,主随鸟荣,他才重又捡回了魂儿。养鸟本属怡养性情的一种活动,却变成了人们相互攀比争高低的手段。待养鸟界德高望重的关老爷子回来,众鸟友倒向关老,宗二爷顿觉再一次被看轻,便想方设法与关老试比高低,表面却装得忠诚厚道。如此颇费心机的结果是关老撒手人寰,爱鸟协会副会长的头衔自然落到了宗二爷的头上。文中作者对宗二爷及其众人的批判思想显而易见。如果说《驼峰上的爱》是用牧笛吹响了一首温婉的爱的赞歌,那么《虬龙爪》则是作家转向关注现实生活,犹如手握一把锋利的"解剖刀"去剖析生活,对生活有了更深层次的体味。"从《驼峰上的爱》到《虬龙爪》,作家对生活的理解和对美的追求完成了一次飞跃——从带着童话色彩的美的理想的咏叹,走向对现实人生的干预;从重感性抒写到对社会历史生活的深沉思索——开始进入理性的自觉,理性的自觉正是作家成熟的兆头。"①可见小说家给自己制定了更高的目标,并在追求实现目标的过程中有深入的探索和不懈的努力。在《虬龙爪》这部小说中,冯苓植市井小说的写作模式或者说风格已初见端倪,他总是将带有厚重"老油泥儿"的人物即受传统文化影响深的人作为主人公,无论是身份还是思想都是传统的、守旧的,有着小人物的自私自利和性格缺陷;地点不外乎北京文化韵味浓重的塞外小天桥、大裤裆胡同。这些故事似乎就发生在我们的身边,因而觉得真实、亲切、不隔。《虬龙爪》可看作是作家在一种新的文学领域、题材写作上的成功探索,也为此后的市井小说创作找到了可循之径。

当代市井小说中必然带着时代性的特征。当代作家面对着的是整个的世界,并非仅是文学传统,他们必须回应当代社会的各种挑战。所以,当代市井意识的渗透、影响会以各种形式表现出来,它很可能经过了种种的改造、重组。冯苓植市井小说没有停留在表现浅层次的社会内涵上面,他的小说力求用一种新的当代意识和历史观念去透视历史和现实,以及艺术地观照异彩纷呈的生活现象。市井和商品经济的发展有不可分割的联系,市井大军俨然成长为一股不可低估的势力,在社会经济生活中有重要的地位。城依旧是昔日之城,不同以往的是周围被高楼大厦包围着,处于当代的大裤裆胡同更像一个被繁华都市的高楼大厦所包围的孤岛。紧接着发表的《猫腻》写的是令人哭笑不得的闹剧。大裤裆胡同中的两家结猫亲家,却变成了各自"打野食",大组长和铁旋风、瓶底儿和瓷人儿分别走到了一起。由于瓷人儿的怀孕,铁旋风与大组长都矮了一截,各自回到原来的家庭。随着改革开放的有序进展,人们越来越注重金钱、名誉、地位,新旧文化观念的碰撞也日趋明显。大裤裆胡同的住民思想观念中不可避免地接受了新的东西,加之原来的市井人特有的思想,形成了新旧、中外杂糅的一种思想观念。小说里的两家人没有子嗣,各自养起了波斯猫并视为自己的孩子,把对孩子的感情移到了猫的身上,为了保住猫的纯种性才有了这场闹剧;当耀武扬威的铁旋风和大组长被证实是自己不能生育后,根深的伦理观念使得他们自惭形秽顿失昔日的风采。尤其是铁旋风甘愿把别人的孩子当作自己的孩子抚养来延续

---

① 班澜:在冯苓植小说的坐标系上——兼论中篇小说《虬龙爪》艺术个性的追寻[J].内蒙古社会科学,1986(2)。

香火，可见传统的"无后不孝"的观念依然根深蒂固。作家注意到当下人们伦理道德、思想意识上的变化，通过自己的文章对其做出观照，不难看出作家紧密联系现实生活，思考人生的积极态度。随着时代的发展，出现了新的行业，反之原有的行业必然因过时而被淘汰。《落凤枝》里的白三爷家靠嘴皮子吃饭，可惜世道变了，白三爷还没来得及"择木而栖"，这行当便销声匿迹了。但是他壮志未酬，闲暇时对着鸟笼子跟鸟儿练练嘴皮子，生怕把一身绝技丢了。白三爷所做的一切都是为了那个梦寐以求的"落凤枝"，发扬光大家传技艺。市井之民比他人多了份黠气，却有着常人的理想愿望及对所从事行业的热爱。他选定了驴肉陈作为自己的落凤枝，也的确尽心尽力为主子办事；历史的发展、时代的大潮不可逆，白三爷为保留家传的技艺在现代社会中苦苦挣扎，而不去寻求角色的转变，他无法接受现实，可是面对时代的发展却也无能为力。与《落凤枝》写于同一时期的还有《狐幻》《老鸟、老狗、老人》等两篇。

如果说20世纪80年代是冯苓植市井小说创作的开端，那么进入90年代后作家冯苓植的写作技巧逐渐成熟，分别创作了《大漠金钱豹》《茶楼轶事》等优秀中短篇小说。《大漠金钱豹》中，英雄生不逢时，无奈身怀绝技终究敌不过枪的威力，被过街姐戏弄把玩最后精神恍惚。作家将大裤裆胡同置于清末、民初时期，随着时代背景的推移人物的身上刻上时代的印痕。市井人传统的豪侠气，耿直，正义感等品格并没有随着经济大潮的冲击而完全褪色。民族性格的遗传无疑起着重要的作用，这种深入骨髓的内在的东西是印在人们意识或潜意识中不会轻易被抹掉的。《茶楼轶事》写了两则小故事。在老掌柜最危难的时刻，市井诸侯皆退缩自保，唯有看似痴呆的鼻涕虫挺身而出以一身蛮力吓走了无赖；另一篇写身怀绝技的引魂人，即使穷困潦倒以茶水果腹却不肯为维持会长的老子引魂，具有高贵的品格。他们都属市井中的底层人物，并非豪杰之辈，但他们身上的"义气""豪气"，崇高的情操，坦荡的胸怀都使人为之钦佩。在寻常的人际交往中，义气似乎成了一种观念、一种意识、一种品质和一种约定俗成的准则。市场经济条件下，人们的思想观念正在嬗变，当实用主义和拜金主义的沉渣泛起的时候，交际成为交易；当友谊成为手段、当良心成为说教，义气成为枷锁只是顺理成章的事了。作者此时似乎有缅怀传统美德的一面。

时间的年轮转到了21世纪,作家虽进入暮年仍然笔耕不辍。与长篇小说相比,冯苓植以中、短篇小说见长,长篇小说数量不多,共有《阿力玛斯之歌》《神秘的松布尔》《出浴:朔方贝子池搜奇》(2003)、《忽必烈大帝与察苾皇后:从游牧汗国到大元王朝》(2010)等四部。每部长篇小说问世后,在当时引起了不小的轰动。作家的辛劳耕耘以及收获的果实,是大家有目共睹的。作家第一部长篇京味小说《出浴》,获第六届"上海长中篇小说优秀作品大奖"长篇小说三等奖。小说讲述了市井奇人们为了生存,在命运面前开始了传奇的人生故事。小鸡眼李的巧合姻缘为小说增添了神秘的色彩,本来小鸡眼李可以和杏儿相伴一生的,一场巧合的事故和当时的政治运动,造成了二人的人生悲剧。在这个悲剧的发展下,小鸡眼李又结识了雪条儿,使悲剧后来演变成了喜剧的结局。在社会大势急速变革的影响下,小鸡眼李又和戏曲名角小柳柳结成了患难夫妻,粉碎了砸碎常的私欲之梦。因此,小鸡眼李的现实命运已经无路可走,在一次辉煌的绝活表演后,他被命运残酷地安排到打石场改造,一场意外事故,使这位身怀绝技的市井奇人走完了自己传奇的一生。作者妙笔生花,小说中突出了奇的色彩和诙谐的基调,嬉笑怒骂皆成文章。

冯苓植的京味市井小说按时间大体走过了以上三个阶段。不同时期带给读者不同的惊喜,对于喜欢阅读的人们来说,作家无疑丰富了他们的精神世界,带来了审美的愉悦。

(二) 冯苓植京味小说的特点与价值

当代市井小说从多方面得到开掘,形成了不同地域文化特色的市井文学。有写北京的,邓友梅、陈建功、王朔等为代表;冯骥才、林希擅长写天津;陆文夫写苏州,池莉写武汉。这些作家选取熟悉的地域文化、日常生活、风俗习惯,深谙各种生活情节,写起来是那么得心应手。市井小说通常会涉及一个地域的文化,从某种程度上讲也可归入文化小说,这文化的载体便是与地域、人有关的一切日常生活,人情往来、礼仪习俗。新时期中国的政治和经济发生了很大的变化,当代文坛上很有影响力的京味小说非常活跃,也在不断成长,时代不断地给它注入新的血液。京味小说与新的时代精神结合,现在已经发展成为一个不可否认的、不可忽视的、较有影响的并受广大读者欢迎的小说流派。作家们纷纷拿起笔想象、虚构、追怀、书写北京——这座历史悠久的城池以及人物和文化。京味小说找到了其恰当的位置,给文坛带来了新鲜的文风。

冯苓植京味小说继承了传统京味市井小说的特点,同时融入了作家独特的想象。其京味小说有以下三个特点:

民俗文化的展示与市民生活勾勒。民俗文化内容丰富,有生活底蕴,这也是民众的一种生活方式,这使得作家也像其他人一样置身于民俗的土壤之中。作家往往以民俗文化为主体视觉,介绍、传播民俗文化的同时刻画人物、揭示人物心理、表现人物情感,其中更多地融入了作家的思想、情感和审美判断。如此一来,这类小说的内涵更丰富,价值更高。冯苓植京味小说与老舍的市民小说有着较多的精神承传。冯苓植小说在题材上,直接继承了老舍选取市民生活中最普通、最日常事件的传统,小说里的人物多是小人物,即中下层市民,勾勒出小人物朴实、热闹,世俗且自由的生活状貌,从而表现出生活本身所蕴含的丰富内容和社会意义。

浓染地方风采的文学想象与回瞥。文学创作离不开想象,冯苓植将北京想象移植到绥远古城中,也就是小说中的"塞外古城",我们从一些文章中可以找到历史依据。"雍正十三年(1735),为进一步控制蒙古诸部及安排从漠北归来的八旗将士,清廷决定在归化城(今呼和浩特市旧城)旁新建一驻防城——绥远城。乾隆元年(1736)十月,绥远城开始破土动工兴建;翌年二三月,城工全面展开;六月,大批营房首先建成。按清廷的既定方针,从漠北而来的京师满洲家选兵2 000人及热河汉军1 000人率先进驻绥远城。"[①]另一篇文章中也有大致相同的概说,"清朝统治时期,为了加强对土默川以及广大蒙古地区的控制,决定在归化城东北方向5里的地方修建一座专门驻扎满族八旗军队的城堡,1739年(清乾隆四年)建成,清朝政府将此城定名为'绥远',……清朝政府陆续将驻扎在山西北部地区的八旗驻军调防到绥远城,并允许官兵携带家属入城居住"。[②]

我们再来看冯苓植京味小说里营造的典型城市环境:

---

① 蒙林:绥远城八旗蒙古初探[J].内蒙古社会科学,2000(11).
② 魏铎:多民族和谐共处,多宗教汇聚并存[J].中国民族,2008(7).

"遥想当年,乾隆爷为戍边子弟钦定此城时,曾御笔亲书此眼古泉为'漠北第一泉'。后辈儿孙欲沐皇恩,便纷涌而至,顺着酒楼茶肆沿东西发展,争相盖起一座座作坊店铺,致使许多小吃喝、各类小玩艺儿的门面,一时间缀满了两条裤腿儿,热闹得实在可以。"(《猫腻》《落凤枝》)

"遥想当年,乾隆爷亲令一位贝子率一支八旗子弟到这古城戍边,就曾把老北京诸多好玩艺儿也带到此地。吃的、喝的、玩的、乐的集一处样样不缺,遂参照前门大栅栏和东单王府井,渐渐竟有了这塞外小天桥。"(《镖爷》)

由上述可知,冯苓植小说中的"塞外古城"并非是完全虚构的,绥远城乃是其原型。

冯苓植深谙绥远地区的风俗文化,这里的风俗习惯与北京地区有很多相似之处,冯苓植在小说中将北京想象构建在绥远地区风俗之上。绥远地区,汉、蒙、满、回等多民族混居因此也造成了民俗的复杂性、多样性,在这里的民俗文化中也能见到一些北京风俗习惯的剪影。在日常生活中影响人们精神生活的主要是宗教和信仰,包括祖先祭拜、自然崇拜和原始宗教的内容和方式。绥远地区的人民信奉"关帝""观音""财神"诸神,《绥远通志稿》载:由祭祀关公。亦为俗所重视。囊年每届九月一。全旗官民献剧三日"。"每年旧历四月十八日。新城东门外为娘娘庙会之期。儿童玩具。妇女花棚……为绥远城一年最盛之集会期也。而满人于是日还愿求子。赴庙焚香拜祷者甚多。"[1]这些宗教信仰与北京风俗中的民间信仰大同小异。祖先崇拜是中华民族传统精神信仰之一,崇拜祖先有和崇拜神灵一样的效果,它为道德伦理、社会制度等奠定了一个基础。祖先崇拜仿佛是一个特殊的宗教,这个宗教中每个家庭都有自己的神;若大家崇拜的对象是一个人,那么很可能是一个早已死去的"共同祖先"。绥远地区也有祖先崇拜的习俗,"绥俗祖宗崇拜的标志一为木主(外罩以龛),一为画轴(俗谓之'容'),供所多在堂屋或静室"。[2] 冯苓植找出绥远地区民俗与北京民间习俗的共同性,在此

---

[1] 贺龙:清代土默特地区民俗文化变迁的历史考察[D].内蒙古师范大学,2010。
[2] 牛敬忠:民国初年绥远地区汉族民俗概览[J].内蒙古大学学报,1996(6)。

基础上构建了他的北京想象。小说《镖爷》中,祖宗牌位上供着当年贝子爷赐给大伙儿的铁券凭书,是各路诸侯公认的"忠义堂"。铁券凭书是"共同祖先"的恩典,是祖先威严性的象征,大裤裆胡同的所有子民都受其庇护。当"过街蛆"砸了祖宗牌位,拿走贝子爷留下的铁券凭书,整个塞外小天桥似被刨了祖坟一样悲戚。《出浴》里的鸡眼李在"断脐刀"仪式上摆出了祖宗牌位,点燃蜡烛,燃起香,供上了那麻纸秘笈,可想而知这是一件颇为严肃庄重的事情。除了信仰之外,绥远地区岁时节日看庙会、听戏、赏灯等娱乐活动也都与北京地区的颇为相似。想象的前提或者说基础——绥远城、绥远风俗兼备的情况下,冯苓植用想象构筑了他的小说,勾画出具有绥远身影的京味小说的整体风貌特色。

反思与批判意识。民族文化性格、民族文化心理是经过长期历史的积淀而形成的。这种传统文化积淀在人们身上的反映和延续,往往给人们设定了性格倾向和行为规范。冯苓植京味小说反思中国传统文化,探讨国民性,揭示民族文化心理痼疾,这有助于了解和认识民族的文化传统和民族意识。在他小说的人物世界中,有权位欲极重的宗二爷,固守传统拒绝时代发展的白三爷,还有像鸡眼李一样时而清醒时而糊涂吊儿郎当的人……他们都是市井里的凡夫俗子,这些人旧派、保守、闭塞。冯苓植揭示这些人物的思想、心理、精神病态,从而实践他对文化乃至传统文化中消极落后方面的批判。

冯苓植作为当代内蒙古文坛健将,蒋子龙说他"以草原为发射架把自己送上了文学的轨道"[①],崭露头角后走出了广阔的创作之路。创作的道路并不是一帆风顺的,作家也曾迷失过"有病乱投医"囫囵吞枣地阅读了大量的书籍,萨特的、房龙的、弗洛伊德的著作,但总好像找不到中国许多社会现象的病根儿。当作家重新翻阅《鲁迅全集》后欣然发现了创作方向,富有趣味的京味儿小说不断出炉。他是当代内蒙古文学中成功涉猎京味市井小说的作家,使之在朔方的广袤土地上生根发芽。他把"历史和当代、想象和现实、生活和轶事熔为一炉"[②],作品富于人生哲学的严肃性。作家开辟出一片属于自己的"文学土地",挥洒着辛勤的汗水耕耘着。"不媚上,不媚俗",怡然自得,做着自己喜欢的事情。冯苓植是20世

[①] 蒋子龙:有真性情方有真文章[N].民族文艺报,1986(1)。
[②] 蒋子龙:有真性情方有真文章[N].民族文艺报,1986(1)。

纪80年代内蒙古文坛上重要的作家之一,部分作品被译为英、法、日、乌克兰等多种文字,国学大师钱谷融、作家蒋子龙等都很看重他的作品,给予了高度评价。冯苓植的京味小说继承了鲁迅先生对国民性批判的探索,与鲁迅先生有别的是作家冯苓植笔墨并非犀利充满激愤而更多的是调侃诙谐的笔调中透出对现实生活的思考。作品还融入了老舍风即写市井普通人、小人物的悲、喜剧,富有浓浓的京味。可以说在市井小说创作道路上,冯苓植不断探索形成了自己的京味小说创作风格。在当代内蒙古市井小说创作上,冯苓植独树一帜,写市井奇人掌故、探讨国民性痼疾、现代化冲击下市井人思想的嬗变,勾勒出一幅幅独特的市井风情图画。

二、市井生存状态素描

　　胡同,或者说巷子,是城市的细节。一座城市,不管有多少高楼,多少大道,那只能是城市的骨架。城市的血肉和灵魂在胡同里,在巷子中。不论它被岁月的风雨吹打得多么斑驳陆离,却依然流露出特有的文化魅力,一种质朴与亲和。生活在其中的人过着宁静、淡然、古朴的生活,日子就在平淡中滑过。知足常乐、远离政治、淡泊无求的情怀,正是市井人生活的写照。市井社会是一个地区民族文化传统的积淀处,凝聚着一个民族、一个城市悠久历史和民族共同的精神与性格。市井人属于底层的人,是社会的弃儿。这些社会结构之外的人,他们的生存方式和精神风貌不可能文雅细致,可也绝不算简单粗糙,一如所有的人,他们也有着自己的苦恼、幸福、快乐。在这个世界上,大人物生活的辉煌和精彩,小人物生活的滋润和欢乐是没有高低之分的。作家冯苓植徜徉于市井间巷间,被其无穷的魅力所折服,通过他的小说展示市井人的生活、习俗、心理层面,与读者共同分享这份市井文化"大餐"。

(一)政治上处于次中心地位

　　何谓"市井"?《史记·正义》里记载'市井'的一个由来:古者,相聚汲水,有物便卖,因成市,故云市井。颜师古进行了注释,说:古未有市,若朝聚井汲,便将货物于井边买卖,曰市井。"①由此可知"市井"原本专指做买卖的场所,逐渐延伸为用来称呼做买卖的人,后来越来越多地指称生活在城市中的普通市民。作为城市主体的市民阶层是商品经济发展的产物,具体地讲,市井在中国传统文化的土壤中生长起来,并对中国社会产生了深刻的影响。这些下层民众既包括那些小商小贩、小手工业者,也包括各类艺人、医生等专业技术者,同时还有那些浪迹江湖的游民,这些人即为俗称的"市井小民"。过去,中国的城市始终是作为封建政治机构的附庸而存在的,市民阶层一产生便成为封建势力压迫盘剥的对象,政治上是没有什么地位可言的。

中国自古有重农抑商的传统。士、农、工、商,商在最后,甚至常常被看作是贱民。《史记·平准书》载:"孝惠、高后时,为天下初定,复弛商贾之律,然市井之子孙,亦不得仕宦为吏。"②不允许市民阶层中人在政府机构任职做事,他们受歧视、遭排斥的生存状况可见一斑。汉代发生战争时,"良家子"是军官的来源,罪徒和商人子弟则是士兵的来源。宋代陆游在《家训》中告诫子弟:"仕宦不可常。不仕则农,无可憾也。但不可迫于衣食,为市井小人之事耳。戒之戒之!"似乎一入市井,便随落下流。社会普遍把读书做官看成获得社会地位与财富的唯一途径,因此打击商人更不遗余力,把大多数人束缚在土地上和简单朴素的生活方式中。千百年来,这种状况在封建统治下始终得不到改善,市民们也始终在为争取自身的地位和权利而进行不懈的努力。毕竟,市民阶层与封建制度有着千丝万缕的联系,它们既相互排斥,又相互依赖,为了生存和发展,市井中人不得不压抑自己而与权势者往来。

冯苓植的市井小说没有回避这一点,文中毫不隐讳地写出来。引车卖浆者流于政治上处于次中心的地位,比之农民又高一层,然而也是统治者盘剥的主要对象之一。清末、民初时期,当局政府委派维持会、警察局等监管市井闾巷,欺压百姓为所欲为,市井人敢怒不敢言。小说《茶楼轶事》中写道:"这古城维持会长是想借老爷子之死,大出殡,大发丧,大摆排场,以在其主子面前显示自己确实维

---

① 李安辉主编、丁显编著:《家长里短话市井》,河南大学出版社,2005年,第4页。
② 转引自赵伯陶:《市井文化与市民心态》,湖北教育出版社,1996年,第51页。

持下一片王道乐土。不但要有那绝活儿引路,三班鼓手开道,六十四台大杠举灵,一百单八个大姑娘和小媳妇儿号丧,还要动员全城人皆披麻戴孝加入送葬队伍,倾巢出动相随墓地直至入土为安。"①使倾城人出动发丧,不仅讲究了排场也显示了治理的能力。封建政权不仅极力贬抑商贾,还把他们看作低贱者可以任意驱使。小说中仅此一段对市井人的社会地位、尊卑情况暴露无遗。

市井细民想保全自身必然依附于官僚和上层社会。他们长期接受封建思想的熏陶,不可能有彻底的反封建觉悟。在政治上,当时的统治阶级对人民的剥削压迫有增无减。在意识形态方面,有一千多年儒家正统思想的枷锁。凡此种种严密的思想统治,使市民阶层的思想意识不可避免地杂糅着两种互相联系又互相排斥的矛盾倾向。一方面,经济地位的低下使他们萌发思变的愿望;另一方面,与封建经济的密切联系又生成了他们的依赖性,政治法权的威压使他们妥协动摇。所以,市井人天生的趋利避害思想使得他们依附于权贵来求得暂时的安生。对于市井巷民来讲,没有什么比耽于平淡的生活、找乐混世更让他们感兴趣的事。为了这点他们不得不向统治者、权贵低头。

市井人也曾为捍卫自身的利益与官府分庭抗礼,无奈自身势力薄弱终不能成功。市井中藏龙卧虎不乏侠义之士,他们好侠尚义、崇尚气节、特立独行、力挽狂澜,以图造成心灵的震动。为了"名"这种抽象的精神价值被社会与历史所认可,侠士们不惜抛家弃业,甚至献出生命。中篇小说《镖爷》中,警察局派来的过街蛆来大裤裆胡同挑衅,昔日的镖局后代鲍爷凭借一身真功夫与之对抗力图保这"最后一趟镖"。怎奈时代进步,有了洋枪洋炮,纵使身怀绝技也难以抵敌。市民阶层的民主渴望再进步,也摆脱不了历史的规定;反抗意识再强烈,也无法突破阶级的局限;社会理想再崇高,也超越不出自身经济利益的范围。市民群众被统治者欺压掠夺远不及广大农民之深。因此,他们的反抗力度不如受压迫主体——农民,从未达到明火执仗,揭竿而起的地步。其次,我国社会发展缓慢,市民阶层始终没有形成一个阶级,他们的意识终究不是社会的主导思想。他们或来自农民,或穷儒生,或落魄的显贵,因而像一盘散沙,力量脆弱,根据各自经济

---

① 冯苓植:《猫腻·茶楼轶事》,远方出版社,1997年,第265页。

地位的高低，对封建统治阶级或依附或反对，且表现为种种不同程度。加上小生产者狭隘的眼界和利益，也注定了他们必然是自私、保守、怯懦的。

市井流民的社会地位决定了他们无法登上政治舞台，被边缘化、疏离，因而只能各自施展手艺于市井中挨日子。

（二）手艺是安身立命之根本

市井连着都市与乡村，它的包容性很大，汇集了五行八门的人，市井里的人大致可分成三类：商贩、手艺人、从事下三流行业的人。商贩是市井中最基本的人群，他们的理想就是自己能够拥有一间店铺，否则如果破产，就只好从事"下三流"职业，出卖苦力或者尊严。在重农抑商的时代，经商不是最好的出路，人总能以能够跻身官场和士林为荣耀。手工艺人是市井中一个相对稳定的职业群体。他们有一技之长，经济收入和社会地位能够得到保障。每一代手工艺人都会把自己一生最关键和得意的经验直接传授给后裔或者弟子，逐渐形成了家庭式传承秘术。下三流是市井中最无奈的行业，修脚、搓背、剃头、抬棺等。市井之民安身立命的基础是各有各的手艺、绝活，手艺对于他们是谋生的工具。

自古以来商贾一行属社会中的下层，地位并不比农民高，现今的市井细民实际上就是小商小贩，这些人生存靠的就是祖上传下来的手艺。《出浴》里的小商贩哪个不是有一手绝活儿，卖大力丸的、卖羊杂碎的、杂耍的乃至捧臭脚的……各有千秋。鸡眼李家操的虽属"贱业"，可是大家都离不开他的绝活儿。鸡眼李家祖上当年也辉煌过，甚至是被尊为爷级的人物，一辈辈地传下来现今被归入下九流，俗称捧臭脚的。捧臭脚的也有理想，老鸡眼李是胆小，是唯唯诺诺，但内心却绝不乏重振雄风的壮志。"他只盼某一天能有一位识'货'的贝子爷再世，盼只盼某一天他也能在市面上堂堂正正地当回爷！"虽然理想是依靠他人的赏识得以重建祖上的威望，不难看出鸡眼李还是不乏上进心的。老鸡眼李朴素的理想终于在小鸡眼撑起门面的一刻开始实现了，几次露脸尽显真传，被后人奉为修脚圣手、搓澡高人。对于祖上传下来的手艺有一种崇敬的心情在里面，把它当作性命一样看待，出于孝的心理负责代代传承下去，如果手艺在自己手中断送了那可谓是大逆不道的不肖子孙了。《落凤枝》里的白三爷家靠嘴皮子吃饭，"靠嘴皮子吃饭的懂得'良禽择木而栖',凭着那嘴皮子上的绝顶功夫,为主子东拼西闯,到头来自己也落个吃香的喝辣的。但这必须要有眼力,东家一定要选准了,行话称为选定'落凤枝'。可惜世道变了,白三爷还没来得及'择木而栖',这行当便销声匿迹了。最后,只落得在街道维修队当个泥瓦小工子,靠着给师傅们打哈哈混日月,壮志未酬,闲暇时只好对着鸟笼子跟鸟儿练练嘴皮子,生怕把一身绝技丢了"。① 白三爷所做的一切都是为了那个梦寐以求的"落凤枝",发扬光大家传技艺。虽说市井之民比他人多了份黯气,却有着常人的理想愿望及其对所从事行业的热爱。如此一来,不论发生多大的时代变革,市井人凭着手艺总可以艰难度日。

手艺人靠的是日积月累产生的"口碑",而口碑来源于其自身的人品和超越同行的关键技艺。小说《落凤枝》里,驴肉陈家的汤褪驴肉堪称一绝,从驴的挑选到蒸卤都有严格的要求,"专门精选那些非老、非病、非死、非用之驴,一生下来就先天带着残废之驴,或出世不久就受伤难愈之驴"②。起关键作用的还属那"十代秘传的原肉汤",换句话说也就是这门手艺的秘方了。小说中写道,汤褪驴源于北京青龙桥,北京人谁不爱"这口香",经过岁月的流逝,在北京这门手艺已经失传了,唯独传入大裤裆胡同的这一支犹存。正是由于大家都好这口,所以才有长久的活力。口碑是经过长年累月铺垫下的,这中间还有一个信誉的问题。信誉好,长此以往便有了一大批老主顾,老主顾就是生意的稳定收入来源,他们的惠顾保住了手艺人的饭碗。相对来说,手艺人职业和地位比较稳定,他们有一技之长,受主顾青睐和尊重,除了智慧和劳作之外,很少成本投入,不会有太大的风险。

技艺的私密传承,对于各种手艺行业来说都是绝对重要的事。农民有土地作为依靠来生活,土地是最基本的生产资料。与此相似的是,市井人由最根本的生存本能出发,悉心经营一门手艺。手艺人对"秘技"十分保密。鲁迅先生在《作文秘诀》里提到"做医生的有秘方,做厨子的有秘法,开点心铺的有秘传,为了保全自家的衣食,听说只传儿媳,不教女儿,以免流传到别家去"。秘方是一种无形

---

① 冯苓植:《猫腻·落凤枝》,远方出版社,1997年,第62页。
② 冯苓植:《猫腻·落凤枝》,远方出版社,1997年,第70页。

的且是无限的财富,可谓画龙点睛最重要的一笔,手艺人守住了秘方也就守住了饭碗。《出浴》里,鸡眼李家的传世绝活可谓让人大开眼界。"一把抓、逍遥游、摘鸡眼、极乐手"等四项是中国传统洗浴文化中的绝活儿。鸡眼李深得真传加上自身的勤奋好学,练就了一身精湛的手艺。这里面包含了医学常识和外科手术知识,还有秘传的神奇药膏,治理各种脚上的顽疾皆有奇效,使得身为外科大夫的莫铭也不得不心服口服。

民间有句老话说"无须黄金万贯,只需一技在身",手艺随身带无论到了哪里都有饭吃。他们只是凭自己的一双手、一份辛劳谋取生存,谋得一家人的温饱。在平淡与贫寒中,他们比一般职业人有更多的辛苦、更多的艰难、更多的沉重。但他们适应,他们坚韧,勤劳吃苦、不折不挠。他们活得自在,洒脱,对生活没有那么多奢望和欲求,他们更多的是淡泊自如,知足满足,随遇而安。手艺人可以凭自己的一技之长,自足自立。生活的一起一伏里,承载了手艺人的辛劳、手艺人的智慧和贡献。

(三) 混世找乐的世俗心态

市民阶层与封建制度有着千丝万缕的联系,它们既相互排斥,又相互依赖。为了生存和发展,市井中人不得不压抑自己而与权势者往来,在彼此争斗又彼此利用的境况下逐渐形成一种被扭曲了的,由嫉愤、渴慕、疑惑和无奈等情绪交合构成的混杂心态——"玩""找乐"便是由此而生的种种市井心态中的一种。它既寻求精神上的满足,同时包含着对生活苦痛的逃避。

从本质上讲,"玩"这个词包含了对实现自我价值、张扬个性的追求,是在平凡的日常生活中寻求一种精神的愉悦。同时也是对传统规则的挑战,对现行制度的不恭,因此,"玩"的心态有一种叛逆的色彩,不安分的色彩,轻慢和无所谓的色彩,仿佛人生不过是一场理想与"玩""找乐"现实之间的游戏而已等等很复杂的成分。这也算得上是市井人独特的"生活艺术"吧。这种"玩"的心态和"混"的习俗,一定是在特有的文化背景下由特定的生存环境和生活方式所决定的。市井中三教九流构成庞杂,这种"玩"出来的习俗成为市井生活的一大主题——棋类、球戏、杂耍,遛个马,架个鹰,斗个蛐蛐,玩个鸟儿……各种玩法层出不穷;茶馆、酒楼、戏院、澡堂成为市民常泡的地方。那些生存在社会犄角旮旯里的小人物，以其生存状态，在常人眼里，应该属于一些可怜的苦人儿。可如果你一味地屈尊纡贵地怜悯他们，甚或觉得不齿，那只怕是会错意了。因为他们从没觉得自己卑贱或是落魄，相反从简单、清贫、卑贱的生活里，总能找到属于自己的那份快乐。也许，他们与生活在主流社会的人不同，已经抛离了人生幻想，挣脱了精神枷锁，成了一些无羁无绊、无拘无束、回归生活本真的人们。在他们身上看不到对生活的抱怨，即便身为下贱，也从不自轻自贱，总把人生的沉重潇洒地化为一笑。当然，有时能感觉得到他们笑中饱含着的苦涩和辛酸；可就在你想为他们的悲惨景遇掬一把同情的泪水时，他们可能已经顽强地挺过去了，并且从苦难中寻找到了乐趣，这每每让人心动并敬佩。

冯苓植京味小说里的塞外古城是一座建立在个体、分散的小农经济土壤上的平民城市，它远离权力中心，有着由小商小贩、小手工业者为主体的庞大的市民队伍，处处充满着浓厚的市井气息。这种市井气息所包含的"混""玩"的成分，无不体现于市井人市井生活的方方面面。换句话说，市井人的价值观以及他们的处世态度和行为方式，始终离不开一个"玩"字。市井普通人只能有衣食住行的"自主"权利，因此大众文化特别发达，在日常生活中形成了喜欢看热闹，拿人打哈哈等一种游戏人生，找乐、混世的活法。作为中国人人生中的一点变通，也补偿了日常状态中的约束，使常态较易于忍受。找乐中的平等感，更是使被社会生活里的不平等所伤害的人们得到抚慰。借找乐以忘却人生痛苦，则是中国人常用以自解的另一味药。心理能力通常也是一种生存能力，自我排遣、自我调适、自我心理治疗，正是出于生存需要。《出浴》里，年轻的鸡眼李自小为众人逗乐子长大，父亲身上的恭顺性格没有遗传到他身上，反而是嘴尖毛长还时常犯浑，活得似没心没肺却怡然自得，典型的大大咧咧、混世、找乐人生哲学。时局多变，人生大起大落乍凶乍吉，小鸡眼李的现实命运已经无路可走，在一次辉煌的绝活表演后，一场意外事故使这位身怀绝技的市井奇人走完了自己嘻嘻哈哈而又悲悲戚戚的传奇一生。到最后，鸡眼李经过那么多磨难已看透了一切，表面半糊涂半清醒实则大智若愚。

"好娱乐"的风习至今未衰。地处闭塞的地理位置，自得其乐的孤陋寡闻，由此逆反萌生出"看稀奇",这是一种少见多怪的社会大众心理。市井百姓似乎有一种天生的热衷于东家长西家短的习惯,哪有热闹必是早已围成圈了,于乏味的生活中市井百姓喜欢给自己找点乐子打发日子,没有文人志士的感时忧国愤世嫉俗。市井小说家的笔触从基本生存的需求——柴米油盐开始关注普通人的生存给予同情关怀并肯定他们的真、善、美。对市井细民来说,没有参与政治的权利,更鲜有人去思考人生的终极意义,所以他们更多地关注目下的生存现实,世俗的生活虽有种种不平和灾难,但他们总是能够承受的。这种"混世"哲学或称其为"精神胜利法"也未尝不可,从某一个角度来看是消极的活命哲学,但从另一个角度看却不无积极坚韧的人生态度。"及时行乐"对于市井老百姓来说是更现实的,苦中作乐或以苦为乐即便成为别人的调味剂同时也点亮了自己的人生。

市民的日常生活是多么的琐屑微渺,浸泡在庸常生活的寂静海底,还有什么意义可言。然而,正是由于它具有太多的无聊与苍白,由于乏味的生活之流总还是要流淌下去,从粗糙的生活内涵中、从大量杂芜的习俗中,仍然会生长出特有的精神方式,由此而生发出特殊的意义。虽然不一定有什么高远的精神、宏大的抱负,由于有了这些意义,他们已经不是"沉默无声的一群"。

(四) 市井生存智慧

市井充满了排挤倾轧、虚伪狡诈、贪图享乐、老于世故、迎奉权贵等种种恶习,它们相互渗透,形成所谓的市井气。为了在此立身活命,就不得不学会适应市井的那一整套处世知识。这些知识经过精炼加工成一种俗话、俚语,在市民之间流传"儿孙自有儿孙福,莫为儿孙做马牛""知人知面不知心"等等,这些话明了、通俗,是市民经过世代体验和积累的结果,而且还被不少市民当成行为的准则。

趋利避害是市井人生存法则之一。诚然,变幻莫测的时代背景下以及在人堆儿里讨活的艰难没有一点生存智慧是不行的,在处事中市井之民学会了圆滑务实以求全身。市井民众最懂趋利避害,在自己利益没有受到损害的时候是不冒头的。圆活融通,其本质是既要讲究原则又懂得进退、灵活通达,"既知退而知进兮,亦能刚而能柔"。圆通是中国人数千年柔而刚的文化基因,其特征在于不硬碰,不认真,讲求迂回、曲线、渐进式地解决问题,根本的路向在于趋利避害,有"圆外方中"的意涵。有人说世故是完全可以理解的,因为那是明哲保身的生存手段。世故圆滑属理所应当,根本不是什么值得谴责的事。市井巷民地位不高,几乎是底层的市民,他们选择了敷衍,选择了迎合,选择了能屈能伸,选择了现实的物质利益,是出于生存的本能使然的。

隐忍顺受是他们的生存法则之二。作家冯苓植写出了掩藏在生活表面之下的深层次的市井生存智慧以及市井民间生存原则。俗话说"小不忍则乱大谋",大裤裆胡同的老鸡眼李十二三岁就懂上街让着走,见人就哈腰,"咱知道自己的身份,咱守礼儿"。这其中有忍和顺两种含义。首先"忍",凡是能大事化小小事化了的就尽可能忍过去,绝不给自己招惹麻烦;"顺"则是当顺民之意,顺从,顺应着别人为求自保。儒家文化的隐忍观在这里有明显的印记。人贵于屈伸自如,放下暂时的委屈,学会忍让,学会习惯,我们会发现周围的世界并不是像我们想的那样反其道而行。所以,隐忍是一种处世为人的哲学。几千年来,儒家文化一直给人们灌输着严格恪守自己的阶级准则并永不越界的思想。因此,人们尤其是没有政治地位可言的市民们自然习惯于压抑自我,谨言慎行,循规蹈矩地工作。封建社会末期,低下的社会生产力和经济状况造就了部分中国人安于现状、不思进取的思想;阶级剥削愈演愈烈,顽强隐忍、随遇而安、勤俭持家、知足常乐的民族特征在当时逐渐转化成中国人的求生本能;另一方面,它也逐渐形成了中国人随遇而安、安于现状、不思进取的性格劣势。

各结其帮是其生存法则之三。市井汇聚了五行八作的人,虽说市井细民是相对独立的个体,实则里面分成不同的帮派。个人必是被集体融纳顺应了其规则的前提下才得以立足。人是社会性的动物,在原始社会形单影只的个人是无法生存下来的,人类社会至今仍保持着高度的社会性。人物颇杂的市井无疑是复杂的社会,看似各忙各的生意毫无联系,却是牵一动百。在市井里站住脚除了绝活儿还得得到老少爷们的认可,没有出世经过大伙儿严格把关是不入流的,十世鸡眼李通过出世才算得上鸡眼李家的嫡传接班人了。这些帮派的要人是金七爷、刘掌柜、杂碎常……是整个大裤裆胡同举足轻重的人。他们自身代表了不同的帮派,而且互相挤兑、排斥,试图在大裤裆胡同挣出个高低。就连玩鸟也分帮分派,《虬龙爪》里老城爱鸟界分作两大派:"匪派儿多是高楼住户,玩鸟儿带着股洋派头、新鲜玩意儿特多,集中地点是城郊的现代化大公园。老帮子则多是些矮小四合院的老住户,什么过去掌勺的、收破烂的、动泥水活的、钉鞋补掌的、吆喝卖小吃喝的,岁数大了玩玩鸟找个乐子,求个清静,集中地点就是这老城根儿的小公园。"①这也是市井最常见的生存之道中的一种。

市井深巷果然有其魅力,或者说它更像"粘苍蝇纸"没有一个能逃出其掌控,其中还有一定的潜规则。那么市井的规则是什么?粗略地讲有以下三点:(1)不能拔尖儿,过于出众自然令他人艳羡。在变幻莫测的政治背景之下很容易被别人抓住把柄以泄私愤或达到个人目的,鸡眼李频繁的露脸必定会遭到他人的嫉妒。(2)各行有各行的地位高低尊贱之别,不能超越这一界线。拿鸡眼李家来说,早有不成文的规矩,妓院的"大茶壶"、殓尸的"鞭杆子"、澡堂子里"捧臭脚的"人等,均不得进入茶楼、酒肆、书场、戏园子。以免脏了地面儿,连带败了客官的雅兴和胃口。(3)市井要人有举足轻重的地位。因此需有一个保护人,在他们的庇护下可以减少很多麻烦。金七爷对于鸡眼李便充当了这一角色,自鸡眼李懂事起就把他往"正里掰",屡遭遇麻烦事必出面为其解围。不难看出,于市井中生存并不是一件容易的事。

市井间巷里的生活经验和智慧,无论是小狡黠还是小心眼儿,尽是为应付实实在在的寻常痛痒的日子。即便处于窘境,褶皱里也藏掖着浓烈的生活情味。不是剧烈震动型的变迁,而是欢腾如细尘的生趣。市井小民在日常生活里精透地寻求精神余地,时而也在不安分的时代手痒心切地撞运气,但始终葆有隐忍和韧性,这都无一例外地构成了风情不灭的表征。

(五)折射出的国民性批判思想

冯苓植的一系列市井小说带有浓厚的京味,诙谐调侃的语言背后透露出其对国民性的思考。提到国民性问题,不可忽视鲁迅先生对他的影响。"我偶又重新翻阅《鲁迅全集》,却忽然仿佛从里头找到了别人,也看到了自己。我参禅似地

---

① 冯苓植:《猫腻·虬龙爪》,远方出版社,1997年,第4页。

久久品味着……"作家似乎找到了创作的方向,从此一发而不可收。

　　国民性是一个民族在历史发展过程之中所形成的民族心理上的积淀,表现在现实社会的人身上。准确地来讲,"国民性是指国民的本性和素质,具体地说,就是以民族精神、国民性格、国民意识、国民情感、国民行为定式为内容的心理—行为结构。相应地,中国国民性就是指中国人的本性与素质,或者说是指以中华民族精神、性格、情感、生活方式、行为方式等为内容的中国人心理—行为结构。"[①]由此看来它包含的内容很多,其中有好的一面当然也存在某些劣的东西。现代文学史上,鲁迅先生致力于国民性中的劣根性批判,他提出欲摆脱中国落后的局面应"救病治人""启人心智",首先在于"立人"。并始终将"立人"与"国民性"改造的问题做同一性的思考。在主题选择上,开始将注意力逐渐转向在市井社会里默默生存的普通市民的普通生活状态。在当代出现了一批作家邓友梅、冯骥才、池莉、王朔等从鲁迅先生手中接过探讨、批判国民性的历史重任。内蒙古作家中亦不乏一些作家于作品中涉及国民性的问题,那么冯苓植可称得上卓有成效的一位。

　　迂腐的世俗观念。世俗是一种强大的气场,没有人可以逃过它无形的浸染。市井小说的主人公皆是平凡的普通人,他们是与社会中的精英阶层相对立的一类人。他们没有令人羡慕的背景,更绝少显赫的家世(即使有,现在也没落了),靠自己的手艺本事吃饭,在古老的市井街巷生活了一代又一代。因此,他们身上必然存留着旧的积习以及深厚巷弄文化浸染下形成的可憎性格,这是一种弥漫渗透于整个社会和民族肌体的习惯。大裤裆胡同的老少爷们操什么手艺的都有,每位手艺人都被尊称为一路"诸侯"。捧臭脚的鸡眼李家被大家认为是操的贱业,与妓院的"大茶壶",殓尸的"鞭杆子"排列在一起,统称为大裤裆胡同特有的"下三滥"。遥想当年从建朔方古城开始,鸡眼李家就跟随贝子爷,还是当时的大红人,显耀一时;随着时代的变迁鸡眼李家的地位降至平民,也受到了大伙儿的唾弃,这样一来这家人不得不夹着尾巴做人。世俗的观念是一把极具杀伤力的无形武器,它使得人们身无完肤、一言一行都要受到束缚,久而久之人不知不

[①] 任剑涛:《从自觉到自在——中国国民性探讨》,陕西人民出版社,1992年,第3页。

觉已经成为世俗掌控下的奴隶。

麻木不仁。忍耐是国人的突出品质，然而忍过了头就成了麻木。本来，遇事克制，吃亏受点屈辱而不计较，也算是极好的品德。但中国人的这种品德却发展向了极端，以至于成了一种恶习。这种畸形的忍耐是中国家庭制度结出的恶果，但中国人坚信，不忍所带来的滋味更是难受，故两害相权取其轻，还是忍为上。过分的忍耐，销蚀了国人变革现状的愿望，抑制了革新的冲动，窒息了生命的活力。它使得国人对一切痛苦、罪恶、不公正和贫困变得麻木不仁，对自己的非人处境熟视无睹，整个民族和国家也因此失去了进步的内驱力。忍耐使不少中国人麻木不仁，对邪恶势力和阴暗面熟视无睹，不愿除弊兴利、革故鼎新，而只愿明哲保身、但求无过。只要事不干己，还是早早地择出自己为好。《茶楼轶事》里的茶楼掌柜面对混混的无理取闹一忍再忍，岂不知反而纵容了混混的气焰。老掌柜百般受辱竟然没有一个"正常人"挺身而出对付那混混，周围人无一不是看客，出来解围的只有外号"鼻涕虫"的傻二。以强烈的对比折射出"正常人"的非正常状态，而不甚聪明的傻二倒是精神健全的人，这种看似悖论的结论值得深思。

挤兑中求生存。市井本来就是商业发达之地，因此也造成了人们功利的价值观，一切以自身利益为第一位。按理说各行业的生意是息息相关的：茶楼是人们每天交换、传播信息的场所，从楼上又可观望外面的情景，一切尽收眼底；驴肉陈家的汤褪驴肉必须用芝麻火烧夹着吃才最够味儿；吃饱喝足之后去澡堂的一泡，那更是少不了的享受；然后走进戏园子过戏瘾⋯⋯市井士人本应该互相帮衬扶持着过活的，可是由于千百行业的不同生活及其矛盾斗争，市民自身的功利性、狭隘性，人们互相倾轧，彼此防范，却少了不少清醒敏锐的智识和寻求理解与合作的开创精神。他们气不过一个捧臭脚的鸡眼李有一位芦席卷来的"人尖儿"媳妇——强烈的嫉妒心理；对强势者卑躬屈膝，对不如己者则欺凌；凡事跟着凑热闹，像墙头草一样顺风倒；见不得别人碗里的比自己的稠。虬龙爪下的鸟友反复无常，时而拥护关老时而推举宗二爷，出演了一幕虬龙爪下的争夺战。宗二爷的权力欲望迫使他使尽各种手段：在鸟友面前装作明理、大度、深明大义，尊敬关老爷子；暗地里把关老爷子看作是自己的劲敌，拉拢侯七挑拨是非。由于地处较封闭，人们专注于眼前的蝇头小利，思想被拘囿，在彼此的"挤兑"中求生存，这也是一直以来国人思想上的毒瘤。

冯苓植完全以写普通人、普通事,写大众心理来显示出"塞外古城"最普通存在的"京味"。这不仅仅是一种怀旧的风俗描写,而是在其中寄托着对民族性的深刻反思和沉痛批判。

三、冯苓植京味小说的艺术特色

小说过于注重反映现实生活的深广度,作家往往认为"生活"本身的力量就能决定一部小说的成败得失,而"技术""技巧"等都是次要的。这就使得小说叙述滞后,艺术性不足,许多作品注重反映现实、追踪时代的现实性而忽略其艺术上的成熟与创新,这样往往就降低了小说的价值和成就。冯苓植京味市井小说在艺术上孜孜以求,叙事手法、人物的塑造、语言的提炼加工方面游刃有余,无不显示出成熟作家的风范。一个作家有长久的创作活力,作品备受好评深受读者喜爱,除了作品所反映问题的深度广度,内容的富有趣味性、哲理性之外主要应归功于作家的艺术审美上的成功。

(一) 叙 事 艺 术

叙述是使用频率很高的表达方式之一。因为不论是何种文体,都不可避免地要表述和传达。通过分析,我们看出冯苓植京味小说叙事观点运用了全知叙事和视点叙事的方法,而其叙事特点在于日常化叙事和传奇叙事的双重性。

叙事观点,是小说写作的一个基本设定。小说家下笔前必须决定,说故事的人和故事间的关系。叙事者是透过什么人眼睛来看故事,是从什么人角度来说故事。冯苓植的大多数京味小说采用第三人称全知叙事方法。"全知叙事"理论由拉伯克提出,热奈特称之为"零聚焦的视角",托多罗夫称之为"叙述者人物"。叙述者是一个不涉入故事、独立于故事外的叙事者,他以广阔的视野观察所有的人物、事件,也可以自由进入任何角色的意识,去描写这名角色的经历见闻、对白行动、思想情感。他更像知晓一切的上帝,古代小说和现代小说广泛地采用全知叙事方式。冯苓植《虬龙爪》《落凤枝》《狐幻》等多篇,讲述故事的人离人物、事件很近,但是又不进入故事之中而是站在故事之外。作者获得了充分的叙述自由,对所有事件可完全预知和任意摆布,读者在阅读过程中也会有意无意地意识到,叙述者早已洞悉故事中还未发生的一切,而且终将讲述出读者所需要知道的一切,因此读者在阅读中只能被动地等待叙述者将自己还未知悉的一切讲述出来。这样就剥夺了接受者的大部分探索、解释作品的权利。冯苓植的京味小说《与死共舞——鞭杆子的故事》运用了第一人称视点叙述的方法。"视点叙事"理论由拉伯克提出,热奈特称之为"内聚焦的视角",托多罗夫称之为"叙述者=人物"。视点叙事是指叙述者置身于事件之中,观察感受人物的所作所为并将自己的所见所闻叙述出来,作者和人物知道的一样多。小说里的"我"是一位大学生,小说由"我"的亲身经历和见闻完成了小说的叙述。人物进行自述,角色和叙述者合二为一,"我"讲述"我"的经历和见闻,自然给读者以真实的感觉。在这里叙述者不是高高在上的全知而是在故事中的活生生的人,因而感染力强更容易得到读者的信任。

市井小说在市井民俗风情的描绘中,展示丰厚的历史文化积淀,并善于在日常叙事和传奇故事的细节描写中来凸现人物命运和性格。冯苓植善于讲故事,通俗浅显,富于一波三折、起伏不断的传奇情节,加之写的都是具有悠久历史文化记忆的市井间巷里的故事,小说明显采取了日常化叙事和传奇叙事结合的方式。琐碎的日常生活漫长无边,如果单纯地写这些定不会引起读者的兴趣。那么在里面添加一些奇人、趣闻、曲折的情节,效果就大不同了。日常化叙事消解了精英人物,摆脱了崇高原则,它明显的特征是反复叙说日常生活和身边琐事,不厌其烦地描写鸡零狗碎的日子。作家接纳日常生活,对日常生活进行原生态的叙述,显示出一种强大自由的话语力量。市井人远离政治,胸中绝无远大的理想抱负,他们沉醉于柴米油盐,家长里短,儿女情长,生老病死的普通人的生活中。冯苓植京味小说秉承老舍小说题材日常化的特点,没有英雄、没有史诗,小说写玩鸟、玩驴、唱戏、修脚等市井人最平常的生活。传奇最早是指唐代的小说,经过长时期的流传演变,如今传奇一词已经成为一种美学观念和文学创作方式。

传奇是营造想象性的情节来讲述具有虚构色彩的故事,或者说是富于奇异色彩的叙事。鲁迅在《中国小说史略》里写道"传奇者流,源盖出于志怪,然施之藻绘,扩其波澜,故所成就乃特异,其间虽抑或托讽喻以纾牢愁,谈祸福以寓惩劝,而大归则究在文采与意想,与昔之传鬼神明因果而外无他意者,甚异其趣矣","叙述宛转,文辞华艳""实唐代特绝之作也"①。所谓"无奇不传,无传不奇",以情节为主的结构模式,如三言二拍、《聊斋志异》和四大奇书等在中国古代小说史上有重要地位,是古典传奇性小说的典范之作。二十世纪三四十年代,第一批市井小说大潮中出现了老舍、张爱玲等优秀作家。张爱玲本身就是个传奇性的作家,她的作品消解崇高,文章以真实、日常化见长,然而她能从传奇里面寻找普通人,普通人中发现传奇,于庸常的生活中体味生活的真谛。进入新时期后,文坛出现了第二次市井文学热,邓友梅、冯骥才、池莉等小说家继续谱写市井传奇。作家冯苓植也在这一行列之中,致力于市井小说的创作。具体来看冯苓植京味小说的"奇"表现在三个方面:1. 人物具有传奇性。十世鸡眼李打出生那天便开始了传奇的一生(《出浴》);樊爷从事特殊职业(《引魂樊》);鼻涕虫具有神秘身世和来历(《鼻涕虫》)。2. 故事情节离奇,跌宕起伏。像《虬龙爪》,宗二爷从工作岗位上退下来后生了病,因为一只鸟儿博得了鸟友的赞赏并稳坐上了虬龙爪——玩鸟界权威的象征,因此还魂;关老爷子因为鸟的一声脏口——猫头鹰叫而毙命。小说《狐幻》中,常四爷打猎看见了火红的狐狸,自此一改往日的猴头八脑、胆小怕事,只要看见狐狸围脖缠在身上就有了胆,敢大闹师傅的寿宴、顶撞梁三爷揭露他的所作所为。3. 时空坐标的特殊性。明清胡同里裹挟着许多不为人知的故事,尤其是冯苓植营造的塞外古城大裤裆胡同也有奇的色彩;有时它回到清末民初时的古香古色,时而变成了被高楼大厦环绕的"孤岛"。小说的日常化叙事、离奇、理想化、虚构性是冯苓植京味儿小说表现形态的传承与升华。

(二) 人物塑造手法

读冯苓植小说会发现大裤裆胡同的居民不外乎那么几位是重要角色,在不

---

① 鲁迅:《鲁迅全集》,人民文学出版社,1996年,第70页。

同的篇章里都会看到他们的影子。作者使用了人物再现法,于其他篇小说中把人物和事件一一排列出来。此外,作者在人物塑造上也下了不少功夫。

人物再现法,又称人物复现法。就是将同一个人物,让他在不同作品中连续出现。每出现一次,就展示其性格的一个侧面,最后,将这些作品情节贯穿起来,就形成了人物的思想发展轨迹,从而多角度、多层次地再现其性格的各个方面。人物再现法是巴尔扎克所创,在《人间喜剧》中再现的人物有400多个,分散在75部小说中。人物再现法丰富了人物典型的塑造,一些主要人物如拉斯蒂涅、鲍赛昂子爵夫人、伏特冷纷纷登场亮相。冯苓植的市井小说主要用现实主义手法写作,人物塑造上也颇多借鉴现实主义手法。最明显的是《与死共舞——鞭杆子的故事》里的金四爷与《出浴》里的金七爷乃是同一个人;茶楼掌柜几乎在每一篇里都少不了,因为茶楼是大裤裆胡同的重要场所,人物出场的地方,人们在此唠家常交换信息,于楼上俯瞰大裤裆胡同所有的风景尽收眼底。其他的人物在不同篇目里,根据小说的需要有不同程度的描写,浓淡不一。金七爷在《出浴》里作为副角儿出现,他的出场也相当多。金七爷是前清的遗老,塞外古城贝子爷的嫡传后代,虽说时代有所不同了却仍受人们的尊敬,人称"小祖宗"。金七爷每每对鸡眼李家扶持,有困难危险必来相助,时而连自己也卷进去。随着时代变化,政治风云迭起,金七爷扔下老小一家成为鞭杆子获得潇洒自在。《与死共舞——鞭杆子的故事》可以说是专门写鞭杆子金四爷(金七爷)的一部传记。小说以"我"的见闻、口述,翔实地展现出这位传奇人物的一生。从前偌大一个王府宅邸,丰厚的家底,给他玩鸟、斗蛐蛐、赌博、喝花酒、捧戏子、吃喝玩乐,折腾了个精光。败尽祖产后才吃上了鞭杆子这碗饭的,从此竟再也舍不得撒手。中国人有厚生重死的传统,他从事的营生也是七十二行中的一行。可奇的是,他能把个下九流的活儿上升到文化和艺术的水平。想来是他游走于阴阳两界,频繁往返在生死之间吧,感觉他赋予了这门手艺以禅意。你瞧他,一边自我欣赏自己的手艺,一边从活人那里找到乐子,活出了潇洒,得了这份大自在。《出浴》里所写的金七爷更像是一个慈祥、爱管闲事儿、有正义感的老者,少了份老顽童的秉性。两部小说各写出金四爷(金七爷)不同的性格特征,从而构成一个立体的形象。在消息较为闭塞落后的封建社会,要交换信息必然选择茶馆,茶馆实在不可或缺。茶楼掌柜在《鼻涕虫》里是典型的一副笑脸，秉持"和气生财"原则的小老板形象，对于外界的挑衅一再忍让；而另一篇《引魂幡》中，老掌柜为久不来茶楼惠顾的樊爷依然保留其茶座，是颇具性情的人。茶馆除了信息中心的功能而外，必然派生出一种茶馆文化，它作为市井文化的一项构成，更具引诱市民的无穷魅力。

小说在人物塑造上，延续传统市井平话的传统，根据每个人物的职业特点，形象地为每个人物起了一个"绰号"，如修脚的"鸡眼李"。鸡眼乃系指脚丫子上的一种顽疾而言；形神兼似，前脚掌、后脚跟、脚趾缝间无处不钻；老年人对此绝无他法，只有进澡堂子求修脚高手剔除之。顾名思义，世袭"鸡眼李"的尊称当由此得来。各凭各的祖传绝活儿混饭吃，镖师出身的江湖汉子"老横二"以及接续他们职业的传人"小横二"，还有"砸碎常""鞭杆儿"等。职业决定了小说中人物的性格，每个人的性格又决定了他们不同的人生命运。这些市井人物的生活环境也使得他们的个人性格打上了时代的烙印，使读者感受到传统小说人物性格的一种文化在现实中的存在。冯苓植小说还有一个特点就是没有塑造完美无瑕的人物。小说的市井题材内容决定了这里不可能有超乎市井水准的高雅之士、完美无缺的人。有的只是些"凡夫俗子"，他们喜欢看热闹、打哈哈，爱占小便宜，嫉妒他人，好找乐……像鸡眼李插科打诨，时而清醒时而糊涂（《出浴》），宗二爷有过重的权位欲（《虬龙爪》），金四爷败尽家产抛妻弃子（《与死共舞》）。他们身上都有这样那样的缺点、小毛病，同时这也是人物鲜明的个性，使之与众不同。

冯苓植在塑造人物的时候并不过多地去描写人物的肖像，而是通过人物的语言、举止、心理活动等描写使之更圆润。例如，《狐幻》里的常四爷演丑角在塞外小天桥出了名，自此一改平时"猫腰缩肩，猴头猴脑儿"的模样，现如今"腰板儿挺得倍儿直、目不斜视、口不常开"。常四爷一个举止的变化，意味着身份地位的抬高，显得有派头。人物塑造离不开语言的神奇作用。小说《落凤枝》，驴肉陈出场话语不多且是结结巴巴的，"哦""这、这"……几乎全是单字或短句子，绝少完整的一句话。为什么作者这样安排呢？"驴肉陈"本身是一个木讷，不善言辞，远离人群的孤寂之人，话语少符合人物身份、性格；另一方面，无非是为了突出"白三爷"的职业和作为，可以说作家精心安排了这样的人物语言。

（三）语言的特点

冯苓植京味市井小说，运用了地道的北京方言。语言追求生活化、通俗化、地域化，浓郁的京腔京韵准确、鲜明、生动、自然、诙谐幽默，既有文学意蕴，又有生活气息。

京味儿浓重。语言作为文化差异性的一项标准，透露出特定的信息，比如它的地域性、民族性、不同的文化等。既然存在这种规定性，写作时必然会选择与之对应的特定语言。市井离不开一个"俗"字，人物并非王侯将相，生活凄苦，安于鸡零狗碎的日子。因此市井小说的语言必然是通俗化，口语化的。浓郁的京味儿口语化的趣味、韵味十足，突出的对话，逗乐儿却有其含意，让人贴切地感受到那种地域色彩和生活的真实。北京话中，成年男性见面时互以"某某爷"相称已成为老北京的一种礼俗传统。"爷"并不是一种实际地位的象征，称别人"爷"也不代表真的尊敬对方，不过是带有奉承之意的客套话而已。鸡眼李为北京来的首长治脚疾，给外宾修脚，鸡眼李的出色表现是为了给大裤裆胡同争光，大伙儿恭敬地称其为"李爷"（《出浴》）；唱戏的角儿也被别人称为"爷"，如常四爷（《狐幻》）；有一定身份地位影响的，如金四爷等（《与死共舞》）。但是自称爷时，就有妄自尊大的意思，小鸡眼李立功后称自己为"爷"就有妄自尊大，摆谱儿的意思。京味儿语言让我们领略了北京人那种透着圆滑世故的谦恭多礼，以及趋乐避苦、善于自我排解的处事之道，它所积习的文化心理依旧在市井人的血脉里传承。

语言幽默诙谐。市井小说具有很强的娱乐性，符合传统的阅读趣味，使人获得轻松愉悦的审美享受。调侃是北京话里常见的言语习惯，作者娴熟地运用语言表达技巧，调侃着生活，整部小说显现出浓厚的喜剧色彩。读过小说的人不难发现冯苓植作品人物的一个共同特点是他们都是些侃爷，嘴里没正经，正经的事也被他们插科打诨地贬了值。他们总是用调侃去面对生活的无奈，去应对无力改变的现实；在装疯卖傻，貌似糊涂的表象下，难得的是心中始终存着一份智慧、善良和正派。你能感觉得到，在无价值的语言下包裹的真情和诚意，倒使得现实的荒唐变得更加荒唐和无聊。笔者认为，这种调侃式语言与人物的命运非常契合，在人物性格发展脉络中，能产生一种幽默甚至黑色幽默的效果。这不是随便哪个作家都能做到的。在他那表面调侃的背面，藏着对人生、生活的深深感悟，是世事的通透、练达与圆熟。在这个作家辈出的年月,他的独特,让人过目难忘。

从语言上看,市井讲述普通人的故事,细节新颖,情节精彩,跌宕起伏,引人入胜。市井中的人们,最懂得人生的不易,最知道人世的冷暖。他们深谙谦虚之道,他们熟知苦中找乐。所以,语言在市井之中,能生长出幽默,生长出谦让,生长出体谅,市井中的人们用他们的语言方式,面对人生笑着承纳一切。京味儿表现出来的是一种心境,恬淡冲和,超脱通达。也或许什么都不是,只是北京居民闲适悠游生活的一种写照。

结　　语

京味小说离不开市井文化的展示,市井文化是客观存在的,市井文化也是中国文化的重要组成部分,但它还会在相当长的一个历史时期中存在并产生影响。它常以平民文化的角度承载着历史痕迹,反映普通人的世俗生活。市井小说扩大了文学表现领域,不为常人注意的市井街巷、人物命运得到了表现,赞扬人坚韧的生命力,善于发现美好的人情人性,表现了对自然人性的朴素关怀。市井小说的作者以饱满的热情、精细的手笔书写具有地方特色的市井风俗文化,传达出一种醇厚的民俗韵味,对读者有知识启迪的同时,更多的给人带来一种全新的审美享受和精神愉悦。这仿佛是一场似曾相识的梦,使人们重温了民族历史进程中不可忽视的那一瞬间,记载着多少生动的故事和难忘的记忆,它是承载着市井历史变迁、岁月沧桑的河,至今依然生生不息地流淌着。随着新时期文学的复苏,市井文学进入了繁盛时期。然而进入20世纪90年代以后全球化、现代化之风影响下,城市化速度加快,加之审美的多元化,市井文学慢慢地退淡出人们的视野。在这种情况下,作家们也很少写市井了。但这并不意味着,市井风情随着现代化消失了,人们对传统的怀恋促使我们对传统的追忆和想象不会中断,只是暂时被稀释了。各个地区仍有作家孜孜以求地致力于市井小说的创作,不断有好的作品问世。

冯苓植京味市井小说带我们重温了久违的市井生活、市井文化，于轻松的叙述和诙谐调侃中可见作者深沉的思考。曾在北京生活过，凭借着印象和想象将北京的市井巧妙地移植到了塞外，作家独特的发现和心灵的感受自然流露于笔端。同时冯苓植京味小说也存在一定的局限：2000年之前创作的多是中篇小说，场景比较集中，没有太多繁杂的线索，多数篇章里能看到很多雷同的场面、人物描写；小说人物似乎都具有传奇性，他们的生活仿佛是轶闻掌故，从而显得离现实生活有些许距离，虚构的色彩更多一些；人物塑造方面不够丰富、人性的复杂多面开掘尚缺火候；语言的运用方面也存在不足。尽管存在着这样的不足与缺失，但瑕不掩瑜，小说的文学价值和文化价值是值得肯定的。经过长时期的写作磨炼，冯苓植尝试创作出首部长篇京味儿小说《出浴》并取得了很大的成功。小说写出了人物一生的故事，整部小说从始至终贯穿调侃的语调，于诙谐幽默中见力度。这意味着作家今后的创作起点将更高，我们期待冯苓植有好的作品继续问世。

本文的创新点在于，对冯苓植京味小说进行全面梳理解读，沿着他创作的时间逐步理清其京味小说的创作脉络；通过文献检索、分析、归纳、比较等研究方法来全面解读出冯苓植京味小说的思想内蕴；指出其小说的特点、价值以及不足与缺憾。由于笔者才疏学浅，在论文的整体把握以及细节的处理上存在不足，理论解读层面较浅，这也是笔者今后需提高之处。希望本文对今后冯苓植研究有可资借鉴的作用。

（本文系2011年内蒙古大学文学与新闻传播学院中国现当代文学专业硕士学位论文，导师托娅。）

冯苓植小说主题流变论

尹相龙

摘　要：20世纪70年代以来，冯苓植小说的创作主题经历了三次变化：在革命历史小说写作中，冯苓植按照政治规范的要求，歌颂英雄人物；在动物小说写作中，冯苓植以写动物为手段，寄托自己对现实社会人生的思考；在市井小说写作中，冯苓植实践其批判国民性创作宗旨。可以说，在小说创作的道路上，冯苓植在不断探索中开拓自己的文学表达视野，达到对广阔社会生活的多方位观照。

引论主要介绍冯苓植的创作历程，在内蒙古以及中国当代文坛上的影响和地位，这也是选题意义所在；梳理研究现状；并交代研究重点和研究方法。

正文探讨20世纪70年代以来冯苓植的小说创作，对作品主题的流变过程进行梳理，探讨缘由，并解读作家的艺术个性。

第一部分研究冯苓植20世纪70年代的小说创作，笔者认为其主题是讴歌英雄人物、颂扬艰苦奋斗精神。介绍三部长篇小说的写作过程；揭示作品创作方法；梳理作品中的人物形象塑造技巧；分析作品的突破与不足。

第二部分研究冯苓植20世纪80年代初期的小说创作，他以动物小说观照现实社会人生。对动物小说写作追本溯源，从作品呈现出的特点解读冯苓植的动物小说；揭示作品对人类之"爱"的寓言以及对草原文明的思考；分析作品的艺术特色，探究作品主题变化缘由。

第三部分研究冯苓植20世纪80年代中期以来的小说创作，笔者认为其主题是批判国民性与创作转向。主要分析冯苓植的市井小说。介绍"国民性批判"思想;分析小说中呈现的市井人物风貌以及对市井陋习的剖析;探析作品对老舍创作风格的继承与革新;探究作品主题流变原因并进行展望。

结论总结全文,对冯苓植的小说创作进行整体的评价、概括,并指出论文的创新点以及不足之处。

关键词:冯苓植;小说主题;流变

引 论

新中国成立后,地处祖国北疆的内蒙古加快建设步伐,经济、文化发展都取得可喜进步。在时代召唤下,内蒙古当代文学呈现出欣欣向荣之势,文坛景象蔚为壮观,不断有名作家、好作品产生。冯苓植是内蒙古当代文坛上颇为高产的作家,他笔耕不辍,在文学创作的道路上求新求变,著有《阿力玛斯之歌》《出浴:朔方贝子池搜奇》等中长篇小说,《神聊》《巴基斯坦纪行》等散文随笔集以及《重归锡尼河》《野狼谷》等电影文学剧本,部分作品被译成英、法、日、俄等多种文字。他的小说具有人生哲学般的严肃性,且善于"把历史和当代、想象和现实、生活和轶事熔为一炉"[①],在当代文坛中独树一帜。

(一) 选题意义

冯苓植的小说创作始于 20 世纪 50 年代末,按照作品主题的嬗变,其创作历程大致可以分为四个阶段:

20 世纪五六十年代。1957 年,冯苓植在《儿童时代》上发表第一篇小说《林中遇险》,之后在《小说界》《啄木鸟》等期刊上连续发表多篇作品,题材呈现出多

---

① 蒋子龙:《有真性情方有真文章》,载《民族文艺报》,1986(1)。

样化,集中展示了不同时代人们的精神风貌。

20世纪70年代。冯苓植在文学创作道路上继续前行,于七八十年代之交发表了三部革命历史小说,分别是《阿力玛斯之歌》《马背上的孩子》《神秘的松布尔》。《阿力玛斯之歌》发行上百万册,还被中央人民广播电台选中全文配乐广播,《神秘的松布尔》荣获1980年内蒙古自治区长篇小说一等奖。这三部小说是迎合政治要求之作,塑造的都是高大的英雄人物,或者是勇于跟反动派作斗争的草原英雄,或者是志在建设美丽家乡、与阶级敌人斗智斗勇的牧区孩子,再或者是在枯燥的环境中工作的科考队员,这些人物身上体现的种种精神,总是能在当时的政治语境中产生共鸣。

20世纪80年代初期。文学思潮一浪高过一浪,冯苓植积极反思自身创作,写了多部动物小说,有《驼峰上的爱》《沉默的荒原》①《翅羽上的故事》②《叛逆者》③《死海》④等,其中,《驼峰上的爱》发表后获得1982年全国优秀中篇小说奖,并引发热烈讨论。

20世纪80年代中期以来。冯苓植的作品逐步向干预社会生活的层面转变,塑造复杂、多样的艺术形象,消解崇高、宏大的主题,旨在表达对现实人生的思考。这一时期,冯苓植写了一系列市井小说、乡土小说、现代派小说,荣获区内外多个奖项。《虬龙爪》获得1985年内蒙古自治区中长篇小说一等奖,《女王之死》获得全国金盾小说奖,《盗马贼》获得全国首届侦探小说佳作奖,《大漠金钱豹》⑤获得1993年《人民文学》中篇小说奖,《妈妈啊! 妈妈……》经改编获得全国"五个一工程"奖。继多部中篇小说之后,冯苓植于2003年发表长篇小说《出浴:朔方贝子池搜奇》,获得第六届"上海长中篇小说优秀作品大奖"长篇小说三等奖。2010年冯苓植完成长篇历史小说《忽必烈大帝与察苾皇后——从游牧汗国到大元王朝》,作品艺术地再现了一段跌宕起伏的历史往事,是作家的又一力作。

---

① 又名《荒原之恋》,见冯苓植:《冯苓植小说精品:色空》,远方出版社,1997年,第62—148页。
② 又名《愤怒的黑天鹅》,见冯苓植:《冯苓植小说精品:色空》,远方出版社,1997年,第149—186页。
③ 又名《叛逆》,见冯苓植:《冯苓植小说精品:色空》,远方出版社,1997年,第305—374页。
④ 又名《天谴》,见冯苓植:《冯苓植小说精品:色空》,远方出版社,1997年,第439—486页。
⑤ 又名《镖爷》,见冯苓植:《冯苓植小说精品:猫腻》,远方出版社,1997年,第350—379页。

半个世纪以来,内蒙古文坛相继涌现出一批优秀作家,有玛拉沁夫等写草原生活的作家,有杨啸等以儿童小说成名的作家,也有肖亦农等写某个特定地域的作家,他们用自己手中的笔描绘内蒙古的历史变迁、社会变革。冯苓植于20世纪五六十年代初登文坛,经过历史的考验与实践的磨炼,逐步成为内蒙古文学事业的中坚力量,他从生活阅历出发,书写社会人生,给读者以启迪。冯苓植丰富的创作经历、多次变化的创作主题以及作品的广泛影响是选题的意义所在。梳理冯苓植的文学创作历程,是为内蒙古现代文学史添砖加瓦之举。

(二) 研 究 现 状

通过对近十年相关研究文献的整理,笔者发现已有研究主要是针对动物小说、市井小说等作品的解读,缺乏对作家整体创作的宏观分析。现将相关论文搜集整理如下:

动物小说相关研究,主要针对《驼峰上的爱》。关于这篇小说的评论文章,大约有八篇。1983年七月号的《草原》刊登了滑国璋、黎伦的评论文章《她掘出了人们心底的爱的清泉》,点燃评论之火,随后,多位作家纷纷撰文,对其展开讨论,有肯定,也有批评。《她掘出了人们心底的爱的清泉》一文指出,《驼峰上的爱》"以母爱为主题,动情地讴歌了这种爱的纯真和崇高,并从更广泛的意义上,对善良的人性深情礼赞,对那些扭曲人性的力量予以鞭挞"[1]"母驼阿赛的形象完全被拟人化了,或者更明确地说,他干脆是在写人"[2],因此得出结论,小说要告诉我们:"母亲不能失去孩子的爱,孩子也不能缺少母爱。"[3]包明德在《琐谈〈驼峰上的爱〉及其他》中提出了不同看法:"我们感到作品中'人'的格调是低郁的,'爱'是虚幻的。……我们首先想说的是,《驼峰上的爱》的确流露着一股孤独怨尤的情调和离群索居的隐逸倾向。"该文还认为,作品"给人的感觉是,美不是存在人间,而是存在于动物界,存在于虚幻缥缈的非现实之中"[4]。之后,陈全荣、

---

[1] 滑国璋、黎伦:《她掘出了人们心底的爱的清泉》,载《草原》,1983(7)。
[2] 滑国璋、黎伦:《她掘出了人们心底的爱的清泉》,载《草原》,1983(7)。
[3] 滑国璋、黎伦:《她掘出了人们心底的爱的清泉》,载《草原》,1983(7)。
[4] 包明德:《琐谈〈驼峰上的爱〉及其他》,载《草原》,1984(1)。

旸谷、张锦贻、章程等人相继在《草原》月刊、《内蒙古社会科学》发表文章,提出了各自的看法。

市井小说相关研究,主要集中在《虬龙爪》《出浴》等作品。关于《虬龙爪》的评论文章,据统计有20篇左右。《小说界》1985年第6期开设"别开生面,耐人玩味的《虬龙爪》讨论会"专栏,吴亮、程德培、钱谷融等七位作家、评论家发表文章参与讨论,讨论内容涉及国民性批判、人性的善恶、人物塑造等诸方面。程德培《"鸟如其主"的审美投影——读中篇小说〈虬龙爪〉》认为,"小说不仅写鸟的争夺,实属人们争高位的表现"[①]"主人的意志在鸟身上延伸,鸟成了人的心情、作为的表现,玩鸟聚集的这些人也是一个社会、一个民族历史的侧影"[②]。钱谷融《我读〈虬龙爪〉》则提出不同看法,文章指出:"与小说《驼峰上的爱》里的人与动物淳朴真挚的感情相比,《虬龙爪》稍逊一筹;三个主要人物性格鲜明各有特色,宗、关二人的宽厚磊落与侯七的卑劣形成对比,侯七使关老爷子丧命,宗二爷是无辜的;作品展现的生活画面和社会内容广,思想意义上价值不高。"[③]其他文章也提出了或褒或贬的看法,不再赘述。另外,《内蒙古社会科学》1986年第2期刊发了班澜的《在冯苓植小说的坐标系上——兼论中篇小说〈虬龙爪〉艺术个性的追寻》一文,文中说,"从《驼峰上的爱》到《虬龙爪》,作家对生活的理解和对美的追求完成了一次飞跃……开始进入理性的自觉,理性的自觉正是作家成熟的兆头"[④]。关于《出浴——朔方贝子池搜奇》的评论文章,只搜集到一篇,题为《一侃到底——读冯苓植长篇小说〈出浴〉》。文章指出小说的整体叙事风格是"一侃到底""侃与小说的文化韵味相契合""与小说人物的命运及性格相融合"[⑤]。

综上所述,目前的评论主要是针对《驼峰上的爱》《虬龙爪》等篇目展开的,缺乏宏观综述的视野,尚未完整把握作家小说主题的流变过程。当下对冯苓植小说创作研究存在的不足,正是本论文的写作动因。

---

① 程德培:《"鸟如其主"的审美投影——读中篇小说〈虬龙爪〉》,载《小说界》,1985(6)。
② 程德培:《"鸟如其主"的审美投影——读中篇小说〈虬龙爪〉》,载《小说界》,1985(6)。
③ 钱谷融:《我读〈虬龙爪〉》,载《小说界》,1985(6)。
④ 班澜:《在冯苓植小说的坐标系上——兼论中篇小说〈虬龙爪〉艺术个性的追寻》,载《内蒙古社会科学》,1986(2)。
⑤ 牛玉秋:《一侃到底——读冯苓植长篇小说〈出浴〉》,载《文艺报》,2003-08-12。

（三）研究方法与意义

纵观冯苓植长达半个多世纪的创作历程，其小说创作成就最高的阶段应该是在20世纪70年代以来，在这个时期，他相继写了革命历史小说、动物小说、市井小说、历史小说等多种题材的作品。在写作的同时，不断进行深入思考，探寻属于自己的"一亩三分地"，从而促使他对各种写作技巧的运用日臻成熟，显现出独有的色泽和鲜明的个性。

冯苓植发表于20世纪五六十年代的小说，艺术风格还不够成熟，写作笔调也尚显幼稚，与他后期的作品存在差距，没有显示出较高的文学水平。基于此，本论文将重点分析20世纪70年代以来冯苓植的小说创作，并按照发表时间的先后顺序，对20世纪70年代、20世纪80年代初期以及20世纪80年代中期以来的小说作品进行梳理。在研究过程中，将对各阶段有代表性的作品进行重点解读，分析作品的艺术特色，探讨作品的价值，探究主题流变的原因，并在此基础上，进行合理的展望。此外，笔者将采用重点研究、作品细读、归纳、比较、综合分析等多种方法对冯苓植小说主题的流变进行整体的把握，通过多角度的分析整合，探求冯苓植的创作个性，从而更准确、全面地研究和评价作家、作品。

冯苓植是一位创作经历颇为丰富的作家，他在无止境的艺术追求中不断完善自我，不论文坛冷清还是拥挤，他都着力求索，用新的内容与形式开拓自己的文学领地。冯苓植的小说不仅扩大了内蒙古当代文学的表现领域，还传达出醇厚的民俗韵味，带给读者审美的享受和精神的愉悦。如此骄人的成绩，值得学界去关注和研究。希望本文的梳理和阐述，能够在一定程度上填补当前研究存在的不足，让更多的人了解内蒙古优秀作家及其作品的价值所在，并期望为推动内蒙古文学事业的发展略尽绵力。

一、20世纪70年代：讴歌英雄人物、颂扬艰苦奋斗精神

从1977年到1980年，冯苓植先后出版了三部革命历史小说。这部分作品

带有明显的政治化色彩,旨在讴歌英雄人物、颂扬艰苦奋斗精神,是历史和时代的回音。

《阿力玛斯之歌》《马背上的孩子》的创作时间主要集中在"文革"时期,作家按照政治规范的要求,谱写英雄主义的赞歌。《神秘的松布尔》在"文革"结束后才开始写作。当时,虽然有形的政治桎梏已被打破,但无形的"政治情结"还禁锢着包括冯苓植在内的人们,文学创作仍然在政治前提下进行,只不过政治的内容发生了变化,向"四化"进军成为新的时代要求。正是在这种背景下,作品应运而生。作家此时期的创作与新中国成立后二十年间的文学发展存在着或多或少的联系,不妨从新中国成立后三十年文学说起,探究冯苓植 20 世纪 80 年代的小说创作。

(一) 政治语境的规范与文学创作的调适

从 1949 年到"文革"结束,新中国文学走过了三十年的历程。三十年间,文学被纳入"政治——经济——文化"一体化体制中,成为社会主义事业的有机组成部分。作家们纷纷调整创作心态、更新创作思想,回应当时的文艺政策。

周扬在第一次文代会上解读了《在延安文艺座谈会上的讲话》的基本精神,把为工农兵服务的方向确立为新中国文艺的总方向,并在报告中对"新的人民的文艺"作出阐释,就是要做到"民族的、阶级的斗争与劳动生产成为作品中压倒一切的主题"[①]、塑造出"人民中的各种英雄模范人物"[②]。随着文艺为政治服务路线的确定与强化,文艺的"工农兵方向"与文艺事业的发展方向,逐步演化为文艺创作的基本描写对象。这一时期,许多重要的文学作品都明显表露出题材上的政治化特征,尤其在"文革"期间,主流文学几乎沦为由国家政治直接操纵的文学,"革命样板戏"的出现就是一个典型例证。

冯苓植恰好身处那个年代,其文学写作不可避免地受到当时政治、文化环境的影响。《阿力玛斯之歌》是在"文革"期间完成的。关于《阿力玛斯之歌》的创作缘起,冯苓植在随笔中写道,"那时'四人帮'正在内蒙地区疯狂抓'内人党'。我后来才知道我也上过'候补名册',但当时我却不相信内人党徒会有这么多。我

---

① 周扬:《新的人民的文艺》,载《周扬文集》(第一卷),人民出版社,1984 年,第 514 页。
② 周扬:《新的人民的文艺》,载《周扬文集》(第一卷),人民出版社,1984 年,第 516 页。

长年生活在草原上,深知蒙古族同胞的赤诚、坦率、忠耿的性格,并且感到这样乱抓将贻害无穷的。于是我开始写作长篇小说《阿力玛斯之歌》"。① 这样看来,作家写作是要为自己的同胞正名。或许正是基于此原因,《阿力玛斯之歌》流露出明显的政治倾向性。

经过一系列文艺批判运动,"左"倾思潮对文艺界造成巨大冲击,在强大的政治压力之下,文学工作者无论在理论批评还是文学创作上,都不可能脱离开这种形势去另搞自己的一套。于是,在20世纪50年代到60年代,革命历史题材小说和工农业改革题材小说应运而生,呈现出繁荣发展的景象。其中部分作品在鲜明的革命性和战斗性之外,还显示着别样的艺术魅力,此处举少量较有代表性的篇目,简单说明。

一类是革命历史题材小说。《红旗谱》除了写革命战争、抗日战争外,还写了朱老忠、严志和两家三代人与封建地主冯老兰一家两代人的斗争,首开"家族写作"先河。《青春之歌》中,人的因素、情的因素写得相当充分和动人。

另一类是工农业改革题材小说。《山乡巨变》细腻地描写了农民对土地和私有财产的无限依恋,从而表现出合作化事业的艰难。《百炼成钢》体现出朴实、清新、平易、自然的艺术风格,带有浓厚的生活气息。

冯苓植20世纪70年代的小说创作也获得丰收,他的长篇成名作在"文革"结束后得以发表,从产生的影响来看,冯苓植的革命历史小说无疑是符合当时人们期待视野的成功尝试。虽然这部分小说是政治影响下的产物,但仍然显示着较高的艺术价值。《阿力玛斯之歌》以纷繁复杂的社会生活为素材,讴歌英雄人物的同时塑造多种类型的人物形象,并描绘雄浑壮阔的草原风光,提升了作品的思想性和艺术性。《马背上的孩子》是儿童文学作品,讲述了巴伦草原上一群勇敢的孩子与阶级敌人斗智斗勇的故事。书中的小主人公们性格鲜明,形象生动;他们的小伙伴——小青马、小雪羔、黑天鹅也写得很可爱;故事讲述曲折动人,颇为精彩。

《神秘的松布尔》把大沙漠的特异场景和人物的命运及故事情节的推进交织在一起,互为映衬。例如,大沙漠中迷宫般的石堡为柳若婷与秦萌之间的爱情提

---

① 冯苓植:《冯苓植散文随笔精品:神聊》,远方出版社,1998年,第193页。

供了发生、发展的场景。等迷宫之链解开后,柳若婷眼前的幻景退去,她才发现一切都是假的,石堡只不过是风力切削的奇境。正在柳若婷暗中痛苦的时候,地质学家又在这里发现了稀有金属的矿脉,给人们带来了巨大的欢乐。这种写作手法的运用,赋予文本较强的艺术感染力,增强了作品的可读性。

(二)"工农兵"题材写作的实践与"两结合"创作方法的运用

冯苓植的革命历史小说,是作家按照官方文艺政策的要求创作的"工农兵"题材作品,它们背离现实主义的原则,是对现实生活的扭曲。《阿力玛斯之歌》通过叙写内蒙古草原上一个牧业大队抗击自然灾害的经过,再现了错综复杂的阶级斗争和路线斗争,谱写了一曲捍卫毛主席革命路线、捍卫"三面红旗"的赞歌。《马背上的孩子》写纳木爷爷、苏和大叔带领孩子们参加"牧业学大寨、兴修小水库"活动,他们为捍卫牧民群众的利益与阶级敌人斗智斗勇。《神秘的松布尔》写一群沙漠考察队员的生活、工作、理想和爱情,虽然书中人物主要是科考队员,但作品着重强调的是其艰苦奋斗精神,与新中国文艺倡导的歌颂"工农兵"创作规范不谋而合。

在进行"工农兵"题材写作实践的过程中,冯苓植自觉地运用"两结合"的创作方法组织情节、设置人物(1958年,毛泽东发表了一系列有关文艺的主张。其中最主要的是两项:一是提倡大力搜集民歌,一是提出了革命现实主义和革命浪漫主义相结合的"创作方法"[①]),以此来诠释讴歌英雄人物、颂扬艰苦奋斗精神的写作宗旨。笔者主要从重点分析《阿力玛斯之歌》入手,对这部分作品予以解读。

---

① 毛泽东"两结合"创作方法的讲话,开始未公开发表。1958年第7期《文艺报》(4月出版)郭沫若答该刊记者在谈到毛泽东词《蝶恋花》时,首先使用了"革命的现实主义和革命的浪漫主义的典型的结合"的说法。随后周扬在《新民歌开拓了诗歌的新道路》(《红旗》创刊号,1958年6月1日出版)一文中,除公开了这一主张的的发明人外,并就基本含义对中国文艺发展的意义加以论释,从1958年到第二年,文艺界开展了对这一提法的"解经式"的讨论。后来,周扬在第三次文代会(1960年7月)的报告《我国社会主义文学艺术的道路》中,将这一创作方法作为"方向"加以确定,宣称它是"一种完全新的艺术方法",是"最好的创作方法"。在当时的讨论中,赞扬这一"方法"的作家、批评家,一般都把它看成是与产生于苏联的"社会主义现实主义"同属一个体系,或称前者是对后者的"发展"。不过,这一"方法"的提出,又是摆脱"苏联模式"、实施一种激进的文化发展构想的组成部分。转引自洪子诚:《中国当代文学史(修订版)》,北京大学出版社,2007年,第157页。

首先,《阿力玛斯之歌》运用"革命的现实主义"的方法描画时代面影和社会生活,以阿力玛斯生产大队抗击暴风雪这一事件为切入点,有意杜撰两个阶级、两条道路、两条路线的斗争。

作家将故事发生的背景定位于1962年初春,多方面展现了阶级斗争和路线斗争面临的严峻形势:末代王公的女儿阿优扎娜和她的丈夫色旺阴险狡诈,妄图实施破坏人民公社的阴谋;旗委统战部长道尔基是党内的资产阶级代表人物,他无形中为阶级敌人充当了保护伞和代言人;旗长阿穆尔在没有经过调查研究的情况下,支持道尔基的修正主义方案,减弱了贫下中牧抗灾保畜的热情;富裕中牧艾里克被反面力量迷惑、唆使,给抗灾运动平添了麻烦;国际上,苏修叛徒集团放气球、发传单,妄图挑拨离间,瓦解破坏我国安定团结的局面。正是在这个困难时刻,女支书敖登格日乐带领广大贫下中牧破雪放牧、抗灾保畜,战胜了暴风雪带来的灾害,有力还击了国内外反动势力的进攻。

其次,《阿力玛斯之歌》带有鲜明的"左"的烙印,饱含着浓厚的政治热情和革命理想,是"革命的浪漫主义"手法的直接体现。作品并没有过多表现遭受暴风雪侵袭后人们的沉重心情,而是重点讲述了牧人们迎风雪、战寒流、斗敌人的曲折过程,凸显了人们的乐观心态和不屈不挠的斗志,给人以巨大的鼓舞和力量。

作品的政治热情和革命理想交融在对现实生活的描写之中,并随着小说情节的发展铺陈开来。小说从阿力玛斯生产大队遭受暴风雪开始写起,继而交代了面对灾害时,人们的立场以及他们的种种行为,在正面人物与反面人物的交锋中,在"抗灾保畜"与"宰畜度灾"两种路线的抉择中,革命的力量最终战胜反动的力量,"真、善、美"最终战胜"假、恶、丑",流露出乐观主义思想。

作品的政治热情和革命理想还体现在想象手法的运用上。在多个章节中,作家运用充满想象力的笔调,描绘草原瑰丽多姿的风光,讴歌阿力玛斯牧人战灾害、斗敌人的不凡业绩,歌颂理想,歌颂生活:

只见青碧万里的蓝天下,环绕阿力玛斯的起伏山峦像用白玉雕就一般。正东面一座座刀插剑立的冰峰雪岭晶莹闪光,就像用银子铸就的一尊尊白盔银甲的勇士一样。就在这些高耸云天的雪峰后面,涌着、推着出现了千朵万朵深红的、淡红的、玫瑰红的、杏红的、紫红的放着奇光异彩、重重叠叠的云朵,从这瑰丽的云层中又射出了万道光华,在天际闪烁着,映辉着,照得冰山雪川笼罩在一片神秘闪亮的色彩中……①(第十二章《阿力玛斯人的盛会》)

阿力玛斯山口,挺拔的峰峦,裹着洁白的积雪,陡峭的山巅,罩着晶莹的坚冰。就在这白皑皑的银峡玉谷里,草原上的人们含着激动的泪水,捧着洁白的哈达,跳着欢乐的歌舞,牵着追风的快马,向着亲人们涌来了。②(《尾歌》)

也就是说,《阿力玛斯之歌》运用"两结合"的创作方法,高举革命旗帜、歌颂阶级斗争,是"工农兵"题材写作的范例。在另两部作品中,这一点也有体现。

《马背上的孩子》善于渲染典型环境(明里暗里的阶级敌人勾结起来进行破坏),并展开故事情节(孩子们凭着对毛主席、对党的忠诚,经受住了这场斗争的考验),书中洋溢着革命的理想和激情。《神秘的松布尔》中对英雄人物的赞美、对艰苦奋斗精神的歌颂也显示着"革命的浪漫主义"的因素。

(三)人物形象塑造与作品主题阐释

任何精神作品都有它的存在形式,否则它的内容就无以体现。文学的内容和形式是"两个实体,活在一起,永远谁也离不开谁"③,它们互相渗透、互相制约、互相依存、互为表里,构成一种辩证关系。因此,研究作品的主题必然要研究作品的艺术特色,才能够更好地把握作品的整体风貌。

《阿力玛斯之歌》虽然是按照"两结合"方法创作出来的,不乏刻意迎合政治、美化"工农兵"革命的嫌疑,但作品中人物形象的塑造颇为精彩。冯苓植惯于运用多种手法表现人物的个性特征,并巧于设置典型的情节和场景,深入展现人物性格的多维侧面。笔者将从分析人物形象塑造技巧着手,全面探究作品的主题。

---

① 冯苓植:《阿力玛斯之歌》,人民文学出版社,1977年,第228页。
② 冯苓植:《阿力玛斯之歌》,人民文学出版社,1977年,第663页。
③ 福楼拜:《致乔治·桑》(1876年3月9日),载《文艺理论译丛》第3期,人民文学出版社,1958年版,第190页。

在人物塑造过程中,作家习惯赋予每个人物以辨识度极高的标志性特征。如敖登格日乐火红的头巾,张军的拖拉机,道洛金的三弦琴,布音吉勒格的大黑马,加米扬的黑色眼镜,查巴干池的光头,道尔基距离宽阔的双眉,色旺瘦脸上的黑斑,艾力克善变的"三条舌头",以及阿穆尔的口头禅"千万不要出事",等等。这些表面化的特征,是人物性格的有机组成部分,强化了人物的立体感:敖登格日乐的红头巾让人物散发出革命的热情,与她充满激情的性格相得益彰;色旺瘦脸上的黑斑,造成一种令人讨厌的印象,衬托出他的反面形象。

在人物塑造过程中,作家还善于把具有共同经历的人物联系起来,运用对比手法,突出每个人物的独特个性。大队长布音吉勒格与大队党支部书记敖登格日乐,同时担任着领导工作,但由于经历不同,因而一个粗犷单纯,一个精细沉稳。作为生长在新社会的青年牧民,因为不同的家庭境遇,道洛金显得欢乐,图布欣显得沉默。同为草原上的长者,达伦太严肃深沉,加米扬诙谐唠叨。在互相对比中,每个人物的个性特征得以体现。同时,这种对比并非简单地"陪衬",每个人物都有存在的典型意义,对作品主题的形成和深化起着各自的作用,有着独一无二的存在价值。这些相似却又不同的人物,凭借各自的性格和行动,丰富了作品的内容,同时推动了故事情节的进展。图布欣创造破雪器的情节,与道洛金无直接关系;加米扬写保畜决心书的情节,也无助于突出达伦太的性格。正因为如此,作品中的人物,才显得丰满真实。

在人物塑造过程中,作家运用大量的细节描写、场面描写,把人物的心理活动,以及人物之间的性格冲突,都具体化、形象化了。如在《头雁一定要翱翔在雁群前》一章中,大队长布音吉勒格从牧场回来后,认识到了自己简单、急躁的毛病,决心改正自己的缺点,但又碍于面子,觉得难为情。对于这一心理活动,作家运用细节描写,生动地表现了出来:

> 布音吉勒格从牧场回来,便徘徊在大队办公室周围,望着敖登格日乐的剪影,心里说不出是一种什么滋味:是懊悔,是自责,是羞愧,是自尊……
> 在他眼里,敖登还是个孩子,永远睁着一双大眼睛望着他,信赖地叫着他"大叔,大叔!"而现在,大叔却要来这里承认错误,向一个孩子作自我批

评。这对布音吉勒格来说,从鼻子下长起茸毛茬子,直到现在变成威严的黑胡子,还是很少见的!达伦太大叔说得对呀:真该剃掉,剃得一根儿不剩!①(第九章《头雁一定要翱翔在雁群前》)

又如《阿力玛斯人擂响了战鼓》一章写敖登格日乐带领大家批判色旺、舌战道尔基,充分鼓动牧民群众进行破雪大会战,这一场面描写既生动地表现了她机智果敢、能言善辩、善于发动群众的性格特点,又将道尔基不思进取、目光短浅、别有用心的一面暴露在读者面前。这些真实而生动的情节,丰富了人物的内涵,避免了概念化倾向。

冯苓植娴熟地运用对比、细节描写以及场面描写等手法,成功塑造了一系列鲜活的人物形象,如敖登格日乐、道尔基、花拉等。

敖登格日乐是新型蒙古族妇女的典型形象,她的身上,集中地反映了时代的精神,闪耀着共产主义新人的光辉。作品用几次大的场面描写(主要是她与道尔基的论辩以及对牧民群众的鼓动)显示了她的突出才干。在自然灾害面前,她毫不畏惧,凭借自己的坚毅和果敢,一次次战胜困难,在阶级斗争、路线斗争中,她临危不惧,与敌人斗智斗勇。但她并不是一个不食人间烟火的圣人,她有着细腻、真切的女性情感以及高尚不俗的情操,作品中关于她爱抚孩子、体贴战友、思念亲人的细节描写,为这个妇女领导干部的性格增添了浓浓的人情味,显得真实可信。

旗委②统战部长道尔基是所谓的"走资派",在他看来,"现在侈谈阶级斗争是有些过时了"③。作品先从他来塔拉公社的目的写起,交代了其不良动机,后写他为达到一己私利而与敖登明争暗斗,写他在"抗灾保畜""破雪放牧"等问题上的不合作甚至阻挠、破坏的行为,耍尽各种手段,最终一败涂地。作品除了多次将他与敖登放置在同一场景中进行对比外,还充分展现了其内心世界。例如,

---

① 冯苓植:《阿力玛斯之歌》,人民文学出版社,1977年,第164页。
② 内蒙古自治区特有的县级行政区,即行政地位与县相同。
③ 冯苓植:《阿力玛斯之歌》,人民文学出版社,1977年,第13页。

在"宰畜度灾"计划没有得到牧民认可后,他"两个眼珠飞速转动着"①,"集中精力思考着"②:"只要他们不去破雪,也就等于自动放弃了敖登的方案"③,"取不得胜利,就力争平跤"④。这些描写,突出了他狡猾、工于心计、冥顽不灵的性格特点。

花拉,是生长在新社会的牧民女孩儿,从小被奶奶老查巴干池抚养长大,性格软弱,老查巴干池利用"装病、眼泪等等"⑤把她死死缠在自己的毡包里。在敖登和图布欣、索布妲等人的鼓励下,她勇敢冲破了老查巴干池的控制,加入"破雪放牧"的行列。花拉的转变是逐渐进行的,作品详细地叙述了这一过程,合情合理。

《神秘的松布尔》在人物形象的塑造上也显示出不俗的技巧,作品中的人物写得有血有肉、真实生动。

首先,作家很好地处理了讲述故事与塑造人物的关系。作品中的大漠充满奇异的风光,"但如果把这一切当成一个华丽的棋盘,自己预先编好故事,而把书中的人物当成没有生命的棋子,按照某种模式让作者去机械地摆布"⑥,则会显得单调、枯燥。于是,作家放弃了编故事,或者说不重视编故事,转而苦思冥想各种人物形象,力求"使每个小角色都有生命,而不是一件任人摆布的道具"⑦。

其次,作品致力于写真实的人。为了摸透小说中所写人物的"核"⑧,作家从生活经验出发,力求进入到人物的内心世界,按照他们特有的生活逻辑去塑造他们。比如小说中的秦萌,是个驼舟覆灭后的叛逃者,但这是他的出身、特定的环境以及个人的追求共同作用的结果,作家认识到了这一点,并在作品中揭示了出来。

总体而言,这部分作品运用多种技巧塑造英雄的人物形象,并致力于展现其

---

① 冯苓植:《阿力玛斯之歌》,人民文学出版社,1977年,第541页。
② 冯苓植:《阿力玛斯之歌》,人民文学出版社,1977年,第541页。
③ 冯苓植:《阿力玛斯之歌》,人民文学出版社,1977年,第541页。
④ 冯苓植:《阿力玛斯之歌》,人民文学出版社,1977年,第542页。
⑤ 冯苓植:《阿力玛斯之歌》,人民文学出版社,1977年,第117页。
⑥ 冯苓植:《冯苓植散文随笔精品:神聊》,远方出版社,1998年,第194页。
⑦ 冯苓植:《冯苓植散文随笔精品:神聊》,远方出版社,1998年,第195页。
⑧ 冯苓植:《冯苓植散文随笔精品:神聊》,远方出版社,1998年,第195页。

艰苦奋斗精神,流畅地阐释了作品的主题。

(四) 三部长篇小说的突破与不足

冯苓植在20世纪70年代创作的三部长篇小说,是对国内文坛五六十年代革命历史题材小说创作传统的继承,带有明显的政治倾向性。难得的是,在创作过程中,冯苓植一定程度上突破了"四人帮"的文艺束缚。

在写作《阿力玛斯之歌》期间,一个极为偶然的机缘,冯苓植遇到了人民文学出版社到内蒙古组稿的两位同志,他们告诉他,"作为一个作家首先需要正派,扎实,绝不能哗众取宠"①,"文学写作要忠于生活,作品首要的是写人,应该删掉那些人为的虚假情节和故事"②,使作家摸索到正确的创作道路。

三部长篇作品塑造了众多鲜活的人物形象,与"四人帮"炮制的六亲不认、无情无欲的"冷血英雄"明显不同。另外,《神秘的松布尔》还描绘了会唱歌的沙丘、风力创造的迷宫、黄沙掩埋的古城、戈壁滩上的石磨、漠海中的翠岛、月夜里的野驼以及沙漠里各种各样的植物,这些闲笔的运用使作品充满趣味性,区别于"文革"时期的主流文学作品。

诚然,在创作过程中冯苓植努力对抗着"四人帮"的文艺政策,但不可避免地会受其影响,下面进行具体说明。

一是作品在人物塑造及其相互关系的设计上落入窠臼。《阿力玛斯之歌》中的人物明显地分为三类——正面人物、中间人物和反面人物,围绕着"路线斗争"和"阶级斗争",这三种人物斗智斗勇,故事的结局是正面人物最终感化中间人物,并战胜反面人物。这种人物关系及故事情节的设置,与当时的大部分作品相类似,《金光大道》《艳阳天》等都是按照这种原则创作出来的。

二是作品对某些情节的处理显得牵强、不合常规。如作品中关于敖登格日乐"飞闯阿力玛斯山口"的描写,过于夸大其实,有些牵强。又如作品写她省吃俭用,把节省下来的口粮送到艾力克家里贴补乏羊,牧人们知道后,给她送来了丰盛的吃食,但她没有享用,又让索布妲和花拉转送出去喂养驼羔和羊羔,有刻意

---

① 冯苓植:《冯苓植散文随笔精品:神聊》,远方出版社,1998年,第193页。
② 冯苓植:《冯苓植散文随笔精品:神聊》,远方出版社,1998年,第193页。

美化人物的嫌疑，显得多此一举。此外，对于她"舌战道尔基""批判色旺"等场面的描写，也显得人物过于能言善辩，几乎成为"超人"，不能令人信服。

三是作品中充斥着大量带有政治色彩的标语、口号，如：

"中国人民是有志气的！宁愿站着死，绝不跪着生！我们一定要以实际行动，为伟大的社会主义祖国争气！"（第九章《头雁一定要翱翔在雁群前》）

"同志们！以实际行动捍卫人民公社，以实际行动捍卫总路线、大跃进的成果，以实际行动捍卫毛主席的无产阶级革命路线吧！"（第二十四章《阿力玛斯人擂响了战鼓》）

上述说教性语言的运用，严重削弱了作品的故事性，减弱了对读者的吸引力。

这些问题的出现，跟整个文学环境的影响以及冯苓植的个人生活经历是分不开的。

就文学环境而言，新时期的国内文坛经历了从"伤痕文学"到"反思文学"再到"改革文学"的创作主题上的变化，彰显着对历史的反思及对现实的变革思想。然而，内蒙古文坛的思想和艺术觉醒相对迟缓，"20世纪70年代末内蒙古小说创作的倾向，还主要是政治的反思和批判"①，作家们在向五六十年代小说创作传统致敬时，难免受到当时文学创作领域中的政治化色彩影响，致使作品体现出较强的政治功利性。

从个人经历来看，在写作《阿力玛斯之歌》《神秘的松布尔》之前，冯苓植曾被下放到大沙漠劳动锻炼，之后被调到歌舞团任编剧，作家的生活阅历和知识素养并不丰厚，写作时虽然做了不少准备，但毕竟"知识太浅了、手头资料又很不充足"②，当作家下笔时，难免力不从心，从而导致作品的主感行情色彩浓厚，缺乏人生哲理和深厚内蕴，显得粗疏、表面，难以给人更多的启示。

---

① 冯苓植：《冯苓植散文随笔精品：神聊》，远方出版社，1988年，第200页。
② 冯苓植：《冯苓植散文随笔精品：神聊》，远方出版社，1988年，第200页。

二、20世纪80年代初期：以动物小说观照现实社会人生

20世纪80年代初期，冯苓植的小说创作主题发生重要转移，由抒写英雄主义的理想变为对现实社会人生的干预。1981年开始，冯苓植写了一系列动物小说，获得巨大成功。曾有评论称这部分小说是"形象化的哲理，哲理化的形象"[①]，是"在美学上独特的追求和探索"[②]。冯苓植以其生活经验为素材，讲述发生在动物身上或者人与动物之间的故事，展现人与动物割舍不断的情感关联。以动物小说观照现实社会人生，成为冯苓植此时期创作极为突出的标志。

（一）动物小说与"人的降格"思想

动物小说是小说写作的一种类型，起源于17世纪的欧洲，其特点在于以动物为描写对象，通过描绘动物世界的生活、动物在大自然中的命运、遭遇以及动物间的关系、动物与人类的接触等，来寻求大自然的奥秘与情趣，给人以有益的启示。19世纪在工业革命的大背景下诞生了世界文学史上第一部真正意义的动物小说《黑美人》，此后，动物小说的创作不断发展壮大，涌现出大量优秀之作，如《野性的呼唤》《雪虎》等。

要探求动物小说的历史，应该先从动物叙事说起。追本溯源的工作无疑要从西方层面着手。在西方的动物叙事中，最早出现的是寓言型动物形象。比较具有代表性的叙事文本是阿普列尤斯《金驴记》中的驴形人形象和塞万提斯《双犬记》中的狗形象，这些形象只是引导某种意蕴的符号，而对于动物本身，小说家却没有特别的思考。寓言型动物叙事经过两千余年的实践，在西方日臻成熟，直到19世纪后期，西方动物叙事开始向写实型转变，作家把创作视线转向对动物自身的直接审视。这其中有两部描写狗的经典作品——阿特金森的《格雷弗亚斯·博比》和贺列文的《鲍勃，胜利之子》，前者写了一只名为博比的狗

---

① 转引自《冯苓植散文随笔精品：神聊》，冯苓植著，远方出版社，1998年，第17页。
② 转引自《冯苓植散文随笔精品：神聊》，冯苓植著，远方出版社，1998年，第17页。

在主人死后,十四年如一日为其守墓的故事;后者讲述了两只狗"灰毛鲍勃"和"红毛沃利"舍命救主的故事。在作品中,动物本身成为作家审美观照的直接对象,动物的命运以及动物与人的关系成为作家关注的中心和进行思考的出发点。

20世纪以来,中国文学中的动物叙事现象日益兴盛,中国新文学的写作名家都有意无意地涉足了这一领域,创作了大量的动物叙事文本。许地山的散文《蝉》和叶圣陶的散文《牛》都对有生命价值的动物表现出了人道主义的怜爱情怀。郭沫若的诗歌《天狗》和穆旦的诗歌《野兽》中的动物形象则带有某种反抗的寓意。50年代到70年代的动物叙事通过讲述人与自然、人与动物的尖锐对立以及人对自然、人对动物的征服来表现人的伟大,人类中心主义倾向明显,带有鲜明的时代文化印记,代表作品有严辰的《老猎手》、吴伯箫的《猎户》、秦牧的《赞渔猎能手》等。80年代,动物小说成为一种创作热潮,涌现出多部优秀作品,如刘厚明的《黑箭》、乌热尔图的《七叉犄角的公鹿》、冯骥才的《感谢生活》等。此期的动物叙事文本仍然承载着以往的传统主题,高度关注现实人生,并显示出深刻的人文关怀精神。90年代及21世纪以来,出现了一批重新思考人与自然关系、人与动物关系的作品,如贾平凹的《怀念狼》、姜戎的《狼图腾》、郭雪波的《银狐》等,作家们以新的目光重新审视人类与自然,不再一味歌颂人类征服自然、猎杀动物的种种行为,而开始寻求人与自然、人与动物关系的和谐,高扬生态意识,具有深刻的生态关怀精神。

冯苓植的动物小说试图"探索人、动物和大自然间的哲理性关系,探索其中奥妙的组合和美学上的价值,也想探索现代文明和原始文明潜流似的斗争"[①]。作家塑造了一系列动物形象——大到骆驼,小到沙原蜥蜴,还有狗、波斯猫、百灵鸟、鹿、小黑天鹅,以至麻雀和狼等,并在故事中表达了自己对社会人生的观照。《驼峰上的爱》以一曲人与驼之间"爱"的赞歌呼唤人与动物、人与人之间纯真的爱。《沉默的荒原》展现了一段荒原上的悲伤恋歌,着意探讨草原文明与外部文明的关系。

---

① 冯苓植:《冯苓植散文随笔精品:神聊》,远方出版社,1998年,第187页。

"人的降格",是动物小说的一个重要表征。在工业革命背景下成长起来的动物小说,天然具有一种反思人类中心主义的趋向,它们向往和谐美好的大自然、尊重动物的生命价值,并在发展演变过程中,不断完善和强化了这一功能。中国的动物小说,尤其是新时期以来的作品,也越来越多地传达出这种思想。"人的降格",直接导致了动物崇拜情感的复苏,并成为重要创作潮流。在现代动物小说中,有一种十分普遍的情节模式,即动物救人、助人而有恩于人,如宗璞的《鲁鲁》中,名叫"鲁鲁"的狗靠辨识气味儿找到走失的小主人;杨志军的《藏獒》中,名叫"多吉来吧"的藏獒悄悄地护送曾给过它关爱的红衣女孩回家。它们既是人与动物现实关系的审美反映,同时又折射出潜藏在现代人心灵深处的动物崇拜情感。还有一类表现出原始主义倾向的作品,旨在从原始神话中发掘现代文化所缺乏的某些精神要素予以张扬,以此填补理性一统天下后人类的情感缺失,如谭甫成的《荒原》、张炜的《刺猬歌》等,他们塑造的动物意象同样存在着动物崇拜的情感内涵和意义。

冯苓植的动物小说明显地存在着"人的降格"思想。在多部作品中,作家将人类的形象与动物进行对照,通过比较来表现动物的高尚品格以及人类的无知、愚蠢。《驼峰上的爱》中放驼人在妻子走后整日酗酒,置家庭不顾,是一个不称职的父亲;小吉尔的母亲因为忍受不了乏味的婚姻生活离家出走,没有尽到做母亲的义务,这种种行为无不显示着人类自私的本性。而母驼阿赛在失去幼崽后把爱转移到小塔娜身上,时时保护她不受伤害,体现着母性的光辉。《死海》则带有原始神秘主义的色彩,作品中人类近乎异端的行为显然违背了大自然的和谐之道,最终招致动物的疯狂报复。在这里,大自然中仿佛存在着某种神秘的力量,制衡着人类的肆意妄为。这些作品中,人类降格为"人",降格为和动物、和所有的生命体相同的形态,不是创世者,更不是世界的主宰。

冯苓植笔下的动物形象,带有其个性、气质和心理素养的烙印。作家写作时,不可避免地会受到自身知识修养的局限,在故事情节的推展、环境布景的设置以及人和动物关系的认识上,尚有不足之处,如作品中对草原环境的描写相对薄弱,仅仅把它当作故事发生的背景予以呈现而没有细致地描摹,这些问题是客观存在的。

（二）寓意人类之"爱"与思考草原文明

冯苓植的动物小说,通过书写荒漠、草原上发生的故事,来揭示人、动物和自然三位一体的关系,旨在以带有寓言性的故事反观人类之"爱"和草原文明。

《驼峰上的爱》对"动物救主"情节的设置意在警醒人们珍惜世间的"爱"。作品中小塔娜与母驼阿赛之间的爱,虽然是虚构的,但它的发生和发展完全符合生活的内在逻辑,并非凭空捏造。母驼阿赛失去了心爱的驼羔,为发泄痛苦之情开始报复周围的一切。当小塔娜天真地哼着挤奶歌,为它解除胀奶的苦痛时,重新唤起了它原始的母爱。随着故事的发展,当小塔娜和小吉尔从黄胡子的哨棒下救出阿赛后,阿赛和孩子们的情感得到升华,以致最后阿赛宁愿牺牲自己来保护两个孩子。孩子们与母驼的亲密交往,是对人类纯真的"爱"的完美诠释;而放驼人和妻子之间的情感纠葛,是人类变态的"爱"的真实再现。

母驼阿赛是作品中着力刻画的艺术形象,作品通过这形象展开对社会人生的寓言。作品中写道,为了挽救已经倒地的孩子的生命,母驼选择了义无反顾地献出全部母爱,直到精疲力竭倒地而亡,它用自己高尚的爱唤醒了牧人们日渐麻木的灵魂。"这种雨果式的浪漫主义手法的合理性和生动性,就在于,它除了生活的逻辑之外,更多地依靠了感情的逻辑。"[1]在这里,母爱焕发出动人心魄的力量。不难看出,作者以人格化的手法着力塑造的母驼形象,是对无力的人类形象的补充和升华,体现着作家的审美理想。

可以说,《驼峰上的爱》是对人类之"爱"的寓言。西方和中国都有不少带有寓言性质的动物小说,在此,笔者选择杰克·伦敦的《野性的呼唤》和莫言的《生死疲劳》进行重点解读。

《野性的呼唤》讲述了一只叫巴克的狗历经磨难最终回归荒野变成狼的故事。巴克虽然是一条狗,但它艰苦卓绝的生存道路,是对作家所生活的时代中个人奋斗精神的写照。正如评论文章所指出的,"《野性的呼唤》是一个社会寓言,所以应该表现作者的一种社会观念或意识。伦敦把作为一条狗的巴克装扮成人

---

[1] 滑国璋、黎伦:《她掘出了人们心底的爱的清泉》,载《草原》,1983(7)。

类,试图从动物身上感受人类及其社会的某些特征"。① 虽然这部小说描写的对象是动物,但作家赋予它们人性的光芒来讽喻社会人生,通过动物世界中的生存斗争和生存法则来揭示当时美国社会的现实环境——尔虞我诈、弱肉强食是对资本主义制度下人类生活图景的真实寓言,带有反思人类中心主义的思想。

这种反思人类中心主义的思想在《驼峰上的爱》中也有体现。作品中的动物完全成了为人类提供衣食住行的工具,是人类可以肆意打骂的畜生,得不到人类的丝毫尊重和保护:放驼人因为妻子的离去整日买醉,对母驼阿赛的丧崽之痛视而不见,反而用哨棒撵它,后来又把它卖给了采购员;"黄胡子"为征服蠢蠢欲动的驼群,残忍地抽打母驼阿赛,场面血肉横飞。作品对人类种种行为的描写,意在启发读者进行反思。

《生死疲劳》叙述了1950年到2000年间中国农村50年的历史,阐释了农民、动物与土地的种种关系。作品从动物的视角出发,对人类中心主义进行剖析。小说中人猪大战的故事情节,精彩地表现出人性的丑恶。在一场由"破耳朵"违抗命令造成的战斗中,人的队伍很壮观,"十几艘船,呐喊连天"②,但在猪看来只是"虚张声势"的表演;平时人群中的领导金龙的表现更是让人难堪,"慌忙开了一枪,击毁了一个无辜的鸟巢,击伤了一个倒霉的鹳鸟,连一根猪毛都没碰着"③,相反地,被人视为蠢物猎物的猪却"长嗷一声,奋勇当先"。④ 这样的情节,给习惯了以人类为中心的我们当头一棒,引人深思。反观当下人与自然的紧张关系,与其他动物平等共生、和谐相处,才是人类对待自然的正确态度,正如《驼峰上的爱》所期望的那样,人、动物、自然应该融洽地相处。

如前所述,《驼峰上的爱》是以动物对人类无私的爱为出发点,对人类之"爱"作出的寓言式解读,并体现了对于人和动物之间关系的思考。这种实践同样发生在冯苓植的其他动物小说中,其中部分作品还显示出对草原文明的思考。

《沉默的荒原》写了荒原上土生土长的女孩儿塔娜与城市出生的荒原人后代

---

① 方成:《美国自然主义文学传统的文化建构与价值传承》,上海外语教育出版社,2007年,第244页。
② 莫言:《生死疲劳》,作家出版社,2006年,第354页。
③ 莫言:《生死疲劳》,作家出版社,2006年,第355页。
④ 莫言:《生死疲劳》,作家出版社,2006年,第354页。

查干从相识、相恋到分离的爱情悲剧。查干在城市中长大,适应了荒原的生活,塔娜最后选择离开他。《翅羽上的故事》写了草原上的她和来自城市的他因为相遇、相知而结合后的故事,她能适应城市的生活,最终他决定与她一起回到草原。《白夜》写了城里人布克在草原上收获爱情的故事。布克回到草原散心,意外搭救了因为坎坷遭遇而轻生的她,面对她的爱情攻势,布克在犹豫徘徊后终于敞开心扉。《叛逆者》写了草原上的小伙子江布拉特与乡村姑娘柳柳交往的故事。江布拉特到县城卖马时认识了柳柳,经过些许波折,柳柳向江布拉特表明真心,两人相爱,回到草原后,江布拉特受到草原人的冷落,但他依然心存希望。

上述作品通过设置两种人物形象,即草原(荒原、沙原)上土生土长的人物与从城市、乡村来到草原(荒原、沙原)的人物,着意探讨草原文明与外部文明的隔阂,审视当下草原文明。比起外面的世界,草原是相对落后、封闭的,存在些落后的观念,这就使草原人与城里人(乡下人)在某些问题上产生隔阂。这些隔阂,导致草原人与城里人(乡下人)对彼此存有偏见。在草原人眼中,城里人(乡下人)的形象显得差强人意:

"给自己招了个绵羊羔子似的丈夫:不敢套烈马,不敢降公鹿,不敢串门子,不敢出蒙古包,甚至连酒都不敢喝……"[①](《沉默的荒原》)

"我忘了,"她说,"你已经是个城里人了……"

什么?他一下子望着芬芬苍苍的原野呆滞了。伊娜轻柔的话声仿佛给了他当头一棒,使他顿时感悟到了些什么似的。是的!过去在草原上爱就是爱!坦荡的爱,真诚的爱,淳朴而豪放的爱!没有一点私念,没有一丝阴影,爱的胸怀就像草原这般阔。而现在,不但自己被爱折磨着,反而还要去折磨一个善良的姑娘。或许伊娜说得对,自己是在外头开始变了,失掉了草原般的胸怀……[②](《白夜》)

[①] 冯苓植:《沉默的荒原》,又名《荒原之恋》,载《冯苓植小说精品:色空》,远方出版社,1997年,第137页。

[②] 冯苓植:《白夜》,载《冯苓植小说精品:色空》,远方出版社,1997年,第229页。

同样,在城里人(乡下人)眼中,草原也代表着野蛮、落后:

> "听着,"伊萨克猛地昂起了头,"你,你得留下来!不许你给草原留下耻辱!"
> "什么?"他冷冷地问。
> "就这样!"伊萨克置若罔闻,"永远和塔娜在一起!出不了蒙古包,我们大伙养活你,谁敢侮辱你,我们大伙保护你……就是不许走!"
> ……
> 塔娜胆战心惊地看到,他竟望了他哥哥一眼,看着倒下的烈马笑了。而他的哥哥也竟拍了他肩膀一下,感叹地说:
> "瞧吧!这就是荒原……"①(《沉默的荒原》)

> 人群一分,自动地形成了一条人巷,他们就赶着马匹从中走着。起先,他们还以为人群是让自己剽悍的蒙古马震惊了。啊,不是!马子看得少,倒是看他们看得多……②(《叛逆者》)

草原人与城里人(乡下人)分别代表着草原文明与外部文明。在现代化进程中,草原越来越受到现代文明的影响,这些影响随着城里人(乡下人)走进草原、草原人走向外界而愈加深入。《叛逆者》中,草原上长大的江布拉特用上了电视机、录音匣子、电动铁驴子等现代化工具,享受到了现代文明。《白夜》中,在跟弟弟大吵一架后,布克"茫然间突然感到,那游丝般的铁路在为草原运进现代化的同时,也仿佛洒落上一些灰尘"。③

草原文明受到外来文明的影响,是好事还是坏事呢?在冯苓植的作品中,对这两种文明的融合持乐观的态度。小说的结尾处,往往出现一条"希望的尾巴",即"希望"草原(荒原、沙原)人与外来人的爱情会有好结果。《沉默的荒原》中,在塔娜不辞而别、悄悄离去后,查干"决心找到她,一定要找到她,哪怕走遍整个荒

---

① 冯苓植:《沉默的荒原》,又名《荒原之恋》,载《冯苓植小说精品:色空》,远方出版社,1997年,第141页。
② 冯苓植:《叛逆者》,又名《叛逆》,载《冯苓植小说精品:色空》,远方出版社,1997年,第317页。
③ 冯苓植:《白夜》,载《冯苓植小说精品:色空》,远方出版社,1997年,第231页。

原,走遍天涯海角"!①《翅羽上的故事》中,他最终决定跟她回到草原。《白夜》中,布克扯掉了自己心头的"网",接受了她的爱情。《叛逆者》中,面对着草原人的冷落,江布拉特"站起来了。明天,他准备到苏木提出自己的计划"②。冯苓植通过探讨草原文明与外部文明融合的可能性,寄托对草原文明发展前景的深切关注,体现着作家的关怀姿态。

(三) 主题的决定作用与艺术手法的反作用

前文已述,艺术作品的内容与形式密不可分。内容对形式起决定作用,形式也反作用于内容,或促进或阻碍着它的发展。具体到文学作品中,"主题是题材的客观意义与主观阐发的共同结果,既受题材本身的影响,又受制于作者阐释题材角度和理解的深度"③。

冯苓植的动物小说旨在表达对社会人生的思考,这一主题规定着艺术手法的功利目的,它是用来为主题服务的。同时,艺术手法的使用也有助于突显主题,体现着小说形式的表意功能。

首先,这部分作品在叙事过程中采用了多重视角,具体表现为叙述者视角与作品人物视角的频繁切换,以及作品中不同人物(动物)视角的交错运用,从而使得作品主题表达更为确切。

一是叙述者视角与作品人物视角的频繁切换。《驼峰上的爱》整体的叙述风格是全知全能式的,叙述人以第三人称的口吻讲述故事,他存在于故事外围,叙述的是别人的故事,对荒漠草原环境的描述,对人物、动物的客观评述,以及时而出现的议论性语段,都是叙述者视角的直接表现。从母驼阿赛丧崽发疯,到与两个孩子感情日笃,故事的发生、发展都按照叙述者的意图谋篇布局。但在具体讲故事的时候,叙述者视角便转换为作品中人物的视角,并受人物视角的限制,有节制地发出信息。如小塔娜制服疯驼的情节,从小吉尔的视角写起,清晨醒来

---

① 冯苓植:《沉默的荒原》,又名《荒原之恋》,载《冯苓植小说精品:色空》,远方出版社,1997年,第148页。
② 冯苓植:《叛逆者》,又名《叛逆》,载《冯苓植小说精品:色空》,远方出版社,1997年,第374页。
③ 戴从容:《乔伊斯与形式》,载《外国文学评论》,2004(4)。

后,先观察了蒙古包外的动静,他看到彻底发了疯的阿赛,接着听到小塔娜稚气的歌声,然后见证了小塔娜为疯驼挤奶的全过程。这种固定焦点的第三人称叙事同第一人称"我"的叙事一样,是一种严格的限知视角,只有进入"我"观察范围的事物,才可以被叙述,正如作品将小吉尔作为观察者时,就不会写到他自己的外貌,更不会有别人的心理活动。

《白夜》中,作品中人物视角的转换往往与人物的心理活动伴随在一起。如:

> 他猛地颤抖了一下,发现竟在迷乱中任骏马载着他踏进了小白桦丛林。
> 哦,昨天在这里曾闪现过一个姑娘的身影,杏红的,像一片深秋的枫叶。
> 今天,自己被什么风也吹进来了?……眼前是白色的树干。泛着白夜的白光。
> 使他在枝丫交错的密林里,好像陷入一张冲撞不开的巨网中。(《白夜》)①

上述文本中,"他"的视角中纳入的事物,不经意地激起了回忆,引发一系列心理活动。

二是作品中不同人物动物视角的交错运用。《驼峰上的爱》中的人物视角可以分为三类:儿童视角、动物视角和成人视角。"在绝大多数现代叙事作品中,正是叙事视点创造了兴趣、冲突、悬念乃至情节本身。"②视角的选择影响着一部作品的整体布局,体现着作家的叙事策略。儿童视角,以单纯的眼光和直觉的认知形式去感受世界,决定了小说对现实生活关注的焦点、反映的方式以及整体的审美基调有别于成人世界的标准。《驼峰上的爱》运用儿童视角,将人与动物的交往作为故事讲述的重点,而对于社会时代背景以及蒙古族人们的生活现状则涉及较少。动物视角,使动物获得了"看"的权利,处于"看"的位置,在叙述中渗入动物的道德评判准则。《驼峰上的爱》运用动物视角,探讨了"人与自然"关系的多种可能,如通过母驼纯真的爱来激活人类的本真情感等。成人视角是儿童视角与动物视角的有机补充,《驼峰上的爱》一方面将放驼人与妻子的分离弥合作为故事的情感背景,另一方面,成人世界的情感纠葛又作为一条故事线索独立

---

① 冯苓植:《白夜》,载《冯苓植小说精品:色空》,远方出版社,1997年,第229页。
② [美]华莱士·马丁:《当代叙事学》,唐小兵译,北京大学出版社,1990年,第9页。

存在。不同的视角带有不同的思维特征,关注不同的外部事物,体现不同的叙事姿态,展示不同的人物情感。不仅如此,作品还通过不同视角的切换有意安排了某些事件的重复叙事。如"黄胡子"收购员治理驼群的情节,作家分别从两个孩子、母驼阿赛和"黄胡子"的视角进行叙述,这三种视角的有机结合,增加了文字传达的信息量,显得画面感十足。

《沉默的荒原》中,小鹿是伊萨克送给塔娜的礼物,在某种意义上,贝贝是查干的化身,它的到来与离开暗合着查干的行踪。作品多次运用了贝贝的视角,如它第一次在湖水中看到自己的倒影、它告别塔娜时的凝视等,对故事情节的发展起到推波助澜的作用。

其次,这部分作品在文体形式、主题意蕴、形象塑造等方面也有不俗表现,增加了作品的表现力和感染力。

文体形式方面。这部分作品善于融小说、童话和轶闻等多种形式于一体。《驼峰上的爱》分为三部分:一是引子和补白,都是摘自《恐怖的趣闻》的材料;二是放驼人与妻子的情感故事;三是小吉尔、小塔娜与母驼阿赛之间超现实的叙事。《翅羽上的故事》也分为三部分:一是题记,可看作文眼,暗示小说将按照两条线展开,写两个故事;二是其中的一个故事,写她向他讲述小黑天鹅的来历,从它被救起,到最后的死亡;三是另外一个故事,写她跟着他从草原来到城市,慢慢开始思念草原,决意回到草原。这些看似各自独立的部分,实则不可分割、互为依托、互相阐释。

主题意蕴方面。这部分作品善于勾勒动物中心主题和人物中心主题,并让两者相互应和、衬托,让行文产生虚实结合、真假相杂的观感,打破了一般小说的单一叙事格局,带来了小说主题的丰富性和多义性。

《驼峰上的爱》的人物中心主题是通过单亲家庭孩子小吉尔离家出走后被找回的故事,告诫年轻夫妻要慎重对待婚姻情感。动物中心主题是讲述母驼与孩子们的交往,展现一种纯真的爱。作家致力于歌颂母驼阿赛原始母爱精神的崇高与伟大,"并从更广泛的意义上,对善良的人性进行了深情的礼赞,对那些扭曲人性的丑恶力量予以挞伐"。①

---

① 托娅、彩娜:《试论新时期内蒙古中短篇小说创作流向》,载《语文学刊》,1996(3)。

《叛逆者》的动物中心主题是通过骏马萨力赫跟随主人离开草原、回归草原、再离开再回归的经历,揭示动物在人类交往中发挥的积极性作用。人物中心主题是通过江布拉特与柳柳的情感经历,探讨草原人与外来人爱情的可能性,揭示草原文明与外部文明存在的矛盾、隔阂。

形象塑造方面。如果说《阿力玛斯之歌》《神秘的松布尔》中的艺术形象是对主题直线的、单纯的表现,缺乏更深层次情感与理智蕴含的话,那么,《驼峰上的爱》《沉默的荒原》等作品则体现出冯苓植对写作策略的积极探索,他有意把时代精神、社会斗争等主流元素隐于幕后,将笔端指向人和动物的内心世界,塑造了具有多重意蕴的艺术形象。

尤其在对动物形象的描摹上,文本带有准"童话"的性质。母驼阿赛失去幼崽后将母爱转移给小塔娜;大狗巴日卡整日跟着两个孩子并产生纯真的友情;小黑天鹅被"乌兰牧骑"的演员解救后对小演员产生依赖感,等等,这些动物的形象带有明显的人格化特征,它们身上附着有强烈而真挚的情感。这些动物骨子里已不仅是"动物",而是人类某种情感的化身,这些形象在美感功能上与"童话"有共通之处,它们不是选择现实生活的真实情景来激发情绪,而是有意虚构离奇的故事,达到发人深省的艺术效果。当然,冯苓植倾心于构建人、动物与自然相交融的纯美境界,对社会生活以及人的精神世界的复杂性认识不够充分,从而导致这部分小说在形象塑造方面略显单薄。

(四)主题流变原因与价值

从《阿力玛斯之歌》到《驼峰上的爱》,冯苓植完成了一次从"动情"到"走心"的转变。《阿力玛斯之歌》《神秘的松布尔》等作品充满主观抒情色彩,暗含着激动人心的力量,但并非作家真实的人生体验,所以情感显得外在、表面。从《驼峰上的爱》开始,冯苓植搁置了洋溢的激情,转而把笔触延伸向角色的内心,把自己的情绪渗透在作品中,使作品的终极关怀指向人物(动物)的心灵和命运,引导读者体味人物(动物)的欢乐与痛苦、悸动与不安,与作品中的人物(动物)达到情感上的共鸣。

这种转变,有其背后的原因。同时,这部分作品也有着独特的价值。

20世纪80年代初,国内文坛继续发生激烈的思想碰撞,作家们开始表现人们的道德观念、思想情感在经济改革的冲击之下发生的深刻嬗变,同时注重揭示改革中存在的问题,代表作品有贾平凹的《鸡窝洼人家》、张炜的《秋天的愤怒》等。

在国内文学环境的影响下,内蒙古作家开始觉醒,向文坛显示着自身的力量。长篇小说《草原上有座小屋》《红柳的故乡》、中篇小说《三十年的爱与恨》、短篇小说《"看不惯"老汉》等优秀作品,呼应着全国思想解放的大潮,严肃而积极地提出一个个严峻的社会问题,拓宽了文学关注的社会生活领域。

"文革"结束后,冯苓植出版了三部长篇小说,但热潮很快退去,文坛同行们在对历史的反思、对现实的变革中勇敢而又大胆的探索,让他"瞠目结舌又不知所措"[1],再加上"外国文学的出版热,解禁文学的重印热,新潮作品的汹涌热"[2],促使他反省自身创作,将写作焦点由英雄人物转向现实生活。冯苓植于1983年参加了《收获》杂志组织的笔会,这次笔会之后,作家"产生了一个迫切的愿望:不但要认识自己,而且要在创作上寻找自己的角落"。[3] 多年来,作家一直生活在戈壁草原上,人烟稀少,和牛、马、骆驼、羊等动物打交道较多,他对动物有意无意地进行了观察和研究,为写动物小说提供了丰厚素材,于是作家创作了《驼峰上的爱》等一系列小说,艺术地表现人类(动物)心灵深处的情感,并结合自己的亲身体验表达其对社会人生的思考。

从整体上看,20世纪80年代初内蒙古地区的小说创作以描绘现实生活为重心,反映社会改革中新的生活是总的倾向。[4] 冯苓植的动物小说创作,丰富了80年代初内蒙古文学的创作题材,与同时期其他作家一道,共同推动了内蒙古小说创作的发展。

---

[1] 冯苓植:《冯苓植散文随笔精品:神聊》,远方出版社,1998年,第14页。
[2] 冯苓植:《冯苓植散文随笔精品:神聊》,远方出版社,1998年,第15页。
[3] 冯苓植:《冯苓植散文随笔精品:神聊》,远方出版社,1998年,第186页。
[4] 托娅、彩娜:《内蒙古当代文学概观》,内蒙古大学出版社,1997年,第245页。

三、20世纪80年代中期以来：
批判国民性与创作转向

20世纪80年代中期开始,冯苓植致力于批判国民性,他将笔端对准广阔的社会生活,写了一系列市井小说、乡土小说、现代派小说。之后,其创作主题转向重述历史,于2010年推出长篇历史小说《忽必烈大帝与察苾皇后：从游牧汗国到大元王朝》。

冯苓植的市井小说,以独到的视角和犀利的笔锋,发现并剖析着市井中形形色色的人物和他们身上发生的故事,深入展示传统历史文化的影响,相较于此时期其他题材的作品,取得了更高的文学成就。从这个原因出发,对于冯苓植这一时期的创作,笔者将重点分析其市井小说。

(一)"国民性批判"主题的产生与沿袭

"国民性批判",是20世纪以来中国学术界、思想界的热门话题之一,从"五四"时代起,"国民性批判"思想延续了近百年时间,下面对其发生、发展过程予以梳理。

"国民性",指国民共有与反复出现的精神特质、性格特点、情感内蕴、价值观念、思维方式和行为方式等的总和,是一种较为稳定的心理—行为结构。在所有影响国民性形成的因素里,文化的影响是最直接、最深刻的。中国传统文化讲求"仁义礼智信",提倡"温良恭俭让",表面上显得冲淡平和、满含温情,但在本质上,它缺乏宽容和民主精神,不利于人性的健康发展。几千年以来,中国传统文化很少受到质疑和批判。进入20世纪,以陈独秀、鲁迅和胡适为代表的知识分子从中国现实出发,在与世界别国文明的比较中,发现了中国传统文化的缺陷,发现了国民性的丑陋面。于是,反思传统文化、批判国民性,成为"五四"时代知识分子的共同认识和共同立场。从《狂人日记》到《阿Q正传》,鲁迅在批判国民性的同时,还着重剖析了封建宗法制度对人性的戕害。继鲁迅之后,老舍、张天翼等作家都曾在小说中对国人身上的劣根性进行过揭露,并对传统文化进行反思。

新时期以来,粉墨登场的"伤痕文学""反思文学""寻根文学"作家们,传承了"五四"时代的"国民性批判"精神,他们的作品如《爸爸爸》《小鲍庄》、"商周系列"等,或多或少表现出对国民性自觉的批判意识。20世纪90年代以来,随着市场经济时代的到来,作家的否定精神和文学的独立性受到市场的压抑,当代作家们艰难地践行着批判国民性的使命。文坛上盛行的"民间世俗情怀"作品,是对底层百姓生活的重新发现和理解,显示着新的时代精神,是"改造国民性"思想的内在延伸。

"五四"时代已经过去近百年,但当时知识分子据以提出改造国民性思想的现实因素仍然在一定范围和一定程度上存在着。当今社会中,"国民性问题"呈现出前所未有的复杂性,表征着道德混乱和伦理危机的事件层出不穷,从崇洋媚外、嫌贫爱富等社会风气就能看出,当下国人的精神文明状况不容乐观,所以,"国民性批判"仍是当代作家必须要承担的使命。

从1984年开始,冯苓植写了多部市井小说。在这部分作品中,冯苓植以调侃诙谐的笔调讲述了市井这个小社会中的各色人物,发生在他们身上的平淡却充满生活气息的故事,以此来揭示我们民族古老却又带有当今时代烙印的文化积淀,包括它的痼疾和疮疤,从而启发读者对"国民性"问题进行思考。《虬龙爪》以鸟窥人,剖析当代人思想的劣根性以及养鸟者被异化的现实问题;《猫腻》通过写胡同里的一场闹剧,揭示了当代人扭曲的灵魂;《茶楼轶事》通过茶馆里发生的两则小事,反映民族文化在人们心底打下的烙印。这些小说将民族文化的美丑和人性的善恶赤裸裸地展现在读者面前,发人深省。

(二) 描摹市井人物风貌与剖析市井文化陋习

冯苓植市井小说中的故事均发生在"塞外古城"——戍边子弟仿北京城建造的一座遗城,它具有北京文化的特点。"塞外古城"有着悠久的历史文化遗风和充满生活气息的民俗风貌,茶楼、酒肆、天桥、小吃以及吆喝声一同构成了典型的市井生活图景。故事的发生地是在一条叫作"大裤裆"的胡同里:

"据说,必须保持这老城一隅的古老风貌,要不然外国人招引不来。为此,这老城腹地的闹市区——大裤裆胡同便免受了推土机荡除之灾,而以其古色古香之姿,稳坐于四周骤起的高楼大厦之中。大裤裆胡同名副其实,东西各伸出一条裤腿儿,而裤腿儿交接之关键部位,更有一眼名闻塞北的古泉井。左有一茶楼,右有一酒肆,对称合理,搭配得当,颇令人浮想联翩。"①(《落凤枝》)

这就是小说中上演各种故事的特定场所。"大裤裆"胡同里,没有上层社会名流,没有权贵高官,只有安分守己混世找乐的市井小民和他们各自演绎的家长里短、日常琐事。

以《虬龙爪》为代表,冯苓植在这一时期创作的小说,揭示了市井人物的生存状态,展现了他们的风貌,其特征主要表现在以下方面:

第一,艰难的生存处境。市井人物大多是中下层市民,包括小商贩、小手工业者以及各类艺人、医生等,没有什么政治地位可言,经常受人欺侮。《茶楼轶事》中,从口里来的一个不同凡响的"混混儿",到塞外小天桥"闯字号""抢盘子",古泉居茶楼的老掌柜毫无招架之功只能自认倒霉。

当然,市井中不乏奇人异士,但他们想凭借一己之力捍卫自身利益,却是不现实的。《大漠金钱豹》中,"过街蛆"仗着自己的"警长"身份来大裤裆胡同索拿"铁券凭书",昔日的镖局后代鲍爷凭借一身好武艺与之对抗,力保这"最后一趟镖",无奈"盒子枪"最终战胜了满身绝技,可悲亦可叹。

第二,自足的生存方式。市井之民往往拥有一技之长,经济收入能够得到保障,生存所需物质条件得以自足。《落凤枝》里的白三爷靠嘴皮子吃饭,靠嘴皮子吃饭的人"一般的靠着拉个捐、搭个线、敲个边鼓儿,也能混饭吃。而那高级一点的就懂得'良禽择木而栖'了。凭着那嘴皮子上的绝顶功夫,为主子东拼西闯,到头来自己也落个吃香的喝辣的。但这必须要有眼力,东家一定要选准了,行话称为选定'落凤枝'"。②当世道变了之后,这行当便销声匿迹了,于是白三爷韬光

---

① 冯苓植:《落凤枝》,载《冯苓植小说精品:猫腻》,远方出版社,1997年,第63页。
② 冯苓植:《落凤枝》,载《冯苓植小说精品:猫腻》,远方出版社,1997年,第62页。

养晦,精心选择了"驴肉陈"作为自己的"落凤枝",期望有所作为。

《虬龙爪》里的宗二爷虽然能算作手艺人,但他安身立命靠的是自己的本事。"当时侯七和宗二爷都是十六七岁,被掌柜子分配到柜台外专卖时令鲜菜,比谁吆喝的声音高,比谁做成的买卖多。那时候,侯七就显然不是宗二爷的对手。尽管他把嗓子都喊哑了,可无论从声儿啊,调儿啊,糊弄出去的菜儿啊,都比宗二爷差远了。"①于是,宗二爷一路春风得意,从一个普通营业员直升到市蔬菜公司业务办公室负责人,他凭借自己的"特殊手艺",活出了自己的人生。

第三,混杂的生存心态。低下的政治地位,导致市井中人形成一种愤怒却又无奈的混杂心态,玩世不恭、混世找乐是这种心态的直接表现。《出浴:朔方贝子池搜奇》中的小鸡眼李是典型的市井小民代表。小鸡眼李在为泡客澡爷赔笑逗乐的环境中长大,他没有遗传到父亲温厚恭顺的性格,反而嘴尖毛长时常犯浑,活得没心没肺,怡然自得。他的一生,经历过起起落落、浮浮沉沉,但他从来都是摆出一副毫不在乎的心态,而且还能苦中作乐,聊以自慰。对市井小民来说,现下的生存状态才是最实实在在的,他们很少思考人生的终极意义,就像年轻时的小鸡眼李一样,在嘻哈逗趣中混日子。

《虬龙爪》中的玩鸟者大多是市井中的小老百姓,他们年轻时做着普通的手艺活儿,岁数大了玩玩鸟找个乐子,求个清静。他们聚集的目的纯粹是为玩乐,只不过他们玩得更加出彩,他们遵循着一条不成文的规矩——"鸟儿也得'梁山英雄排座次'"②,从而将玩乐这件事做得像模像样,但越是这样,越折射出他们思想的庸俗和灵魂的空虚。

第四,圆滑的生存之道。市井社会中存在着排挤倾轧、尔虞我诈等不良习气,所以要在市井中生存并不容易,只有学会趋利避害、隐忍顺受等圆滑处世之道,才能存活下来。《出浴:朔方贝子池搜奇》中的小鸡眼李因为大大咧咧爱出风头而被杂碎常和墩大主任玩弄于股掌之间,可他却不吸取教训,于是一次又一次地被人使绊子,差点毁了自己的前程,幸亏有金七爷的大力扶持,他才能有后来的苦尽甘来。

---

① 冯苓植:《虬龙爪》,载《冯苓植小说精品:猫腻》,远方出版社,1997年,第7页。
② 冯苓植:《虬龙爪》,载《冯苓植小说精品:猫腻》,远方出版社,1997年,第5页。

《虬龙爪》中的玩鸟者分为两派：

> 新派儿多是高楼住户，玩鸟儿带着股洋派头、新鲜玩意儿特多，集中地点是城郊的现代化大公园。而老派儿则多是些矮小四合院的老住户，什么过去掌勺的、收破烂的、动泥水活的、钉鞋补掌的、吆喝卖小吃喝的，岁数大了玩玩鸟找个乐子，求个清静，集中地点就是这老城根儿的小公园。①（《虬龙爪》）

这种拉帮结派的做法是艰难的生存环境以及市井中人的现实需要共同作用导致的结果，体现着市井生存智慧。

对市井人物生活图景的描摹，为冯苓植实践其批判国民性的创作意图提供了前提。这种"国民性批判"思想在《虬龙爪》《落凤枝》《猫腻》等作品中主要表现为对市井文化陋习的剖析，包括对国民劣根性的揭露以及对传统历史文化的反思。

一是揭露人性的肮脏、龌龊。

《虬龙爪》中的宗二爷为达到独霸"虬龙爪"的目的，不择手段，表面上对关老爷子恭维、谦让，对鸟友讲和睦、施友善，博得众人的称赞；暗地里却机关算尽，善耍手段，利用侯七拆关老爷子的台，最终把他逼上绝路。作家以一个小政客的造型塑造着宗二爷的形象，政客的权欲、政客的心术、政客的手腕，都在他身上有淋漓尽致的体现，他那嗜权成癖的病态心理正是作家批判的对象。

同时，小说还剖析了宗二爷所植根的社会土壤。当"虬龙爪"上无笼时，众鸟友便群氓无首，失魂落魄，当宗二爷带着他的鸟笼出现，被拥上高枝后，那些养鸟者犹如受到恩惠，直呼"宗二爷，您赏脸了"②。这是长期封建社会造成的人身依附、"自我"消失的病态现象，这种病态现象其实也是市井中人在强权面前甘当顺民的心理基础，它销蚀了国人变革现状的愿望，对一切不公和罪恶视而不见，变得麻木不仁。

---

① 冯苓植：《虬龙爪》，载《冯苓植小说精品：猫腻》，远方出版社，1997年，第4页。
② 冯苓植：《虬龙爪》，载《冯苓植小说精品：猫腻》，远方出版社，1997年，第11页。

二是揭示市井人物自私自利的心态。

由于思想的狭隘性、功利性,市井中人往往因为小名小利争风吃醋、互相攀比,甚而落井下石、互相倾轧。

《出浴:朔方贝子池搜奇》中,因为鸡眼李得了个光彩照人的媳妇儿,竟惹得老少爷们儿"莫名其妙地感到心气儿不顺了"①。《虬龙爪》里的宗二爷更是在权力欲的支配下,明里暗里人前人后使尽各种手段;众鸟友如墙头草一样,在宗二爷与关老爷子之间摇摆不定,只关心自己的利益,不管他人的死活。市井中人封闭的交际圈,导致他们只关注眼前利益,因此,一切以自身利益为重,也就不足为怪了。《茶楼轶事》里的老掌柜面对"混混儿"的无理取闹,不但毫无招架之功,更是没有反抗之意,做人的尊严在隐忍、麻木中丧失殆尽;看着老掌柜百般受辱,大裤裆胡同的擀面杖、铁锅铲、泥瓦刀、大茶壶者流竟没有一个人敢于主持正义,反而平时遭人冷嘲热讽的"鼻涕虫"傻二,不顾个人安危挺身而出。"正常人"在遇到事情时手足无措,而不甚聪明的傻二关键时候却极为"正常",这不能不说是对市民自私自利心理的极好讽刺。

三是反思传统历史文化,主要是展现迂腐的世俗观念对人的毒害。

《猫腻》中提到,"大裤裆"胡同中的人们有一种特殊的脾性:"总爱自称自己住的这地儿为小北京、小上海、小天津卫!小是承认小了点,但在玩鸟、斗蛐蛐儿、比风筝、结猫亲家等方面却绝不甘于落后。"②这种盲目自大、好面子却又玩物丧志的行为做派让人哭笑不得。"铁旋风"因为"瓷人儿"生不出孩子而整日对瓷人儿骂不绝口,后来得知是自己没有生育能力时,因为怕被人笑话,只好忍气吞声把老婆肚子里的"野种"认作自己的孩子。世俗的眼光是一把无形的锁,"铁旋风"被这迂腐的世俗观念牢牢套住,挣脱不得。《大漠金钱豹》中的镖师"鲍爷"在老掌柜的痛哭哀求和吹捧奉承之下甘愿以身犯险换回了"铁券凭书",显得颇具英雄气概。随着情节的发展,"鲍爷"的真实形象逐渐显露,面对警察局的陪绑"假行刑""枪子儿还没炸开天灵盖,自个儿就先吓死趴下了"③,他的"假英雄"面

---

① 冯苓植:《出浴:朔方贝子池搜奇》,上海文艺出版社,2003年,第3页。
② 冯苓植:《猫腻》,载《冯苓植小说精品:猫腻》,远方出版社,1997年,第141页。
③ 冯苓植:《大漠金钱豹》,又名《镖爷》,载《冯苓植小说精品:猫腻》,远方出版社,1997年,第379页。

具被揭穿,"让整个小天桥都跟着摘面儿!幸好儿女们尚懂得丢人败兴,当天就把破门楼上那一叶镖旗扯下烧了"①"大漠金钱豹渐渐地销声匿迹了"②。一代镖师因为众人的世俗观念扬名立万,也因为众人的世俗观念落人话柄,最终败下阵来。

总之,以《虬龙爪》为代表的市井小说,揭示了市井人物的风貌,批判了他们身上的劣根性,并对传统文化进行了反思。

在乡土小说、现代派小说中,冯苓植在描摹人物生存状态时,也进行着"批判国民性"的自觉实践。《白狐峪》中,闭塞的乡民们毫无主见,人云亦云;《等风的帆》中,主人公成为电影主角人选后,众人怀着嫉妒心理对他进行人身攻击,等等,这些情节寄托着作家对普遍人性和传统文化的深刻思考。

但是也应该看到,这一时期的作品存在不少问题。以市井小说为例,作品的场景比较集中,线索较为单一,多部作品中出现雷同的情节、相似的人物描写;对人性的开掘程度不够深入,人物形象不够鲜活等。尽管如此,这部分作品的文学价值和文化价值仍然值得高度肯定。

(三) 对老舍的继承与革新

通读冯苓植的市井小说,不难发现,其创作风格与老舍的市井小说存在某种一致性,也表现出某些差别,这正是对老舍的继承与革新。此处将冯苓植与老舍进行比较,以求更深入地挖掘冯苓植的创作个性。

首先,冯苓植的市井小说在素材选择、作品主题、幽默笔法和语言运用等方面,与老舍作品存在着一致性,是对老舍的继承。

在作品素材选择方面,均取材于中下层市民的生活。老舍的一系列小说都以北京中下层市民的生活为描写对象,这跟他的个人经历是分不开的,就像他自己说的,"我生在北京,那里的人、事、风景、味道,和卖酸梅汤、杏儿茶的吆喝的声音,我全熟悉。一闭眼我的北平就全完整了,像一张彩色鲜明的图画浮立在我的心中。我敢放胆的描画它。它是条清溪,我每一探手,就摸上条活泼

---

① 冯苓植:《大漠金钱豹》,又名《镖爷》,载《冯苓植小说精品:猫腻》,远方出版社,1997年,第379页。
② 冯苓植:《大漠金钱豹》,又名《镖爷》,载《冯苓植小说精品:猫腻》,远方出版社,1997年,第379页。

的鱼儿来"。① 老舍的小说展现的是北京市民的普通生活、日常百态,比如衣食住行、婚丧嫁娶等生活琐事。

冯苓植的小说也将"市井小民"作为故事的主人公,他们靠手艺吃饭,没有高人一等的政治地位,只能安分守己、老老实实地过日子。《出浴:朔方贝子池搜奇》里的搓脚师傅鸡眼李干的行当被大家认为是贱业,与妓院的"大茶壶",殓尸的"鞭杆子"排在一起,统称为"下三滥",从事这些行业的人不得进入茶楼、酒肆、书场、戏园子,社会地位之低下可窥一斑。在这部分作品中,冯苓植用一支灵动的笔,描摹了一幅市井中人的生活画卷。

在作品主题方面,都致力于批判国民性。从《老张的哲学》开始,老舍就致力于批判市民性格中的丑陋面,如妥协、软弱、苟且偷生等,并深入剖析影响这种市民性格形成的传统文化。《牛天赐传》中,牛老太太对任何事物的判断都以"官派"为标准;牛老夫妇抱有"养儿防老"思想,他们接受牛天赐,正是想到老的时候能有人赡养;他们按照故步自封的教育方式,愣是将一个健康的孩子培养成了一个废人。所有这些,都暴露出国民性的严重缺陷。

冯苓植的市井小说也体现着他对国民性问题的思考,既有对市井人物性格弱点的再现,也有对传统文化的剖析。《虬龙爪》中,作家以喜剧的笔法,把宗二爷对官位迷而入痴、痴而生狂的病态心理刻画得入木三分。《大漠金钱豹》中,面对"过街蛆"手里的盒子枪,古泉居老掌柜以及各路"好汉"纷纷被吓破胆,变得唯唯诺诺,情愿双手奉上"铁券凭书";"过街蛆"之所以能成功,还与传统文化中的"官本位"思想密切相关,"过街蛆"代表的是警察局,市井小民避之唯恐不及,绝不敢于对挺身而出却败下阵来的鲍爷施以援手。冯苓植正是从性格缺陷和文化心理两方面展开批判的。

在幽默笔法方面,都进行着努力和尝试。老舍认为,"幽默文字是老老实实的文字,它运用智慧,聪明,与种种招笑的技巧,使人读了发笑,惊异,或啼笑皆非,受到教育"②,"嬉皮笑脸并非幽默,和颜悦色,心宽气朗,才是幽默"。③《离

---

① 老舍:《三年写作自述》,载《老舍生活与创作自述》,人民文学出版社,1982年,第62页。
② 老舍:《什么是幽默》,载《老舍文集》第16卷,人民文学出版社,1991年,第383页。
③ 老舍:《谈幽默》,载《老舍文集》第15卷,人民文学出版社,1990年,第235页。

婚》中的张大哥是一个带有漫画色彩的喜剧形象,小说刻画了他本分、爽快、能干的旧派市民形象,同时又暴露了他身上保守、庸俗、敷衍的市民习气,在幽默的氛围中达到批判的目的。

冯苓植的市井小说以幽默诙谐的笔调,对市井中的人和事进行调侃,而在这调侃的背后,是作家对传统文化的深切关注和理性思考。《猫腻》写了一场令人哭笑不得的闹剧。小说里的两家人都没有子嗣,所以养起了波斯猫并视为自己的孩子,把对孩子的感情移到了猫的身上,于是,才有了这场"结猫亲家"的闹剧。为了深入开掘人性,作家把故事的后半段写得更加戏剧化。当耀武扬威的"铁旋风"和"大组长"被证实是自己不能生育后,根深蒂固的伦理观念令他们自惭形秽失去了昔日的风采,可见传统的"无后为大不孝"的观念依然根深蒂固地存在着,这是作家对市井中人伦理道德、思想意识的集中呈现。冯苓植的幽默往往通过所写事件本身的可笑展现出来,以此警醒读者深刻反思。

在语言运用方面,均将北京的方言、口语融入作品中。为了烧出白话的"原味儿",老舍大量加工运用北京市民的口语、方言,力求"把顶平凡的话调动得生动有力"①;同时又在俗白中讲究精致,写出"简单的,有力的,可读的,而且美好的文章"②。《骆驼祥子》《四世同堂》等作品里的人物对话都是用北京口语来写的,景物的描写、情节与过程的叙述也运用了北京老百姓口语中的词汇和北京方言特有的语法结构。

冯苓植的市井小说,其故事发生地"塞外古城"的方言中夹杂着不少的北京方言词汇、口语,在小说中有所体现。《虬龙爪》等作品大量运用了口语化词语,如"有谱儿""有派儿""您哪""死心眼儿"等,让作品显得通俗易懂,生动有趣。同时,作品中的口语化句式也显得生动活泼,带有浓厚的生活气息,如:

"喝!我当是谁呀?原来是二哥您哪!"(《虬龙爪》)

"玩驴玩出个这下场?不干!还得查!"(《落凤枝》)

"你那书是不是念到狗肚子里啦?浑透了,你不会变着法儿教它连耗子

---

① 老舍:《言语与风格》,载《老舍文集》第15卷,人民文学出版社,1990年,第260页。
② 老舍:《我怎样写〈二马〉》,载《老舍文集》第15卷,人民文学出版社,1990年,第174页。

也怕!"(《猫腻》)

这些句子带有独特的韵味儿,便于读者获得轻松愉悦的审美享受。

其次,冯苓植的市井小说还对老舍创作风格进行着革新,主要表现在:创作心态的改变、创作理念的更新。

创作心态的改变。作为五四时代的启蒙者,毋庸置疑,老舍在其小说中对传统历史文化持有批判的态度,冯苓植则在批判市井文化陋习的同时,某种程度上流露出对历史文化的认同。

进入20世纪80年代中期,在改革开放的作用下,新的思想观念大量涌入,使国人开始转向对自身民族文化的寻根,对历史文化持一种关怀、认同的态度,批判的成分相对减少。城市空间结构的变化,导致楼宇林立,胡同、四合院等旧时代的建筑物消失,现代城市逐渐丧失了辨认身份的标识。老舍笔下的"四合院"是封闭、保守、落后的代表,而冯苓植小说中的"大裤裆胡同"却承担着对传统的回归等时代命题,上升为一种负载历史文化的模型,批判的心态转化为认同的叙述,甚至产生一种怜惜和同情。

在多篇小说中,冯苓植都不忘介绍"大裤裆"胡同的历史:

"遥想当年,乾隆爷为戍边子弟钦定此城时,曾御笔亲书此眼古泉为'漠北第一泉'。后辈儿孙欲沐皇恩,便纷涌而至,顺着酒楼茶肆沿东西发展,争相盖起一座座作坊店铺,致使许多小吃喝、各类小玩艺儿的门面,一时间缀满了两条裤腿儿,热闹得实在可以。"①(《猫腻》)

作家的重复性叙事,意在强化自己对历史文化的态度,表明其认同倾向。

小说人物身上彰显的因历史文化内蕴形成的高尚人格,颇令人尊敬。《茶楼轶事》中的"引魂樊"经受住了金钱的诱惑,断然拒绝了为日本人办事的古城维持会长的请求,对得住自己的良心,体现了"不当亡国奴"的崇高气节。《出浴:朔

---

① 冯苓植:《猫腻》,载《冯苓植小说精品:猫腻》,远方出版社,1997年,第136页。

方贝子池搜奇》中的小柳柳生性高雅,在丈夫去世后,面对"杂碎常"的淫威,不为所动,而心甘情愿嫁给了当时处于劣势但心地善良的"小鸡眼李",表现出人性的光芒。

创作理念的更新。包括对自然因素的舍弃以及向俗文学格调的转变。

一是对自然因素的舍弃。老舍的小说中,夹杂着大量的自然景物描写,北京原味儿的自然环境,构成其小说叙述的重要一环,烘托着作品的感情基调。冯苓植的市井小说舍弃了自然因素,而是转向非自然因素的叙述。

相较于对自然环境的描述,冯苓植更注重讲故事。他选择"大裤裆"胡同这一典型场景作为故事发生场所,并直接过滤掉相对弱化的自然环境,服务于讲故事的中心目的。

二是向俗文学格调的转变。老舍的小说是以文化启蒙为特征的严肃文学,属于精英文化范畴,而冯苓植的市井小说则带有"俗文学"意味。

改革开放导致文化格局的多元化,传统的精英文学逐渐被大众俗文学所取代,文学开始关注普通人的生活娱乐。冯苓植小说的内容离不开一个"玩"字,市井中的三教九流,有各种各样的"玩物",他们总是能够从清贫、卑贱的生活中,找到自己的那份乐事儿,打发干活儿以外的无聊时间,这种"玩"文化跟"塞外古城"的来历直接相关:

> "遥想当年,乾隆爷为戍边的在旗子弟修筑这座城,就是想以老北京为模子的。后辈儿孙不负皇恩浩荡,深感五坛、八庙倒可少一点儿,可那老北京的小玩艺儿:遛个马,架个鹰,斗个蛐蛐儿,玩个鸟儿的,却绝对不能少。"[①](《虬龙爪》)

这种"玩"的传统经过历史的冲刷并没有减弱,依旧大行其道。冯苓植就在对"玩"的历史的追溯中展开其市井小说创作,写了玩鸟的《虬龙爪》、玩驴的《落凤枝》、玩猫的《猫腻》等各路"玩"家,几乎写尽了"大裤裆"的各路诸侯,

---

① 冯苓植:《虬龙爪》,载《冯苓植小说精品:猫腻》,远方出版社,1997年,第2页。

显示出大众娱乐文化的价值立场和"俗文学"格调。

另外,冯苓植小说的"俗文学"格调还体现在取材的猎奇性。《猫腻》写胡同里的两家人结"猫亲家",《出浴:朔方贝子池搜奇》写摘鸡眼儿的父子俩,均体现出内容的猎奇倾向。

冯苓植的市井小说,致力于反映市井人物的生活琐事,以期达到批判国民性的目的,并呈现出幽默诙谐的色调,从而表现出与老舍创作风格的一致性,但因为时代发展和创作个性的不同,冯苓植的创作又表现出与老舍风格的差异性。虽然说这部分作品也存在着主题挖掘不够深入、语言运用尚需淬炼等方面的不足,但瑕不掩瑜,作家所取得的艺术成就是有目共睹的。

(四) 主题流变分析与展望

从《驼峰上的爱》到《虬龙爪》,冯苓植对生活的认识发生了大的转进,作家的创作笔调由童话式的牧笛转换成了人生的解剖刀。[1]《驼峰上的爱》作为社会人生的寓言,在反思人类之"爱"的同时,重点歌颂了动物对人类无私的"爱"。《虬龙爪》以鸟观人,通过养鸟界这一缩小、提炼了的人类社会,窥探市井中人"攀高枝"的病态心理,并把思考的触角延伸向传统文化,标志着作家对社会人生的干预又向前迈进了一步。与20世纪80年代初冯苓植小说创作主题的流变一样,此次流变也与国内文坛以及内蒙古文坛的影响密不可分。

1985年前后,在改革开放的作用下,人们的眼界逐渐开阔,社会思想变得活跃,由"寻根文学"发端,国内文坛出现了多个新的文学潮流,文学创作题材一步步扩大,作家开始关注生活的各个方面。同期的内蒙古文坛也发生着变化,创作题材由政治型转向社会型,创作主题由单向发展为多向,开始多方位地反映本地区的社会生活。《闲月》《翁恭查干》等作品关注塞北地区农民的疾苦和命运,《这里通向天堂》《演出到此结束》等作品将视点对准社会改革中人们的心路历程,《活佛的故事》《一个猎人的恳求》等作品在表述生活和塑造人物的同时,注重揭示历史的基因和文化的积淀。

---

[1] 班澜:《在冯苓植小说的坐标系上——兼论中篇小说〈虬龙爪〉艺术个性的追寻》,载《内蒙古社会科学》,1986(2)。

文坛"游牧人"冯苓植

当冯苓植从动物小说创作中抬眼观望现实生活时,"面对着复杂的人生和多变的现实"①,他"被无法解脱的苦闷困扰着"②,经过思索,选择了民族性这块历史土壤,并将其作为新的关注点。他强烈地感到,当时"时代突然从禁锢中开放,生活骤然间令人目不暇接,使周围的一切产生了一种'失重感'。固有的模式没有了,原来的框架没有了,有时甚至觉得上下左右都颠倒了"③。周围发生的一切,使他想起鲁迅,尤其是他毕生所探讨的"国民性"。作家重新翻阅《鲁迅全集》,"仿佛从里头找到了别人,也看到了自己"④。于是,冯苓植选中下层小市民作为描写对象,写作了《虬龙爪》等多部市井小说。

进入20世纪90年代,改革开放催生的市场经济逐渐步入正轨,引发一系列社会问题,国内文坛出现了新写实主义思潮,并发展成为主流文学现象。进入21世纪以来,由于网络文学的盛行、传媒的介入,文学呈现出价值多元化、非精英化、市场化等特征。内蒙古作家在浮躁的社会氛围中默默耕耘,肖亦农、路远、萨娜等人以自己对生活的独特理解,寻找新的叙事方式,对社会人生进行全方位的思考。冯苓植也积极拓展文学表达视域,写了多部乡土小说、现代派小说。在新世纪第一个十年的尾声,他出版了长篇历史小说《忽必烈大帝与察苾皇后——从游牧汗国到大元王朝》,标志着其小说创作主题转向重述历史。该书讲述了从"草原汗国"到"大元王朝"的风风雨雨,作家以历史史实为主线来推展情节,着力描写忽必烈复杂的心路历程,以及察苾皇后从少女到贤后的成长史,并塑造了鲜明的人物形象。关于此书的创作缘起,从包明德所作的序言中可以窥见——"直到有一天,我接到著名编审修晓林先生打来的电话和随后寄来的书稿,我才知道这位老兄正在历史的故纸堆中走火入魔地开掘着新的文学天地"⑤"《忽必烈大帝与察苾皇后——从游牧汗国到大元王朝》涉及中外古今史料之浩繁,涉及蒙汉各族历史人物之众多,涉及地理、宗教、建制、风俗等诸多门类学问之庞杂,非潜

---

① 冯苓植:《冯苓植散文随笔精品:神聊》,远方出版社,1998年,第17页。
② 冯苓植:《冯苓植散文随笔精品:神聊》,远方出版社,1998年,第18页。
③ 冯苓植:《冯苓植散文随笔精品:神聊》,远方出版社,1998年,第18页。
④ 冯苓植:《冯苓植散文随笔精品:神聊》,远方出版社,1998年,第18页。
⑤ 包明德:《忽必烈大帝与察苾皇后——从游牧汗国到大元王朝》,上海文艺出版社,2010年,《序言:艺术地再现忽必烈大帝》,第1页。

心研读诸史是难以下笔自如的。这就揭示出冯兄'躲进顶楼成一统'似乎销声匿迹近三载的真相,原来他潜心苦研已快成为'元史'专家了"①——从这些碎片式描述中,不难得知,冯苓植用三年时间"埋首故纸堆"研读元史,在此基础上,写出小说《忽必烈大帝与察苾皇后——从游牧汗国到大元王朝》。可以说,这部小说,是作家大量研读史书辛勤耕耘的结晶。

时至今,冯苓植还在运笔写作,对于他未来的创作主题,不妨稍作展望。

前文已述,从20世纪70年代末革命历史小说写作,到80年代初动物小说写作,再到80年代中期以来市井小说、乡土小说、现代派小说、历史小说写作,冯苓植的作品愈发具备了更深广的主题内涵,显现着对社会生活更深层次的思考。冯苓植小说主题的流变,与社会环境的变化以及个人的生活经历、阅读经历密切相关,他善于从自己的生活经历、阅读经历中寻求写作素材,开拓新的主题。据此,可以大胆地预测,如果冯苓植在今后依然能够保持旺盛创作精力的话,他的小说主题还将会有新的流变,让我们拭目以待。

冯苓植小说主题的流变,是作家进行的有意义的创作实践。作品主题的变化,不仅促成创作风格的多样性,而且极大拓展着题材的广度和深度,这将会使冯苓植的小说创作不断攀登高峰。

结 论

冯苓植是内蒙古当代文学史上的一员骁将。在小说创作的道路上,他从生活经验出发积极进行主题和艺术方面的探索,为广大读者创造了丰富的精神食粮。本论文重点探讨20世纪70年代以来冯苓植的小说创作,大致可分为三个阶段,即20世纪80年代、20世纪80年代初期、20世纪80年代中期以来。在每个阶段,作家按照一定的主题进行写作,实践着自己的创作理想,追求着自己的

---

① 包明德:《忽必烈大帝与察苾皇后——从游牧汗国到大元王朝》,上海文艺出版社,2010年,《序言:艺术地再现忽必烈大帝》,第3页。

创作风格。

在散文随笔集《神聊》中,冯苓植将这三个阶段视作自己的"三级跳"经历。在那场噩梦结束以后,冯苓植奋力一跳,从1976年到1980年,他先后出版了三部革命历史小说。但这一百多万字很快被时间淹没,经过思索,他于20世纪80年代初期开始第二跳,这一阶段冯苓植写了一系列动物小说,致力于探索人、动物和大自然间的哲理性关系,引起强烈反响。但渐渐地,作家又发现自己的笔变得特别苦涩,失掉了"人间烟火",便酝酿着进行新的求索。20世纪80年代中期,冯苓植开始第三跳,他放弃了曾经熟悉的语言、题材,选中市井作为故事背景,写了多部市井小说,并放眼广阔的社会生活,创作了一批乡土小说、现代派小说,实践其批判国民性的写作意图。之后,冯苓植不断探索、寻求突破,其小说创作主题转向重述历史。冯苓植小说创作主题的流变,是作家对外部环境及自身经历的变化做出的积极回应。

冯苓植的革命历史小说带有明显的政治化色彩,作家遵循"两结合"的创作理念,讴歌英雄人物,颂扬艰苦奋斗精神。

冯苓植的动物小说是他进行文学反思之后的产物。作家将小说的视角伸向遥远的荒漠、草原,以动物晓喻世人,表达对现实社会人生的观照。

冯苓植的市井小说是其进行"国民性批判"的试验场。作家自觉地以鲁迅、老舍等名家为标杆,在批判国民性的道路上摸索前行。他以市井中人的生活为素材,写发生在他们身上的大事小情,写他们古老的梦和现实的挣扎,并剖析市井文化陋习。

冯苓植的历史小说,是作家在尊重史实的基础上对历史的重新讲述。

冯苓植的几次"跳跃",是认识自己、寻找自己的过程,他不断地觅求自己的角落,寻找适合自己的写作领域和写作形式。能够预见,作家的创作主题将会再次流变。

可以说,冯苓植在内蒙古文坛上占有重要的地位。在长达五十多年的创作生涯中,他极大地丰富了内蒙古文学创作的主题和风格,从不同维度展现了内蒙古地区的风土人情。在时间维度方面,他的作品展现了从20世纪50年代直到新世纪以来内蒙古这片土地上发生的一幕幕故事;在空间维度方面,他的作品展现了草原、荒漠以及市井、乡村等地域的习俗民风。创作时间跨度之长、创作主题转换之频繁以及创作视野之广阔,是冯苓植区别于同时期内蒙古作家的主要特质所在。

冯苓植以其不懈的创作为内蒙古文坛画下了浓墨重彩的一笔,值得高度肯定。但也应看到,冯苓植的小说创作主题几经流变,导致其未能形成独特的创作风格,其创作"标签"并不明显。

论文的创新点在于,笔者运用归纳、比较、综合分析等多种方法,解读冯苓植各时期的作品呈现出的主题意蕴、艺术特色,指出其小说的特点、价值和缺憾,对他的整体创作进行梳理。在论文写作过程中,笔者走访了小说中"塞外古城"的现实原型——呼和浩特旧城,探寻作家笔下的历史风物,虽然已经"物是人亦非",但还是能够依稀感受到作品中所呈现的市民习气和市井风俗,这对于更好地把握冯苓植的小说是有裨益的。当然,由于笔者的学识水平和所掌握资料的局限,论文的写作还存在着多处不足,如:对冯苓植各创作阶段的作品主题挖掘不够深入,尤其是对20世纪80年代中期以来的创作,考虑到作品取得的文学成就这一因素,只重点研究了其市井小说,对其乡土小说、现代派小说、历史小说涉猎较少;对冯苓植小说的艺术特色分析缺乏美学意义上的论述,显得理论性较浅,深刻性不足;缺乏对冯苓植作品中草原意象的分析。

(本文系2013年内蒙古大学文学与新闻传播学院中国现当代文学专业硕士学位论文,导师崔荣。)

有关《元史演绎》之评论

包明德

大元王朝历史的艺术言说
——序《大话元王朝》

冯苓植是我所尊重的一位当代著名作家,是我长久的文学诤友。他在文学创作中颇具神思悟性,成果丰硕,但他在生活中却很低调淡泊。有人曾通知他参加内蒙古自治区"杰出人士"的评选,并告诉他说奖金是 20 万元,而他却不解地回答:"我上午一碗面,下午一个馒头,要二十万元干吗呀?"据我所知,他还遇诬不辩、与世无争,总想避开矛盾是非,实在不行了便过起云游山川或深入草原的"游牧生活",走一个地方写一篇文章,"以文养游",以至于文友们常常不知他的行踪。

他退休后停止游牧了,搬出了作家宿舍楼,住进一处偏远的六楼顶层,每天只下来一次散散步。他退得比较彻底,多年来几乎再未踏进机关的大门。他不愿给别人添一点儿麻烦,好似在内蒙古作家群里蒸发了。直到有一天,我接到远方出版社社长陈莎莎打来的电话和随后寄来的书稿,我才知道这位老兄已改行扎入了历史的故纸堆中,而这叠厚厚的书稿,则正是他退休后多年来读史留下的随笔和札记。

翻阅着这部书稿,我被深深感动了,竟然夜不能寐,仿佛又被他那梦幻似的笔触带回到了七百多年前那金戈铁马的草原往事之中。翔实的史料、精辟的考证、独到的见解、客观的叙述,无不体现着这位老作家学识渊博、功力深厚、求真务实、探索不止的种种特点。或许是因为已经在内蒙古工作和生活超过半个世纪,茫茫的大草原已和他结下难解的情缘,故在退休后的蜗居生活中,他远离喧闹一直在钻研和破译着这段历史。不求闻达,只恐对不住在内蒙古生活这大半辈子。后来多亏陈莎莎同志看到了他这批雪泥鸿爪的读史随笔和札记,并发现他的这种求索或许也正是广大读者所急需了解的,比如:成吉思汗身后蒙古民族的走向;第一位入继华夏大统的蒙古族帝王又是如何治理天下的;尤其值得提到的是,这个由马背民族所缔造的大元王朝,又曾对我们这个多民族组成的伟大祖国作出过何等历史性的贡献,而这一切又恰恰在冯苓植的读史随笔和札记中均有所展现。随之,在出版社的动员和支持下,又历经两年的努力,这部大作终于完成了。

《大话元王朝》对我国各民族间互动交融的历史进行了艺术的言说。

大元王朝的缔造者当属成吉思汗的嫡孙忽必烈,故冯苓植的笔触大多都集中在这位中国历史上一统华夏的少数民族第一位皇帝身上。通过他那充满传奇而又命运多舛的经历,不仅回顾了成吉思汗之后历任大汗的功过得失,而且也展现了他如何继承伟大祖父"海纳百川、与时俱进"的宏伟气魄。是他第一个在草原上"纳儒习儒",主动去汲取农耕文明相对先进的治国理念;是他率先使用各民族的能臣名将,合力结束了自残唐以来的藩镇割据战乱局面从而实现了祖国山河的大一统;是他建年号"中统"以示马背民族入继中华大统,成功地将一个游牧汗国转型为建都北京的大元王朝;是他广施雄才大略平云南、抚西藏,自秦、汉、晋、隋、唐、宋以来,首先奠定了我国各民族共有的疆域版图……故《大话元王朝》也可视之为大话忽必烈。通过他颇为复杂的一生,追溯我国各民族互动交融的源与流。因此,忽必烈的历史地位是值得彰显的,而大元王朝对华夏历史的贡献更值得大书特书。再看书中所提及的察苾皇后,也绝非是一个文学中的杜撰形象。有大量的史料可为佐证,她的确是辅佐忽必烈"入继中华大统"的杰出蒙古族女政治家。中外多种史籍都有她"光彩照人,聪慧绝顶"的相关记述。《后妃传》中更称她"受命于天,佐夫终成帝业"。而她的孙子元成宗铁穆耳更进而在对她的追谥册文中详述道:"曩事潜龙之邸,及乘虎变之秋,鄂渚班师,洞识时机之会；上都践阼，居多辅佐之谋。"他们都是草原汗国传统思维的改革派和创新者，已不满足于半原始的扩张攻掠方式，即在为臣下时，便于王府之内广纳儒生士人。他们大胆地汲取以儒家思想为基础的汉法汉典，为缔造大元王朝预先做好了思想准备和人才储备。故《大话元王朝》这样的书名绝非是可以借此"信口开河"，反而是为了更真实地再现历史。

但这段历史却鲜为人知，仍似一部未被打开的史书，未被探掘的宝藏。就连长期生活在内蒙古草原的人们，除熟知成吉思汗以外对大元王朝则不甚了然。究其缘由，或许有三：其一，大元王朝存在历史相对短暂，取而代之的大明王朝却绵延了近三百年。除内修的《元史》相对客观外，无论是官方或民间大多是对前朝的诋毁和贬损。其二，民族性、民族文化、民族语言的差异，导致了蒙汉史籍的混乱，仅以人名为例就有不同版本的译称，既混乱又难记，甚至还有意进行污名化，所以大元王朝的风云人物便大多被尘封于历史之中。其三，便是之后长期的以汉文化为本位的思想在作祟，就连清末的一些革命者也难免俗地提出过"驱逐鞑虏"这样的歧视性口号。只有在新中国成立后，毛泽东同志才适时而超拔地提出"国家的统一，民族的团结，是我们事业胜利的根本保证"的历史性论断。他曾将成吉思汗与秦皇、汉武、唐宗、宋祖并列，将其称为"一代天骄"。尤其是在改革开放之后，时代进步使这段尘封的历史重新展现成为可能。成吉思汗的"武功"在影视屏幕上频频得到展现，现已有人在为其孙忽必烈的"文治"进行艺术表现了。这是建设统一国家与和谐社会、加强民族团结、构建强盛中华文化的时代需要。

但冯苓植却一再自谦没有那么"度量弘远"，他的所作所为只不过是在了却多年来的一桩夙愿：身为内蒙古人，当知蒙元史。但我们纵观他这些读史随笔和札记，方知冯苓植在退休后仍在"自讨苦吃"！须知，要梳理这段历史，所涉及古今中外史料之浩繁，涉及蒙汉各民族历史人物之众多，涉及地理、宗教、建制、风俗等诸多门类学问之庞杂，非潜心研读诸史是难以下笔自如的。这就揭示出冯苓植"躲进小楼成一统"似乎销声匿迹的真相，原来他潜心苦研已快成为元史专家了。在旁观者看来，他原本可以再稍加努力，便可将这些随笔和札记进而汇总为一部具有学术价值的史学著作，但他却始终声称《大话元王朝》顶多不过是一部"通俗史话"。他在电话中坦诚地告诉我说，一方面是因为他的"功力"不够，另一方面是他所追求的也正是通俗易懂。

虽然我深知冯苓植所追求的"通俗易懂"之良苦用心,但在通读全篇后我仍为冯苓植那种严谨的治学精神所折服。绝少主观的臆断,竟做到了每个历史人物均有籍可查,每个历史事件均有史可考。甚至就连书中引用的一些重要话语,均严格地注明了出处。更难能可贵的还在于,在这部"通俗史话"中他仍延续了他那"不趋时、不媚俗"的一贯文风,绝少见为迎合时尚去拔高某个历史人物,而是严格地忠实于历史,客观地进行叙述。比如对待忽必烈,他就没有简单地将他写成一个别具雄才大略的"少数民族第一帝",而是严格依据史实将他放置于二元文化激烈的矛盾冲突之中,真实地展现了他复杂而又矛盾的心路历程;不仅记录了他对中华民族诸多的杰出贡献,而且也绝不回避他的失误、反复,甚至倒退;没有简单地直奔主题,而是强调了经过磨砺后的交融。这或许正是中国民族问题最鲜明的特色:各民族的大团结是久经历史考验的。

中华民族是由五十六个民族构成的,中华文化是多元一体的文化。精神文化的联系与互动,是中华民族增强民族凝聚力、国家团结统一的重要纽带与标识。美国的莫里斯·罗沙比撰写了《忽必烈和他的世界帝国》,2008年在我国翻译出版。如果说该著作是"西方人视野下的忽必烈大汗",那么,《大话元王朝》则是中国汉族同胞眼中的忽必烈大帝和他的帝国。一个是西方学者的论著,一个是中国作家的写史,二者可谓是相映成趣。这样的类比,我只是想再从一个侧面强调说明,冯苓植的这部大作充溢着非同寻常的文化意义和时代意义,着实可喜可贺。

(选自《大话元王朝》,冯苓植著,远方出版社2010年7月版)

艺术地再现忽必烈大帝
——序《忽必烈大帝与察苾皇后》

冯苓植先生是我所尊重的一位当代著名作家。

文坛"游牧人"冯苓植

他在文学创作中颇具有悟性,成果丰硕,但他在生活中却很谨慎淡泊。有人曾通知他参加内蒙古自治区"杰出人士"的评选,并告诉他说奖金是二十万元,而他却不解地回答:"我上午一碗面,下午一个馒头,要二十万元干嘛呀?"据我所知,他还"打不还手,骂不还口",总想避开矛盾是非,实在不行了便过起云游山川或深入草原的"游牧生活",走一个地方写一篇文章,"以文养游",以至于使得文友们常常不知他的行踪。苏叔阳曾说他的动物小说是"杰克·伦敦式的",林焱也曾称他的动物小说为"形象化的哲理,哲理化的形象"。其实,这些评价都是很精当的,但他平素所展示的是大智若愚、大隐于市的姿态,看起来既超脱又闲适。

他退休游牧了,搬出了作家宿舍楼,住进一处偏远的六楼顶层,每天只下来一次散散步,交往戏耍的范围也限于小孩儿和宠物犬。他退得比较彻底,多年来几乎再未踏进机关的大门。他不愿给人添一点麻烦,好似从内蒙古作家群里蒸发了。直到有一天,我接到著名编审修晓林先生打来的电话和随后寄来的书稿,我才知道这位老兄正在历史的故纸堆中走火入魔地开掘着新的文学天地。

《忽必烈大帝与察苾皇后》,这样的历史小说书名对内地人来说或许会感到陌生,但对蒙古族的我本人来说,却感到冯苓植先生不枉在内蒙古生活了五十余年。他这些年的"隐居"生活是如此的充实,如此的自得其乐!"苍狼和白鹿",自古就是蒙古民族崇奉的双图腾,这或许在世界各民族中也是独一无二的。查遍《元史》《蒙古秘史》等蒙汉中外史籍,会使人感到这部书名绝非出于猎奇,而是千真万确的历史事实。正是七百多年前这一对杰出的历史人物,结束了自残唐以来三百多年的割据与战乱,"用真儒"缔造了第一个由中国少数民族入继"中华大统"南北统一的伟大王朝。

千古悠悠,大元王朝曾创出华夏历史上的多个第一。

自秦、汉、晋、隋、唐、宋以来,忽必烈首先奠定了我国各民族共有的最大的疆域版图。当代元史专家李治安先生对忽必烈有过很高的评价,称他为"少数民族君主统一和治理南北的第一人"与"多民族统一国家发展的推动者"。法国著名的蒙古史学者格鲁塞也这样评价他说:"在中国,他企图成为十九个王朝(原文如此)的忠实延续者。其他的任何一位天子都没有像他那样严肃地扮演着自己的角色。他恢复的行政机构治愈了(中国)一个世纪之久的战争创伤。"再看小说中出现的察苾皇后,也绝非是一个文学中的杜撰形象。有大量的史料可为佐证,她的确是辅佐忽必烈"入继中华大统"的杰出蒙古族女政治家。中外多种史籍都有她"光彩照人,聪慧绝顶"的相关记述。《后妃传》中更称她"受命于天,终佐夫成就帝业"。而她的孙子元成宗铁穆尔更进而在对她的追谥册文中详述道:"曩事潜龙之邸,及乘虎变之秋,鄂渚班师,洞识事机之会;上都践祚,居多辅佐之谋。"他们都是草原汗国传统思维的改革派和创新者,已不满足于半原始的扩张攻掠方式。即在为臣下时,便于王府之内广纳儒生士人。他们大胆地汲取以儒家思想为基础的汉法汉典,为缔造大元王朝预先做好了思想准备和人才储备。故《忽必烈大帝与察苾皇后》这样的书名绝非仅为"小说家言",而是真实艺术地再现了历史。

但元代这段历史似乎很少在文学上有所展现。我所看到的只有一本民国初年蔡东藩写的《元史演义》。而在这部演义里,写成吉思汗征伐扩张的占十之四五,写元末皇室"荒淫无耻"的占十之三四,写忽必烈缔造大元王朝的也只不过十之一二。寥寥数笔带过,明显地存在着偏见和缺失。所以人们提起蒙古民族,提起元朝似乎只记得一个名字:一代天骄成吉思汗。其实成吉思汗生前的国号一直称"也客蒙古兀鲁斯"——即大蒙古国。而在其嫡孙忽必烈于1260年立年号"中统"以示"入继中华大统"之后,才在1271年改国号为"元"以取代旧国号。这不仅是蒙古民族融入祖国大家庭的历史性伟大创举,而且在这波澜壮阔的历史时期也涌现出众多无愧于历朝历代的名臣名将。尤其是各民族的杰出历史人物同时涌现,更应该在文学上得到充分的展现。

对大元王朝人们至今知之甚少,仍似一部未被打开的史书。究其缘由,或许有三:其一,大元王朝存在历史相对短暂,取而代之的大明王朝却绵延了近三百年。除内修的《元史》相对客观外,无论是官方或民间大多是对前朝的诋毁和贬损。其二,民族性、民族文化、民族语言的差异和不同,导致了蒙汉史籍的混乱,仅以人名为例就有不同版本的译称,既混乱又难记,甚至还有意进行污名化,所以大元王朝的风云人物便大多被尘封于历史之中了。其三,那便是之后长期的以汉文化为本位的思想。新中国成立后,毛泽东同志提出"国家的统一,民族的团结,是我们事业胜利的根本保证"。他曾将成吉思汗与秦皇、汉武、唐宗、宋祖并列,将其称为"一代天骄"。尤其是在改革开放之后,使这段尘封的历史重新展现变为可能。成吉思汗的武功在影视屏幕上频频得到展现,现有人在为其孙忽必烈的文治进行艺术表现了。这是建设统一国家与和谐社会、加强民族团结、构建强盛中华文化的时代需要。

  这部小说使我感奋,令我着迷。大元王朝的历史一幕幕展现在眼前。第一个深刻印象是,冯兄这是在以治学精神来创作这部长篇历史小说啊!《忽必烈大帝与察苾皇后》涉及中外古今史料之浩繁,涉及蒙汉各民族历史人物之众多,涉及地理、宗教、建制、风俗等诸多门类学问之庞杂,非潜心研读诸史是难以下笔自如的。这就揭示出冯兄"躲进顶楼成一统"似乎销声匿迹近三载的真相,原来他潜心苦研已快成为"元史"专家了。就拿忽必烈"尊儒"来说,就绝非是作家的趋时之举,而是有着坚实的史实为基础的。早在元代就有学者孔齐在《至正直记》中写道:"世祖(即忽必烈)能大一统天下者,用真儒也。"这便是这部小说的一个核,一条线。辅佐他缔造大元王朝的诸多"真儒",如姚枢、许衡、廉希宪、郝经等等,人人都有史,个个都有传。冯兄为了这一切,查遍了这些元代大儒名臣的墓志铭。这绝非应景文章可以办到的,以治学精神来写历史小说确实弥足珍贵。

  随着生动情节的向前推展,我又发现了作品的第二大特点,这就是学术性与趣味性并重。冯兄是编织故事的高手,并以他引人入胜的小说构思蜚声文坛。但这次他却抛弃了自己的擅长,全篇以历史史实为主线。这不但没有束缚住作者的手脚,而且使人读来兴趣盎然欲罢不能,可读性极强。这正是得益于浩繁史料的帮助,经过哲理性的思索而着力于人物形象的塑造与刻画。冯兄在写这段起伏跌宕的历史时,没有以简单的忠奸善恶或仁君暴君来写历史人物,而是着力于描写忽必烈复杂的心路历程。面对着辽王朝出现后契丹的消失,面对着金王朝兴起后女真族的淡出,忽必烈一直在挣扎于既要当好入主中华的一代皇帝,又要保持蒙古族文化免于消融的两难境地。同时,他还面临着内部各封国封王守旧势力的顽固牵制和背信弃义的阴谋叛乱。作品把这个历程写得相当生动,既鲜明地塑造了雄才大略的忽必烈,又不回避他的民族个性和复杂心态。栩栩如生,感人至深。而对察苾皇后,作者的刻画和塑造更是不乏精彩的篇章,即使写她的天生丽质,也是一箭双雕地进行了巧妙的安排。作品总是严格地遵照历史真实,将她置于复杂的矛盾冲突中,一步步展现出她的贤能和才智。从少女时期的反向抢婚,到最终成为大元王朝的一代贤后,作为妻子、母亲、杰出的政治家,她的形象真可谓塑造得引人入胜光彩夺目。作品中其他历史人物大多也具有鲜明个性,都使人过目难忘。

当然,作为小说就难免有虚构的情景和人物。作品严格地以史实为背景,想象和虚构了几个人物。比如另类小儒生范宁的出现,就有助于展现两种文化的差异和融合,也衬托出蒙古民族的襟怀坦荡和民风淳朴。这更符合忽必烈对儒家"鄙言空言义理,强调经世致用"的要求,也从另一个角度突显忽必烈和儒者的矛盾所在。再比如莎丽玛王妃的出现,也似乎是有史可循的,史载忽必烈早期曾有一位被废黜的王妃,这也给读者留下了更大的想象空间。而说到元好问和察必皇后的师生关系也不是凭空想象。元好问是金代冠绝一时的大诗人,金亡后曾誓不为贰臣。但他在被俘流落漠北草原时,与亡金状元王鹗等儒士共推忽必烈为"儒教大宗师"。为了加重作品的历史感、真实感与文化感,冯兄曾多次到山西忻州的元好问陵园采风,丰富的民间传说为他提供了大胆设想的基础。总之,这部小说有人物上百人,虚构的人物却只不过三四位而已。能把众多的人物不失历史真实性地融入一部小说,的确体现了冯先生的渊博学养和文学功力。

中国蒙古族精神文化的演进发展,鲜明地体现着兼容开放的视野,渗透着我国其他民族文化的因子,特别是受汉民族影响最深。远古的神话、祭词、祝词、赞词、英雄史诗与民间故事,都蕴含着突厥、匈奴和鲜卑等北方多个民族文化的影响。忽必烈的尊儒重儒,上可以追溯到父兄时期,下则流传到现当代。尹湛纳希是近代蒙汉文化交流融通的杰出代表。"一种意义只有当它与另外的意义相遇或相接触的时候,才显示其深度,它们加入了一种对话,这就超越了这些特殊意义和特定文化的封闭性与单一性。"(米·巴赫金)尹湛纳希当年开明通达地慨叹黄教窒闷下的精神文化缺失,毫不褊狭地推崇引介汉民族诸子百家的文化成果。

中华民族是由五十六个民族构成的,中华文化是多元一体的文化。精神文化的联系与互动,是中华民族增强民族凝聚力、国家团结统一的重要纽带与标识。美国的莫里斯·罗沙比撰写了《忽必烈和他的世界帝国》,2008年在我国翻译出版。正如李治安先生所说,"与一般微观论著相比,罗沙比能够把忽必烈放在'蒙古世界帝国'和多元文化秩序等广阔视野内,娴熟地展开宏观思考与探讨"。如果说该著作是"西方人眼下的忽必烈大汗",那么《忽必烈大帝与察苾皇后》则是中国汉族同胞眼中的忽必烈大帝。一个是西方学者的论著,一个是中国作家的文学著作,二者可谓是相映成趣。这样的类比,我只是想再从一个侧面强调说明冯兄的这部大作,充溢着非同寻常的文学意义、文化意义和时代意义,着实可喜可贺。

感谢冯兄推出这样的力作,并把这篇读后感权作为序吧。

2009 年 5 月于北京龙泽苑

(选自《忽必烈大帝与察苾皇后——从游牧汗国到大元王朝》,冯苓植著,上海文艺出版社,2010 年 3 月版)

独具匠心,从后妃角度看历代帝王
——长篇读史随笔《鹿图腾》序

读完冯兄《鹿图腾》的手稿,夜不能寐,披衣远眺星空,感慨颇多。据我所知,这或许是近六十多年来第一部展现元王朝全过程的"读史随笔"。如果不是对蒙古族和茫茫大草原充满了深挚的感情,那是很难从浩如烟海的中外史籍中梳理出这样一部极具文学和历史价值的"蒙元史话"的。

冯兄是我极为敬重的作家,他那执拗而又极为认真的性格也是我颇了解的。有的评论家称他"不媚俗、不趋时、不爱扎堆凑热闹,是一个自甘寂寞的文坛游牧作家"。他却自我解释说那是因为"先天不足,生性怯懦,似也只配做个文坛的拾荒者"。事实上,他好像也确实是如此,数十年来似乎一直是在文学的边缘地带拾着"荒"。时而写动物小说,时而写市井小说,时而写荒野小说,时而写草原小说。而且能洋到连外国人都说"没想到",土能土到掉渣儿,只是永远超脱于名利是非，从来不去追逐时髦。难怪我国著名的文艺理论大师钱谷融老先生如此评论他说："这就是冯苓植，一个典型的行者式作家！"日本早稻田大学的著名汉学家杉本达夫教授，不但亲自翻译了他的中篇小说《虬龙爪》，而且在日本的《文艺春秋》专门著文介绍了他的追求和探索。故而，也有的同行曾经问过他，为什么在全国和各地屡屡获奖却不见为官为宦红起来？他竟然总结道："先天不足！要怪也只能怪我那与生俱来的'恐高症'！"总之，他似乎很"享受"这种默默无闻，刚一到退休年龄就迫不及待地退了，而且退得是如此彻底，退还了一切奖状还退出了作协，反靠一点微薄的工资当起了"退休养老金领取者"，据说还过得颇为闲适自在，自觉得很，从未给任何一位领导找过一点麻烦，充分展现了一个小老百姓的传统美德。

那么他为什么又研读起了蒙古史和元史呢？有一次在北京偶遇，他告诉我说：纯属是因为惭愧！在内蒙古活了大半辈子，却对蒙古史知之甚少。除了略知成吉思汗、忽必烈、拔都汗等极少数历史人物一二外，竟对有关大元王朝的来龙去脉不甚了了。这不但常被外来旅游的作家问得面红耳赤，也愧对和自己相处了几十年的蒙古族哥们儿啊！更何况，自己也不能白喝了豪迈牧人供给自己喝的牛奶、羊奶、马奶，以至于骆驼奶，再继续糊涂下去可有愧于抚育自己五十年的茫茫草原啊……最后，他还对我说：好在现在自己已经退休了，也不准备再舞文弄墨地去掺和什么文学创作了，那是年轻人施展才华的天地。老年人应该寻找一种适合自己的方式来安度晚年。对他来说，这种方式就是补上一课：身为内蒙古人，当知蒙古史！但我却深深知道，元史和蒙古史均是难啃的"骨头"……

又是好几年过去了，竟久久没有听到他的任何消息。我还以为他很可能在大体弄通之后就"适可而止"了，谁料就在这时收到了他一部长达四五十万字的长篇小说，并请我作序。这就是后来由上海文艺出版社出版的长篇历史小说《忽必烈大帝与察苾皇后》。他在电话中这样对我说："我既不懂电脑，更不会上网，就连用手机发短信至今也没学会，似乎是依旧生活于20世纪的人。不是我食言，而是历史的故纸堆中有些东西太诱人了。既然丝毫不会影响年轻人引领文学潮流，故而我又不由自主地在历史故纸堆中干起了'拾荒者'的老本行……"我很理解这位汉族老大哥，从骨子里讲他还是个颇为传统的爱国主义者，而他这次在历史的故纸堆中重做"拾荒者",也绝非像他自己说的那样"轻描淡写",虽未听他喊过一句标语口号,显然他是把"国家的统一、民族的团结"作为自己"发挥余热"的奋斗目标了。果然不久之后传来的消息说,他为读"史"读得好苦,每遇到一个重要的史实或相关话语均抄于纸块贴于墙上,反复凝视相互对应,日久天长竟贴得"满屋皆元史,四壁尽纸张",搞得妻儿叫苦不迭,他却穿梭于其间而"乐此不疲"。后来更听说他靠着自己微薄的退休金或好友相助,竟亲自北上到呼伦贝尔大草原去考察成吉思汗的发祥地,亲自南下云南考察忽必烈大帝平定南诏的功德碑,真可谓"读万卷书,行万里路"。他却从未向组织上宣示过,更未向组织上伸过手,当地作协和相关单位甚至都不知有这回事。天性使然!他似乎只顾默默无闻地为民族团结埋头苦干了⋯⋯

读史随笔《大话元王朝》(上、下卷)出版后,《鹿图腾——草原帝国的后妃传奇》的手稿又摆在了我的案头。他在附信中这样说道:"我深知自己先天不足、功力浅薄,故而绝不敢侧身于史学界,更不敢涉足于文学领域。说到底我的作品是沾了'读史随笔'这个小分支的光,充其量也只能算作一些置身圈外的'通俗史话'。但为什么我还要一而再、再而三地在继续研读《元史》,以至于又完成了这部以后妃传为架构而窥探元王朝全过程的'札记'呢?说白了,那就是华夏这块神奇的土地,似乎从历史上来说就有着一股'宿命'般的向心力和凝聚力。"

我为冯兄这种见地而感到高兴。因为这也是我正在研究和探索的一个新的课题,即"具有中国特色的民族史观"!要知道仅以内蒙古自治区而论,它比新中国还要早成立两年。六十多年来的和谐相处,早已在各民族间形成了"你中有我,我中有你"的大好局面。当然,民族政策是"功不可没"的,两千多年的历史交融与磨合的作用也是不容否定的。难怪1957年内蒙古自治区在欢庆成立十周年之时,我国著名的史学大师翦伯赞先生,应乌兰夫主席之邀考察呼伦贝尔大草原时,曾这样说过:"这里曾经是中国历史的大后台,古代北方的各少数民族一经在这里演练成熟,便纷纷冲向中原大地演出了一幕又一幕波澜壮阔的历史剧。北魏之鲜卑、辽之契丹、金之女真、元之蒙古、清之满族,莫不如此⋯⋯"依我之理解,翦老这段话意在向世人宣示:我国各民族之间从古至今无论是交融还是磨砺,从历史的角度来看向来就是"一家子之内"的事儿,就连整个华夏的历史也是由各民族共同推进并发展的,若不然翦老也不会将其称为"一幕又一幕波澜壮阔的历史剧"。

拿我们蒙古民族来说,就在元王朝期间,在我们伟大祖国的疆域版图以至于文化艺术等诸多方面做出过卓绝的贡献。以近代而论,他们对祖国的赤胆忠心也是有目共睹的。文有杰出的文学家尹湛纳希,同曹雪芹一样,为打破传统文化的桎梏和沉闷,他创作长篇小说《一层楼》《泣红亭》等,在蒙古民族中也发挥着如《红楼梦》一般的作用。武有忠勇的蒙古族统帅僧格林沁,他曾在保卫大沽口抗击英法联军第一次入侵时,率领科尔沁骑兵,依仗有利地形,成功击退了侵略者的进攻。而在随后八国联军利用现代化的洋枪洋炮逼近京畿重地时,他明知道自己率领的骑兵只有原始的弓马战刀,却仍然奋不顾身地在枪林弹雨中于八里桥一带展开了殊死的阻击战,虽败犹荣……为此,我认为史学大师翦伯赞先生在呼伦贝尔大草原所发感慨,即"具有中国特色的民族史观"的发端。而冯兄之所谓的"宿命",似很可能乃他对于这种经历数千年所形成的特殊民族关系的一种直感。

并非掌握了正确的民族史观,就可以写出一部简明易懂、引人入胜的"元朝史话"。作为主要参考的史籍——明代宋濂等主撰的《元史》,又因用时较短(仅331天),加之出于众多编纂官之手,故后代学者多称其"荒芜杂乱"。比如人物译名常常一名多译,令人不知所指或不知所云。尤其是元代乃由少数民族入主华夏统一全国建立的第一个封建王朝,没有前例可循,一切均处于草创和摸索阶段,《元史》的编纂者们又对游牧文明与农耕文明之磨砺和交融的复杂性欠缺了解,如此草率成书必然会造成晦涩难懂满篇皆谜的结果。故而除古今中外的相关学者仍在不断地探索外,一般读者大多对《元史》"敬而远之"。据我了解,除民国初年蔡东藩先生写有一部简介元代全过程的《元史演义》外,至今尚无一部让人一目了然的"简明元史"。而蔡之演义明显是带有歧视性的,加之浓缩得更加"荒芜杂乱",不仅有"颠倒黑白"之嫌,而且仍然是让人"难以卒读,知之甚少"。

虽说在"具有中国民族特色的民族史观"确立以后,蒙古史、蒙古学以及有关《元史》的研究均得到了蓬勃发展,但大多数集中于对成吉思汗、忽必烈大帝、拔都汗等英雄人物的探索,似对元宫其他帝王极少涉及,致使人们对中国历史上盛极一时的元王朝之全貌竟不甚了了。

为回报草原近五十年的养育之恩，冯兄退出文坛之后尝试着来填补这项缺憾。而且作为一个颇有成就的作家，他选择了一条虽能引人入胜却又颇为艰难之路，即以一代代后妃传为架构，充分展现大元王朝的全过程。其实早在长篇历史小说《忽必烈大帝与察苾皇后》（上海文艺出版社）中，他就早已重视起这种蒙古民族中特有的"双图腾"政治结构。图腾崇拜是世界上每个民族都曾有过的原始崇拜，但像蒙古民族古代这样的"双图腾崇拜"在世界史上还是极为罕见的。苍狼和白鹿的组合反差极大，对比又极其鲜明。冯兄以《鹿图腾》为书名还是别具匠心的，他是想说明蒙古民族的"双图腾"绝非是"徒有虚名"的，的确在历史上产生过一批非凡杰出的女性：比如说，成吉思汗伟大的母亲诃额伦和他那佐夫统一蒙古的妻子孛儿帖，被波斯史学家拉施德赞誉为"高过举世妇女之上"的忽必烈大帝的母亲索鲁禾帖尼，还有史称具有"经天纬地之才"的忽必烈妻子、大元王朝开国第一后——察苾；再比如，金真太子的遗孀阔阔真在忽必烈死后竟仍坚持"革故鼎新"，辅佐儿子元成宗实现了"元贞治平"的盛世景象……但也不可否认在一代代杰出的蒙古族后妃出现的同时，一代代弄权成瘾的后妃也出现了。除前期草原汗国时的乃马真与海迷失"哈敦"（即皇后）外，在元王朝中后期一些擅权乱政的后妃也开始出现了。如元成宗的遗后卜鲁罕就曾篡改遗诏，勾结安西王阿难达，几乎导致了全国大乱；随后上台并"历临三朝"的答吉皇太后，更进而利用"以孝治天下"迫使两个颇有抱负的儿子（元武宗与元仁宗）难以施展才略，竟眼看着她为迷情所困擅权乱政而郁郁夭亡。即使在她死了之后，她那大有所为的孙子元英宗年仅二十岁还是被她留下的爪牙们弑杀了。还有一个混入"鹿图腾"的"异类"高丽奇皇后，竟暗中出谋划策怂恿元顺帝的独子凭借军阀势力与其父争权夺位……

难能可贵的是，冯兄不仅没有以传统的"红颜祸水"之说来写，更没有像蔡东藩先生那样以大量色情描述来吸引读者眼球，而是在这种"双图腾"的架构中对"鹿"的一方作了更深层次的文化探索。比如，他认为这是一种反复轮回近亲婚姻造成的结果。详查事实，也确实如此。在那样严酷的自然条件下，成吉思汗活了六十七岁，忽必烈大帝活了八十岁，这本应是个具有长寿基因的家族。但在元太宗窝阔台时为报母后孛儿帖养育之恩，即和母亲家族定下了"生女当为后，生男尚公主"的规约。"圣命难违",由此这种近亲联姻便成为一种定制。查元宫十四帝,除乃马真与海迷失外,几乎有十位皇后均来自孛儿帖家族(元顺帝有一位皇后也源于此),剩下的两位虽娶的是公主之女,但仍同出一源更属近亲联姻。恶果很快便显现了,忽必烈之后,元朝历代帝王平均年龄尚不到三十岁。每位君主执政时间也极其短暂,来不及施展才华往往就夭折了。忽必烈之后的元宫十帝执政的时间,竟不如清朝乾隆一人在位的时间长。这样就给大内的后妃们造成了擅权、弄权、操控皇权的机会。随后这些"嗜权成瘾"的后妃们资质又极其平庸甚至昏聩,最终导致了权臣迭出、奸相乱政、皇权式微、军阀崛起等种种社会乱象。

更为难能可贵的还在于,即使如此,冯兄也没有将不可一世的大元王朝急骤的由盛到衰完全归咎于"鹿图腾"们,而是从翔实的史料中探索其间的真正原因。他认为,元王朝毕竟是中国历史上第一个由少数民族统一天下建立的封建王朝,既为祖国建立过不朽的功勋,也留下了农耕文明与游牧文明一时间难以弥合的冲突和矛盾。忽必烈死后就再也没有产生过如此雄才大略的帝王,故而面对着一个个短寿的君主,后妃们往往也在两种文化间"左右为难"。况且权欲的诱惑并不分男女,后妃们一旦擅权成瘾似也只顾得逞"一时之快"。故而顽固的复旧势力趁乱而起,最终导致了历史的大倒退。加之元王朝中后期又出现了两次骇人听闻的天灾:泰定帝时巨大地震引发沿海地区的滔天海啸;元顺帝时,不仅发生过地震海啸、旱涝风灾,更发生了黄河流域溃堤而使黄泛区形成了民不聊生的"泽国"。天灾人祸!问题越积累越严重,民族矛盾和社会矛盾越积累越尖锐。饿殍遍野、饥民号乞,而忽必烈大帝"重农桑"被权相奸臣"破坏殆尽",最后的结果必然是引发全国的农民大起义。

尤为值得称道的是,冯兄在写这部以《鹿图腾》为名的元代简明史话时,既不失作家风采而又秉承严谨的治学精神。他不仅对蒙元历史上大有作为的"鹿图腾"正面代表性人物,如大元开国第一后察芯有着极其细致和历史性的多角度展现,而且对那些擅权乱政的"鹿图腾"反面代表性人物,比如"历临三朝"为迷情所困的答吉皇太后,也根据大量史实进行人性化的剖析。一反历代史家对她"恣淫日甚,擅权乱国"之"盖棺论定",而是从她青年时即因无"权"所遭遇的种种不幸来探索她人性异化的原因。再比如,众多史者曾把"贤德太后"阔阔真在五台山修庙视为"劳民伤财",乃其贤德一生之一大"污点",而冯兄却以历史的高度认为,这是一项增进民族向心力的"壮举"。更值得提到的是冯兄敢于对一些被污名化的后妃重新定位和评价。比如对历代史学家均当作"淫娃荡妇"典型的泰定后,他就依据史实彻底恢复了她的历史原貌,并认为她之所以"堕落"为一代权奸的"性奴",乃皇室内斗皇权式微的悲剧性必然结果……总之,冯兄在这部以"鹿图腾"为架构的简明元史里对每个历史人物和历史事件的描述均是以"具有中国特色的民族史观"为出发点的。故而最终他才有了这样的结论:元王朝是我国历史上极为重要的一环,存在的历史虽然相对短暂,但对中华民族这个多民族大家庭作出的贡献是巨大而不可磨灭的。时至今日,元代大画家黄公望的《富春山居图》在台北"合璧"展出,为"祖国的统一、民族的团结"仍继续发挥着潜移默化的作用。

我敬重冯兄,也敬重他这种"衰年变法"的治学精神。以厚重的三大卷有关元史的随笔回报草原,其本身就是在加深内蒙古各民族间的友谊。多么好的一位老学长,多么难得的一位学者型作家!受其委托反复阅读其稿之后,心潮澎湃,夜不能寐,遂披衣写作此文权代序!

(选自《鹿图腾——草原帝国的后妃传奇》,冯苓植著,天津人民出版社2013年5月版)

为回报草原苦研元史的耄耋作家
——长篇历史小说《重振北元:草原传奇皇后满都海》序

蒙古民族的历史源远流长。

早在盛唐时期的诸多汉文史籍中就出现过,只不过因汉字音译的不同使人模糊不清。比如说,各种不同的历史典籍中所记述的诸如蒙兀室韦、蒙瓦室韦、梅古悉、谟葛失、蒙古斯、萌古子、萌古、朦骨等。这说明蒙古民族早在数千年前就已融入华夏各民族的历史长河,并曾惊涛拍岸般卷起过"千堆雪"!是历史造就了蒙古民族的辉煌,也是蒙古民族造就了华夏历史璀璨的一页!

从成吉思汗的震惊世界,到忽必烈大帝的一统天下。

但由于语言文字的隔阂、古民俗民风的差异,以及汉文史籍的记述混乱或存有偏见,故有关大元王朝的历史知之甚少,即使内蒙古居民也大都不知元朝历史历经了几代帝王。而现实是,大元王朝是中国历史链条上重要的一环,为奠定祖国现有的疆域和开通古代海上和陆上的丝绸之路等均有其重大的贡献。为了国家的统一、民族的团结,除了专家学者深入地研究探讨之外,似乎还需要利用通俗的笔法尽快将这段历史有根有据地普及开来。然而要做到有根有据,就必须面对中外古今浩如烟海的文献资料。有哪位作家甘愿抛弃信手拈来的写作方式而经年累月地钻进故纸堆里?确实有,我们的冯苓植老先生就较起了这份真。

冯先生在同行里有个绰号:游牧作家!这不仅是指他中壮年时曾"以文养游"遍历名山大川,而且似乎在写作上也颇具"游牧"的特点:时而写动物小说,时而写市井小说,时而写荒野小说,时而写前卫小说。土的、洋的、现实主义的、现代派的什么都涉及,却绝少尝试大题材,所写人物也大多为小人物。20世纪最后一年他退休了,我几次返回内蒙古顺道去看他,发现他确实多了几分沧桑感,似已不适合其昔日那种"游牧"生活方式。居住在一座老旧宿舍没有电梯的六楼顶层,据说一年也难得下来几次。但这位老先生却能安贫乐道,生活得颇为悠然自在。当时我曾问过他退休后的打算,他却回答我说:继续游牧!腿脚不行了,就改为神游!我不明白他的意思,他进而解释说:身为内蒙古人,当知蒙古史!为回报草原,我将神游古代之大元王朝。你我情同手足,还盼包先生相助大力扶持!

这就是我们共同学习元史的发端。

但也必须指出,这是一项复杂而又艰巨的"神游"工程。作者需彻底摆脱现代物欲及名利的诱惑,长时期甘于寂寞方能真心实意地"回报草原"。而冯先生却似乎做到了,从60岁开始远离文坛是是非非,一头扎进相关元史的浩繁史籍中就是十六七年。而且他自称是"仍生活在20世纪的老人",不懂电脑更不会用电脑写作,甚至连手机也不会用。为此,哪怕是摘取某条史料也全凭手抄笔写,实在是太"原始"也太笨拙了。但他却对"神游"古代的草原乐此不疲,十六年来始终在顶楼的蜗居里兢兢业业地摘录或写作着。他的创作态度总是一丝不苟的，难怪著名作家冯骥才曾说他的手稿可称为"工艺品"。埋首耕耘，必有所获！到古稀之年他竟先后完成了有关元史的长篇历史小说或读史随笔：《忽必烈大帝与察苾皇后》（上海文艺出版社出版）、《大话元王朝》（远方出版社出版）、《鹿图腾》（天津人民出版社出版）。从元太祖一直写到元朝的末代皇帝，约一百万字，真把这位老先生累得够呛。出于对少数民族历史的高度重视和尊重，出于对文学的爱与知，他在写前或完稿后均要找我商酌或征求意见，长途电话每打一次就是一两小时，每每都要请我写序，故三十多年的民族情谊与文学知音早使我们变得无话不说。冯先生在完成这三部作品之后似松了一口气，大有似就此封笔之意。而我却总觉得尚缺失些什么，作为《元史演绎系列》仍感到留有某种遗憾。

我们又想到一起了：似应该补上回归草原后的北元史。

须知，北元史的确是元史的一个重要分支！如果仅写到元顺帝的北归了结，那就等于掐断了蒙古民族的源与流，就连其后之明、清、民国，以至新中国成立后的内蒙古自治区也无从通透地得到解释。正如南开大学著名学者、中国元史研究会会长李治安教授所言："蒙古人成功北归和继续栖息于大漠，虽给长城以南的明帝国造成长期的骚扰和威胁，但其本身又遏制着该地蒙古族以外的其他部族的兴起和强盛。于是，14世纪至今的大漠南北，始终是蒙古人的世界。这段近百年的光荣经历非常重要，既有征服和反抗的腥风血雨，又有各民族之间的水乳交融。它给蒙古民族留下的心理印记难以磨灭。它让蒙古人视汉地为停云落月的第二故乡，一直和汉地保持着向心和内聚联系。清代以后特别是20世纪以来，蒙古族一直被公认为中华民族的基本成员之一。应该承认，蒙古族融入中华民族大家庭的进程，是从元王朝统治中国和元末蒙古人成功北归发轫的。"（见李治安著《忽必烈传》第七百九十一页）我完全同意李治安先生的看法，并感谢他对蒙古民族的理解和尊重。史实也证明确实如此，即以北元史最具代表性的历史人物——草原传奇皇后满都海来说，她就从不承认大元王朝的消失，而只是把北归看作游牧民族的一次历史性大迁徙。为此，她为年仅七岁的丈夫所起的名号就叫达延汗——达延即音译大元！并高举这个旗号，一直在驱除异族军阀，终结了近百年的部落纷争，为中华民族的重新融合做出了历史性的贡献。

听人说,从2013年开始,冯先生就又"躲进顶楼成一统,管他春夏与秋冬"了。昼眠夜作,又一头扎进与北元史相关的中外史籍中去了。历时两年有余,终于完成了这部名为《重振北元:草原传奇皇后满都海》的长篇小说。在拜读其一丝不苟犹如"工艺品"的手稿之后,感慨颇多,并深深为这位老作家甘于寂寞辛勤的付出而打动。宝刀不老!在反复阅读手稿之后,便对这部长篇小说有了如下印象——

其一,尊重历史,尊重少数民族,深入地体验,专注地凝视。从这部长篇小说中可以看出,冯先生是详细研读过北元史著的,如《蒙古源流》《蒙古黄金史》《幹亦剌黄史》《阿拉坦汗传》等。即使如救出劫后余生之小达延汗的老妇人巴柴、助满都海抚育小达延汗的赛柴夫妇等小人物,均是有史可查的。就连个别虚构的人物,也大都是见诸史籍而未被点名的,绝对符合历史真实和具体历史环境的。更重要的还在于,小说中主要的正反面的历史人物和历史事件均详见于中外史籍,绝非因"演绎"就去胡编乱造历史。尤其值得称道的是,作者在小说中所出现的对少数民族特有的尊重。比如说,对内地民众不理解的一些古代草原上的遗风遗俗,诸如继婚制等,他均不以此作为情节大肆渲染,而是以理解的态度耐心地加以言说,从而说明古代游牧民族面对严酷的自然环境和战争产生继婚制等的原因。据我了解,为此他还专门请了内蒙古美术家协会的前秘书长托娅做他的民俗顾问。托娅,我很熟悉。她是个学问精、人品正、作风良的好人。

其二,独具匠心的构思,精确的刻画与描绘。早有评论家称,冯先生乃中国作家中善编故事的高手之一。果不其然,这部小说手稿一捧在手,便令人欲罢不能,我是直到凌晨一口气读完的。但掩卷之后,又陷入了久久的沉思。似乎仅用"善编故事"来论冯先生的创作功力是远远不够的,他所追求的仿佛是更高层次的文学境界。就拿小说中第一主人公满都海来说,她的一生从始至终充满了传奇,在蒙古史上开创了许多个"第一"。比如说,她是蒙古史上第一个在老可汗死后传奇式地由小王妃转化为大哈敦(即皇后)的;她是蒙古史上第一个把小可汗装进箱子里传奇式地统率金戈铁马去征战的;她是蒙古史上第一个把七岁的小丈夫传奇式地培养成为一代英武大汗的……多了,多了,真可谓是传奇的一生!但冯先生却在电话讨论中对我说:"传奇绝不等于猎奇!如果仅仅把一个个传奇故事串起来构成一部小说,那就失去写这段北元史的意义了!"果然,在创作这部长篇小说时,他采用了忠实于历史的进程并人性化地来塑造这位草原上的巾帼皇后。故而在通读手稿之后,我认为在人物塑造上是栩栩如生的,但又绝不偏离历史的轨迹。尤其是满都海的形象更给人留下极其深刻的印象:可信、可亲、可敬!既突显了她的雄才大略,又突显了她那女性特有的美丽和魅力。为此,冯先生还专门特请了《传承》杂志的负责人阿拉腾巴根做他的史学顾问。冯先生的创作给人们提供了宝贵的启示。汉民族的作家创作少数民族题材的作品,有利于中国多民族文学的当代想象和表达,有利于促进我国各民族文学乃至文化的交流互动。无论哪个民族题材的作品,不论哪个民族的作家去写,都应克服千篇一律的扁平化倾向和浅表化倾向,而要特别注重作品的内在性、精神性、文学性与超越性。

至此,冯苓植先生终于完成了他"回报草原"的诺言。他的回报就是用通俗易懂的文学手法普及元史和相关的蒙古史,让更多的人了解大元王朝和蒙古民族曾在历史上为我们伟大的祖国做出过的卓越贡献!将近耄耋之年,现冯先生终于完成了《元史演绎系列》之最后一部。继《震撼崛起:成吉思汗及其英武儿孙》(读史随笔)、《一统华夏:忽必烈大帝之文韬武略》(长篇历史小说)、《宫闱秘史:蒙元帝国的后妃轶事》(读史随笔)完成之后,专写北元史的长篇历史小说《重振北元:草原传奇皇后满都海》也即将付印了。我遥祝他了却了一桩心愿,谁料他竟在电话中回复我说:"我只不过捋了捋,顺了顺,白话了白话!北元本来就是蒙古民族创造的,我正好借此到古代茫茫的大草原上神游了一次!"

多么令人敬佩的一位老作家!

2015年9月6日于北京龙泽苑

(选自《重振北元:草原传奇皇后满都海》,冯苓植著,远方出版社2016年1月版)

本文作者:
包明德,原全国政协委员,中国社科院研究员,著名蒙古族文学评论家。

"悦评"摘选

李 悦

游牧作家冯苓植的文学初心

冯苓植1939年1月出生,祖籍山西代县。他长期生活在茫茫草原上,有"游牧作家"之誉,著有长篇小说《阿力玛斯之歌》《出浴》《狐说》等,中篇小说《驼峰上的爱》《大漠金钱豹》等,短篇小说《田野静悄悄》等,曾获全国优秀中篇小说、全国"五个一工程"奖、全国金盾小说奖等,部分作品译有英、法、日、俄等外文版本。

冯苓植先生为内蒙古文学事业做出过突出贡献,他的小说提高了内蒙古文学在当代中国文学中的地位。20世纪末,他从内蒙古文联退休,花甲之年功成名就,原本该是享清福的时候。然而他初心不改,给自己加大了文学任务。从退休那年开始,至今十六年,他苦研苦读《元史》及大量与蒙元文化历史相关的书籍、笔记等,边学边写,共完成四部大作:《震撼崛起:成吉思汗及其英武儿孙》《一统华夏:忽必烈大帝之文韬武略》《宫闱秘史:蒙元帝国的后妃轶事》及《重振北元:草原传奇皇后满都海》,汇编为《元史演绎系列》,由远方出版社付梓面世。

这个系列作品达一百多万字,冯苓植以通俗易懂的方式,将蒙古民族更准确、更全面地介绍给全中国人民,将草原文化更系统、更全面地介绍给全世界的读者。

《重振北元:草原传奇皇后满都海》是这套《元史演绎系列》的最后一部,今年刚刚出版,是一部长篇历史小说。我一直认为,历史小说比当代小说难写,因为除了作者要具备他的文学观,还要有正确的历史观。克罗齐说,一切历史都是

"当代史",意在强调历史其实是从当下的生活中涌现出来,因此历史事件和历史人物,在每一代人眼里都显出不同意义。冯苓植长期生活在内蒙古,与蒙古民族产生了深厚的情谊。无论研读资料还是进行写作,他都能够对身边的蒙古民族的历史有着客观公正的审视,能够真实地写出一个民族的生活、灵魂和命运,拓展和调整着读者的历史视野。冯苓植在这部小说中表现出的真诚和谦恭,不仅仅是一种写作态度,也是一种文化立场。以往我们看到许多写少数民族的历史小说,在用"普世主义"文化观,恶意剥夺少数民族的文化特性,粗暴瓦解少数民族的灵性。例如许多历史小说把游牧民族的继婚制夸大成愚昧、野蛮和乱伦。然而冯苓植却能通过对自然环境和战争背景的分析,去理解和阐释这种草原上的独特婚俗,对读者起到启蒙和引导的作用。

  这部长篇小说的突出成就表现在人物塑造得非常成功。冯苓植依据史实,充分发挥想象力,写出了一个有血有肉、栩栩如生的满都海形象。她有个性、有思想、有胆识,能够审时度势,看清并适应历史发展的大趋向。她在政治上施展雄才大略,但又充满人性化,令人可信、可亲、可敬,并处处显示出女性特有的美丽和魅力。书中其他人物也个个形神毕肖、活脱灵动,令人过目不忘,留下深刻印象。这些人物总体上构成了小说中历史的主体、文化的载体,足见冯苓植艺术创作的功力。

  冯苓植是很注重语言修炼的作家,从这部书中可以看出,他到了晚年仍坚持唯美的语言追求。这本书的语言特点是力求自然、简洁而又雅致,语言的节奏感和韵律蕴藉着诗意的抒情,读来是一种美的享受,让我不禁想起法国作家福楼拜的名言——"简洁是天才的姐妹"。

(原载于 2016 年 7 月 12 日《北方新报》)

冯苓植演绎的蒙古史

  冯苓植是以小说而著名的,他的许多小说至今还被文学界和读者传诵。退休后他离群索居,不再发表作品。如今我们才知道他是钻入历史堆中,一边研究一边创作,甘于寂寞达17年之久。

当他转身再面对我们的时候,他手里捧出四部大作。其中有两部是长篇历史小说,一部是《一统华夏:忽必烈大帝之文韬武略》,另一部是《重振北元:草原传奇皇后满都海》。另两部是《震撼崛起:成吉思汗及其英武儿孙》和《宫闱秘史:蒙元帝国的后妃轶事》,都是读史随笔。冯苓植以上四部作品汇编为《元史演绎系列》,由远方出版社出版。

冯苓植在这套书的后记中说他的创作目的只有一个:知恩图报。他虽然祖籍山西,但他在内蒙古生活了近六十年,大草原养育了他。他以为回报草原及草原人民的最好方式是宣扬草原文化,让更多的人真实地了解这块土地上的历史和现实,从而热爱草原,为草原的兴旺发展,为各族人民的团结做出贡献。他在《蒙元帝国的后妃轶事》的后记中强调指出:"生为内蒙古人,当知蒙古史!"他把长达近200万字的《元史演绎系列》奉献给广大读者,就是想让内蒙古人和世界各地的读者"当知蒙古史"。这个蒙古史是经过冯苓植演绎的蒙古史,而不是以往人们读过的各种版本的蒙古史。

写作动机有了,经过冯苓植长达17年研究过的各种版本的蒙古历史也在他腹中和案头。剩下的创作在于找到一种叙史模式,当然,这种叙史是文学式的。文学式的叙述技巧不在于叙述什么,而在于怎样叙述。

《蒙元帝国的后妃轶事》,选的是元朝后妃的材料。面对着与这些后妃相关的藤蔓交葛、浩繁无比的史料世界,要将其整合成为规范有序的史的叙述,就不能不对研究对象有所损删淘汰,即所谓的"简化"选择与处理,这要涉及作者叙史的价值基准和史学眼光。冯苓植的历史观中没有排斥蒙古族女性,反而受到女性主义的影响。他认为蒙元帝国的后妃与王者一样对蒙元历史有重要的不可或缺的影响。

冯苓植发现,以往无论是传统的条块式叙述模式,还是线型式、专题式的叙述模式,它们在叙述层面上都可找到历史与文学诸多的"共同性",存在着许多相互借鉴的东西,即被学术界和很多教材普遍认同的属于知识谱系的通识。

冯苓植的叙史模式的高明之处在于能取众家之长。他借鉴了传统的条块述史方式,设置了能充分体现历史阶段性特点的整体架构,使得史学内容的叙述不仅因此有了切实的历史感,而且增删取舍也有了相应的客观标准。

冯苓植对众家叙史模式进行了整合,在吸取所长的同时有了创新。他的最大的叙史创新在于不是照猫画虎地把史料进行重叙,而是加进了他对历史的研究成果。他把自我独到的发现和极具个体生命的认知转化为一种洞见的优势,给历史及历史人物赋予了过去鲜见的个性化色彩。例如他给每一位蒙元帝国的后妃都做了简洁鲜明的评价,而且每一种评价都贴近全书的双图腾主题意旨。

这本历史随笔的优点很多。由于篇幅所限,我只能谈作者叙史的成功,其余的以后再慢慢道来吧!

(原载 2016 年 8 月 30 日《北方新报》)

本文作者:

李悦,内蒙古著名文学评论家,《北方新报》"悦评"主笔。

冯芩植长篇历史随笔评论

赵富荣

在历史的天空下
——读长篇历史随笔《大话元王朝》

《大话元王朝》讲述从"草原汗国"到"大元王朝"的过程中,忽必烈从"武功"到"文治"的转变,以及蒙汉两种不同的文化,如何从磨砺到交融。正如成吉思汗所预言,忽必烈创造了一个时代,开启了一个时代。无论成吉思汗马踏欧亚的历史多么辉煌,无论大元王朝的寿祚多么短暂,无论以汉本位为主的思想多么倔强地生长,忽必烈作为前无古人、后无来者的这一个,却是独一无二的存在。历史在尘封的岁月之后,终将会给忽必烈一个历史的公正的评价。《大话元王朝》从这一点出发,以貌似调侃的"大话",实质以通俗易懂之言,解读元王朝与忽必烈。

忽必烈是游牧文化的大背景下成长起来的。严酷的自然环境和生存需求决定了蒙古民族的衣食住行的与众不同:以肉、奶、酒为主要饮食来抗拒草原漫长而冷酷的长夜,穿着实用蒙古袍,勒勒车带上蒙古包,骑上迅疾如风的骏马,躲避野兽以及部族的仇杀。游走天涯,放牧牛羊,逐水草而居,绝不是诗意的浪漫,作者生动描述的笔锋之后,是一切为了生存的庄严。严酷的生存条件和生存方式决定了独特的民俗民风:萨满巫师的神权、"斡耳朵"中的嫔妃们、继婚制、幼子守灶制,这些独特的草原文化濡养了忽必烈。忽必烈也是在蒙古族发展、壮大的过程中成长起来的,从成吉思汗、窝阔台汗、贵由汗、蒙哥汗,忽必烈继续传承和发展着民族的历史。在这样的经济基础和上层建筑中成长的忽必烈，必将背负着历史的荣光，以自己的方式前行。《大话元王朝》开篇把忽必烈放在独特的民族文化和历史背景中，以哲学的视角，风趣、幽默的笔锋，大巧若拙的言说那一段历史和人物。

忽必烈是具有文韬武略的豪迈大皇帝：平云南、图西藏、灭南宋、平南镇北，忽必烈的军事征服史不辱先祖。而且，"文治"方面他超越了成吉思汗：他创立大元王朝，在政治上鼎新革故，建新都、设驿站、重农桑，整顿税赋、重儒兴学、任人唯贤，"不妄杀一人而平定江南"，废止一些原始的攻略方式，实行蒙汉二元文化的施政方略，将草原汗国带入了大元王朝。

《大话元王朝》下部，着重于草原汗国向大元帝国的转型，笔墨多放在忽必烈实施二元文化的施政方略过程中所遭遇的困难和阻隔，这些困难既是客观的，也是主观的。忽必烈是少数民族皇帝入继中华大统的第一人，其间承载的是游牧文化与农耕文化的碰撞、交融，即具有独特民族性的蒙古族文化和深厚儒家文化的碰撞、交融。黄金家族的直系后裔，是蒙古族文化的直接承继者；同时忽必烈主动纳儒习儒，深受儒家文化濡养。作者细致地描写了忽必烈面对两种文化的犹疑与抉择。作为一代雄主，忽必烈就是在犹疑和抉择中，汲取着两种文化的优点，实现了草原汗国到大元帝国的转型。

豪迈的大皇帝，坦荡的蒙古人，作者对忽必烈的赞叹流淌在其间。当然，也有叹惋，忽必烈没有用汉地汉法让大元王朝走得更远。其实不必叹惋，忽必烈倾斜于祖先留下的"唯崇祖制"，大元王朝享国虽不到百年，但是却难得地保存了蒙古族的语言、文化和文字，一个朝代结束了，一个民族却生生不息。

功过是非，任人评说，历史给了忽必烈以机会，忽必烈也创造了一个时代。其身上的多重性、复杂性，使忽必烈成为一个在纷纭历史中不能被忘却的帝王，更是一个不能被忘记的人，走下神坛的忽必烈一样具有超凡的人格魅力。"拂去历史的尘埃，扫去文化的偏见"，忽必烈作为独一无二的这一个，在历史的天空下，熠熠生辉。

《大话元王朝》作者冯苓植，祖籍山西，汉族人，大学毕业之后，却行吟在草原上，以《驼峰上的爱》为世人所熟知，一生与草原相拥相伴，与草原人比邻而居，不只是以一个汉人的心去诠释蒙古族的英雄,更是一种对草原文化、草原精神的高度认同,以赤子之心,颂扬蒙古族帝王的丰功伟绩,对草原人如苍天般的心胸和铁血生涯的英雄史诗由衷赞叹,这种赞誉充溢作者胸中,更游走在文字里。英雄的民族、铁血般的史诗值得每一个生活在草原上的人去颂扬,这里没有民族,更多的是共同地域生活之后的根性认同。作者与草原声气相通,自始至终深深地感恩与痴情于这片热土。

冯苓植曾出版《忽必烈大帝与察苾皇后》,以历史小说的形式反映大蒙古帝国到大元王朝的转变,以历史小说的形式塑造了忽必烈和察苾一对政治夫妻演绎历史、演绎爱情的故事。历史是人物的背景,在更多的文学的想象和演绎之后,历史在有无之间隐隐约约。而《大话元王朝》以读史随笔的形式出现的时候,历史与人物之间是纲目相契,历史以更客观的面目出现,人物在客观中更加真实可信,不必有任何虚饰和夸张,在历史宁静的天空下,人物更丰满、更真实。返璞归真之后,历史和人物越发显现了其真实的内核。大象无形、大巧若拙,在作者面壁多年的读史与砥砺中,终于在文章中内化为一种文风表现出来。"庾信文章老更成,凌云健笔意纵横",以此来形容作者老而弥坚、炉火纯青的笔力似乎更恰当一些。以"大话"调侃之语命名,但在内容中绝无游戏历史、篡改人物之嫌,荒诞之名,真诚之心,以客观态度去评说,还历史以真实,让忽必烈走出成吉思汗的光环,以自己的功过得失站在历史的天空下。从这个意义上说,《大话元王朝》是一部英雄史诗,更是个人在时代的洪流裹挟中成就自己慷慨激荡的不凡奋斗历程。

《大话元王朝》兼顾了历史和人物,兼顾中有二者均衡之美。在这种均衡中,历史和人物以粗线条的形式出现,历史和人物都以事件为线索,在人物的大事记中凸显历史,这比起专门的历史著作,更形象一些,普及性更强。但是历史往往是在细节中更真实和生动,具有典型的文学性同时合乎历史必然的细节,会让历史更丰盈。司马迁《史记》中项羽、虞姬乌江的生离死别,是《项羽本纪》中最为精彩的内容之一,是细节让历史和人物永生。当然,历史随笔和纪传体史书有一定距离,只是,当我们面对喜欢的作家和作品时,我们更有精益求精的苛求之心。

(选自《我和我的思想在文字中飞扬》,远方出版社 2016 年 12 月版)

走进历史的后院
——评冯苓植长篇历史随笔《鹿图腾》

《鹿图腾——草原帝国后妃传奇》是建国以来第一部展现草原帝国全过程的读史随笔。作者从斡难河源头走来,挟着蒙古帝国的浩浩雄风,把风云跌宕的草原汗国历史和大元王朝的世纪传说,铺陈在读者面前。成吉思汗1206年统一蒙古,到1370年元顺帝北归,其间十四位可汗走上神坛,十四位"大哈敦"(即皇后)也随之登上女性权力的最高峰,她们是历史的亲历者和见证人。一个个女人的故事串联在一起,就是一部草原帝国的盛衰史。作者以"后妃传奇"来构筑文本,以全新的视角解析164年的草原帝国史。成吉思汗到忽必烈的这一阶段的历史,典籍多有涉及。忽必烈之后76年,先后有十位皇帝登基,他们或短寿夭折,或死于宫廷斗争。皇上走马灯似的换,再加上元史"荒芜杂乱",译名重复难记,这一段元史常常让人敬而远之。作者借"后妃"之口,把草原帝国的大汗们,尤其是忽必烈之后的帝王们推到历史的前台,演绎了一部洋洋洒洒、完全版的"蒙元史话"。

"传奇"从伟大母亲诃额伦开始。成吉思汗的父亲也速该被世仇塔塔儿人毒死,整个部族群龙无首,"水已干了,石已碎了,再留此何用?"部族人如鸟兽般散去。悲痛欲绝的诃额伦身边站着五个孩子,最大的铁木真9岁,最小的刚满1岁。飞来横祸让诃额伦一反平时的贤顺,拔起了号令部族的大旗,跨马横枪站在即将叛变的部众前义正词严地表明,"片瓦尚有翻身的日子!你们若能救困扶危,我的儿子们长大后必定会知恩图报!如反之,也必定会衔恨报仇"!说毕,又令紧跟而来的铁木真下马跪在地上,向众跪拜。这是成吉思汗人生的第一课,残酷而刚强。丧父,部族面临灭顶之灾,跟随母亲力挽狂澜,带领部族东躲西藏,积蓄力量发展壮大。伟大母亲的坎坷经历也是少年成吉思汗历经磨难,艰难的成长历程。儿子已渐成雄鹰,母亲隐退了。成吉思汗的大哈敦孛尔帖走向了历史的前台。孛儿帖的传记里,有成吉思汗合纵连横,马踏欧亚、灭国四十的全面展现,更有可贵的细节描写。如孛儿帖在生儿子术赤时,成吉思汗高兴地说:"总算把我的小客人盼来了……"并当即起名"术赤",就是朋友、客人的意思。不计较妻子曾被部族仇人掳走的事实,展现了成吉思汗不凡的人格魅力。用两个女人的视角来表现成吉思汗的一生,用柔情的笔触来展现蒙古族从分裂走向统一,走向兴盛的过程,这是诠释历史的一种新的尝试。当然,在展示成吉思汗的同时,诃额伦、孛儿帖也栩栩如生地站在了历史的前台。

诃额伦、孛儿帖在《蒙古秘史》《元史》中多有提及,素材丰富,作者可驾驭的细节较多,而蒙哥大汗的大哈敦忽都台在《元史·后妃传》中论及仅数十字,而且有关这位大哈敦的其他史料少之又少。《鹿图腾》用了近万字数,把一个忠厚善良、从不问政,一个厚德载物、大智若愚的大哈敦真实而又可爱地展现在文本中。这种真实感源于穿透历史真实的虚构,以条件的设定、睿智的发现,经由想象力的重构,一些原本隐匿在角落的事物走向了前台。蒙哥大汗的丰功伟绩史有定论,忽都台大哈敦弥留之际,对于丈夫和儿子的嘱托,是把历史对于蒙哥大汗的评价借大哈敦的口表述出来,是作者述说历史、塑造人物的方法,也是作者对于一个高贵的人,高贵的女人的赞美。作者以符合历史真实的细节描写和情节虚构,完成了对历史人物的再塑造,让人物在新的语境里重生。她是乖巧的女儿,以自己的木讷拯救了家族的姐妹;她是温顺的妻子,相夫教子恪守本分;她是慈祥的母亲,以忠厚的明哲保身,保住了儿子们以及这一族裔的命脉。不以成败论英雄,作者用自己对于一个人,一个忠厚的人的褒奖,完成了对于一个历史人物再塑造。从这一点来说,这个随笔,是历史的,也是人性的,在血雨腥风的权力斗争中充满了温情的气息。

作者写诃额伦、孛儿帖、索鲁禾帖妮、察苾、阔阔真这些圣洁的神鹿时,倾注了更多的感情,使用了更多文学抒情的笔法。她们用乳汁哺育了英雄的帝王,用母爱保卫汗国一次次化险为夷,走向安定祥和,她们是代表草原精神的灵异之鹿。作者用史实抒写她们,也不惜用伟大、流芳千古这样的词赞美她们。写那些异化的鹿,诸如祸国乱政的乃马真、海迷失、卜鲁罕、答吉时,憎恶溢于言表的作者,更多是学者严谨的当行本色。不否定她们是帝国大厦的掘墓者之一,同时,结合历史背景,表明她们是特定的政治生态的牺牲品,并尝试着把她们还原为一个人,一个女人。例如泰定后芭芭罕,在泰定帝死后下嫁当时的"一代奸雄"燕帖木儿,历史永久地把她钉在耻辱柱上。作者把她放到当时的历史环境中,作为一个丧夫失子任人摆布的小妇人来评判,让一个任人丑化又饱受屈辱的大皇后重回到一个单纯、善良、又极其平庸的女人本色。作者不是借人性和人情为她们开脱,只是公允地评说,作为一个历史性的存在,她们只是历史中的个人。

"后妃架构的元朝史话"是《鹿图腾》的基本模式,是一种尝试,但很难全面展示蒙元王朝的政治、军事、经济和文化等历史全貌。为此,作者在开篇追溯了古老的双图腾制度,远古的婚制,为后妃传奇搭建了必要的舞台。附篇中选取两位最具代表性的人物——成吉思汗和忽必烈,分别从"武功"和"文治"两个方面扼要介绍,帮助读者了解游牧汗国到大元王朝转型的历史。正篇的分述中,也有对于汗国发展历程的必要交代和作者的深入剖析,这些都是架构书籍的钥匙,引领读者走入草原帝国深处。大处着眼,细处落笔的手法让"传奇"在引人入胜的同时"其事核",忠诚于历史的原貌。

"后妃架构草原汗国"的角度固然新颖,但说到底,"后妃"只是文本的结构而不是文本的主要内容。她们仅仅作为一条红线,串起帝王一生的荣辱兴衰。草原帝国的后妃们随着前台帝王的更迭,或一朝权倾天下,或一夕半为鬼。她们被尊崇,被利用,被异化,被抛弃,无论贤愚,她们只是男性政治博弈中一枚特殊的棋子。终其所有,后妃传还是一部草原喋血史。《鹿图腾》还是《狼图腾》,是吸人眼球,也是从另一个角度把蒙古族男儿以群体性的勇猛配合而一度游牧世界的过程做一个全面回顾。后妃们的心理和感受,在历史的进程中,有片断的记载,作者根据这些记载,做适当的联想和想象,这些联想和想象也是历史的和政治的。作为一个人,她们的真面目又是什么?穿越千年,她们的容颜越发模糊难辨。

作者自称是草根性的通俗史话、文学随笔。可是当我们走进文本时,在细微的文字里,能够感到作者研读历史时,百炼钢化为绕指柔的艰辛。50年的在草原上行吟行走,50年的书斋中的文字砥砺,20多年显微镜似的历史文本研究,用对于一个王朝历史的文学表达,感知一个英雄的民族,回馈生于斯长于斯的这片热土。《鹿图腾》是细微处见真知的历史,作者有生动的细节描写,有谨严而又鞭辟入里的细致评说。这些源于多年研读之后,化为血肉,入乎其中,出乎其外的游刃有余,源于庾信文章老更成的健笔凌云。

明代宋濂等主编的《元史》，用时较短，编撰者众多，加之译名繁杂，重复难记，后代学者多称其"荒芜杂乱"。同时，汉本位的思想，也让元朝这段历史常常被忽略，甚至被遗忘。作者以"生为内蒙古人，当知蒙古史"的责任和担当，专心于浩如烟海的史料中，为一个"存在短暂而又贡献卓越"的王朝"拂去历史的尘埃，扫去文化的偏见"。于是有了历史小说《忽必烈大帝和察苾皇后》，历史随笔《大话元王朝》和《鹿图腾》，这三部对于元王朝、对于蒙古帝国历史的文学表达，是一个写作者对于一个民族、一个王朝历史的致敬，也是一个有使命感的写作者真诚的历史担当。

《蒙古密码》提到，"奉天命而生的孛儿帖赤那和他的妻子豁埃马阑勒系成吉思汗二十二代远祖，是蒙古族乞颜部落的头人，他们以动物之称取名，对应的译文词意是苍色的狼和白色的鹿"。因此，文学词典里常以狼图腾代表蒙古族男性，鹿图腾代表蒙古族女性。他们是"力与美、刚与柔、强悍与善良、勇猛与智慧"的结合。当然，这样的称谓也是对先祖的感念，感念他们留下英雄的儿孙，留下一个曾经游牧世界的民族。"你从远古走来，巨浪荡涤着尘埃，你向未来奔去，涛声回荡在天外"，"蒙古"亦即"长生天、永恒"之民族，这个民族曾为祖国大一统做出卓越的贡献，而且现在依然是民族大家庭团结的重要基石。《鹿图腾》在回望历史的同时，告诉我们这个民族仍将以滔滔不绝之势走向未来。

（选自《我和我的思想在文字中飞扬》，远方出版社2016年12月版）

本文作者：
赵富荣，文学硕士，一级评论，内蒙古作协秘书长。

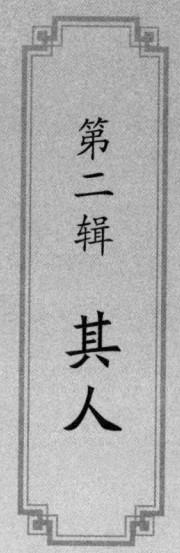

第二辑 其人

你、我、她和冯苓植

蒋子龙

我开了几个罐头,胡乱对付了几个酒菜,与朋友们小酌。说:

"喝酒不可无酒话。无菜可以喝酒,无话则不能喝酒,闷酒醉死人!今天酒桌上的话题是苓植,不论谁敬酒也好,罚酒也好,说出的话必须要跟苓植有点联系。咱们来个煮酒论苓植,大家同意吗?"

"同意!"

"你们干嘛要拿我当酒菜儿?我没有招惹过谁,我谁也不敢得罪,你们干嘛要欺负我们从内蒙来的老实人!"冯苓植做出一脸苦相,那双故意用烟雾罩住的眼睛却露出特有的机智和强硬。

你说:"冯苓植,你要算是老实人,那世界上就没有坏人啦。也许你不喝酒的时候还算老实,三杯酒下肚,就借酒装疯卖傻,哪壶不开提哪壶。摆出一副忠厚智者的神态,滔滔不绝,谆谆教导,胡说八道,假做正经。害得有些朋友不敢跟你坐到一块喝酒……"

"我反对,"她站起来,语气颇为激烈,"据我所知,文艺界的许多朋友都愿意跟我家大哥在一块喝酒。如果说他在清醒的时候,显得胆小怕事,谨小慎微,凡事老往后躲;那么在他喝了酒以后就变得勇敢豁达,聪明过人,妙语如珠,言惊四座。连他本人也变得更真实,更和善,更可亲可近了……"

你脸色极不自然,不够礼貌地打断了她的话:"等等,冯苓植什么时候成了你的大哥?"

她星眸灼灼,顾盼自如:"你要听吗?"

男性的忌妒烧得你脸颊发红了:"我真不明白,冯苓植有什么出色的呢?身高最多有一米七,也许还不到,什么时候什么场合能显得着他?可女孩子们为什么都说他好呢?"

我必须冲淡一下酒桌上的火药味:"你说的不错,不论男女,凡是孩子,都喜欢苓植。在前年的烟台笔会上,我带了小孩儿,邓刚带了女儿,朱春雨带了儿子还有几个编辑也都带了孩子。我们这些当家长的都很省心,孩子们一天到晚围着冯苓植转。他是个天才的孩子头,对孩子有令人难以理解的兴趣和耐性。天天中午被孩子们缠得睡不了午觉,也不厌烦。当然也有把孩子逗哭的时候。奇怪的是孩子们跟他不记仇。外出参观时,自己的父母是不是上了车他们不关心,冯苓植则决不会被丢下,他的魂儿一刻也丢不了,孩子们不停地叫喊,冯伯伯干这,冯叔叔干那。开始我只认为这是他的脾气好,喜欢孩子。后来发生一件事,让我感动,也让我深思……"

你说:"你请我们来是听你演说,还是让我们喝酒?"

"好,先喝了这杯。"我接着说,"朱春雨的儿子在游泳的时候把眼镜掉在海里了。朱春雨这个小气鬼站在海滩上把儿子数落起来没完没了,好像世界的末日到了,好像他儿子掉在海里的不是眼镜而是一块金砖。也许真要是金砖他就不发脾气了,金砖可以再捞起来。眼镜虽不太值钱,可影响孩子看书、写作业、旅游、玩耍……无论谁怎么劝说也不行。冯苓植突然掏出自己的眼镜抛进大海,然后对朱春雨说:'行了吧,我也丢了一副眼镜,咱们彼此彼此,饶了孩子吧。'

我发现苓植跟孩子在一起自由自在,他由衷地感到快乐。"

她接着说:"你们还不知道我家大哥是如何疼爱他自己的宝贝女儿!如果哪个编辑能买通他的女儿,就一定能拿得到他的稿子,女儿当着他的家。"

冯苓植的眉眼立刻活跃起来:"我那黑玛莉捣蛋透了……"

我笑了,这家伙这一点很可爱,说起女儿就来神了。

你总是喜欢抢别人的话头,按自己的思路往下说:"别看冯苓植个子不大,确实有点帅劲,头发后背,整齐而有派儿,五官周正,鼻梁弓起。身材像个舞蹈演员,好像什么衣服穿到他身上都很合体,很好看,像模特一样标准。"

冯苓植吃不住劲了："你小子干吗老挖苦我！"

她说："我们第一次见面是在哈尔滨，准备一同去参加敖伦呼雅的笔会。我记错了开车时间，等我逛完了大街回到旅馆，已经人去楼空，同伴们全走了。而且把我的东西也都带走了，只在桌上留了一张纸条，告诉我开车时间。我看看表还有二十分钟，跳上一辆公共汽车，向司机讲了我的难处。司机还不错，把汽车开得飞快，像电影里的惊险镜头，一路不停，直接把我送到火车站。我从运行李的地方跑进站台，火车已经启动，我不顾一切地跳上踏板，死命抓住扶手，火车越走越快，我总算没有误了车，心里可算松了一口气，两条腿却软得没有一点力气了。乘务员生气地说：'你上不上？'我连说话的力气都没有了：'啊……上。'是乘务员把我拉上车厢。等我缓过劲儿来找到自己的人马，大家都急得正伸长脖子往车厢外望呢。'你来了，冯苓植哪？'原来老冯怕我进不了站，拿着我的车票、证件还在门口等我呢！他的东西和钱包又都放在车上。晚上到了目的地，盛情的主人为我们摆下筵席，面对满桌的山珍野味我有点咽不下，给我们在哈尔滨住过的旅馆打了个长途电话。才知冯大哥身上一文不名，在大街上流浪半天，最后无处可去，只得回到老旅馆求借一宿……所以我认下了这位热心肠的老大哥。"

我对她说："来，为你家大哥干杯。"

你撇撇嘴，揶揄地说："这不过是向一位漂亮的女郎献殷勤，不要跟雷锋精神混为一谈。"

她不愧是大家闺秀，神色从容，应付裕如："这不公平。当时参加笔会的人中有许多更漂亮的妙龄女郎，也有许多像你这样风度翩翩、专爱向女性献殷勤的风流小生，可谁为一个素昧平生的人甘愿冒误车、误筵的风险呢？即使冯大哥的雷锋精神专爱用在女性身上，又有何不可呢？这也是一种绅士风度，一种文明社会里起码的礼貌。"

我说："苓植的热心肠大家还是公认的，而且并不是专对女士献殷勤。我知道个故事可证明这一点。故事也是发生在火车上，他和一个年轻的电影演员一块上的车，那个演员是小伙子，长得有多么白嫩你们自己去想想吧。小伙子买的是软卧，冯苓植买的是硬卧，上车后两人就分开了。过了一个多小时，那小伙子找到他，一定要跟他换票，态度极诚恳：我这么年轻，你是老大哥，让你睡硬板，我睡软席,于心何安,天理不容!冯苓植推辞不过,只好换过乘车牌去软席车厢。

小伙子看见冯苓植那深受感动的样子十分得意。原来他的软卧车厢里只有两个人,除他之外还有一个徐娘式的人物,一见年轻演员这副俊秀可人的仪表,情不能禁,眉飞色又舞。把包里好吃的东西全都拿出来,逼着小伙子吃。她本来穿条灰色长裤,从包里翻出一条绿色长裙,到厕所里换上。再回到车厢就在小伙子面前搔首弄姿,介绍她的身份,表现她的风度,展览她的身段、服饰和大腿。小伙子实在不堪忍受,才逃出来找了冯苓植这个替死鬼。

冯苓植一走进那间软卧室,女首长(这是冯苓植的猜测,他认为中国人能坐得上软卧的,就是这样几种人:时装模特、电影明星、歌星、长途贩运的暴发户、各皮包公司的经纪人,还有各种首长)的脸立刻拉得老长,好像看见了一个砸门撬锁、私闯民宅的强盗。气呼呼地问:'你是什么人?进来干什么?'

在这位女性面前,冯苓植的全部魅力只等于零,态度老实而又语言简短地介绍了自己跟小伙子的换票经过。女首长大失所望,生气地把脸扭向窗户,不再搭理冯苓植。冯苓植浑身不自在,已明白几分小伙子为什么非要跟他调换铺位了,这里哪有硬卧车厢自由自在。他想躺下,又怕让女首长觉得他不懂礼貌;他想抽烟,又顾虑人家怕烟呛。没抓没挠,只好拿出一本书来看。没想到女首长突然转过脸来问他:'你是干什么工作的?'那口气就如同审问。冯苓植在一般情况下不愿惹事,规规矩矩告诉女首长自己是搞写作的。'你是作家?'女首长来了情绪,开始批判白桦,然后又数落某女作家。她越说越激动,所引用的材料就是社会上的小道新闻,慷慨激昂,义正词严。冯苓植觉得自己忽而是白桦,忽而是那个倒霉的女作家,如坐针毡,如临深渊。他基本上是个胆小怕事的人,见了领导干部有一种本能的戒惧,这跟他的经历有关系。……"

你打断我的话:"看来冯苓植并不是在所有的女人面前都能成功的,为那位爱演员不爱作家的女干部喝一杯。"

我喝完酒接着说:"苓植出身望门,他的家族在最兴盛的时候一次能考上五个进士。但是到他出生的时候已经没落了,他八岁在北京卖晚报,十二岁时曾想上吊自杀。以后上了简易师范,十四岁当小学教员,比学生还小。十七岁的时候又考上了大学,开始发表作品。两年后父亲被打成右派,他只好退学去工作,在腾格里大沙漠里一待就是六年。社会上没有他的路了,只好到荒无人烟的地方去。当教员不行了,当干部更没门儿,连留在城里随便找个工作做个普通老百姓也不可能了,他只剩下一条路——写作!了解他命运的人就会理解他为什么会有这样一副性格,忽而像个小孩子,忽而又像个暮气沉沉的老人,忽而孤僻得要死,忽而又非常热情开朗、喜欢交际,忽而胆小如鼠、对某些小事情小心得过分,忽而又气壮如牛、不顾一切,忽而谦虚得要死,忽而狂妄得过头,忽而无比果断,忽而疑虑重重……"

她插话:"你走题了,快讲软卧车厢的那位女首长和我家大哥后来怎样了?"

我说:"我说的话没有离开冯苓植就不算走题。后来苓植忍无可忍,拍案而起,大讲白桦的好话,反驳了女首长散布的流言蜚语。然后摔门而去。说句公道话,在那种'《苦恋》事件'正热闹的时候,苓植敢站出来替白桦辟谣,不怕得罪一个有身份的领导干部,勇气可嘉,正气可敬。"

她举起酒杯:"为我家大哥的一身正气干杯!"

"干杯!"

你虽然尽力装得不露痕迹,话里总有点呷干醋的味道:"冯苓植,想不到你这个所谓的小妹对你还真不错。"

冯苓植:"当然。在敖伦呼雅有一天我喝醉酒,躺在浅湖里睡着了,我家小妹坐在旁边守护了两个多小时,直到我醒来。我应该敬小妹一杯。"

我号召大家再一次端起杯:"为这一对八竿子打不着的兄妹不同寻常的友谊干杯!"

你今天不知怎么回事,死盯住冯苓植。说:"冯苓植是文坛的一员福将,出国访问、作家代表大会,都少不了他的份。可他又不招风不显眼,没人忌恨他,活得舒服自在,人缘不错。尤其是女作家,更是护着他。"

我说:"其实女作家里不一定有一两个是真心跟他相好的,不过就是认个干亲,开开玩笑罢了。要是动真的苓植就会吓得逃开了。这叫串皮不入内,说的不做,做的不说。说到他在文坛的地位,确实处的很妙,他不出大的风头,可每年都能拿出一点实实在在的、有自己独特味道的东西。谁也不把他看得有多么了不起,可谁也不敢小瞧他。他聪明得就像运动场上有经验的长跑运动员,自己先不急于跑到前面去,老是跟在第一个的后面,这样的地位最舒服,时刻都掌握着主动,调节着自己的体力。到关键的时候就可以超过前面的人,冲到最前边。"

她替自己的大哥辩解:"我家大哥的处境绝不是像你们说的那么美妙,他也有敌人,也有恨他的人和想整他的人。他不是猴儿精,相反倒有点傻,如果说他人缘好,也是个傻人缘儿。"

她自顾自地喝了一口酒,接着说:"我举个例子。你们看过一个叫《碧野晨星》的电影吗?那本是我家大哥写的,后来人家对他说,要扶持少数民族的作者,在他的名字后面又署上一个人的名字,变成两个人的合作产品。再后来人家又对他说,要照顾少数民族的作者,把他的名字放在后面,变成以人家为主了。最后干脆把他的名字去掉,那部电影根本没有他的份儿了,人家告诉他的理由是他有名气,不在乎这个。他也就老老实实地吃了个哑巴亏。我提议,为我家傻大哥的老实厚道干了最后这一杯。"

"喝干是可以的,"我举杯响应,"但不是最后一杯。苓植,我们三个讲你讲得很多了,你也讲讲自己吧。"

冯苓植:"早知这是鸿门宴,我根本就不来。"

你说:"往常你借酒撒疯把别人骂得够苦了,今天就应该集中数落你。可惜人太少,又有一个你的小妹保驾,便宜了你!"

冯苓植:"你弄错了,我谁也没骂过。我最怕人,怕人与人之间的关系,怕被别人教训,是人我就怕。所以才喜欢动物,专写骆驼、牛、羊、马、狗、鸟……我不知道怎样对待人生、对待社会,我不适应知识分子的生活,在知识分子中间生活感到困难极了。我写作只求生存,只求获得个生存的权利和自由,纯粹瞎混……"

我知道他说的是真话,又为他满满地斟上一杯,他一饮而尽。

我是主人,必须说几句轻松的话冲淡一下这沉闷的空气:"别看苓植是汉族,他一到草原和沙漠里就活了,所有蒙古包都为他打开。他天生属于游牧民族,哪儿水草好,帐篷一搭就住下了。上海对他好,他就老给上海写稿。这回一看天津哥们儿也不错,二十天赶出两部中篇。他在国外不论什么场面都能对答如流,显得才气纵横。在国内到处流浪时,也能妙语惊人,才思敏捷,他的许多作品都是在外边写的。一回到自己的老窝蹲下来,立刻就见傻,笨了一大截!苓植,我说的对不对?"

苓植:"对极了,我出来就是为了逃避,不让自己变傻或死掉。出来图的是痛快……"

他的小妹向我使眼色,意思是酒不能再喝了。我需见好就收,举起酒杯:

"好,我们就是杯中酒了,够不够我不管,因为我晚上还要赶稿子。苓植,不是我今天有意拿你当下酒的菜,有个朋友约我写一篇你的印象记,明天就得交卷儿。我才想了这个取巧的办法——把大家酒后吐的真言记录下来,不就是一篇很好的印象记吗?多谢诸位帮忙。来,为苓植的全部好运、文运、财运、桃花运、官运——不行,苓植不会当官的……"

她马上接过话茬儿:"为我家大哥的《虬龙爪》在上海获奖干杯。"

"干杯!"

我先送走了苓植和他的小妹。然后对你说:

"你小子干嘛老跟苓植过不去?说话那么尖刻,使他在一个姑娘面前难堪。"

你露出了又诚恳又奸诈的坏样儿,连我也分不清你什么时候是诚恳的,什么时候是奸诈的,什么时候说的话是真的,什么时候说的话是假的。

你说:"拿他找个乐儿!"

……

一九八六年三月卅日草于酒后

(原载 1986 年第 3 期《小说家》)

本文作者:

蒋子龙,著名作家、中国作家协会名誉副主席。

哦，我的远在北方草原的挚友

修晓林

自 1980 年初，上海文艺出版社的大型文学期刊《小说界》创刊起，负责联系内蒙古作家冯苓植的，就是后来担任刊物特邀副主编的左泥先生。凡是冯苓植先生的所有来稿，全部都是应左泥之约，由呼和浩特市寄到上海，并由他负责编辑发稿，其中包括引起强烈社会反响的中篇小说《虬龙爪》。1985 年初，我从总编办公室进入文学室工作，自然也是与其他编辑一样，基本按照社里各个编辑部"编辑盯作家，旁人不插手"的约定俗成"潜规则"，"心无旁骛"地自个组自个的稿件，从不插手各位同仁的组稿对象。然而，这并不影响我对于各位显示雄厚创作潜力作家的接近和学习。各位知名作家、评论家与我社都有着过从甚密的稿件、会议联系，我就充分利用这个有利条件，在文艺社永嘉路的创作室招待所，或是在来沪作家所住的宾馆，与他们见面并作访谈，并于 1986 年起，开始在《文汇读书周报》发表数十篇系列作家访谈。我在上海永福路上影厂招待所对于冯苓植的访谈，是以《冲浪·冲浪·冲浪》为题，发表于 1987 年《文汇读书周报》。交谈之初，我就强烈地感受到，这位"老冯"是一位思维十分活跃，精力非常旺盛，言语很是生动，见识过人、情谊深厚又是义气浓浓的作家，他处处理解友人的心情，总是在各方面与媒体的记者和出版社的编辑紧密配合，让自己在全国各个城市的"文学游牧"获得最大的收获，也让自己的新老朋友都得到来自内蒙大草原的浓厚情谊，留下难忘的深刻印象。当时，我就是怀着一腔燃烧的激情和探其神秘魅力究竟的好奇心，完成对于老冯的访谈文章的。

冯苓植是中国文坛一位颇为特殊的作家。他不媚上，不媚俗，也不太合群，常常自称是"文坛的游牧者"。这位自小从山西来到内蒙定居的坚强又幽默的男子汉，时而大写京味小说，时而大写荒野小说，时而又大写现代派小说，变幻莫测，使人难见其庐山真面目。难怪同行皆这样评说他："为人处世似半个白痴，写人写事却世故颇深。"故有人称之为奇才，有人称之为怪才，但无论何种写法，他竟然均有佳作问世。冯苓植先生于1977年在人民文学出版社出版的长篇小说《阿力玛斯之歌》，竟然发行了120多万册，中央人民广播电台对此作专门进行配乐分角色广播，当时的多少听众挨着收音机，按时收听这部精彩长篇。人民文学出版社的领导韦君宜审读这部作品时批示："这部长篇的风格像是翻译小说，草原风味，异域情调。冯苓植是一位别具一格的文学作者。"其后，他的中篇小说《驼峰上的爱》曾获全国优秀中篇小说奖。中篇小说《虬龙爪》等也曾名噪一时。长篇小说《狐说》也很快便成了畅销小说，他的作品曾先后被译为英、法、日、乌克兰等多种文字，并获国内外学者诸多好评。蒋子龙称其"真情才有真文章"。评论家林焱称他的动物小说内含"哲理化的形象，形象化的哲理"。文学大师钱谷融先生也曾著文盛赞他的作品，认为他的作品"有着很深沉的美学意义"。日本早稻田大学杉本达夫教授也撰文推介他的小说，"在中国的作家中，最埋头苦干的、探索中国文化精髓之源的，冯苓植就是其中之一"。

冯苓植的成功之道，就是对于自己的文学创作，有着超乎一般的严格要求。他说："一个作者的一生，应是不断否定自己的过程——从思想内容到语言风格，否则，老是在原地画圈，即使获得了很大的名声，说到底也是一种失败。"他还说："我在好一段时间里，总觉着自己越写越浅薄了，仿佛是在——有病不求医，无聊才著书。"就是在这次采访之后，老冯在回到他的久住之地呼和浩特市一段时间后，于1988年1月8日给我来信：

晓林同志：书和几次来信均收到了，太感谢您了！在上海能结识您这样的好朋友，真让人感到高兴。您真如契诃夫说的那样：人的一切都应该是美丽的，无论是面貌、衣服和心灵……我会永远珍视这种友谊，更盼能和您经常联系。最近我什么都没有写，乱糟糟的，一点写作情绪都没有，谁知道下一步又会是什么情况呢?！请代问您的妻子好,祝福您有这样一位温良恭俭让的好夫人！提前拜年,并祝春节好！

1993年初,冯苓植带着他的夫人戴阿姨到沪治病,在上海作协领导赵长天和《新民晚报》资深记者施婕的直接帮助下,以及文艺社江曾培、左泥老师的关心下,戴阿姨在瑞金医院成功地进行了腰椎手术。戴姨住院期间,我经常到医院看望,并送去家中的鲜美手工水饺。当戴姨出院,我将冯苓植夫妇送行至火车西站时,竟然出现了谁也想不到的意外情况——急赶开车时间,人到车站月台,手中的车票却不见了！一阵极端的焦急、忙乱和无奈之后,仿佛是从天而降的一位李玉和式的身材高大又是沉着智慧的车站值班长,将绝境转为顺境,将阻塞转为畅通,转危为安,化险为夷。随着北上列车的一声长啸,刚才的惊险一幕,永远地定格在一位作家和出版社年轻编辑的记忆中。这位激情洋溢、活力四射的老冯,已是绝对在心中认可了我这位在上海生活和长大的小友。老冯回到呼和浩特后,即于1993年5月26日给我来信,这次,已是称我为"晓林老弟"了：

晓林老弟：您好！
　　并请代问小叶、修竹及老人好！我不知怎么感激您才好,我只感到我们的友谊又有了质的飞跃。难怪我的妻子当时就被您的行为感动得落泪,而至今仍念念不忘。可以这样说,因为有了您,上海在我们心目中变得更加美好了。这绝非过誉,请想想江曾培、左老夫子、小郑、小魏、小戴等等,就不由得使我内心感到温暖。出版社就像家一样,您是这个大集体的一员,您也代表着他们！请一定要把我由衷的感激转告社里。谢谢了！
　　……

编辑和作家的友情到了这种相互信赖、心存感动的时候,又何愁拿不到作家手中的精品佳作呢？当左泥先生于1996年从《小说界》彻底退休后,我也就当然地成为负责联络冯苓植的"接班人"。这以后,就有了我担任责任编辑的老冯的长篇小说《出浴——朔方贝子池搜奇》。这部被称为"一条藏龙卧虎的明清胡同,一处历经沧桑的老澡堂子,一位大字不识的修脚圣手,一身出神入化的绝活绝技。一串曲折离奇的风流韵事,一卷从浴池里捞出的拍案惊奇"的神奇有趣的小说,于2003年获得第六届"上海长中篇小说优秀作品大奖",赛届终评委对本作的评语是:"这是一部文学性较强的作品,题材独特,活灵活现地写出了北方都市底层的'浴生活',写出了那些生活在底层的人物的愚昧与聪慧,以及他们之间的人情味和赤胆衷肠。整部作品具有民间文化特色,生活气息浓郁,细节出彩。语言很有特色,采用了说书人的口吻,十足的'京片子',令人回味。"

时隔七年之后的2010年,我又责编了冯兄的长篇历史小说《忽必烈大帝和察苾皇后》,著名评论家包明德撰文评价这部作品:"冯苓植的这本长篇历史小说使我感奋,令我着迷,这位著名作家,是在以何等的治学精神来创作这部作品!同时,他又着重于文学创作中的学术型与趣味性并重,使人读来兴趣盎然、欲罢不休。美国的莫里斯·罗沙比曾有论著《忽必烈和他的世界帝国》,现在有了冯苓植的这部《忽必烈大帝与察苾皇后》,二者可谓是相映成趣。"为了写好这部长篇,冯苓植以"用史料说话""知识性、趣味性、可读性""将书中人物立体化、形象化、体现民族文化的思想价值"为高标准,历时六年,几易其稿,精心创作这部大作品。此时,他已是快七十的老人,但仍是有着非常年轻的心态,他每天下午一点开始,一直写到第二天的凌晨四点才睡觉。尽管右眼已是近乎失明,还是坚持每天十多小时创作。其间,他查阅了数百卷的历史资料,用尽了上千支油性墨水笔管。现在,这部长篇小说中的部分情节,已被电视剧《忽必烈》采用,并得到了很多专家学者的认可。一本由作家精心、艰苦创作的作品,有了良好的社会反响,这是责任编辑的最大开心事。

冯苓植先生,总是在心里深深记着曾经给予他帮助和支持的出版社、杂志社编辑友人们,只要一有机会,他就积极创造条件欢迎我们到草原走走。1997年8月,由冯苓植先生精心安排,我和当时担任上海文艺出版总社社长、总编辑、党委书记的江曾培老师,还有来自北京的人民文学出版社资深编辑王扶,《人民文学》杂志的韩作荣,《诗刊》杂志的李小雨等,由冯苓植和内蒙古作协主席扎拉嘎胡等陪同,开始了人生首次的内蒙大地之旅。我们一行从呼和浩特乘坐列车到"黄河北,阴山南,八百里河套米粮川"的巴彦淖尔市,接着驱车到乌梁素海再到包头和成吉思汗陵。一路欢声笑语,兴致勃勃。我们都被成陵恢宏的气势、神圣的气氛吸引和震撼。我们的眼前是超大彩色壁画《蒙古千户图》和一盏已经燃烧了760多年的长明不灭的酥油灯,大家仔细听着负责陵园工作的沙若飞(祖先属于蒙古孛儿只斤部,是成吉思汗三十五代众多子孙之一)讲解着关于这里的历史文化:成吉思汗,是蒙语中"天赐的坚强领袖"的意思。成吉思汗陵内的三个蒙古包式的宫殿,供奉着他的三个夫人的灵柩,正殿耸立着成吉思汗的巨大雕像。成吉思汗原名铁木真,他从一无所有到依靠协盟力量发展,于十三世纪初,历时十六年统一了蒙古草原,建立大蒙古国,给人民带来安宁。当时的蒙古汗国,地域十分辽阔,东起兴安岭,西到阿尔泰山,南抵阴山,北到贝加尔湖,人口上百万。成吉思汗死后的埋葬地不种树,不起坟,谁也找不到具体而确切的圣主长眠地。后人为了永久纪念这位英雄,在草原上建立了许多流动的没有遗体的陵寝。每年的成吉思汗的忌日,广袤的草原上,都有隆重的祭奠仪式,缅怀这位蒙古民族的缔造者、一代杰出的军事家、政治家。在这里,世代守护成陵的是达尔扈特人,他们世世代代、年年月月,专司守护祭奠已有三十多代,这在世界皇陵的祭祀史上也是罕见的。我们在返回呼市后,我独自在冯苓植家中住了两天,更深切地体会到了老冯夫妇和我之间的深情厚谊。老冯夫人戴阿姨在我回沪后,给我来信:

  晓林:您好!你在我们家只住了两天,就这么又很快离开了。我们的三岁小孙子都说:"晓林叔叔到哪里去了?他什么时候再来给我讲故事?"晓林,一想到你,我们就会感到生活是美好的!我们在遥远的草原,借着奔驰的骏马和洁白的哈达,为你的幸福和顺利而祈福!

2003年正是上海酷暑高温之时,老冯又一次邀请我同赴北国美丽的呼伦贝尔大草原。但这次绝非旅游,而是以责任编辑身份,为了一部长篇历史小说共同去采访。其时,他似乎已经对现实题材没有多大兴趣了,而转向了对历史的探索。我曾赞叹他这是"衰年变法",谁料他竟对我说:"没那么高尚,反倒说明了我的浅薄!你想想看,我在内蒙古生活了近六十年,除了成吉思汗之外,却对蒙古族建立的大元王朝知道的少之又少!有愧于喝了这么多年草原的乳汁,趁还能动笔得尽快补上……"这小老头真倔！原来我们此次赴呼伦贝尔之行，是为了追寻着成吉思汗昔日的足迹共同而去，"发思古之幽情"。好在大多数采访任务均由老冯亲力亲为，而我在与他研究小说结构和故事布局之余，却得到了更多机会去欣赏呼伦贝尔瑰丽的草原风光。在牙克石，在海拉尔，在根河，在新巴尔虎左旗、鄂温克旗，在满洲里……满身是与大城市截然不同的边地气息和风情，满眼是一望无际的碧绿坡地草原，满耳是鸟语花香和异地口音，满心是新鲜新奇带来的欢快与激动，行程万里，兴致勃勃。在大兴安岭的腹地，我见到了阳光穿透密密树林，照耀林间遍地野生草莓油画般的场景；也见到并拥抱了漫山林木中，只是生存独此两棵"发财树""长寿树"的粗壮斑皮老松树；还有那万籁静寂、从陡峭岸边静静流向他乡异国的壮阔河流，以及生活在崇山峻岭林木深处农舍中的农场职工；在尽享美酒佳肴之后，走出宽敞高大的蒙古包，只见从西边的遥远的地平线，再到东方的平直地平线，静谧清冷的空气中，美丽的弧度，深蓝的天穹，满天满眼都是闪着明亮光芒的银色繁星，其繁密的程度、繁复的亮度，都是我从未见过并深感惊奇！原来是有这么多、这么多的星星，在亲切地注视着我们每天生活着的这个星球，而因为那么多地方的烟尘污染，在多少人的一生中，怕也看不到这如同神话般的诗意景象，那时，我们真想就此永远地躺在脚下的茂密草地上，永远地仰望这极其美丽的星空，永远地再不起身……随后又有全国著名的森林作家刘振国、森工集团宣传部长商晓东等新结识的朋友，共同在碧野上把酒尽欢，真是不亦乐乎。再看在一旁静静观察的冯苓植，比什么都愉快。他似已从古代返回，暂时忘了长篇构思，也在望着这最难得最精彩的人生节目，仿佛时空观念错乱了。

冯苓植是一位经历人生大风浪、社会经验极其丰富的坚强、智慧之人，又是对于朋友的任何事情，都甘愿负起大责任的侠义之人，是我仰慕并且信赖、依托的好兄长。曾有思想的大愁苦、大不解、大郁闷时候，当是首先请教这位分析深刻、对策良多的老师。静静地听，深深地印在心里，还将其要语写在笔记本上，生怕忘了，再翻阅时，自是觉得愈有道理。这位好老师，给了我多少切实的帮助、缓解了我心头的多少迷惑、教会了我如何以浪漫的激情和平和的心态去迎接生活、克服困难。

年龄已过七十的老冯,现在仍是"独居一隅",笔耕不辍,在出版了《大话元王朝》之后,接着开始了关于《鹿图腾》的读史随笔创作。他对我说:"别的出版社也争着想要此书,但我俩是最好的朋友,我得先把这计划告诉你,还是要让你先选择。"此生,他要的只是朋友间的深厚友谊。近年,面对体能的衰退和疾病的侵扰,他说:"人总有那么一次,寿命无所谓长短,主要是活着就要找点事儿干。""友谊就是友谊,互相心领神会就行了。"其实,早在退休时,他就退出了当地的作协,退还了各种获奖证书,并声明从此绝不参加任何文学评比,而且保证绝不会再给组织找一点麻烦,仅在自己的名片上留下"退休金领取者"六个字,让我们特别地佩服他那自觉与洒脱的处世态度。

现在,冯苓植只想在"顺应自然、安度晚年"的潇洒身姿中,再从容写出几部上佳的文学著作。他绝不轻易到年轻人聚会的场所,生怕白发苍苍的自我败了小青年的兴。看来,冯苓植还是喜欢那种"躲进小楼成一统,管他春夏与冬秋"的冷眼看世界的游侠感觉。每次往冯苓植家中去电话,话筒里首先传来的就是民族歌手敖日格乐深情演唱的、极具内蒙韵味的《我和草原有个约定》:

> 总想看看你的笑脸,
> 总想听听你的声音,
> 总想住住你的毡房,
> 总想举举你的酒樽。
>
> 我和草原有个约定,
> 相约去寻找共同的根,
> 如今踏上了归乡的路,
> 沐浴了阳光迎来了春。
> ……
> 我曾在远方把你眺望,
> 我曾在梦乡把你亲近,
> 我曾默默为你祈祷,

我曾深深为你牵魂。

我和草原有个约定，
相约去诉说思念的情，
如今依偎在草原的怀抱，
就让这约定凝成永恒！

哦，我的远在草原的不是亲人胜似亲人的冯苓植老兄，每当我静心聆听这首摇曳多姿、动人心魄的歌曲，就仿佛又回到了碧绿、茫茫草原的怀抱，来到了你的身边，尽情畅叙，彻夜长谈。就像我们在上海和呼市相互通话时，你的那句富含京腔又是极具情感穿透力的话："晓林，你怎么样？都还好吧？"总是让我感到亲切万分、激动不已。

（原载2014年第2期《黄河》）

本文作者：
修晓林，上海作家、著名文学编审。

实在人冯苓植

柳 萌

认识作家冯苓植，是在二十几年前。那时我还在内蒙古。只是我们两人的身份不同，他是一位正当红的作家，我则是个摘帽"右派"编辑，由于政治上厉害的阻隔，我们认识也就是认识了，不可能有深一步的交往。他的小说《驼峰上的爱》，在当时深得文坛关注，也给我留下一定的印象。

1978年的秋天，我离开流放18年的内蒙古，借调到《工人日报》文艺部。当时《工人日报》刚刚复刊，编辑部新手多，我算是个老编辑，又比较熟悉文艺界，有些采访任务就让我去。这在当时那种政治境况下很难得。

有次在友谊宾馆，采访中篇小说创作座谈会，会议休息时我去看望作家李涌。从他的介绍里得知，在此之前冯苓植的处境，似乎也比我好不了多少，这就难怪他见到我的时候，未能像张长弓、贾漫、汪浙成、安柯钦夫、查干等内蒙古作家，对于我没有丝毫的"陌生感"。不过在友谊宾馆与他相见后，我们还是比在内蒙古时多说了些话。当时在场的还有天津作家冯骥才。

我再次见到冯苓植时，大概是在1985年，那时我在作家出版社供职。有天中午在食堂吃过饭，去《中国作家》萧立军的办公室，见萧立军正在喝啤酒，他的对面还坐着一个人，原来是多年不见的冯苓植。

这二位与其说是喝啤酒，还不如说"吹瓶子"更恰当。桌子上连点下酒的菜都没有，只是摆着几瓶啤酒，一人举着一个啤酒瓶子，碰一下瓶子便扬脖咚咚地喝，然后就东拉西扯地聊天儿。这情景立刻让我想起，小时候在家乡逛庙会，看见过的吹"扑愣灯"(形状像瓶子的玩具)。像他们这样不要酒菜喝干酒的人,我见过的只有诗人齐木德道尔基,这位善饮的蒙古族老诗人喝酒,常常是站在商店的柜台旁,要一碗酒咕咚咚扬脖喝下去。从这次接触后,在我的眼里,冯苓植也是个实在人,重友情而不重形式。

2002年第8期的《青春阅读》杂志上,发表了冯苓植新写的一个中篇小说,作品前边附有作者自己写的一个小传,我一看就暗暗地佩服起冯苓植来。其实这个小传倒也没有什么新奇之处,只是有两个关键地方的介绍,让我再一次地感觉到,冯苓植的确是个实在人。

这两个关键地方,一个是说自己是"创作一级",一个是说自己"已经退休",完全没有半点的虚饰张扬。自从作家评定职称这些年来,每每接到作家递过来的名片,一般都是冠以"国家创作一级",想借此虚幻的"国家级"抬高身价,像冯苓植这样的正常的自我介绍,自然反而成了一种非正常的举动。到了年龄退休本来是国家规定,更是每个人迟早都会有的事情,这根本没有什么新鲜,自我介绍不提此事也不为过。可是有的人本来已经退休没有了职务,在公开场合介绍职务却连个"原""前"都不加,自己依然心安理得地堂而皇之地欣然接受,这跟冯苓植比起来就显得不够意思了。冯苓植到底是个实在人。

(原载 2003 年 3 月 21 日《法制日报》)

本文作者:
柳萌,著名文学编审、《小说选刊》社原社长。

用笔苦写修修补补的作家(摘录)

冯骥才

按：冯骥才先生随笔作品集《凌汛：朝阳门内大街166号》，书中生动记录了当时在人民文学出版社后楼作家们的改稿生活。其中有一节是相关冯苓植先生的，现摘录于下——

住在后楼里的作家各式各样。彼此最不相同的人可能就是作家，因为写作本身就是一种极端个性化的事，写作反过来又把作家们改得千奇百怪。

……………

还有一位留给我深刻印象的作家是写《阿力玛斯之歌》的冯苓植。他笔下虽然狂放浩荡，人却镇定而缄默，低调中有点孤僻。他很善良，尊重别人，当然你也必须尊重他。他写作很严格，有洁癖，一页页干干净净的稿纸上，字写得端端正正。那一代作家中字写得最为精工的有两位，一位是李国文，写得比印的清晰整洁，一位便是冯苓植。冯苓植若在一页纸上写错便撕掉，重写一纸；若是修改，就另写一条规规矩矩剪下来贴上，在那个没有电脑的时代，我们称这种改稿方式为"剪刀加糨糊"。我对冯苓植笑道："你是世界上用糨糊最多的作家。"还称他的手稿是纯手工的"工艺品"。他的名篇《驼峰上的爱》就是用这种"手艺"改出来的。

(选自《凌汛：朝阳门内大街166号》，冯骥才著，人民文学出版社2014年1月版)

文坛"游牧人"

陈先法

在编辑生涯中常会遇到意外的惊喜和收获

那次,我为席慕蓉六本诗集随她再次去内蒙古。晚上,一座偌大的蒙古包里举行着隆重的欢迎仪式,盛装的蒙古族男女给席慕蓉端上烤全羊,敬酒、献哈达、唱歌、跳舞,但我却偷偷溜走了。我心里有万般不舍,但因为那天晚上内蒙古文联副主席哈达奇·刚叫我去吃饭,不得不离开。其实他是请了两位内蒙古歌舞团的独唱演员来唱歌。哈达奇·刚是席慕蓉的好朋友,后来也成了我的好朋友。我第一次随席慕蓉去内蒙古,就是他安排一辆车把我带到了茫茫草原,因为爱听草原的歌欲罢不能,结果我醉倒在了蒙古包里。

这一次他提前安排吃饭,就在文联食堂。我和同来的一位朋友、两位蒙古族年轻女歌者、哈达奇·刚,还有一位,我见到时颇感意外——内蒙古老作家冯苓植,他是上海文艺出版社的作者,他的长篇小说《忽必烈大帝》是我做的二审。这天晚上,我生平第一次当面聆听草原专业歌手的演唱,她两手端托盘,盘里放两小杯酒,轮流敬我,"你喝一杯我就唱一首",就这么我喝了一杯又一杯,她们轮着唱了一首又一首:《遥远的故乡》《梦中的额吉》《离别草原》《诺恩吉雅》……甜美忧伤的歌声好似从天边飘来,窗外,辽阔的空中有一轮明月。哈达奇·刚始终笑而无语,眼里忽闪着明亮的光,牙齿雪白又整齐。冯苓植也始终笑眯眯的,自顾抽烟喝茶,看惯世间风云似的,看着醉态而性情的我。那晚,我久久沉醉在草原的天籁之音里。然而,没想到还有一个更大的惊喜藏在后头,给我这一惊喜的就是那个在一旁始终一言不发,自顾抽烟并含笑看着我的冯苓植。

记不得过了多久,有一天冯苓植给我打来电话说:内蒙古自治区党委宣传部决定拨一批资金,资助五位老作家出版文集,出版社由作家自己选定,他的这部文集,想交给我出版。还得意地说,这个决定是他的"神来之笔"。我心里一喜。说到内蒙古作家或作品时都会提到冯苓植,他是草原作家的旗帜人物之一,再说这笔经费足够出版他一套十多卷的文集。我同时也有点恍惚,他难道不知道我已退休离开上海文艺出版社了?他找到我,莫非是那次我听歌时的性情触动了他?他在上海有其他编辑朋友呀。我对他实话实说。这个蒙古汉子豪放地说:"我不管你在哪个出版社,我就想把我的文集交给你,由你来处理,当然你愿意的话……我再说一遍,我这是一个神来的念头啊!"

此话让我这个编辑非常感动。我知道有不少作家出书认出版社,也有作家认编辑的。记得我离开文艺社去另一家出版社时,正好台湾一位名作家来电话,我告知实情,她说:我只认你,你去哪个出版社,我的书稿就跟你去哪个出版社。没有比这种信任对一个编辑而言更欣慰和幸福的了。我欣然答应了冯苓植的"神来之笔"。

冬天傍晚慵懒的阳光从西窗里射进来

我第一次见到冯苓植是在上海文艺出版社。那时社里决定出版他的长篇小说《忽必烈大帝》,我是二审,在办公室里与他打了招呼,后来社领导和责编接待他,我就没再参与。真正与他交往,便是这次决定出版他文集之时。

那年冬天的一个下午,我飞往呼和浩特。呼市的天空是一望无际的湛蓝,没一丝云彩。身材瘦削的冯苓植早已等候在我入住酒店的门口,戴着顶两边翻卷的礼帽,在背风处抽烟。酒店是他推荐的,就在他家小区门口。我办完入住手续后就跟他去了他家,一栋在北方常见的老式居民楼,他家住六楼,没有电梯。他喘着气说平时很少下楼,不喜欢外面的喧嚣,买菜啥的都由老伴操持。其实他老伴也腿脚不灵便,走路缓慢迟钝。夫妻俩见到我由衷喜悦,轮番诉说着对上海的好印象:有一年老伴腰椎骨裂,几乎半瘫,他们就来上海求医,上海文艺出版社伸出友谊之手,让他们住在建国西路的那栋招待作家居住的小楼里,社领导、上海作协领导和报社朋友都来看望,并安排医院就医。那栋小楼温馨的家庭式氛围,他称之为"在上海的家"。出版社领导和编辑都是他的"亲戚",这个"家"也给了他创作的冲动,他在那里创作了中篇小说《虬龙爪》《大内高手》……

跟许多作家家里差不多,冯苓植十来个平方米的书房里摆了两排书橱,各种书都有,特别是一大溜关于游牧民族的史书,仿佛散发着一种厚重的"神圣"之气,吸引和震撼着我的心灵。北面靠墙摆着书桌,他不用电脑,书桌上摊着正在书写的稿纸。边上是一包烟和一只烟缸,烟缸里积满了烟头。可以想象他就在这拥挤的空间里埋首伏案,潜心创作。他拿出从几百万字作品中精选出的十二卷文集的书目,还有一部分已整理好的书稿,边抽烟,边一字一句地给我介绍每一卷的情况……冬天傍晚慵懒的阳光从西窗里射进来,照在他银发和满是褶皱的脸上,缕缕烟雾和灰尘在阳光里缭绕、跳跃。一瞬间,我感觉到这位老作家和他的书房弥漫着一种沧桑感。我心里很感慨,他的每一摞书稿,脸上的每一条褶皱,都是流淌的时间,积淀的岁月。

那天晚上,冯苓植执意要在外面的饭店请我吃草原上的羊肉。冯苓植烟瘾重,不好酒,当天却带了瓶"闷倒驴"。我们喝着"闷倒驴",话题越说越投机,冯苓植也破例喝了两小杯。我相信编辑间及与作者间有一种精神上的亲缘关系。

第二天上午我们谈完了文集的事,午后我要回上海,冯苓植像变戏法似的从衣柜里拿出一顶顶帽子,各种颜色和款式,有两边翻卷的蒙古族礼帽,有羊皮帽,有鸭舌帽,有旅游帽……林林总总,在地板上摆了一地,说:"我看你穿得单薄,头上也不戴帽子,内蒙古的冬天很冷,你自己挑一顶吧。"我哪好意思呀,只顾笑,没有挑。冯苓植就拿起一顶蒙古族礼帽说:"知道你喜欢草原,就戴这顶吧,就像个内蒙古人了。"我戴在头上不知是啥样,冯苓植笑着一个劲说好。我盛情难却,正要收进行李,他老伴过来嗔怪他说:"人家南方人不兴这帽子,不实用,还是换一顶吧。"冯苓植想想也对,于是就换了顶旅游帽,这才皆大欢喜。在东北有"上车饺子下车面"的风俗,就是每当有人出远门时要吃饺子,意思是保佑这一路会平安顺利;进门了要吃面,意思是要还愿,感谢这一路顺顺当当。没想到内蒙古也有这风俗,冯苓植老伴下了满满一锅水饺,让我吃个饱。离开呼市时,天空还是一望无际的湛蓝,湛蓝得很透彻,让人心旷神怡。

"总而言之,我的意思是……"

我回来后就与对方作协领导和财务联系,希望文集的资助经费尽早落实到出版社账上。财务有一套制度和手续,那些环节写下来简单,具体实施时需要时间。没想到这时间竟长达六个多月。我还在耐心地联系和等待,而冯苓植好像感觉到了不对劲,就三天两头给我打电话,说文集就别出了。他打电话有个铁定的时间,就是下午傍晚时分,我后来知道他常通宵创作,到凌晨才睡,午后才起来洗漱、吃饭、打电话。我知道这规律,打他电话也就在傍晚时,一打即通。他在电话里一字一句,不慌不忙,又翻来覆去,啰里啰唆,没有一个小时,挂不断电话,最后总有这么一句总结性的话:"总而言之,我的意思是……"总而言之,资助经费迟迟批不下来,肯定有人有难言之隐,他不想让别人为难,干脆文集就不出了。我很惊诧,告诉他没有人为难,只是财务手续很烦琐。但他还是"总而言之,我的意思别给人家添麻烦了……"

这时我不禁想到有人称他"在中国文坛是一位颇为特殊的作家,不媚上,不媚俗,也不太合群,常自称为'文坛的游牧人'……"正因为是"文坛的游牧人",所以他在创作上变化莫测,非同凡响,时而大写京味小说,时而大写荒野小说,又时而大写现代派小说,使人难见其"庐山真面目"。有人说他是个奇才、怪才,写人写事世故颇深,但为人处世似半个白痴。比如这次经费的事,他不了解财务制度和手续,经费迟迟未落实便以为别人有难处啥的,而他又总是不愿给别人添麻烦,宁愿不出文集。也许多少年来他的心被生活磨得尖锐、敏感了,但我以为他其实是个尊重文学、遵从自己内心的人,实质是为心灵的完善、纯粹而活着。我就一次次说服他耐心等待,最后,经费当然汇到了出版社账上。

2017年9月的一天傍晚,他打来电话,声音很低沉,原来他第一时间惊悉钱谷融先生仙逝,不禁悲从中来,托我替他给先生送花圈,发一份唁文。一是因为钱先生为他的文集写了序言,也许这是钱先生生前最后的笔墨了,再则他告诉我他与钱先生关系的渊源:20世纪80年代,钱先生有一次与学生谈到当代文学时,把邓友梅的《烟壶》和冯苓植的《驼峰上的爱》加以比较,说论作者的艺术功力,邓友梅应在冯苓植之上,论作品的结构、文字,《烟壶》也在《驼峰上的爱》之上,然而读《烟壶》时并没有使人十分激动,只觉得是看一则曲折委婉的传奇故事;而《驼峰上的爱》所描写的母驼阿赛与小女孩塔娜之间淳朴而真挚的超乎物种之间的爱,却使人深深地感动。真正优秀的好作品,首先应该具有打动人的艺术力量……他哀伤地说完这些后说:"总而言之,我的意思,在花圈挽联上写:恩师钱先生千古!草原子弟冯苓植泣挽。请在唁文中写上这么几句话:……可以说,没有先生的指引,我可能至今还是草原上创作的'盲人摸象者';去年先生已98岁高龄,还为我的文集撰写序言,让我至今难忘,感恩不尽!"

这些文字深深地印入我脑海,我仿佛触摸到了这位草原子弟连接上海文学血脉的脉动。

如今,皇皇十二卷《冯苓植文集》已全部出齐了。望着它们,我思绪翩然,常常会想起多少次他在傍晚时分打来的电话,说"总而言之"的话。说来也许有人不信,临文集出版之际,他又来过好几次电话,"总而言之,我的意思是,为了感谢文坛前辈和众多朋友对我创作的帮助和指点,出这本评论集,也算是纪念册,不用书号,就内部出版,送给大家,感恩前辈和朋友……"他其实是想把历年来评论家对他作品的评论整理后出本书。出版社想,这本评论集可作为文集的附本,有助于读者阅读他的作品,再则内蒙古党委宣传部的资助费用已足够再出一本书。正将此预想列入出版计划之际,他又来电话:"总而言之,我的意思这本评论集不出了,不给出版社找麻烦了……"

有人一定又要说他似半个白痴了。而我也先是一怔,随之心头一热。近八十岁的冯苓植多少年来在这个浮躁、物质的环境里,不忘对文学的坚持,又不给别人添麻烦,苦守着一个文学家应有的清苦和寂寞,在草原上不懈创作。这就是他,一顶草原牧民的礼帽,一支不离手的烟,一张瘦削沧桑的脸,然而在他笔下的人性、神性、草原、天空、大地、太阳、牛羊……都是那么真实、生动,他的内心像草原一样,辽阔和干净。

(原载 2018 年 7 月 19 日《解放日报·朝花周刊》)

> **本文作者:**
> 陈先法,著名文学编审、出版家。

珍贵的肯定

苏 莉

2013年冬天,我去呼和浩特出差,我的事情很快就办完了,离晚上火车还有半天的时间,想着好几年没见冯苓植老师了,于是在《草原》杂志阿霞、杨瑛的陪伴下,去了冯老师的新居看望他老人家。

冯老师的作家派头依旧,晚上写作,上午休息,下午2点起床,3点以后才见客的。他的新住址我还没来过,居然在六楼,我们爬上去呼哧带喘,难为他们老两口怎么生活呢?

见到冯老我有些暗自神伤,他明显衰老了,头发都白了。仔细一想,我也有十年没见到他了。上次见到还是我刚生完女儿不久,他和邓九刚来通辽的时候。那时候他在戒烟,神情恍惚的样子,说难受着呢。这次看他还是烟不离手,说比原来抽得更多了,一天要三包了。

冯老师说,在内蒙古,有两个人可以一直不必联系,但是一见面就像一直没分开过,一个是乌热尔图,一个是我。一见到面,互相心里就都知道了,不必多说什么。一想的确是这样!尽管冯老师对我像父亲一样关爱有加,但是我几乎从不给他打电话,也不写信,更不寄贺卡,多少年过去,忽然过来看他一眼,还是那么亲近,一点都不隔膜。

想起1997年的时候,我随爱人去通辽生活,可是工作迟迟落不下来,无奈中我去呼市打工,在白雪林当时办的一个小报做编辑,和几个跑保险的女孩同租了一个一楼,过着呼漂的日子。一个人处境到了这样的时辰,是没有什么骄傲可言的，虽然我在呼市有亲有友，但是我也没怎么主动去联系。人的运气在衰败中不会吸引人们来关注你的，人在发出光彩的时候才会引人注目。所谓世态炎凉就是我们人生的基本底色，也无可厚非吧。

过了一段时间，我实在觉得孤单，没有可以聊天的人，想着去看看冯老师吧，以我从前感受过的他对我写作曾经的欣赏，想必不会太冷落我的吧。于是找了个时间过来看他，路上买了一袋苹果。冯苓植老师见到我非常高兴，得知我的情况又十分着急，说：走！我带你去见扎主席。立刻要带我去见当时内蒙古作协扎拉嘎胡主席。走的时候把我给他买的苹果还带上要送给扎主席，我说我另买吧，哪有把送人的礼物另外给别人的啊！冯老师说来不及了就这样吧，没关系！我也不爱吃水果，我哭笑不得只好听他的。他带着我打车去了扎主席的家，以我几年来在社会上屡屡碰壁的经验，其实已经明白一个作家协会主席的推荐恐怕不会有什么大用处。二十世纪九十年代末，文学的影响日渐式微，早已边缘化了，做一个文人多少让人觉得既可笑又可怜。但那天我还是非常感动于冯老师的真挚情怀，他让我觉得自己并非已经没有希望了，还有人在乎着我写作的才华，想要保护我免受生存的打击和磨损。

这样的肯定是极其珍贵的。

冯老师对我一直都像一个父亲，慈父。那年来通辽，其实他们完全可以直接从海拉尔参加完活动回呼市的，但是为了给我在通辽扩大影响，特意路过通辽待了两天。每每接待他的官员们问及他此行何意，他都说我这次是来看女儿苏莉的，苏莉是个达斡尔的优秀作家……

年少时不会懂得受到前辈如此提携对自己的人生意味着什么。1991年我写出《旧屋》时被好几家杂志退稿，无奈给了《骏马》杂志。没想到《骏马》发表之后被冯苓植老师看到了，他读完激动不已，当天凌晨写了一封长长的信给《骏马》杂志，表达他对这篇文章的欣赏之情。想起当年，我刚从南京大学的作家班回来，心里是苦闷的，更不知道自己今后的写作道路往何处去。不久之后冯老师的夸奖人尽皆知，从此小小年纪的我在内蒙古文坛有了自己的一席之地。

后来我的第一部散文集《旧屋》出版的时候，我请冯老师为我作序，他在序里说："我之所以被深深吸引，完全是由于作品自身发出的特有的魅力。尤其令我惊讶的是,初次出手她完全绕开了一些作家必走的弯路。不去猎少数民族的奇,不去标少数民族的异,而是从少数民族的质上去真诚面对生活。力避哗众取宠,只求淡雅无奇,但正因为如此,才从骨头缝里展现了达斡尔人特有的民族风情。……"

想想自己足够幸运,写了篇《旧屋》就引得冯苓植这样的作家对我关注提携,我自己又何德何能呢?不会巴结不会讨好不会混社会,只是把自己的真诚放在了文章里就有了这么大的奖励,让我从此有了自信,坚定了我继续写作的决心和信心。

那天下午,冯老师非要张罗着给我送行,我怕堵车再赶不上火车了,阿霞说她会送我去车站,于是冯老师找了他们家附近的一家干净小馆子,我们要了几个小菜,一起坐了两个小时。想起他那年来通辽,我们本想在一家大饭店请他们吃饭的,没想到老爷子一看那个饭店回头就走,说只喜欢吃面,让找一家小面馆……他对别人的体贴都在这些极小极小的事情上!

说说笑笑的,时间很快就到了。准备着离座了,冯老师颤巍巍地掏出 200 元钱塞给我,说快过年了,给孩子的。我鼻子一下就酸了,但是我没有推脱,很爽快地接受了,就像接受我自己父亲的祝福,又坦然又温暖。这些年,我学会了接受别人的帮助、大家的好意,不再那么坚持自己的自尊心,我是不是更成熟些了呢?是不是更强大了一些呢?生活对一个人可以有很多改变,但是不变的还是自己至纯的本性。

离开呼市,我一路在想,冯老师他们老两口可怎么办呢?冯老师的眼睛越来越不好了,要想看什么东西得拿个放大镜,医生认为这么大年纪了,没有做手术的必要了。他们正在犹豫是不是搬到北京女儿身边,搬迁有种种的麻烦,种种的不习惯,可是留下来,身边也没什么人照顾他们,毕竟是上了岁数的人了。看起来生老病死的事情总要发生,不会因为身份的不同而改变。我又在想,等我老了怎么办呢?也许跟他们是一样的吧!

想起从前,第一次见到冯老师的样子,我才 20 多岁,生涩地躲在人后。冯老师意气风发,好像穿了件格子的衬衣,特别时髦。那时候他顶多 50 岁,步履轻盈。阿凤给他介绍了我,我还记得他见到我很是意外,也许没想到我当时会是那么小吧。说着说着我已人到中年,历尽种种的坎坷和种种的磨难,但是始终不变的是对文学的热爱。文学伴随着我的生活,不时地给我力量和勇气面对很多不堪的时刻。这种热爱跟我早年受到的承认有很大的关系,跟冯老师对我的鼓励有很大的关系,有这样珍贵的鼓励和肯定垫底,无论遇到什么样的冷遇都不会动摇对自己的信心,十分笃定在自己的写作之路上,因为我已经明白,写作只是关乎自己心灵的事,能否被承认不是最重要的事情,一个写作者最重要的事情是自我的成长,其他交给命运。

那天我告诉冯老师,我都正高了呢! 冯老师只是笑笑,不置一词。也许在他的心目中自有一套评价一个作家是否优秀的标准。

那次见面之后又是多年过去,我一直在自己的际遇里沉浮,爱人病重至透析,我也一直没和冯老师联系过,偶尔有去呼市出差的机会,但是家里牵绊着,无法从容地多待哪怕一天,总是匆忙离去。几天前和冯老师通过一次电话,他告诫我说,要忘掉自己是个作家这件事,就做一个生活者,不要人云亦云,就写自己脚下的土地上的事情……我说我一直听着您的教诲,已经成功地默默无闻地过了半生,旁若无人、投入地生活着呢。

听说冯老师八十高龄仍然笔耕不辍,还出版了12卷的文集,我心里由衷地敬佩他老人家,此生就做了一个纯粹的作家,靠作品说话,从不取悦任何人,这是多么干净舒服的人生,也是我想成为的样子。

(原载 2019 年 1 月 2 日《解放日报·朝花周刊》)

本文作者:
苏莉,中国作家协会会员,达斡尔族著名女作家。

骆驼上晃荡到老的作家
——我的文学引路人

张卫平

1

认识冯苓植老师是十几年以前的事了。

其实在二十多年前我就知道了冯苓植这个名字。我当时在一所中专学校读书。那所中专学校位于中国北方一座干燥的城市里。灰色的楼房,灰色的街道,灰色的人群。不过学校的环境还可以,一排一排的串串红,逼仄清凉的石板小路,进去给人一种非常幽静的感觉。校园中间是一座四五层高的教学楼,教学楼周围植满了高大芬芳的丁香树。我们班的教室就在教学楼东头的最下层,我坐在靠窗户的一边,窗户外边就是那一簇簇简洁而又文静的丁香花了。丁香树枝枝蔓蔓非常茂盛,夏天的时候,一院的清香。我记得我当时还折了一支丁香花夹进看过的小说里,没想到几十年后,那朵丁香花竟仍然开在那满是哀怨的文字里。因为是中专学校,学习任务也不是很重,我每天除了完成学校规定的那点作业外就是奋笔疾书。那个时候寄稿子不用贴邮票,稿子雪花一样散发到全国各地,过不了多长时间,不用的退稿签也会像雪花一样聚落到我的案头。毕业回家的时候,大木头箱里除过杂七杂八的书外就是那层层叠叠的沮丧和失意了。

有一次去图书馆看书,记不清是《小说月报》还是《小说选刊》,有一篇描述沙漠风情的小说,离奇的情节,优美的语言,瑰丽的风光,使我很快陶醉在那奇美的意境里。看完最后一句,忍不住拍案叫绝!当读到文后的作者简介时,竟大吃一惊!一点也没有想到,这篇小说的作者竟是我的老乡——冯苓植!我们那地方竟会产生这么一位优秀的作家?我既吃惊又兴奋,心中也莫名地产生一种冲动,自己也要写出像冯苓植老师那样的好文章!中专三年,凭着一股傻劲和狠劲,一口气写下了几十万字的小说。顾不得花前月下,顾不得谈情说爱,写得昏天黑地暗无天日!与我一起写作的当时有十几个人,我记得我们还成立了文学社什么的,出版过油印小报等等。或许是被失败吓怕了,一个个打了退堂鼓,至毕业时,曾经火红一时的文学社无可奈何花落去,我成了那个势单力薄的堂吉诃德,披散着长发在文学的暗夜里与那架看不见的风车作战!现在回想起来,小小年纪的我能那么义无反顾地向遥不可及的文学走去,恐怕与那个未曾谋面的老乡有关。也或许正是心中装着那个温暖的名字,自己才一步步从遥远的过去走到了现在。

　　说来也奇怪,在学生时期实现不了的梦想,毕业后竟莫明其妙地梦想成真。1985年我毕业分配到一个小镇上教书。记得是1986年,我写的那篇《清清的河水》的文章发表在一份面对中学生的刊物上。当时很是热闹了一阵,各地的中学生寄来许多问候的信件。接着是小说《柳叶的歌》《二宝老人》《麻五》《童年的小摇车》《遥远的小屋》——这个时候我知道了那位老乡更多的情况。冯虽是代州人,却远在塞外工作。其时冯已凭着长篇小说《阿力玛斯之歌》《神秘的松布尔》、长篇游记《巴基斯坦纪行》、中篇小说《驼峰上的爱》《草原,悲欢离合》等作品而名震天下。我虽然没见过冯,但我不止一次地想象过冯:在我的想象中冯应该是一位又瘦又高的歌者,骑在骆驼上,浪迹大漠草原,一篇篇惊世骇俗的小说便在那高亢而又哀婉的蒙汉长调中脱颖而出……

2

　　等真正见到冯苓植老师时才知道自己的想象是多么的荒唐可笑!

我见到冯苓植老师是在1996年。其间我考上师范学院进修两年,毕业后回到教育局工作。或许是因为"会写"的原因吧,1995年底我又被调到县委办工作。

1996年,大概是到了秋天吧,有一天早上,刚到单位便看见画家张俊笑眯眯地上来,身后跟着一位精神矍铄的长者,个头不高,一身风尘。张俊是文联的负责人,张俊说要在小会议室开一个座谈会,座谈会的主角就是我一直想见而又没有机会见到的冯苓植老师!更让人惊讶的是,跟在张俊身后的那位长者竟然就是我仰慕已久的——冯苓植老师!

或许是被突然而至的喜悦弄得有些神情恍惚,那天的座谈会冯苓植老师谈了些什么我一概记不得,我只是一个劲儿地端详着冯苓植老师。他与我想象中的样子差得太远了:敦壮结实的身材,稀疏花白的头发,满是风霜的脸上写着不年轻的岁月。这就是冯苓植老师吗?这就是十几年前自己想象的那个风流倜傥名震天下的冯苓植老师吗?我一直恍恍惚惚。散会的时候,我鼓足勇气把自己刚出的一本小册子递到冯苓植老师面前,恳请冯老师给予指点。自己一直在黑暗中摸索,现在突然遇到自己仰慕已久的大师,哪能错过这个难得的请教机会呢?

那次冯老师回来的时间很短,散会后就回到了遥远的塞外。大概是到了这年的年底吧,有一天,我遇到文化局的局长、老作家任秉友,老任对我说,老冯来信了,老冯在火车上看完了你的小册子,夸奖你的小说写得不错。老任鼓励我要继续努力!我听了老任的话心里又温暖又感动。没想到冯苓植老师在火车上看完了我的小说,冯苓植老师上了年岁,颠颠簸簸的火车上怎样看呢?心里实在有些过意不去。不过说实在的,听了老任的话,自己还是高兴了好几天,作为一个写作者,还有什么比能得到自己仰慕的师长的肯定而高兴的呢?

第二次见到冯苓植老师是在第二年的清明节前夕。

冯家在历史上一直是古城代州的一大文化家族。从明至清,几百年来,冯家涌现了数以百计的优秀文化人才。兄弟进士冯云骧、冯云璛是清早期著名的诗人,冯志沂是清代著名的书法家,冯婉林有晚清第一女诗人之称,冯婉林的孙子董寿平是现当代著名的国画大师。冯苓植老师的爷爷是民国年间晋北著名的国学大师,曾任绥远省建设厅厅长、代主席……冯苓植老师这次回来就是要扫坟祭祖!

画家张俊告诉了我冯苓植老师回来的消息。上次让冯老师在火车上看书,这次自己一定要登门道谢!当然了如有机会能从冯老师的肚里掏腾掏腾那是再好不过的了。

冯老师住在政府的招待所。我去的时候是下午四五点钟。天气有些灰暗,黄昏的阳光将冷清涂抹得到处都是。那时候县里已经建起了雁门宾馆,破破烂烂的招待所已经很少有人住了,院子的角落里长满了半人高的蒿草。冯老师住在最后一排平房里。我进去的时候冯老师正裹在被窝里看书,屋子里没有暖气,两张单人床,一把破椅子,靠墙的桌子上是一台沙沙作响的14英寸黑白电视机,被窝也是很久没有浆洗了,或许是潮湿吧,屋子里散发着一股一股的霉味。我去了才知道,冯老师一家连上几位妹妹一共回来六七位。四个妹妹挤一个房间,他与儿子住一个房间。那天冯老师和我说了许多话,关于小说,关于写作,关于人生。我似乎一下明白了许多许多。小屋子虽然很冷,但我们交谈得却是那样的融洽而热烈。临走时冯老师又送我四五本他的著作,有《神聊》《猫腻》《窥视》等等。

我出来时天已经很晚了。街上灯火辉煌。我心里非常痛恨自己,一无用处是书生,自己竟没有一点能力让冯苓植老师住得好一些吃得好一些啊!冯走南闯北,又多次到国外讲学,他不是住不起高级一些的宾馆,他不是不懂得享受优越,他只要和当地政府提出来,他也会受到优厚的待遇啊!冯苓植老师的大哥是北航大的博士后导师,是世行贷款中方专家组专家,老人家为了家乡的教育事业多方奔走,为家乡引得世行贷款110万美元,现在代县比较好一些的学校都是用这些钱建起来的。老人回到代县后仍然与几位妹妹挤住在一个屋子里。这几位妹妹里有两位就是大学里的教授。与那些行尸走肉的家伙相比,他们更有资格得到家乡人的款待啊!

一样的朴素;一样的自律。

我那天回到家里很长时间难以入眠。

我从他们的身上似乎领悟到了些什么。

3

《神聊》是冯苓植老师的一本散文集。读完《神聊》，加之我与冯交往的深入，我对冯老师有了一个更全面的了解。

其实冯苓植老师也有不堪回首的过去。冯出生在抗日战争时期。冯的祖父当时是绥远省的建设厅厅长、代主席，因不满政府的不抵抗政策愤然辞官归去。做官多年却两袖清风，家里常无隔夜之粮。冯少年时期即尝颠沛流离之苦。新中国成立后冯的祖父以爱国人士被安排到内蒙文史馆工作。20世纪60年代病逝北京，被国家特许土葬八宝山公墓。冯苓植老师姊妹众多，特别是冯的父亲被打成右派后，家里生活极度困难。为了填饱肚子，冯的母亲不得不把糖菜渣拉回家食用。

冯苓植老师最早上的是内蒙简易师范学校，上这所学校不用花学费。15岁毕业后即到呼市一所小学校教书。微薄的工资既养活了自己又可以接济家里。其间开始儿童文学创作，19岁时由中国少年儿童出版社出版第一本小说集《骆驼上晃荡大的孩子》。此前不久，冯考上了内蒙师范学院，继续深造学习。也许是锋芒毕露吧，大学毕业后，冯被分配到沙漠深处的一所林业学校教书，随后被打成右派，下放到更加遥远的沙漠里放牧骆驼。

那个时候冯刚刚二十六七岁，这正是一个风华正茂的年龄。没有酒绿灯红，没有风发意气，眼前除过沙漠还是一眼望不到边际的沙漠。四周是亘古未变的沉寂，身边陪伴他的就是那些憨厚的、永远不会说话的骆驼！

我不知道冯苓植老师是怎样熬过那段艰难困苦的岁月的，也不知道他每天骑着骆驼出去骑着骆驼回来时又会是一番怎样的心潮起伏！也许正是这番苦难的岁月，让冯真正懂得了什么是苦难，什么是生活！苦难对于一个有志于文学的人是一笔不可多得的宝藏。在无边的孤寂中，在无边的失望里，是骆驼站在了他瘦弱的身后。冯对骆驼有种别样的感情，他的许多描写动物的小说里，总会出现一峰高大的、善解人意的骆驼！连他名扬天下的那篇小说，也是《驼峰上的爱》！多少年后的今天，冯还是对骆驼情有独钟，他说他对骆驼的了解远比对人的了解多！

冯人生的转折出现在一次偶然的机会里。当时他所在盟的宣传部长到他放牧的牧点下乡,部长还记得这个声名响亮的少年作家,部长一句"草原上不缺放牧的,缺的是作家"让冯苓植离开了孤寂的沙漠。冯被调到所在盟的歌舞团里。虽然不是专业写作,但这毕竟是一个与文化相关的工作。他写过材料、编过快板、拉过二胡、做过音响、当过群众演员……他什么也是又什么也不是!他又陷入一个新的苦涡里。

也许小说是他逃避苦难的唯一选择。何以解忧,唯有小说;何以快活,唯有小说!他生就是一个写小说的坯子!文化还没有解禁。冯躲在家里开始了尽情的抒写。尽管这是偷偷摸摸地写!似乎想说的话太多,似乎是压抑了十几年后的一次决然的井喷!几十万字的小说以平方的速度快速递增。

1977年整个中国天空上乌云开始散去。幸运的雨露也终于洒向了这棵幼弱的小树!人民文学出版社的编辑来到草原组稿。他们慧眼识珠,一眼就看准了尽情抒写的冯苓植!冯搬来了厚厚的书稿。《阿力玛斯之歌》很快出版,一发行就是几十万册,一夜间席卷全国!这是冯的第一部长篇小说,接着是《神秘的松布尔》……短短几年时间,连续出版三部大部头长篇小说,而且一部比一部火。那个时候还没有普及电视这个新鲜事物,广播是最现代的传播手段,于是千家万户的广播里便开始了冯苓植小说连播。

冯的夫人姓戴,是一位美丽善良的女人。三十多年后,当戴老师回忆起那段苦涩而又幸福的岁月时,嘴角仍然流露着一丝难掩的欣慰。戴说,那时为了不耽误他的写作时间,一大卡车的炭,都是我一个人挑回家。

二十世纪八十年代是个文学的年代。冯在回忆起那段岁月时说,当自己刚刚尝到一点青年作家的甜头时,时代已把自己推到了中年作家的行列里。反思文学、改革文学、寻根文学……你方唱罢我登台,一个个的才华横溢,一个个的意气风发。冯经过苦苦的思索后又开始了新一轮的探索。我曾在偶然的机会得到冯苓植老师四十岁左右的一张照片。那是他和家人的一张合影,合影中的冯精神抖擞目光如炬,冷傲的脸上是一股舍我其谁的气势!

这是冯的第二个创作高峰期。动物小说、市井小说、京味小说、荒诞小说……轮番上手,《轭下》《驼峰上的爱》《虬龙爪》《落草》《黑洞》等等一大批优秀的中篇小说喷涌而出。其中《驼峰上的爱》以其别具一格的特色而征服全国的读者,摘得1983年的全国中篇小说大奖!

此后冯一路走来。又先后完成了长篇小说《神驹》《狐说》。2003年,年近七十的冯又出版了四十余万字的长篇小说《出浴》,并获得上海长中篇小说优秀作品大奖长篇小说三等奖。

从热血青年到白发老翁,冯,还在写着……

4

晚年的冯老师似乎对家乡格外的关注。每年的清明节、十月初一都要回来,我一年里也能有两次向他当面讨教的机会。随时点拨、彻夜长谈……冯知道家乡有一批热爱文学的青年后非常高兴,电话询问、当面鼓励,动用自己广泛的社会资源为家乡后学推荐稿子。为了解决出书难的问题,2000年,2004年,冯老师连续两次联系出版社,组织出版了两套大型文学丛书,使黄风、王国伟、庞鹏远、杨遥、白云、乔进波、一梅、高建峰等众多青年作家脱颖而出……

对于我,冯苓植老师更是手把手地教。2004年我接受了《走马雁门》的写作任务。当时冯正在南方休养,我与冯北京相会后,冯即研究我的写作提纲。我当时还没有从另外一部书稿中跳出来,思维受到很大的局限。冯一眼就看出了我的不足,让我换一种思路写,并给我讲了许多。我好像找到了一种叙述的感觉,便连夜写下新的提纲,回到代县后一蹴而就!

2005年年底我有幸到文学院工作。远在塞外的冯苓植老师听到消息后非常高兴,嘱咐我要好好工作好好写作。

冯老师年龄大了,身体也越来越差,特别是眼睛,由于用眼过度,左眼几近失明。我几次邀请他再回山西看看,冯老师都因身体原因没能回来。

我已有两年多没见到冯老师了。

想起这十几年来冯老师的一次次教诲,心中竟一时找不出一句合适的话来表示自己的谢意!

遥望北国,天空中有一颗闪烁的星。

我知道那颗星的下面就是冯苓植老师。

衷心地祝愿他老人家身体健康生活快乐!

2007 年 10 月 9 日夜于太原

(原载 2009 年第 1 期《雁门关》)

本文作者:
张卫平,中国作家协会会员,山西文学院院长。

与耄耋作家的一席对话

王 欣

问：冯苓植伯伯！您让我和建华这样的年轻人来编选这部选集，目的何在？您放心吗？

答：放心！我已快至耄耋之年，太老了！一方面是想借你们年轻人之力为我翻箱倒柜从各种文学期刊中寻找相关旧作；另一方面是更想借你们年轻人的眼，使我这个老糊涂能更客观地与时代"接轨"！尤其是你，不仅具有哲学社会学硕士学位，而且还是曾与我多次促膝交谈的小老乡。哲学似更能理解动物小说，故远天远地地把你从太原师院请来了。

问：那既然苏叔阳先生亲自为您作序并题写书名，您为什么不拜托他来编选呢？要知道，他在我们年轻人的眼中可是一位著名的大作家，改革开放后他的剧作《丹心谱》曾引起过轰动性的效应！

答：不行！我俩同岁，都已近耄耋之年，太老了！他之所以愿为我作序和题写书名，纯属是为了近三十五年的友谊！在我的心目中，知名不知名是次要的，我更把他看成是一个好哥们儿！

问：三十五年？其中必有一些好玩儿的故事吧？

答：有！我常和老朋友说，苏叔阳是一个才华横溢的人，也是一个极不善于利用自己"资本"的人！凭他改革开放初期"一炮打红"的成就，即使不能成为文坛上的马云，起码也应在文艺界混个一官半职。但没有！更难能可贵的是，他至今仍乐知天命地保持着一颗赤子之心。

问：太笼统了，请您说得更具体点？

答：我只记得那还是二十世纪八十年代初期，我头一次应邀赴四川参加个大型笔会。当时作家界的名流几乎都来了，只有我是个来自远天远地的"不入流"。多亏了苏叔阳的"刮目相待"，才使我土头土脑地摆脱了尴尬。后来我俩又遍游了巴山蜀水，随之又乘船沿长江顺流而下。在武汉他带我认识了著名作家白桦，在苏州他又带我拜访了当代文学大家陆文夫等，使我这个只知牛马骆驼羊的野小子茅塞顿开，文学视野也变得豁然开朗起来！

问：但这又和您的动物小说有什么关系呢？

答：有！我曾向他问过：对官场文化我一无所知，对人际关系我又极其恐惧，那我今后写作该怎么继续呢？他回答：人常说性格即命运，你就依据你的性格特点找你既不恐惧而又熟悉的写呗！

问：您就开始写牛马骆驼羊了？

答：当时也还是尚不明确，只是在四处碰壁一番之余，最终写出了《驼峰上的爱》，在《收获》发表之后，才若有所悟。谁料又是这位哥们儿首先为我喊好，遥望草原远距离地为我点赞。不仅称之为是什么"杰克·伦敦式"的，而且还专门为单行本的出版写了序。有他这番"呐喊助威"，从此我似乎就和动物小说结缘了。

问：那等于说因动物小说您二位的缘分更深了？

答：也可这么说，却又君子之交淡如水。三十多年来我曾赴北京无数次，但他却从未请我吃过一次饭。同样，他来内蒙古的次数极少，我也从未请他吃过一次饭。从某种意义上讲，我俩均互相无所求，故反腐倡廉我俩早已自觉做到了。进入老年甚至连见面的机会都少之又少，均觉得心里只要有对方就足够了。直到这次出版社要出这部动物小说选，这些陈芝麻烂谷子似的往事才又对你抖搂出来了。人老了！回忆往事既感到欣慰，又有些伤感，但对友情的回报却永不能忘！

问：这是老一辈的人生哲学，那我和建华又该怎么对待这次选编呢？

答：放开啊！前面已经说过，伯伯主要是想借用你们那双年轻的眼睛。我们已经太老了，与外界的接触也太少了。而你们正处于"眼观八方"的激情岁月，对纷繁的现实社会比我们看得更全面,对文学界的现状比我们看得更清楚,对当今读者群的所需比我们看得更一目了然。尤其是你是取得哲学硕士学位的,更应以哲理性的目光替老头子们来编:可取、可舍、可删、可改!只要你们年轻人满意,我老头子就满意。故不论老小还是那句话:君子之交淡如水!就请和出版社年轻的编辑合作放手去选编!

问:这就是您说的全部?

答:还有一句话:拜托年轻人了……

(选自《冯苓植动物小说选》,远方出版社 2016 年 11 月版)

本文作者:
王欣,哲学硕士,现就职于太原师范学院。

冯苓植：七十而从心所欲

施建新

写作，就是一种谋生的手段

16 岁时，冯苓植在上海的一家杂志上发表了自己的处女作，距离现在已经整整 54 年。54 年来，冯苓植笔耕不辍，从动物小说、市井小说到京味小说、荒诞小说，无不大放异彩。

年少时就随祖父来到内蒙古生活的冯苓植，工作生活都没有离开过内蒙古。对于大草原，他充满了感恩，"大草原给了我太多的恩惠，我觉得我应该为她做点事儿，让外面的人去了解她"。

"广袤的大漠，死寂的沙海，雄浑、静穆，板着个脸，总是给你一种颜色看，仿佛大自然在这里把汹涌的波涛、排空的怒浪刹那间凝固了起来，人在其间顿时显得那么渺小，我在这死寂的世界里变得又聋又哑，放驼之余，每日里只好和沉默而又神秘的沙原蜥蜴打交道……" 20 世纪 60 年代初期，正值年少的冯苓植被下放到腾格里沙漠进行劳动锻炼，那是一段痛苦的经历，疲累时，写作便是他的港湾。虽然之后冯苓植因写作的特长被调到了巴彦淖尔歌舞团从事编剧，但他的工作似乎并不那么单纯，如同他在《天地大舞台》中写道："从音乐、舞蹈、戏剧，乃至舞台灯光效果等，处处有我，处处又不见我。"然而，即便如此，垂暮之年的冯苓植却坦然写就：《我从荒漠来》。

改革开放以后，作为第一批出国访问的作家，冯苓植的作品曾被译作英、法、日、乌克兰等多种文字,然而这个倔强的老头,却固执地不肯多谈自己,"写作之于我,就是一种谋生的手段,我甚至算不上是严格意义上的一个作家"。

享受一种孤独的美,寂寞的美

当华美的叶片落尽,生命的脉络才历历可见。对于一个七旬老人来说,年轻不再,健壮不再,容颜不再,遗留的都只是生命最后的真谛,干净、清晰、历练,用冯苓植的话说,享受一种孤独的美,寂寞的美。下放时的生活,亦不再是辛苦,而是几十年来沉淀的美,是逝去的充满激情的青春年华:"那时候年轻,年轻是最能够适应环境的,最容易接受新鲜事物,对那种异域风光、少数民族的民俗民风特别感兴趣,如果现在去就晚了,骆驼骑不上了,不会骑马,手扒肉也不敢吃。我在家滴酒不沾,那个时候,为了和少数民族打成一片,也算是个英雄好汉。年轻是个宝。"

《驼峰上的爱》《虬龙爪》《狐说》《阿力玛斯之歌》《出浴》《冯苓植小说精品选》《沉默的荒原》《落草》,这位"文坛上的游牧者",一生与大漠相连,与草原为伴,"以草原为发射架,把自己送上了文学的轨道",而今,提到自己的著作时却说:孔子说,七十而从心所欲,就是应该明白道理的时候了,连老百姓都知道好汉不提当年勇,何况还没有多少勇,只是一个70岁的老人。

有句话说,作家是孤独的,然而冯苓植却极力否定。他的解释很朴实,我有老婆、孩子、孙子,怎么会是孤独的呢?但是随即他又强调,"在创作的道路上必须是孤独的。列宁说过,作家即使到共产主义也是个人劳动者。列宁早就有这个预言,还是值得深思的。创作是个体劳动,有它的思想的侧重面,好的作家,都应该是这样的。曹雪芹就是相当寂寞的,李白如果不是寂寞的,发不出那么多狂呼来。"

我还算是一个传统的知识分子

"长江后浪推前浪,对后起的作家,第一,特别支持;第二,看过一些现在年轻作家的作品,真是自愧不如;第三,中国的文学,也包含着贪腐的泡沫在内,经过一个阶段会澄清的,最后还是要寄希望于年轻一代。七十岁以上的作家,多少都受到了特定历史时期的扭曲,这样的作家并不在少数。你不要靠一个残疾人打破世界纪录,还是要让在改革开放中成长起来的年轻人,承载中国文学的未来。我们就是匆匆过客,为什么可以说七十而从心所欲呢,就是因为我们知道是匆匆过客。"对于文学界的一些后起之秀,冯苓植寄予了很大的厚望。

冯苓植的一个书柜上,放着一个旅行箱,里面放着的,是他创作的厚厚的手稿,整整齐齐地摆放在里面,没有一处修改过的地方,整整齐齐的方块字,"我不会用电脑,一辈子都是用手写字,一天写的东西不多,也就一千多字,但是我从来不让自己的稿件上有勾画的地方"。

偶尔的时候,冯苓植坐在摇椅里,看着窗外,也会陷入深深的沉思,"你如果要是不在生前把心灵打扫得干干净净的,你总是要有一天很后悔,干干净净来,干干净净去"。对于年轻时的一些事情,冯苓植有着深深的忏悔,他给自己的定位是一个"中国的传统知识分子""我还很懂得自爱,我害怕违背良心做一些事儿,我还是对自己说过的话、做过的事儿念念不忘的,包括一些忏悔的情绪。有些东西就是自己在特定的历史条件下必须要那么做的,但是起码应该再沉默一些,还是有一种忏悔"。

他不谈理想,不回忆过去,不享受写作,在他来,人生的每一个阶段都有它固有的内容,也都有美好的地方,而今垂垂老矣,就应该享受"这种孤独的美、寂寞的美",从事一生的写作事业,"已成为一种惯性",即使再来一次,"还是会如此选择",写作让他"尝到了别人难以体会的那种内在快乐。别人看你是寂寞的,你其实很充实,别人看很孤独,你其实有很多小说创造力永远在陪伴你心中的那种跌宕起伏、喜怒哀乐。你会遇到抵抗,把她写得那么美好,那么圆满,完成自己的心愿。是人物就会抵抗你,就不完满,她就要走另外路。作为一个作家,一般的作家或者新学写作的咬牙就按照那个意思就那么写下去了,但是真正写了一辈子,你就会发现,如果那么写,好像后面就无法接了,就要断线了,就要出现各种问题了,整个故事就被破坏了。有时候,不是你在写故事,你在写人物,可能是里面的人物推动着你在完成一个故事,特好玩儿的一个事儿,为什么不玩儿下去呢"。

上午一碗面,下午一个馒头,和名利有什么关系呢

这个古稀之年的老头坐在老旧的沙发里,跷着二郎腿,手里拿着一支烟,手肘支在扶手上,时而晃动下。为了清静,把家安置在了顶楼,爬楼梯成了他独特的锻炼身体的方式。

夜深人静,正是冯苓植开始工作的时候。他的生活很有规律,规律到每一个时段都做出了规定,中午12点起床,吃饭,下午2点开始写作,5点下楼锻炼身体,7点看看《新闻联播》,之后睡觉到9点,起来后再看看晚间新闻,然后开始写作,直到凌晨4:30结束。

提到名利,他说:"我现在上午一碗面,下午一个馒头。什么名,什么利,和这个有什么关系呢。"贤惠的老伴儿,可爱的孙子,对于冯苓植来说,这样的晚年生活是绝对的天伦之乐——"你把你的心灵扮成什么样,它就是什么样,你把它想象成田园生活,它就是田园生活。"

冯苓植的书桌旁边挂着一幅书法作品,上书"昼念观世音,夜诵阿弥陀",但是提到是否信仰佛教时,老头倒也坦然:"按说党员是唯物主义者不应该信仰宗教,但是毛主席在枕头旁最长放的一本书是《六祖坛经》(六祖就是慧能法师)。你不要把佛教简单地看作是一个宗教,它更多的是一个哲学体系。"

《忽必烈大帝和察苾皇后》是冯苓植正在创作的一部历史小说,整整六年的时间,查阅了古今中外的历史书籍,用三年的时间夜以继日地创作,终于即将完成,这部作品是冯苓植献给内蒙古的礼物,"大草原给了我很多的恩惠,我应该为她做一些什么"。

冯苓植有一个打算，80岁以后，学学书法、绘画，"以后有时间的时候，写一本自传，总结一生，书名就叫《瞎活》。某种意义上讲，我这一生就是瞎活，不是我要瞎活，是那个历史特定的条件逼着你瞎活，那个时代，传统的道德被彻底地推翻，新的道德又建立不起来，你不瞎活怎么办。"

（原载 2010 年 11 月 25 日《新传媒·生活周刊》）

本文作者：
施建新，《内蒙古晨报》原实习记者。

听冯苓植聊天

梁　人

同冯苓植先生相识,已有十几年的光景。其间,听他聊天有过三次,每次时间都不很长,人也不很多,但话题脱俗,味道特别,因之印象也异常深刻。

第一次是20世纪80年代初,我大学刚毕业,因爱好写作,算是文学界一个不入流的小"票友"。一日,在散文家周彦文先生家中讨教,一会儿,推门进来一位又黑又瘦、个头一般、细眉细眼、一脸倦容的中年人。周告之我:"这是作家冯苓植先生,刚从巴盟来。"没等我答话,苓植先生抢上来握手道:"你好,认识你很高兴。"

举止、言谈都十分礼貌而谦虚,全无我想象中作家的那份骄矜和派头。当然我知道,冯苓植那时已因长篇小说《阿力玛斯之歌》在人民文学出版社出版而一炮走红,为此,中央人民广播电台曾配乐播出该作品长达数月。其中篇小说《驼峰上的爱》也已在全国获中篇小说大奖,可谓茅庐既出,名满天下。另外,也断断续续知道了他的一些经历。祖籍山西,生在四川,长在北京。上学在呼和浩特市,工作在巴彦淖尔盟歌舞团。"文革"时受了不少罪,吃了不少苦,经了不少哭笑不得的事。也许正因如此,他的创作才情在"四人帮"被打倒之后如流泉一样喷吐,赢得了区内外广大的读者。

待重新坐定后,苓植先生便迫不及待,一脸虔诚地对周彦文说:"来您这儿是想要点沙漠的资料和您写的沙漠散文,我想抽空儿好好读一下。"

因散文《愿借明驼千里足》而引起轰动的周彦文先生摆手道:"您太客气了,沙漠资料倒有一些,但我的那些东西不值一提。"

接下去，苓植先生讲起了沙漠的故事，从他自己放骆驼六年，伸手便可以从衬衣里摸几只虱子开始，讲沙漠的艰苦环境和风暴的肆虐无常，讲沙漠的历史和民俗的积淀，讲沙生植物的姿趣和动物习性的养成。撒哈拉、塔克拉玛干、巴丹吉林、毛乌素、库布其，听得我坐在一边直发愣，不但如身临其境，而且充满了神奇和诡谲。正值盛年的苓植先生不仅记忆力好，讲话幽默生动，感染力强，人也如同他的作品一样，热烈而不疏狂，率真而不浅薄，幽默而不油滑。那种热爱生活的态度和追求学问的精神以及谦虚好学，不耻下问的品格的确令人没齿难忘。

后来，苓植先生将这一时期的他和作品概括为"游牧作家"与作品。

第二次是在1992年秋天，一个黄叶飘零、秋风萧瑟的日子。我因一件工作上的事须拜访冯苓植先生家，轻轻叩门之后，稍息，前来开门的竟是苓植先生。虽十年不见，但人还是旧模样，只是华发满头，微笑之中仍带着几分倦意，我知道这是长期伏案写作带来的必然结果。

办完事后，我们便开始聊天。我说："十年没见到您，但您的作品读了不少。透过字里行间，可以看出您总在不断探索和追求新的东西。在一片文人下海弄潮的喧哗与骚动中，保持这样一种甘于寂寞的境界，十分难得。"

苓植先生轻轻一笑说："其实，一个作家的才能发展不是无限的。正因为这样，有的作家写出成名作、代表作之后不写了，也有的作家自觉不自觉地想尽千方百计突破自己，追踪时代，寻求新的视野和创作内容；还有一些作家在市场经济影响下，下海谋生。这都很正常，因为每个人都在追求自己理想的生活位置和社会角色。"

接着，苓植先生又说："上回咱们分手后，不久我就调到自治区作协当专业作家，后来又成为一级作家和作协副主席。但是，头一天宣布任命，第二天我就写了辞去'副主席'的报告。我不是小瞧那个'副主席'，而是觉得自己的角色是作家，兴趣和才能在文学创作。另外，迄今为止，我还没有写出自己十分满意的作品来，这样，必然迫使自己老老实实搞创作，清清白白去做人。"

这番自述，我相信是苓植先生的心里话。事实上，近年来他在由少数民族题材创作转向文化题材创作之后，接连不断有作品获奖，既高产又高质量。获国家级、省级、地市级作品奖，名目繁多，连他自己也搞不清有多少次。中篇小说《虬龙爪》《落凤枝》《落草》《大漠金钱豹》等在《收获》《人民文学》杂志发表后,在海内外反响强烈,引起不少中外文学评论家的瞩目。

面对成功,苓植先生是异常冷静的。身在闹市,静默体察、深悟生活、勤奋笔耕。忍受孤独与寂寞,奉献美文与佳话,这样一种境界与精神,应当说在作家队伍中是不多见的。但是,苓植先生做到了。他写得很苦,可苦得有味,他活得很累,但累得有"道",分明是他笔下那头吃苦耐劳、无私无畏的骆驼!

1994年9月,暑热刚刚过去,秋雨挥走尘埃的一个日子,我又一次推开了苓植先生的家门。赶得正巧,他刚从北京《人民文学》杂志领奖回来,尽管旅途劳顿,但依然精神饱满地同我聊起了天。

话题是从抽烟开始的。苓植先生拿出一盒内蒙产的"大青山"卷烟说:"就抽这个吧,我向来不抽外烟,也不抽高档烟。"这一点我是深知的,因为第一次见他时抽的是"上海"烟,第二次依然如此,这一次虽换了牌子,但"大青山"不过是中档烟,在呼市早已大众化。

问题是苓植先生今天是世界名人,其经历与成就被英国剑桥传记中心收入《世界名人录》、同时也被剑桥收入《国际作家辞典》第12版;另外,被美国国际传记中心收入《第三世界名人丛书》。还应邀出席了在南非召开的国际第17届艺术交流大会,内罗毕世界笔会,英国世界名人大会等,并曾在日本讲学长达半年多,为此,日本还专门组织了冯氏作品研究会。可见,他的创作地位和影响远非一般作家所及。但让人敬服的是他的生活竟如此出奇地俭朴。

"近几年,国内出现不少大款斗富,还有些人慷国家之慨,摆什么'豪门宴''黄金宴',而您却依然保留着我们民族勤俭节约的优良传统。按说您是完全有资格享受高消费生活的。"我说。

苓植先生平静地淡然一笑:"作为我来讲,这样做,原因有三条。一是上有老,下有小,四世同堂。所以,多年来,尽管有不少稿酬,但绝没有致富,不得不俭朴。二是尽管我已是什么'世界名人',但从来就觉得自己是普通老百姓,用不着有了名就去摆功摆谱。三是尽管作为作家我去过世界上不少国家和地区,但对中国传统文化感情深厚。因此,抽烟也愿抽我们自己的'土特产'。"

"看起来,我们民族优秀的传统文化精神不仅应当在口头上,更应该在行动中继承和借鉴，特别是从生活的一点一滴做起。"我接着说。

苓植先生又笑着摇摇头，"作为我个人的操守也好，德行也好，您的评价过高了。但作为中国传统文化，我是的确喜爱的。这大概与我自小出身于书香门第有关系。当然，传统也有正负面的接受，所谓正面就是说我在生活中和创作上可能是勤勤恳恳、吃苦耐劳的。所谓负面，则可能不合于某些时尚，为世人所讥。"

"我觉得，一个作家不一定要所有的人去理解，但只要自己诚信如一，担起一个文化使者的道义，认准一条路走下去，必然会在传统的基础上有新的开拓和创造。"我插话道。

"你的理解有道理。改革开放以来，波澜壮阔的社会生活给作家提供了广阔的创作空间。因此，我们一方面要对传统有一个扬弃的过程，另一方面对未来也要有一个思考和憧憬的过程，只有把握好这双重的过程才能够完成自己的使命。最近，我正在创作的长篇小说《欲壑》正是就此展开的探索。"

说完，苓植先生从书房取出《欲壑》的手稿，让我翻看。一手流利的钢笔字潇洒有力，不见涂抹痕迹……

先生以 50 多岁的年龄，孜孜不倦，夜以继日地伏案创作，苦在其中，乐在其中，不正是我们民族优秀文化传统的延续和鼎新吗？

聊天结束了，先生一直从四楼下来将我送至院中，此时正是秋阳西斜，凉风习习的时候，天边飘过了一抹晚霞，映着他归去的背影，我猛然又想到了他笔下的那头骆驼以及那驼峰上的爱……

（原载 1994 年第 6 期《党建与人才》）

牢记乡愁的走西口老作家

冯 觊

早在20世纪90年代初,家住内蒙古的他就开始了寻根之旅,在把爷爷冯曦公从八宝山移葬家乡代县入土为安后,就只身四处拜祭冯家先人祖墓,寻访冯家遗址。老人后来回忆说,之前他是从族谱看到过冯家的辉煌,小时候从爷爷父母那里听说过许多冯家的故事。那次祭拜和寻访,特别是看着被改作学校的祖祠遗址,点燃了他一定不愧对祖宗的激情。于是从祠堂入手开始了艰难的20年奔波,只身一人为祖宗争一席安身之处——索要祠堂。这在那时需要多么大的勇气和智慧?要面对多么大的风险?老人全然顾不上这些了。他一辈子搞文学,写小说,对法律很少涉及。这回他不顾年老体弱研究起国家有关法律法规。游走有关部门,拜访有关领导,言之以理,动之以情,数次奔波于内蒙山西。甚至专门到省城请教咨询有关专家。据老人说,馒头啃过,肚子饿过,冷眼受过,好话求过。一次为等一位领导,在门房整整坐过一上午。年复一年,老人就这样努力着,奔波着……

精诚所至金石为开。终于在一些开明领导的支持下,学校辟出三间教室一个小院做了祠堂。据说那天老人喝得酩酊大醉,祖宗有了安身之处,十年辛苦总算有了回报,怎能不高兴?别具一格的他,把自己关在一间小旅馆里,苦思冥想好几天,出人意料的搞出了一个冯家的新式祠堂——冯家历史展览。曾经支持他的领导看了说,这样我们更放心了。原来这些好心人,对归还这几间教室心里还有点不踏实。后来在老人的奔波努力下,政府索性决定现大队所在的原冯家知园等遗址不得开发，留作县城恢复文化设施建设用地。实践证明这决定是英明的决定！当年的这些领导是有远见的领导！

从此流寓五湖四海的冯家人七十多年来有了一个祭拜祖先和寻根的落脚点。

月是故乡明，人是故乡亲。

虽说漂泊在外六十多年了，他不但记着祖宗，也没有忘记故乡。为了推动故乡的文化事业，他帮助许多热爱文学的青年走上了文学创作之路。2013年我去代县，一进门，在他住的宾馆房间挤满了年轻人，很多人拿着自己写好的文章让老人指导。后来一了解，几年来不少年轻的文学爱好者都拜他为师，多称他为老师。现在那一批年轻人有的成为著名作家，有的成了山西《黄河》月刊的主编，有的成了县委办主任或不少局的第一把手。为了拯救弘扬冯氏家族优秀文化，2013年他把自己关在家里抱病苦战八个月，研读族谱，撰写出二十多万字的《雁门关下话冯家》。要出版了，他却做出了惊人的决定。一是不署自己的名，二是把原来写自己的一节拿了下来。我们好说歹说，他才同意只在后边的折页上署了个总咨询。写自己的那一节说什么也不让放。我问他，为什么写总咨询？他说，就是有些事问过我。冯骥才先生亲自题写了书名，还说，不满意再写。

2014年，老人又多方征求意见，与各地冯家宗亲沟通，提议成立了雁门冯氏家族文化研究会。研究会成立前一天他从呼市经代县急匆匆赶到繁峙，那天正是中秋节。中午到繁峙后，我原准备请老人到我家吃饭，老人说什么也不想吃，想睡一觉。我从家里给拿来了饭，一路的颠簸老人一口饭都没吃。晚上中秋团圆之夜，他和后来从太原赶来的冯明在我家吃了晚饭（现在想起来，饭菜太简单，太对不起他们了）。舍弃与家人团聚的中秋佳节，奔波千里，为了什么？为了这个家族。几年来老人视这个研究会为自己的孩子。在研究会他谢绝了大家选他当会长的提议，只愿是一个会员。连开会吃饭坐座位他都常常不坐主席，这令我非常敬佩。令我们多少人自愧啊！

故乡一直是他念念不忘的。2016年，他和我说，咱们的根在代县，研究会还是迁代县好。我当即双手赞成。为此老人又多次与代县县委宣传部、政府联系沟通，于是2016年顺利回迁，完成了老人落叶归根的夙愿。之后他抱着宏大的目标,要为冯氏文化园拼搏了。见书记,会县长,写方案,看地址,忙个不停。快八十岁的老人了,身体报警,病倒在宾馆。身体稍有精神,为不给别人添麻烦,病着折戟而归。2017年他又上路了,为了给家乡的旅游事业做贡献搞点资金,又一次只身奔去北京,谁想一住就是半个月,等啊等,为了等一个故乡的答复。他是夜里工作狂,白天睡几个小时的觉,生活环境的改变,老人又一次病倒在宾馆,只好再次折戟而返。为了搞好研究会去年的换届,他给各方面的人做工作,为大会的顺利召开做了大量工作。开会时他又一次病了,开会前一天他打电话提醒我注意几个事,我们及时做了准备。他是名人,可他又是靠退休工资生活的穷人。要不他也不会给爷爷出本诗集而为资金发愁。抽的是廉价的内蒙"大青山"烟,吃的经常是一碗面条。

这就是一个游子对故乡的情,对家族的情!身在西口外的他,心里装着故乡和冯家。去年我决定从研究会退下来,老人一听,很反对。质问我说,研究会就是咱们一起栽的一棵小树,你不准备浇水了?可见研究会在他心里的地位。所以他容不得一丁点对研究会的指责,甚至容不得一些不同的意见。有人不理解,与他一道走过来的我理解。只要我们沟通到位,他会以常人少有的勇气改变自己的看法。令我记忆犹新的是,他曾为打电话时间长了耽误了冯迪接孩子而千里写信道歉。

在寻根的路上,他是先行者,实践者,引领者,他是冯家的一面旗,一面凝聚族人向心力的旗!这面旗不能倒,研究会需要他,冯家更需要他!

本文作者:
冯巍,山西省繁峙县原教育局局长,现为家族文化研究学者。

游牧作家与一个青年的文学情缘

张志刚

我很早就听说内蒙古有一位著名的老作家,那就是被各省的同行们称为"游牧作家"的冯苓植先生。

第一次见面,只能称之为偶遇且错失良机。那是在 2012 年年底,我去内蒙古通志馆查阅有关爬山歌王韩燕如的资料,正欲进门,便见得一位长者夹着一本厚书从馆内匆匆而出。和通志馆主人一打听,方知这位长者便是颇受青年们敬重的老作家冯苓植先生,他腋下夹着的是一部《刘映元文集》。失之交臂,甚感遗憾。但再回头望去,似也只能望见老人家在风雪中远去的背影。

这次的"失之交臂",更激发了我渴望和这位老作家相识的愿望。后来多亏有了一次约稿的机会,我作为《呼和浩特文艺》的年轻编辑,终于有借口得以向老作家讨教了。但到了老人居住的小区却使我颇感惊讶,为什么年近八旬的老人偏偏要住在顶层六楼。还听门房的人说这位老作家一年也难得下来一次。是笔耕不辍?还是个性使然?简直是个谜。

后来听知情人说才得知,老人自从退休之后,便顺应天命,足不出户了。"躲进顶楼成一统",远离文坛,悄然过起了退休生活。与世无争,超然是非,近二十年来他好像就这样自得其乐地隐居着,一年也很难下几次楼,总怕给组织和朋友们添麻烦。不但在文学圈子里难觅他的踪影,而且就连同一大院里的人一年也难得见上他几面。我因久仰其名,是想借约稿向老人家讨教一番,但又唯恐这位蜗居顶楼的老人生性孤僻,离群索居难以接近,心里颇踌躇了一番。可又闻听这位老人虽然在达官贵人面前不善言辞,但对年轻人却是格外热情,甚至在他的开导下,一些后辈曾在文坛上斩获良多,为此我惴惴不安地踏上老人蜗居的顶楼了。

他会对我这样的文学青年怎样呢?

一进家门,果然是一位满头银发的慈祥长者,不但对我热情欢迎,而且还为了解脱我的拘束这样说,"谢谢你来,接触年轻人,就等于帮助老年人接地气"。"这是你戴姨,我老伴儿。"几句话,就缓解了我的紧张情绪。

交谈中知道我当时是"单身"一人,回去还得自己做饭,冯老师和戴姨热情地留我吃晚饭。冯先生家的餐桌安放在厨房,三五人吃饭一般都在这里。待我坐下,老先生笑眯眯地指着这个座位说,穷家寒舍,客人来了都在这里,吃的也是家常便饭。后来,我才感到这张椅子具有的神奇力量,这里一定坐过不少有名的作家,他们在这里共话文学,探讨人性,可谓谈笑有鸿儒,往来皆大家,我一个无名小子,恍惚间怎么竟然也坐在这里了?没多久,戴姨就端上来饺子了。边吃边聊,我这才得知冯老师是典型的"夜猫子",那么多作品都是在夜深人静时候写出来的。他上午休息,下午三点以后才见客人。冯老师晚上也不多吃,我还从盘里夹饺子,他已放下碗,在旁边的布椅子里惬意地吸烟了。往往这时候,故事就像一条条清澈的溪流,汩汩而出了。

完全可以这样说,他在文学上是我的启蒙老师之一。冯老师让我帮他打过几篇稿子,后来呼市文联编辑《呼和浩特现当代文学史》,得空经常向他请教,竟然渐渐地熟悉起来了。但也听人说,老人看人的目光是很具"穿透力"的,故而绝非每个人都像我这么幸运,近三年来好像也只有我一个人可以自由出入他的"蜗居",还经常在老人家里边吃饭边倾心交谈,完全没有师生之分。我倒像他们的一个孩子似的,老人常常也听我倾诉,温馨和谐,耳濡目染间使我获益匪浅。

老先生青睐有加,我着实感到一种特别的荣耀,我从老人这里耳闻目睹,从他的教诲中感受学习到了许多。老人一再强调,为文先要学好为人,一个作家的成功与否,往往决定于他的品德修养,先修身,再动笔,方能真正走上文学的坦途。雁门冯氏乃晋北有名的书香门第家族,据说仅明末清初就出过进士达十八人,素有"忠厚传家,诗书继世"的传统。从我和老人的接触,可以切实感受到冯氏家风的淳朴,待人接物,哪怕是很微小的一件事,都做得极其认真。他的稿子更是一丝不苟,工工整整,就连冯骥才先生都说他的手稿是"工艺品"。

他还告诉我一定要创新,但决不能赶时髦。渊博的学识基础,扎实的文学功力才是写作成功之道,文学功力不仅在于笔,更在于眼。深厚的生活积淀是一个方面,博览群书也是必须的一个过程。他的书房,从上至下都是经典名著。据老先生告诉我,家里的这些书只占他藏书的三分之一。一次,我和冯老师谈起文学创作到底是感性重要还是理性重要,他说文学创作不仅需要形象思维,更需要逻辑思维的相助,文学家也应该是半个哲学家,善于哲理性的表述。当然这一切必须建立在深入生活的基础上,俗话说巧妇难为无米之炊。大漠的荒凉,草原的辽阔,森林的广袤,市井的热闹,人间百态都给予他丰富的写作营养。戈壁荒原上的牛、马、骆驼、羊以及野生的沙原蜥蜴、跳鼠、狐、兔等,他都熟悉它们的习性,写起来得心应手。

更可贵的是他对这些动物观察研究后的深邃思考,包括人与动物以及大自然之间的哲理性关系,还有美学上的价值,他一直在不断地探索。冯先生佳作迭出,一直保持着旺盛的创作激情,动物小说、京味小说、市井小说、荒诞小说、现代派小说都有涉足,曾获得过全国与自治区及其他省市多种文学奖。没有广博的知识和过人的才情,如何驾驭得了这么多的小说种类呢?更重要的一点是他不断地否定自己,忘掉自己。这里有一件小事不得不提,在上海文汇出版社出版了他的12卷文集之后,他自署了两个大字"放下",挂在客厅墙上,时时自省,这大概是老人不断取得成就的原因吧。

他对年轻人的扶持和帮助特别慷慨,甚至有点豪侠之气。内蒙古文坛的许多后起之秀,包括山西成名的一些作家,都得到过他的奖掖与扶持。我写完散文《阴山羊话》,拿去给先生看了,没想到先生竟然帮我逐字逐句地修改,并且还推荐到山西的文学刊物了。除了修改文章,闲谈中老人还不断地给我"说"故事,我对沙漠里的事情以及游猎民族的习俗,就是从冯老师这里了解到的,而且在潜移默化中我学会了怎样讲故事。他甚至还手把手地教我写小说,有一篇小说还给我写出了开头和提纲,让我顺着这个思路,稍加发挥就可以写下去了。但先生的苦心奈何不了我的愚钝，至今都没有一篇像样的小说问世，惭愧之极。也不知什么原因，诗和散文我敢于尝试，下水扑腾，却对小说怀有一种天然的敬畏，始终不敢轻易涉足。兴许是对"人情世故"的认识太浅，也许是时候未到吧，只能这样来宽慰自己。这虽然暂时不免遗憾，但我相信，老先生已为我埋下了许多颗小说的种子，在适当的机会，终究会破土而出的，否则，怎么能对得起先生殷切的期望呢！

老先生之所以取得很多成就，这与一位在他背后默默辛勤付出的人是分不开的，那就是陪伴他近六十年的戴姨。冯先生自称是个"科盲"，不会电脑，完全是纯手工写作，不会手机操作，连发短信都要戴姨帮忙。从日常琐事就能够看出来，她是典型的贤妻良母，应该可以说从未拿任何家务烦过冯先生的。我每次去和冯先生聊天，戴姨都要准备可口的饭菜，就连饭后我想把碗筷放入洗碗池，戴姨都要和我你来我往"争夺"一番。有时候冯老师由于入神地看书或写作，燃着的烟都快烫手指头了，烟灰马上就要掉了，戴姨从旁不慌不忙就处理了，这都是多年形成的习惯。

冯先生和我结成了忘年之交，并且把我当作了弟子，这不能不说是一种缘分。那天和戴姨说起"缘分"来，她也非常赞同，并且说有的人见一面就结下了缘分，有的人经常见面彼此却没有特别的感情，这唯一可以解释的，只有"缘分"二字了。这么说似乎有些俗，缘分其实是一种彼此之间的默契和认同。

人生感激无尽，抱怨亦是无尽，我愿意选择感恩。

文汇出版社的12卷精装文集邮过来之后，老先生还慷慨地赠我一套，这么厚重的礼物，叫我如何报答他呢？感恩冯先生对我的鼓励与扶持，我在文学上所取得的一些进步，得益于先生无私的帮助。像我这样的无名小子，在文学的原野上摸索前进的时候，无意间竟接触到这位德高望重的文坛前辈，他好似茫茫原野上的路碑，在我四顾茫然的时候，指引了前行的方向；也像前缘注定一样，结识并交往如亲人一般，说来不能不说是一种幸运。

前段时间收集稿子，有一篇达斡尔族作家苏莉写的《珍贵的肯定》，记得里面有一句"年少时不会懂得受到前辈如此提携对自己的人生意味着什么"，我深有同感。我由衷地感谢老先生对我的付出，却又认为老人家那句"接触年轻人，就等于帮助老年人接地气"似并不全面,在我看来,这是一位耄耋作家的另类文学"支青",拳拳老人心,盼得三春晖。

感谢这位文坛"游牧作家"对一个文学青年的关爱,我将永远珍惜和铭记这份难得的文学情缘。

(原载2019年第8期《骏马》)

本文作者:
张志刚,文学硕士,《呼和浩特文艺》杂志社编辑。

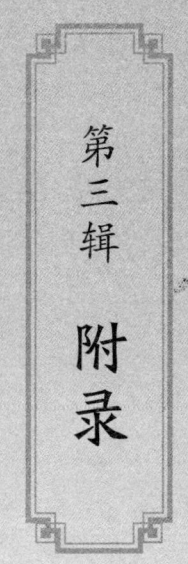

第三辑 附录

我的恩师，我的文学引路人

冯苓植

在当前这"物欲横流"的浮躁环境里，就连文学界似乎也越来越"功夫俱在文章外"了。面对种种文化腐败的现象，曾有很多年轻的作者这样问过我："像老人家所说的那种——一个高尚的人、一个纯粹的人、一个有道德的人、一个脱离了低级趣味的人——现在还有吗？"我总会稍稍迟疑后回答："中华文化几千年！有，肯定有！"

随之，我便会向他们讲起王笠耘先生的故事……

主要是讲我自己的切身感受，讲笠耘先生是如何将我从一个浑浑噩噩的荒漠小镇引导出来而成为一个作家的。非亲非故，纯属偶然，而且尚须冒一定风险。须知，那时尚在"四人帮"甚嚣尘上的阶段，大约在1973年前后。我的家庭出身是如此可怕，父辈的社会关系又是如此复杂。再加上我从少年时代起便好舞文弄墨，偏又有一篇儿童小说被苏联译了过去。当时已开始反修，我早已成为被怀疑对象。后来我又曾在"文革"初期受过残酷的批斗，在这绝少文化的荒漠小镇上早被批得体无完肤臭不可闻。似被一次次极"左"的运动注入了政治艾滋病毒，早已沦落入"不可接触贱民"的阶层。

王笠耘先生很可能接触到的就是这种人……

这不仅仅需要勇气，需要胆识，似更需要一种别具中国传统的"文人风骨"。可悲之处还在于，我虽身处绝境却仍在做着文学梦。后来终因不是"走资派"而成为"可教育好的子女"，得以重归歌舞团打杂并接受群众的监督改造。虽然窗户外门头上依然贴满了"在拿枪的敌人被消灭之后,不拿枪的敌人依然存在"等大字报,但在黑压压的小屋内我又偷偷地开始了创作。上面覆以"我的认罪检查"种种做掩盖,其实是在为长篇小说《阿力玛斯之歌》打草稿。这里我必须说明,在荒漠小镇中早被封闭得目光短浅呆头傻脑,而北京又距我们太过于遥远了,似天宫,似圣地,故竟视人民文学出版社如太虚幻境一般,当然对王笠耘先生就更不可能有丝毫了解了。

机缘,纯属一次偶然性的机缘巧合……

当时,我根本不可能知道人民文学出版社已经开始恢复工作,也不可能知道社里已经派编辑到内蒙古来组稿,更不知道王笠耘和谢明清先生已经来到了巴彦淖尔盟新迁的盟府所在地——临河市。须知,我们歌舞团尚来不及搬迁,仍浑浑噩噩地暂留在荒漠小镇里。此刻我却越创作越看不到出路,情绪极度消沉几近崩溃。眼见得就要年近三十依旧两眼茫茫,罢!罢!罢!只想就此搁笔彻底了断这文学梦了。就在此时上级通知歌舞团赴临河市有"政治演出任务",作为打杂的我当然也得应命随行了。说来也怪,我仿佛是受鬼使神差一般,竟莫名其妙地把那堆破稿子也装进了个小尼龙丝网兜里。说"破"绝非虚言,只缘于当时稿纸极为稀缺,而我又是在偷写。故有的写在信纸上,有的写在旧公文纸上,有的写在废稿纸的背面。大小不一,乱七八糟,称"破稿子"还算得客气。但带到临河市说怪也不怪,纯属一种绝望幻灭之举。只为求几个爱好文学的挚友看看,如没什么看头就代我烧了吧!实在下不了狠心亲自动手,而留在家里又一见必然生烦。幸亏来到临河市之后,当即便得知王笠耘和谢明清先生到来的消息。显然,他们的到来已在巴彦淖尔引起极大的反响,顿使我如久旱逢甘霖一般也产生了"冒险一搏"的冲动。

典型的自不量力,而且也置他人的安危不顾……

经过一夜的苦苦挣扎,第二天趁大伙儿午睡,我还是一咬牙偷偷溜向了巴盟宾馆。提着那个装满破稿子的小网兜,在走廊里几经反复徘徊最后还是硬着头皮推门进去了。说老实话,仅看到他们的背影就给我留下了极深的印象:在整个临河均在习惯性的"歇晌"时,他们却仍在孜孜不倦地阅读着众多作者送来的稿件。还必须指出,由于我的诚惶诚恐与神迷智乱,第一眼的正面印象却又是特别朦胧的。似乎只记住了王笠耘先生那副学者型的眼镜,还有谢明清先生那张相对年轻的脸。好像交谈也不太多,一方面是因为我高度神经紧张导致的语无伦次,一方面是因为"捷足先登者"的稿件太多已使我感到"前途渺茫"了。但王笠耘先生还是亲手接过了我那个小网兜,竟颇为认真地对我说:"我们会尽快阅读您的稿件,请明天中午再来一次。"这么快?难道仅仅是一种客气的应付么?

我不知道自己是怎么退出来的……

但我的这种可笑之举到当天下午便再难遮难掩了,一些人竟斥责我,"明为检查,暗写小说"是如此狡猾!更重要的是直到这时我才知道,早有一些功成名就久领风骚的革命作家送来了一部部业已成熟的大作。还有一批批根红苗正的青年才俊也送来了一部部与时俱进的书稿。而我呢?想到这里,我似乎只能懊悔不迭叫苦连天了!难道老天爷赐我这种巧合只不过是一种戏弄吗?难道受鬼使神差作弄带来这堆破稿子只不过是让我自暴其丑吗?但这绝不是抱怨从首都前来的两位编辑,而是在深深谴责自己这种不知深浅的冒失。要知道,熬到快三十岁了才好不容易熬成个"可以教育好的子女",而我这种为了文学梦的冒失之举很可能使我"前功尽弃"。绝对的缺乏自信,绝对的心灰意冷。好在我已经被颠三倒四的批斗谩骂惯了,似也只能准备经受一次铺天盖地嘲笑的再次袭击。

长话短说,没想到结果却大出意料……

当时似乎只顾了欣喜若狂,只顾了泪流满面,却似乎忘却了王笠耘和谢明清先生为我所冒的风险和付出的辛劳。事后我才知道,从昨天中午我退出之后,这两位从首都来到穷乡僻壤的编辑就一直审阅着我那堆"破烂"。由于初具规模,宾馆里的条件特差,他们是把稿子铺在板床上阅读的。你看完一页再传给他,就这样一页一页传阅完了的。从我走后的中午一点钟,一直看到了深夜的将近十二点。所幸当时我只杂乱无章地写了十余万字,要不然我这堆破玩意儿肯定会把二位累趴下不可。还必须说明,由于我自知浅薄从未涉足过内蒙古文学界,直到这时才知道王笠耘先生在各民族作家中极具声望。由于他高尚的人品,渊博的学识,"点石成金"的编辑成就,总是谦和微笑并平等对待作者的种种特点,早就被许多亲受教诲的作家公认为:守候在内蒙古文学摇篮旁恪尽职守的"保姆"了。似乎和内蒙古当代文学早已浑然一体,许多蒙古族的文学老前辈一提到自己的处女作,往往就会首先提到他……他们是如何力排众议?是如何为我艰难地做着说服工作？我不太清楚。但有一点我还是特别明白的：或许我正是沾了王笠耘先生这种崇高威望的光，后来不但代我请创作假等等均特别顺利，而且在自治区也引起了一定的关注。完全可以这样说，没有王笠耘和谢明清先生37年前那趟巴彦淖尔破天荒之行，或许我的文学梦早已幻灭，只留下了浑浑噩噩苦度残生的一条路。

把这称之为"恩"能算过分吗？……

在激动之余，当时我也似乎只顾在想：先生这是不是也算一种冒险？要知道，只有我自己最了解自己的底细，我那堆破初稿根本还算不得一部成形的小说。只不过是因为我下放在荒漠草原生活久了，似乎只是在用笔回忆我在牧区生活的几个牧人朋友：他们的坦荡，他们的真诚，以及他们豪迈的大笑和如诗的民族语言。并以我们共同经历的一场暴风雪为背景，写了他们那种"爱畜如子"的一个个动人小故事……东一榔头，西一棒子，想到哪里写到哪里，根本没准儿。就连我自己也不知会怎么发展，该怎么收场。更不知道主题是什么，该怎么为政治服务。乱七八糟，一盘散沙，根本就和当时所喧嚣的"三突出""批走资派"等均不合拍……笠耘先生对我这样一个完全陌生的作者如此尽职尽责，我又怎忍心拖着人家也跟自己蹚浑水去呢？我把我的顾虑对先生说了，谁料他竟语重心长地对我说："文学就是文学，无论在任何情况下都不能主题先行。你的作品是尚未成形，但里面有人物、有生活、有自己独特的感受，有对牧民深挚的感情。这就够了，作为一个一生从事文学出版事业的老编辑，我相信你能写出一部好作品来。"（大意如此）天哪！这是在那"阶级斗争要天天讲、月月讲、年年讲"的岁月里，我第一次听到这样真挚的充满人性和人情味的语言。虽前景尚难预卜，但有这几句话已经足够了。促使我彻底抛弃了自怨自艾而准备经受考验了。

还是长话短说，我终于完成初稿来到了北京……

环境是陌生的，条件是艰苦的，等待审阅稿件的日子也是漫长难熬的。但也就在这阶段，我终于有机会得以近距离地观察人民文学出版社。果不愧是冯雪峰、楼适夷、唐弢等著名学者工作过的地方，在那样政治高压的情况下每个编辑仍然力图保持着学术良知。绝少听得到标语口号，更罕见以政治形势压人。即以韦君宜先生为例，作为最高层的总编对我稿件初审后的评语也仅是："似用文学翻译语言写成,但作为写少数民族题材的作品也无不当。"(大意)下面的文学编辑大体也均如此,绝对地尊重作家的创作自由,尊重作家在政治上的取向。如谢明清先生当时尚算个年轻编辑,但作为我这部小说的责任编辑也绝对是如此。我俩同年,至今仍保持着情同手足的友谊。他当时就曾这样对我解释韦君宜先生的批示:"这就算初审过了嘛,你可以放心留在社里进一步改稿!"似在委婉地告诉我说,别多想了,这就是变着法子在保护作家。

随之,我便得到了王笠耘先生更多的教诲……

当时先生为小说北组两组长之一,负责复审。据说总编室对他的意见特别尊重,一些稿件往往只要他通过就算一锤定音了。但这阶段先生似乎对我一反常态,变得特别"严苛",竟一连三年对我"反复折腾",稿子就是不予通过。就像非把我领上文学的漫漫长征路,不历经万水千山和冰天雪地绝不罢休!从人物的塑造,情节的设置,故事的发展,布局的起承转合,以至错别字的改正和象声字的恰当应用,等等,他总是不厌其烦地一遍遍让我反复修改。我记得清清楚楚,从头至尾的大改就改了六次!全稿约36万字,那就是说他戴着深度的眼镜反反复复地跟着看了近二百万字啊!而且他还从不为你"出谋划策",更不为你"动笔修改",似乎总在强调一个"悟"字,让你自己在生活基础上去"解悟"。遇到我实在"顽固不化"的时候,他才会用一些名家名著的故事对我进行"点化"。我苦得很,他也苦得很,实在是纠缠不清了。至今仍有两个细节令我难以忘怀:其一,原小说稿中曾有过一场"雪崩"的情节,写得颇为"惊心动魄"乃我"得意之笔"。谁料他看后竟罕见严肃地建议我"删了"!并对我说:"我怎么就不记得内蒙古发生过雪崩呢?切记!小说创作一戒猎奇,更戒哗众取宠!只图一时尽兴,可让小说中那些人物怎么往下发展呢?只能是造假,只能是拔高!这可是昙花一现和成为一个真正作家的分水岭,对待文学如对待人生一样,最需要的是真诚!"(大意)当时正是大肆宣扬"三突出"的年代,说这样的话是需要冒风险的。其二,是他那甘冒风险却又绝不肯"顺手帮忙"的行事风格。比如一些错别字完全可以顺手替我指出,一些象声字的运用也完全可以顺手代我纠正。但他可好,临到结稿之前,他又亲自为我搬来一部厚厚的大字典,要求我从头至尾再把全稿阅读一遍检查一遍。"字"责自负,就连"啊、呵、吗、嘛"等等的恰当使用也绝不允许我轻易放过……当时确令我叫苦不迭,但却促使我重新认识中国文字至今仍"享用不尽"。这一切对于现代的青年作家或许很难理解,难道当时的文学爱好者就是那么粗俗、那么浅薄?他们哪知道,历经反右、阶级斗争为纲,以至"文革"中严酷的封闭和禁锢,早使神州大地变成了一片文化的荒漠。似乎除了罕见的几株骆驼刺外,剩下的便大多是狗尾巴草。就连大学也敢一停办就是十好几年,人们不回到蒙昧状态那才怪了!

毫无疑问,他这是在引领着一个"文学婴儿"学步……

经过近三年的相处,我已渐渐体会到王笠耘先生对我的良苦用心:假以时日,我或许尚可由草根型向思想型作家有所转化。但由于基层组织的一再催促和我承受的经济压力,《阿力玛斯之歌》似也只能就此付印了。胳膊拗不过大腿,更何况人民文学出版社还派驻有军代表。更重要的原因还在于我自己,由于自身的"先天不足"所养成的习惯,现在看来这部小说还有一定的"趋时性"。文责自负,至今仍使我深感惭愧。多亏了有韦君宜先生、王笠耘先生、谢明清先生那崇高的文学道德操守,才使这部小说尚保留了那么多充满人性和民族性的东西。小说总的"内容提要"似只为"障人耳目",其实书中并没有那么玄乎。故在1977年出版之后,小说还是颇受欢迎,短时间内即发行120万册。当时大多老百姓尚不知电视机为何物,中央人民广播电台就将小说配乐做了长篇连播。似可向基层组织"交差"了,我甚至还得了两千多元钱稿费及时还清了几年来的欠债。但随着改革开放的逐步深入我渐渐感到不安了,再次与王笠耘先生见面时我曾对他这样说:"真后悔当时没听您的话,竟只顾了急于求成摆脱困境,愣把一堆上好的精白面捏成了几个粗糙的窝窝头!"似乎先生也若有所想,竟回答我说:"你可以恢复小说的原有面貌,你也可以进行加工修改重新写过。我们可以为你重新出,再版一部真实的《阿力玛斯之歌》!"

我的恩师啊!竟为学生有这点"觉悟"而激动不已……

但后来我没有恢复也没有改。在他为我编辑《草原,悲欢离合》时,我把自己不打算改动的原因告诉了先生:"伟大的鲁迅先生尚知保存穿开裆裤的照片,'丑'或许也是自己历史的一个组成部分。就把它当作一部被'文革'扭曲的小说保留吧,我不准备再嚼已经嚼过的馒头了。"他也表示理解,表示肯定,唯对我把他称为"老师"严正地表示反对。他说:"我们只是编辑和作者的关系,充其量也只是朋友关系。师生之说让我感到不舒服,和作家打交道纯属我的本职工作!"似乎和季羡林先生一样,只承认自己是个"编书匠"。我只好唯唯,从此竟不敢当面称他为老师,更不敢当着其他人面以他的学生自居。天哪!到这时我才从旁知道,由于他的学贯中西,国学功力之深厚,当时的许多文学大师都愿由他来编辑自己的著作,就连郭老对他的意见也特别尊重……似乎也只能君子之交淡如水,但他对我的关心却依然无微不至。记得他在读过中篇小说《虬龙爪》之后,竟特意对我说:"我过去对你小说中的人物对话语言尚存疑虑,现在看过《虬龙爪》总算放心了。生活化、性格化,且又颇具几分幽默感,还应朝这方面更加努力。"难怪草原上的作家均把他称为内蒙古文学的"保姆",他总在适时地晃动着每一个"摇篮"。

甘愿为他人作嫁衣,是他最突出的为人品格……

1988年,我曾应《人物》杂志之约,写过一篇近万字的自传体文章《关于我……》。其中有一段文字专门提到了王笠耘和谢明清先生,现抄录于后:"我很奇怪,经过这么久的折磨和闹腾(指'文革'),他们竟还能保持了中国知识分子的传统美德:小心翼翼,但无私、正直,甚至还保持着某种学者型的清高……尤其是王笠耘同志,这位一生为他人作嫁衣的老编辑,听说最近视力(因看稿)已下降到危险点……难道他视力下降的原因不包含曾为我看过上百万字的稿件么……"写者无心,听者有意,谁料《人物》杂志的主编一看到这段文字,当即便扭转话题向我提出一个要求:能不能代《人物》杂志写一篇有关王笠耘先生的专访稿。并且告诉我说,有很多作家和读者也早想了解这位编辑大师的编辑生涯了。我当即欣然接受,而且为自己的老师深深感到自豪。须知,当时的《人物》杂志是一份极具品位并在读者中极有声望的刊物,所介绍的也绝大多数为具有卓越成就的学者和专家。当时一些人几经钻营也很难登上这"大雅之堂",我想一生光明磊落的王笠耘先生或许不会拒绝吧?当然,我的跻身《人物》实属意外,纯因一篇《天地大舞台》的随笔而当个例凑合上去的。

但到这时,我才发现竟对王笠耘先生"一无所知"……

相交相识十多年,我却对他的籍贯、出身、学历,何时进入出版界,有什么业绩和成就,确确实实是"知之甚少"。只凭着他那一身正气和特有的人格魅力,反而只感到对他的了解似乎早"深之又深"了。他向来绝口不提自己一字,和每一个作家似乎都保持着"君子之交淡如水"的关系。心甘情愿地为他人作嫁衣,仿佛默默地奉献就是与生俱来的。儒雅、超脱、谦逊,使你也不敢在他面前轻易流露出一丝庸俗。现在却不行了,为了《人物》杂志之约我必须去了解王笠耘先生的相关事情。我罕见地冒失地去到了他的家里,亲眼看见了一位大学者住在一套连小公务员也不如的房间中。他却似乎生活得颇为心安理得,一见我便露出他那标志性的微笑。但当我说出拜访的原因后,却毫无商量余地而被婉言谢绝了。不知为什么,望着他那镜片后淡泊的眼神,我那早已准备好的种种"劝进词"竟一句也说不出口了。袁榴庄老师似也持同样的态度,致使我顿时感到自己是那么浮躁和浅薄。我的老师绝不像某些学术界的自命大师,总想钻营着突显自己的"名家风范"。甚至不惜踩着小青年的肩膀,皱起眉头刹那间便能把简单的素质测试变成"文化苦雨"。但我总还是为王笠耘先生感到有点遗憾……一直到我自己也退休后,我才深刻体会到这才是中国知识分子追求的最高精神境界——

宁静致远,淡泊明志……

这也可以说是王笠耘老师给我上过的最重要的一课。什么叫"文人风骨",什么叫"大师风范",可以说在王笠耘先生身上是体现无遗啊!最近读黄永玉先生的散文集《比我还要老的老头》,其中有一幅丁聪为钱钟书先生画的漫画造像。我看后竟不由得失口惊呼:"太像王笠耘先生了……"难道不像吗?王笠耘先生就是文学出版界的钱钟书!

我是从胡德培先生签署的信函中,才得知王笠耘先生已于一年前去世了。多么好的老人啊!临终前尚做了这样"宁静致远、淡泊明志"的安排。谨以此文遥祭我的恩师、我的文学引路人王笠耘先生!

或许有些散,那是因为蘸着泪水断断续续抛洒写成的!

老师,走好……

2009年7月19日深夜写毕于呼和浩特

(原载2009年第6期《散文·海外版》)

亦师亦友，助我更上一层楼

冯苓植

老江！且让我这样称呼一次江曾培先生。但这绝非不恭，我只是想以此来证实那句老古话儿：姜是老的辣！尤其在江曾培先生文集出版之际，更加深了这种印象——

老江，老姜……

翻阅着先生一卷卷厚重的文本，浮想联翩，悠悠往事不禁又涌在眼前。记得20世纪80年代初文坛上便有这样一种传闻：中国出版界的编辑大师当数"北王南江"。"北王"系指北京人民文学出版社之王笠耘先生，"南江"即指江曾培先生而言。据称，他们似乎均有"点石成金"之术，并曾呕心沥血地助多位青年作家"终成正果"。当时我正身处遥远的草原，整日里与牛马骆驼羊混迹于一起。虽然早知二位大师之大名，但天各一方却从未有过非分之想。但说来也怪，小人物往往偏会撞大运。由于机缘巧合，谁料我竟先后受过两位大师的教诲和点化。比如说，《江曾培文集》中犹有一篇关于拙作《虬龙爪》的评论文章，并使我终生受益匪浅。

我是如何认识江曾培先生的？

好像还得提到一位人格高尚的资深老编审——左泥先生。他代《小说界》向我约稿，我便忐忑不安地寄去了一篇有关"玩鸟"的小说。这与我之生性怯懦有关，唯恐涉笔官场与政坛捅出娄子。故而我的小说大多只写人和动物的关系，如《驼峰上的爱》只写了孩子、骆驼与狗；《死海》只写了人和沙原蜥蜴；中篇小说《虬龙爪》似乎就更不着边了，竟通篇只写了玩鸟……为此，我曾和左泥先生通过电话,声称此篇小说"权当交差""如不用请代掷之纸篓"云云。谁料这篇小说最终还是在《小说界》上以头条发表了,随后又见到了江曾培先生发表的评论《让养鸟真正进入审美、娱乐境界——读中篇小说〈虬龙爪〉》,我为之受宠若惊,但直到此时我尚未与先生谋过面;只是开始懂得在文学创作上不自觉进入了。

不久我们终于在上海难得地相见了……

但必须说明,这次会面真可谓"见也匆匆,别也匆匆"。刚刚握手尚未等说一声谢谢,他已经因有急事被工作人员唤走了。这或许就是"北王南江"之不同:江曾培先生不仅仅是位杰出的编辑大师,而且还是一位在上海有口皆碑的出版家。对于这"相见匆匆"我已经很知足了,有老大哥左泥先生相陪终于放松下来。须知,我纯属一位来自远天远地的草根作者,且与生俱来的患有另类"恐高症"。能见先生一面足矣,以免土头巴脑言多有失"露怯"。因而在上海从来就没有过任何奢望,却谁料见面虽少,先生仍不忘通过各种方式继续"点化"着我。

这曾使我大喜过望,也曾使我陷入了深深的思索……

做人,当应做先生这样的人:只顾默默为文学事业做出奉献,甘愿一生"为他人作嫁衣"。我们见面的机会虽说极少,但我还是体会到他对我的一片良苦用心。就在先生为《虬龙爪》发表评论之后不久,他又专门为这部中篇小说在上海召开了一次座谈会。先生是难得地出席了,但却仅仅是以一个文学评论家的身份默默参与的。好像是为了使我这个来自戈壁荒漠的"土著居民"能尽快地"放眼看世界",请来的专家学者都是我做梦也难得一见的。其中有国学大师钱谷融先生,小说大家王安忆女士,文学评论界引领一代新风者吴亮、郏国义、程德培、曾文渊等诸先生……一时间,虽不能说使我"茅塞顿开";但从长远来看,在我以后的文学创作中确实平添了几分"悟"性。似乎为了从客观上证明先生的"远见卓识",中篇小说《虬龙爪》竟入选了当年十余种选刊,并入选《新华文摘》。

据说,至今仍保持着入选者之最——皆因一些选刊已经停刊了。但这篇中篇小说确实还曾在上海、内蒙古、《中篇小说选刊》等处获奖,并入选《中国动物小说选》《市井小说选》等多部选集。当然,先生对少数民族地区作家的关怀并非只有我一个,如原内蒙古作家协会主席、蒙古族著名作家扎拉嘎胡之长篇小说,就曾得到先生多方面的关注和指点,并为这部长篇专门写了评论。故而这位年事已高久病在床的蒙古族老作家,至今仍对先生感激不尽,并对能在上海出版这部长篇引以为荣。

我和先生是在多年后才有机会朝夕相处的。那是在茫茫的大草原上,同来的还有"貌似年轻朱时茂"的修晓林同志。只叹岁月流逝,我和先生均已快进入退休之年了。不知为什么有了机会促膝深谈,却反倒觉得没有什么可谈了。什么文学、什么社会、什么作家群里的是是非非,好像都变得已很遥远。我与先生只是相偕着在大草原上议论蒙古包的结构,在乌兰布和感叹大沙漠的雄浑,在鄂尔多斯探索着成吉思汗陵园的秘史……更多的却是心灵相通的各自沉思。

又是十多年过去了,几乎就更少见面了……

但有关于先生现状的,我还是大体了解的。比如说,先生为根绝疾病的隐患曾毅然决然地动过大手术;再比如,先生为锻炼身体至今仍宁舍电梯在十层楼间步行上下;更重要的一点还在于,我知道先生在退休后仍担任着多种职务。忙,忙,整天还在为了出版业和扶持文学新秀忙!至于我和先生主动联系,那是因为已深知自己"朽木不可雕也"!即使穿上西方华贵的燕尾服,似也只能包住中国式的屁股蛋子,也绝难包住中国老汉这张苦瓜脸。知足者常乐,再不能打扰先生了!

终于收到了七卷厚重的《江曾培文集》。虽正值马年春节,我还是如饥似渴地捧读了起来。虽仅仅细读完第一卷,但已让我感叹不止了。在我看来,仅凭这厚重的第一卷之内涵,就可将其称为中国改革开放后的文学编年史、变革史、发展史。通过一篇篇的文学评论,展现了中国近三十年文学之全过程,而且这一篇篇意蕴深远的论文,不仅有助于人们回顾过去,同时也可作为当代文学青年学习写作的教材。春节期间,内蒙古有一位颇有成就的年轻作家拜年时曾问我:如何更上一层楼?我即向他推荐了先生文集之第一卷,并告之如果能读懂、读通、读透了,想必会"迎刃而解"!只是没想到这小伙子临走时,愣随手"顺"走了先生文集的第一卷。名曰借,可多会儿还呢?没准儿!

联想颇多!为报答先生对我曾有过的教诲和点化,特以此拙文遥祝《江曾培文集》的出版!

先生,多加保重!

(选自《忆沪上》,文汇出版社2017年12月版)

异地的嘱托

江曾培

晓林,你好!我明日一早离沪去杭,匆匆写下几句,祝贺《冯苓植文集》出版,请代为在座谈会上一读。也请代向老冯致意,如可能,也把这几句话给他一阅。谢谢。

老江　5月4日下午5时

冯苓植是新时期最优秀作家之一

我与苓植同志相交于二十世纪八十年代初。当时,我在编《小说界》,读到老冯《虬龙爪》的原稿时,就为这篇特色鲜明、寓意深刻的小说所深深吸引。我当即安排其作为头条作品,并以编者的名义在前面写下一段推荐意见。随后,召开了《虬龙爪》专题研讨会,钱谷融、王安忆等对该作品都给了很高的评价。会上,我第一次与老冯见面。我致歉说,我写编者按时大而化之,误以为作品写的是老北京生活,他宽厚地笑笑,却赞扬起我的评论对他的启示。会后闲聊,他语多风趣。当有人扯到喝隔夜茶,过去认为有害身体,现在则认为可以防癌时,他弹了一下手中的烟灰,慢悠悠地说:"过不久,吸烟也将被认为可以防癌了。"他的幽默诙谐、热情谦和，由此给我留下深深的印象。

  此后有了更多的接触，也读了他更多的作品，对他的人品与文品也有了更多的了解与欣赏。他为人不媚上，不媚俗，纯朴真诚，为文不趋时，不跟风，独辟蹊径。他是一个富有个性和创造性的作家，他的作品不是踏着别人的脚印行进，而是总能为文艺王国开辟出新的版图，他是新时期涌现的最优秀的作家之一。我曾与修晓林同志一起，两次在他的陪同下在内蒙参观采风，深感他好学多思，底子甚厚。他虽不出生在内蒙，但对内蒙的历史文化、风土人情可说烂熟于心，常能以丰富的知识、独到的见解与幽默的语言，绘声绘色介绍路上的景物，让我感佩不已。

  热烈祝贺《冯苓植文集》的出版。这几天我刚好不在上海，不能前来参加文集座谈会，歉甚，憾甚。

江曾培　2019.5.4

本文作者：

江曾培，著名出版家、文学评论家、上海文艺出版社原总编。

80岁文坛游牧人把心灵草原交付上海

许旸

"一晃60年过去了,如果要为文学创作生涯画下一个圆满的句号,我这个'句号'该在哪儿画呢?当然应该是我的文学发祥地——上海!"80岁内蒙古作家冯苓植动情"表白":与上海几代文学编辑的合作,让他时时感受着这座文化大都市的风采。2019年5月13日,文坛"游牧人"——《冯苓植文集》新书发布会暨座谈会在上海报业集团举行,由文汇出版社、内蒙古文联主办,众多围谈的评论家、出版人中,不少正是与冯老结下几十年友谊的老朋友。

12卷本《冯苓植文集》列入"新时期文学代表作家作品选",精选冯苓植自20世纪50年代至今发表的代表作品,包括两部草原小说集《驼峰上的爱》《雾中的牧歌》、一部市井小说集《虬龙爪》、一部荒野小说集《黑丛莽》、一部探索小说集《失重的马拉松》、两部长篇小说《神秘的松布尔》《出浴》、一部散文随笔集《忆沪上》和四部蒙元史演绎文集《大话元王朝》《忽必烈大帝》《鹿图腾——从后妃看元朝历代帝王》《北元秘史——马背传奇皇后满都海》。

"这是一位久居偏远地区的作家,不求闻达,甘于寂寞,大半辈子都跋涉于茫茫的戈壁和荒原之间。疲累了,写作便是他喘息的港湾。"著名文学理论家钱谷融生前就曾对冯苓植寄予厚望,当年得知出版计划后,钱谷融还感慨"文汇出版社能为这样一位远天远地特立独行的作家出文集是很有意义的,也不失为一种别具特色的选择"。

"甘于寂寞、不求闻达的品格,在当下文坛浮躁心态下,尤为重要。冯老扎根于人迹罕至的草原,以广阔生活为舞台,在海海漫漫的世界中寻找水草丰茂的草原。"上海作协党组书记王伟说,《冯苓植文集》的出版为上海文学界学习借鉴提供了有益范本,作家应发掘自己熟悉的文学地标,正如冯苓植笔下的草原,不光是地理空间上的概念,更是心灵上的航标。

2019 年 5 月 13 日"文坛'游牧人'《冯苓植文集》新书发布会暨座谈会"在上海报业集团召开

因为上海,戈壁荒原的带刺野生小草走入百花园

之所以把自己最重要的作品都交给文汇出版社,恰在于冯苓植和上海这座城市的渊源。冯苓植追忆道:约在 1957 年,那时他只能算个不知天高地厚的文学少年,生活在远天远地"天似穹庐"的敕勒川上,上海只不过是他梦中才闪现的"海市蜃楼"幻境。"但我还是不知深浅地向《儿童时代》投稿了,这就是我发表的第一篇小说《林中遇险》;1958 年我又在上海《少年文艺》发表了小说《骆驼上晃荡大的孩子》,没想到后来为庆祝国庆十周年竟被苏联翻译了过去。"上海是冯苓

植许多重要作品发表的地方,《黑丛莽》《驼峰上的爱》《虬龙爪》《出浴》都最早在上海发表出版。

他曾自谦地说:上海诸多知名文学编审在"垃圾堆中"努力"挖掘"我——是上海文艺出版社的左泥老夫子带我第一次走进上海;是《收获》的原主编李小林先生亲自教诲我如何为人为文;是出版家江曾培先生的点化助我"更上一层楼";是文学理论大师钱谷融先生领衔,由诸多上海著名的文学评论家和作家,为我平生第一次专门召开了作品研讨会……"总之,我又在上海上起了社会大学。不仅使我的作品获得了全国及省区市多种文学奖,同时也助我这株戈壁荒原上的带刺的野生小草走入了文学的百花园。但我明白这绝不仅仅是为了我,而是上海高文化素质的视野一直在关注少数民族地区。"

恰如内蒙古文联副主席包银山所说,冯苓植既是内蒙的,也是上海的,以这套文集出版为契机,期待内蒙古与上海两地的文学交流开启新篇章。这份情缘仍在延续,会上冯苓植向上海图书馆中国文化名人手稿馆捐赠"蒙元史演绎文集"中《鹿图腾》一书手稿,书写工整,修改处用订正液后再誊写,一丝不苟,著名作家冯骥才曾称其手稿为"工艺品"。

有了文学,即使沙漠里也会支起一片浓荫

"一个作家的一生,应是不断否定自己的过程——从思想内容到语言风格,否则老是在原地画圈,即使获得了很大的名声,说到底也是一种失败。"冯苓植对于文学创作,有着超乎一般的严格要求,"我在好一段时间里,总觉着自己越写越浅薄了,仿佛是在有病不求医,无聊才著书"。

冯苓植生活在基层少数民族地区,因工作需要,经常活动于边疆草原、河套田野、戈壁沙漠、高山林莽,丰富的生活经历和得天独厚的自然环境陶冶了他的灵性,赋予他丰厚的情感。他时而大写京味小说,时而大写荒野小说,时而又大写现代派小说,变幻莫测,堪称"多面手"。冯苓植1977年在人民文学出版社出

版的长篇小说《阿力玛斯之歌》，发行了120多万册，中央人民广播电台对此作专门进行配乐分角色广播，当时因电视尚未普及，许多听众挨着收音机，按时收听这部小说。退休后，冯苓植没有停下创作的笔，四部蒙元史演绎文集填补了元代蒙古族历史的书写空白。

"冯苓植是草原之子，文坛游牧人，半个世纪的创作历程中，他一直在行走，一直在寻找，一直在发现，一直在创作，给中国当代文学留下了重要文本。他以文学之光照亮草原和大漠，创造了独特而神奇的审美世界。"评论家王雪瑛以《驼峰上的爱》为例说，这部成人童话以牧人孩子小吉尔和小塔娜与母骆驼阿赛的关系切入，书写着失去爱、寻找爱、体验爱、理解爱的过程，写得真挚动人，几十年时光流转，依然吸引着读者的目光，影响着读者的心灵，有着深沉的美学意义。

"冯老长期保持了旺盛的创作生命力，作品题材丰富，涉及社会、市井、动物、现代、历史等题材，作品风格多样，呈现了他的多幅笔墨和多个侧面。"文汇出版社社长、总编辑周伯军说，冯苓植的创作理念没有玄乎的理论，"只想着怎么讲好一个能感染人的故事""只是觉得在写一个自己亲身经历的故事"，却每每能产生感人的力量。他单纯热烈的创作手法，和作品中体现的豁达乐观的人生态度，予人颇多启示。

诚如上海文艺出版社原副总编辑魏心宏感慨："在不断变化的时代潮流面前，有定力的写作是有难度的，但冯苓植先生摸索出自己的道理，坚持了半辈子，是我钦佩的长跑型作家。"

（原载2019年5月13日《文汇报》）

本文作者：
许旸，《文汇报》文化记者。

天地大舞台

冯苓植

《人物》杂志原推荐按语——

作家冯苓植同志的这篇文章,原载《艺术世界》1986年第5期,我谨向《人物》杂志推荐,建议加以转载。

《艺术世界》把这篇文章安排在"作家谈艺"栏内,着眼在谈艺;我推荐这篇文章,却着眼于写人。其实,这并不矛盾。作家通过自己的经历来谈艺,谈得精微;围绕着谈艺来记述往事,使个人经历有了焦点。谈艺乎?述往乎?糅合交织难解难分,而读者所得甚多。

文章所记的事情,都并不愉快。但作者在讲这些故事时,似乎带着温馨的微笑,充满了幽默感。而在这微笑和幽默中,有自嘲,有对同行善意的讽喻,也有对那个畸形时代的畸形观点的谴责,还掺和着某种深沉的辛酸。人们读着文章,常常会心一笑,或禁不住发出咯咯之声,同时也不免陷于沉思。而在这中间,得到了美的享受。

《人物》是本严肃的刊物。我希望她在这个基础上,容纳和出现各种不同写法、不同风格、不同韵味的文章。《天地大舞台》,也许可以成为其中的一格吧!

推荐者　张九华

我从事专业文学创作前,曾在草原上的一个歌舞团工作过近20年,不可不谓和艺术有缘。但最终还是被逐出了这神圣而迷人的圣殿,眼巴巴地望着我的伙伴们，比如电影演员斯琴高娃、女中音歌手德德玛等，成了闻名中外的艺术家。

但我绝不敢埋怨无人赏识……

在我初进这个歌舞团接触文学创作时，年方二十出头。加之当时舞蹈演员暂缺，当即被一位舞蹈编导慧眼相中，被选定在民族舞剧《哈力布的传说》中扮众青年之一。我当时颇为认真，但编导却暗示我大可无须努力，只要基本功动作尚可凑合就行。但在关键时刻——即魔王蟒古斯刮过一阵妖风，姑娘们纷纷落难扑倒之后，我虽只是众青年之一，但其中竟有一位会是我的情人！按规定，我必须不顾一切地扑上将她揽入怀内，眼含柔情默默进行抚慰。但我却只敢用两根手指慌乱地牵着她的衣角，目光却再不敢接触对方的炽热的眼睛，表现出一副典型的无情无义模样。当即把那姑娘气得半死，决心和我立刻一刀两断，声称不替她另选舞伴就不再跳了。而编导则颇为婉转，声称不能影响我的创作，终于剥夺了我学习和姑娘们亲热的好机会。

从此我便和舞蹈"断情"了。

据说这是我缺乏主动进入角色的素质，那就搞点客观的吧。恰好当时我被拔了"白旗"，被分配到后台搞效果——专门负责枪声（瞧，我成了一个"火枪手"）。这种事可怠慢不得，必须跟着枪声砸响器，高度紧张地躲在幕后瞧着演员的打枪动作。记得当时演出的是歌剧《三月三》，枪声是在最后响起。但我却越看越入神，根本忘记了自己的优点是"客观"，竟迷迷征征地分析起剧本来了。当台上的角色连连开枪时，我却仍在想入非非，致使场上开枪者百发不响，挨枪者百晃不倒。一时间台上竟出现了罕见的"国共合作"局面，齐向侧幕条后悄声大骂：他妈的！但我还是茫然不知。最后，直逼得开枪者手开枪、嘴发响，才总算勉强把对方击倒。台下颇为高兴，我却大倒其霉，似有破坏之嫌。

这样，我这个幕后的火枪手又被"缴了械"。

需主观进入时，我太客观；需客观冷静时，我又在主观进入。看来此后是和舞台艺术"绝缘"了。但却不然，还有柳暗花明又一村的时候。在团里排练大型舞剧《农奴戟》时，由于人员奇缺，领导便决定给我一个"改造"的机会，让我重新出场登台。根据分配给我的角色来看，我才知领导之用心良苦。这些角色既无须主观，又无须客观。说白了，不过是导演手中的活道具而已。群众甲乙丙丁、匪兵甲乙丙丁、战士甲乙丙丁等都够不着,但各行各界里又都必须有我。

得,我出场了。

一会儿我穿着农民服装上场了,一会儿我又穿着匪丁衣服在冲锋,一会儿我又穿着军装去打仗,热闹得不亦乐乎。更有趣的是,我还要一次次地死死活活——一听到枪响就猛地一挣扎,然后是一个翻滚滚入后台,然后死而复生再次上场。我的妻子一开始还在台下痛苦地统计过我怎样"九死一生",后来就发现自己的丈夫竟如此坚强,永生不死,跌倒了再爬起来,俨然人世间一条响当当的好汉,便喜笑颜开习以为常了。可她哪里知道,至今我仍留有后遗症,一听枪响,便总爱下意识地猛然挣扎一下,还有几回竟接着来了几个翻滚。可悲!

但最可悲的还不在这里。

有一次,报社决定为团里拍剧照,当然人人颇为激动,个个争露英姿,我也不甘落后,力争在艺苑留下一个身影。但拍剧照确实艰苦,又对灯光,又摆场面,足足忙了一整夜。过几天剧照便印出来了,全团欢欣鼓舞,竞相争看。我总认为自己满台飞,怎么也会占有一角。但翻遍了三十几张照片,看过了十几个群众场面,竟丝毫也找不到自己的踪影。最后还是一位好心的同志指给我看,在一张群众场面照片中,倒数第二行,紧靠边的一组人物造型里,影影绰绰地伸出一只手,他说:老弟,别难过,大概就是你……当时,我愤愤不平,口口声声怒斥摄影师有眼无珠。但当我晚上拿起了笔,便骤然发现了稿纸下也没有了我自己。我愕然长叹了:

主观啊!客观啊!我自己在哪里?

也正由于没有了我自己,团里用我的时候就更多了,最后发展到器乐合奏也让我上场了。弦乐、键盘乐我是会一点,可比起乐手纯属胡混账,但领导却要的就是这种滥竽充数式的壮大声势。我拿着一把二胡上场了,起先尚能自觉地扮演南郭先生,但随着乐声的起伏,我就难免也有点激昂悲壮了,竟朦朦胧胧地想起了摊开的稿纸,想起了自己的笔。乐曲演奏的是《巫山云》。我越听就越觉得悲愤,弓弦也下意识地失控了。我只觉得心里悲愤地呼喊:巫山云!巫山云!我到底在哪里?!但未觉得几乎与此同时,我那弓子已经狠狠拉响了。顿时台上大乱,台下大哗,领导叫苦不迭,我自己也瞠目结舌了。事后我的处境可想而知,但却不知为什么,恍惚间我倒有点暗里沾沾自喜:天哪!音儿虽然难听,但总算从里头找到了自己。

我又作为一个不和谐音，永远被乐队逐出来了。我也有成功的时候。1975年我刚刚被从牛棚放出，由于人员奇缺，让我戴罪立功演出《沙家浜》中的邹寅生。邹寅生引申含义：走狗也。我战战兢兢地出场了，没想此一炮顿时打红。在和著名演员李小春的剧团同台同剧会演中，竟引起有关名流好评。领导赞曰：歌舞团学演革命样板戏值得赞扬，虽然各个角色均不如京剧团，但那个走狗翻译官就演得比他们强嘛。刹那间，我身价十倍，就连自己也暗暗自喜，大有在舞台上再创奇迹的雄心。但也就在这时，妻子却暗暗垂泪告诉我说：他们说这是由你的阶级本性决定的。我惊觉了，又惶然，又悲哀，再战战兢兢也演不好了。领导发现后，勃然大怒了。但任我如何挣扎，却似乎永远再难找回那失去的"本性"了。甚至在晚上铺开稿纸，也觉得隐隐闪现的自己又消失得无影无踪了。

要知道，我找的绝不仅仅是什么阶级本性。

就这样，我在艺苑里度过了我那青年时代的蹉跎岁月。虽然我跳舞太主观，搞效果又不客观，搞乐队爱发出噪声，扮演群众角色又找不到自己，演配角成功后还能失掉本性，但我一直留恋着我那草原上的歌舞团。我总觉得是在这艺术的沃土里培养出了我自己。当我写第一部长篇小说《阿力玛斯之歌》时，我就把它当作自己心目中的一座舞台，尽情地想在这座舞台上展现我心目中人物的风貌。直至我最近写的中篇小说《狐幻》，还是我从文艺团体里汲取的营养，让人生在我的小说里尽情变幻着。

常言说得好：天地大舞台，舞台小天地。

一年拖过一年，虽然调令一下再下，我还是赖着不走，赖到有点死皮赖脸。直到1982年，我才恋恋不舍地告别了歌舞团，我是被柔情脉脉逐出艺苑的，无限惆怅。我懊悔当年为什么没勇敢地抱起那位姑娘，更懊悔在《巫山云》里拉出那刺耳的声响。但文学和艺术毕竟是连理枝，直到现在我虽然已专门从事写作了，但我仍从艺苑里汲取着营养、寻找着自己、探索着人生的奥秘。

啊，艺苑的青春时光。

(选自《冯苓植散文随笔精品·神聊》，远方出版社1998年1月版)

关于我……

冯苓植

《人物》杂志原编辑按——
　　冯苓植同志是一位有成就的作家。他的《天地大舞台》一文在本刊1987年第4期刊载后，得到读者一致好评。许多读者来信，希望进一步了解冯苓植同志的情况。最近，冯苓植同志应本刊之约，又写了《关于我……》，它使人们看到，这位作家的生命轨迹是在怎样地运动着……

1

　　鲁迅先生说过，即使是天才，他的第一声啼哭也算不得诗歌。我和天才绝对无缘，可降格以待之。算！但我这"诗"也差点被扼杀了。
　　是我母亲……
　　我出生于抗日战争时期，居住在四川灌县。为躲日机空袭，母亲整天抱着我钻防空洞。据她老人家后来讲，当时我正在抽风，脑袋特大，四肢纤细，而且不知哪来的那么多委屈，成天总爱挺着个鸡胸脯儿无缘无故地作"诗"，因而深得众人讨厌。

但我仍不自觉。据说,有一次空袭警报又响了,母亲赶紧抱起我就往防空洞里钻。洞里的人个个噤若寒蝉,生怕有一丝响动引得日本人往头顶上"下蛋"。但我却不管什么时也、地也、命也,仍自顾自地奋力号啕着,颇有一副不怕死的气魄。只吓得四周一批老太太当即下意识地嚷嚷起来:"掐死他!掐死他!"母亲当机立断,用乳房死死堵紧了我的嘴巴,差点使我闭过气去。

得!我的第一首诗就这样完了……

2

尚能引起我的回忆的,是我的童年。那时抗日战争已经胜利了,我的家终于辗转迁回了北京。但我的形象似乎仍无明显好转,脑袋仍略显大,身子还稍嫌孱弱。但母亲却很满意,常慨然而言:"没想到这小子竟活了下来。"

那时我向往科学。当时家里虽然穷得一塌糊涂,但父母却还总摆不脱知识分子那穷酸味儿,一个劲儿以爱迪生的童年事迹启发我。好像发明越多就越该从小卖报,为了"科学",我每天放学后便去当小报童了。但终于没有把"科学"呼唤出来,而是使从小那被母亲扼杀的嗓子得到了恢复:

"卖报!卖报!今天的晚报……"

3

10岁出头那年,北京解放了。我挤在大路口上,亲眼看见了解放军的入城仪式,和父母亲一样高兴得无以复加。但开国大典我没有参加成,使我至今仍少了一份骄傲的资本。

咎由自取……

当时我正在师大一附小读书。不但形象欠佳，而且已日益暴露出在科学上毫无天赋——算术常常不及格。而且小报童那吊儿郎当的劲头，在课堂上也时有流露。因而虽然年龄恰好，却痛失了当新中国第一批少先队员的良机，只好眼巴巴地望着小伙伴们雄赳赳走向了天安门广场。

从此，我竟懂得了自卑……

当时的师大一附小的师资可谓人才济济，我的班主任刘肇荣老先生就曾是师大的讲师。他老人家孜孜教学，曾为我的种种劣迹伤透了脑筋。面对我列的乱七八糟的算式，他曾绝望地长叹道："这小子将来就看作文吧，搞科学他总能给大象也算出28条腿儿来！"

这是事实，可我却愤然不平了。当时，我正忙于从西单的旧书店租借各种剑侠小说，热衷于还珠楼主的《蜀山剑侠传》《青城十九侠》等等。受刘先生此次"当众之辱"，竟悲从心头起，并暗自决定重返四川访侠学道，以待来年偷回颗原子弹当众让他瞧瞧！

可悲……

4

所幸不久我便随家迁回了内蒙古。当时，我的祖父应聘为内蒙古文史馆馆员，我的父母为了照顾老人也就搬到呼和浩特市来了。兄妹太多，刚到不久，我便考入呼和浩特第一师范学校的简师班。不收学费，还管饭吃，而且学校还有座藏书颇丰的图书馆。渐渐地偷原子弹的设想被彻底忘却了，而开始热衷于一些真正的文学作品。小小的个儿，大大的脑袋，夹着厚厚的书本，自我感觉却颇为良好。

我想起了初读《红楼梦》……

十三四岁，读完后竟感觉出那么一种滋味儿。夜里躺在十几个人挤成一排的大炕上，还愣望着窗口上的月光傻神儿。泪水莫名其妙地流着，心儿收拢不住地战栗着。十几年来，第一次懂得了什么叫失眠，第一次懂得了什么叫唉声叹气,也第一次懂得了世界上原来有这么多可爱的女人。

这比爱迪生那科学吸引力可大多了。越发不可收拾,晃着细脖梗儿夹回来的书更多。先看俄国的:普希金、托尔斯泰、契诃夫、高尔基,不喜欢果戈理。再看法国的:司汤达、巴尔扎克、福楼拜、左拉,尤其喜欢梅里美。其次便是看其他各国的,对狄更斯、杰克·伦敦、马克·吐温有着特殊的爱好。囫囵吞枣,朝三暮四。

但还是按着刘肇荣先生的预言走了……

随后便劣性大发,一篇作文竟然用了一本作文本。全班大哗,母亲更为我浪费本子叫苦不迭。但赵老师竟咬着牙看完了,还给批了个"5"分。甭提我当时有多得意了,挺着个鸡胸脯儿愣晕乎了好几天。几年后我才知道,赵老师曾为此大吃其苦。反右时批判他宣扬资产阶级思想,腐蚀青年一代,竟纵容14岁的少年大写爱情小说!……

我知道了为文的可怕……

5

幸亏我毕业了!

15岁,我就在呼和浩特市一所小学当了教师。个儿仍不高,讲台上只晃动着个大脑袋。幸亏当时的学生老实。而我又莫名其妙地信心百倍,总算凑凑合合地当了下来,而且还有时间继续做那作家梦。但我得坦白一个细节——

当我还在当学生的时候,竟偷偷对一个和我同龄的女孩子颇为倾心。现在我当教师了,而人家却留在学校继续深造。彼高我低,天各一方。此恨绵绵,何以弥补?唯有成名成家!

为此,我一面进业余补校继续进修高中,一面拼命在稿纸上大肆涂鸦。退稿连连不断,但我却甘愿为"爱情"忍受各种屈辱。你还别说,有一篇《林中遇险》在上海《儿童时代》竟被选中。当时我的激动之情是难以言喻的,马上就卷起了这本杂志奔向母校。记得那正是个八月十五的晚上。月如流银,人家正共对圆月举行中秋晚会,我隐身于垂柳丛中,痴痴地望着女孩子那迷人的脸庞。神魂颠倒,但就是不敢再前进半步。随之,便感到手中的杂志越来越轻,似乎尚难以吸引那双动人的眼睛。于是又悄悄溜回家来,慨然决定奋笔再创奇迹:不当普希金,何以对佳人!

但终于迎来了致命的一击……

反右斗争终于开始了。我刚刚参加完高等院校的入学考试,便被唤回我教书的小学接受批判。原因是我胡写乱画,而且还敢给教导主任提了两条意见。形势岌岌可危,所幸当时我尚不满18岁。但我的父亲却意外地填补了这"不足",不但在林区被莫名其妙地打成了右派,而且还因他那又臭又硬的"士可杀,不可辱"的态度,当即被逮捕法办送去劳动教养了。至此,我的"爱情"梦彻底幻灭了,并且当即发现自己的身体比例虽日渐协调,但在政治上却变成了个先天不足的软骨儿。

我自觉地放下了笔……

6

山重水复疑无路,柳暗花明又一村!

大概是因为考试成绩不错,我竟侥幸地被内蒙古师范大学中文系录取了。成了大学生,就难免又有点沾沾自喜。何况我不但身体比例已日渐匀称,而且也开始懂得如何修饰边幅了。

但生活却总在修正误偏……

一进大学校门,便在班级里进行了反右补课。两位刚到内蒙古的同学当即被打成右派,一位才从印尼回国的教授随之也被推上了批判台。回想起自己先天的不足和后天的差距,顿时便被吓得老老实实噤若寒蝉。紧接着是大跃进,我便被运往露天煤矿挖煤,被送到古老的城墙根下大炼钢铁。这一挖一炼,就更挖炼出我一身战战兢兢夹起尾巴做人的本领。

我本应该忘掉那笔,但生活总逼着我去想它。每当系里的党团员和积极分子去开会,寝室里往往就剩下了自己和两个右派分子。非乃不去争取,乃数十次申请和无数次表现均如石沉海底。怕!面对着四只右派眼睛,回想起父亲那副右派面孔,顿觉心灰意懒前途渺茫。入党、入团、选干的从政之路,看来与己无缘。助教、讲师、教授的学术之途,更难有自己的份儿。条条大路都好像对我堵塞着,或许只有写作还有一线希望。

这似乎也是"逼上梁山",我又开始写了。小心翼翼地从儿童文学入手。所幸当时内蒙古师大已有了一批颇有成就的学者和专家,如著名作家和美学家肖平、著名语言学家马国凡等等。更何况这种偷偷摸摸的挣扎有时竟也能产生一种动力。终于在我19岁那年,中国少年儿童出版社为我出版一本小集子《骆驼上晃荡大的孩子》,并随之被译为乌克兰文及盲文等。

我领到了平生第一笔稿费……

7

但刚等我买了一双新皮鞋,我便只好毕业了。兄弟姐妹太多,家里没有一个挣钱的,靠母亲捡糖菜渣子过活,也实在于心难忍。更何况皮鞋一绽开帮子,又必然要产生良心危机的问题。

我又重新工作了,被分配到巴彦淖尔盟林业治沙学校担任教师。远离孤苦的母亲,面对浩瀚的乌兰布和大沙漠。但磨难并不就此而止,我这种出身越到基层便越发显眼,不到一年,又被长期下放到另一个更偏远的大沙漠里劳动锻炼去了。

这便是腾格里大沙漠。腾格里,蒙语是天的意思。好家伙!天大的沙漠!黄沙,眼前永远是起伏绵延的黄沙。只有在零星的戈壁草滩里偶尔可见人烟,但相互间语言又是根本不通的。我在这死寂的世界里变得又聋又哑,放驼之余,每日里只好和沉默而又神秘的沙原蜥蜴打交道。知识在这里毫无用途,我面对着驼群也开始卑躬屈膝了。有一次,我骑在驼峰间穿越一片沙海,难免就又有点犯知识分子的老毛病,竟稍稍摆出了点主人翁的架子。谁曾想到,骆驼也会不吃这一套,在高耸的沙丘上愣把我掀翻下来。我望着空旷的大漠、谜一样的远方,还是马上降下人的尊严,乞怜地向那高高在上的骆驼呼唤了:"别动!等等我,等等我!"从此,我对骆驼也开始溜须拍马了。有了好吃的,总要讨好地先请它们分尝一些,甚至吸烟,也要把第一口烟喷进骆驼的鼻子眼里。因而我和骆驼始终相处得很好,好到我的心也变成了一片沙漠。

但倒霉蛋也偶有幸运的时刻——正当我几乎忘了什么是写作的时候,我意外遇到了到这大漠深处视察的巴彦淖尔盟委宣传部长岩锋同志。这是一位早年在陕北就参加了革命的知识分子。他听了有关我的情况介绍后,竟敢在那充满警惕的年代里提出:沙漠上不缺一个放驼人,而草原上却少一个自己的作家!尽管后来我竟成了他的一项罪证,但当时他还是很坚决地把我调回到巴彦淖尔歌舞团从事创作。我永远感激他。

但在当时,我的确除了牛马骆驼羊外,对人已经不太熟悉了。而且我还发现,等我走出了茫茫的大漠以后,竟连人的语言也开始退化了。

更重要的是,我越来越找不到自己了……

8

但我却成了一名专业作者。

这真是在受命运捉弄,可我却不敢去捉弄命运。我带着布满沙子的胸怀,又重新回到了巴彦高勒——一座草原上简陋的小镇。当时我却把它看成了天堂。

巴彦淖尔歌舞团的女孩子很多,也很漂亮。但我生怕再被发配回那死寂的沙漠,于是便表现出一副目不斜视、置若罔闻的高尚神情。异常谦虚,异常谨慎,不惹是非,不找麻烦,只顾得从笔尖下赶紧找回自己。

但麻烦却总在寻找着我……

养活一个"编剧"一年能用几回?于是我便在艺术舞台上也被充分利用起

来。正如我在《天地大舞台》一文中所叙述的那样,从音乐、舞蹈、戏剧,乃至舞台灯光、效果、装置等等,处处有我,处处又不见我,而且还处处惹乱子,整整乱乎了好些年。每逢运动,我还兼任着"运动员"……

但这并不能说明这个阶段我的"创作"没有收获。有！从消灭苍蝇蚊子到支持美国黑人斗争;从接羔保畜到歌颂雷锋的事迹;从不得随地吐痰到火红太阳照全球！任务不断,创作不断,几乎天天都要忙到深夜。从快板、对口词、相声、戏剧、歌词,一直到舞剧脚本以及公文报告等等,无所不涉猎。意气风发,斗志昂扬,但最后竟找不回一个字来。

我越来越老实、越驯服、越没有自己了……

但还是在劫难逃。在那场浩劫中,虽然我年仅 26 岁,却还是被慎重地纳入了"在拿枪的敌人被消灭之后,不拿枪的敌人依然存在"之列。现在这一切总算过去,我再不愿复述其间种种逸闻逸事。我只感到庆幸:好些人死了,我还活着。全眉全须的,而且有了一个老婆和两个孩子。

何况我正是这阶段开始偷偷写小说的……

我老实！当我被批倒批臭之后,两派便忙乎得差点把我忘了。在给我的窗口和门头贴满黑压压的大字报后,便把我禁闭在黑屋里不管了。但我却很自觉,绝不越出门槛半步。甚至在大字报被雨水冲下来之后,我还恭恭敬敬地捧回屋内烘干补好,然后再重新恭恭敬敬地贴回原处。中国人要没有这点精神,能够繁衍到十好几亿吗？但我也有不安分的时候,耐不得寂寞,心灵上似乎总需要一个忘却一切的避难所。于是我开始偷偷摸摸地写上小说了,但扉页上却写的是:对我的三反言行的补充交代和再认识！

他妈的！我是个什么玩意儿？……

9

没有幻想,就连卑劣的人也无法活下去。

这期间,我偷偷搞回了条小狗以陪伴我整日战战兢兢的两个孩子,而自己却只顾做贼似的埋头写作。好在孩子和狗都在黑屋中被惊恐训练出来了,只要我回头一嘘,他们便会在嬉闹中顿时变得呆若木鸡。有这条叫巴日卡的小狗帮忙,我竟糊里糊涂地在一大堆废纸片上完成了长篇小说《阿力玛斯之歌》的草稿。但写得越多,越感前途渺茫。

或许是天无绝人之路,或许是我时来运转,刚刚恢复工作的人民文学出版社竟来到内蒙古组稿,而且还鬼使神差地深入到我们这块穷乡僻壤。更值得提到的是,来者竟是敢于大胆接触我的王笠耘和谢明清同志。如果当时没有这两位同志意外地出现在我面前,那今天我还不知在何处徘徊挣扎呢!

是他们使我绝处逢生……

我很奇怪,经过这么久的折磨和闹腾,他们竟还能保持了中国知识分子的传统美德:小心翼翼,但无私、正直,甚至还保持着某种学者型的清高。与他们相比,我自觉应该在灵魂上来一番洗刷。尤其是王笠耘同志,听说最近视力已下降到危险点。这位一生为他人作嫁衣的著名老编辑,被内蒙古作家称为当代内蒙古文学的"保姆"。他一生为文学奉献了多少?难道他视力下降的原因不包含曾为我看过上百万字的稿件么?

这是真正的人……

总之,当时我不但幸运地遇见了他们,而且恰好又遇见了两位颇为通情达理的领导,于是在 1975 年便被借到北京修改我的第一部长篇小说。

应该说,这是一步登天了……

但面临的却似乎是另一种"炼狱"。我们住在红星胡同 14 号,是人民文学出版社当时的招待所。一座典型的北京大杂院里,缝隙间骤然耸起一座碉堡式的水泥二层小楼。上层住着出版社军代表及其家属,下层几个房间里沙丁鱼罐头似的塞满了各地来改稿的作家。每人生存面积之狭小,当创世界一项纪录。当时没有稿费,河北作家单学鹏正卖血以供埋头改稿;辽宁作家胡景芳那痴呆儿子也正来北京就医;而院内厕门上也贴出"严禁作家和外人入内"的公告,艰苦热闹得实在可以。我暗感惊诧!

但我很快就发现,这是自己思想尚未彻底得到改造的表现。这算什么?在

"碉堡"阴影笼罩的大杂院里,竟居住着许多自己从小膜拜的学者和专家。这小屋里居住着著名的红学家周汝昌;这小屋里居住着著名的法国文学翻译赵少侯;这小屋里居住着著名的《一千零一夜》的中译者纳训……一个个学贯中西,闻名海外,尚不值仨瓜俩枣的,那自己又算得了什么?

我变得心安理得了。但个人的思想改造顺当了,却架不住外界天灾人祸的折腾啊!随之而来的便是东北陨石雨、唐山大地震,外带反击"右倾翻案风",加之小楼内还有某告密者引来的追谣。一时间竟折腾得地动山摇,日月无光,我瞠目失措中竟以为末日就要到了。

所幸,这场噩梦终于结束了……

10

时来运转,否极泰来。

这是指我个人而言。从1977年到1980年初,三年间,我连续在人民文学等出版社出版了三部长篇小说,一时间竟颇有点小名气了。《阿力玛斯之歌》发行上百万册,而且还被中央人民广播电台选中全文配乐广播。《神秘的松布尔》随之又获内蒙古自治区长篇小说一等奖,印数也颇可观。《马背上的孩子》虽未引起更大轰动,但也不乏好评。更重要的是,这一切还给我带来了一些颇为实惠的"副产品":我成了内蒙古自治区的政协委员,一个地区文联的副主席,"文革"后第一批出访外国的中国作家。

但生活却是无情的。正当我还在晕晕乎乎的时候,冲破禁锢思想的洪流开始奔腾了。面对着同行们勇敢而又大胆的探索,我竟瞠目结舌又不知所措了。我从小就养成了一种怯懦而又自卑的心理,尚不敢为保住自己的"水平"而去大骂什么"五大寡妇闹文坛,七个右派占刊物"等等。因为我的根基也是不好的,但内心却是酸溜溜的。

面对着自己的身价一落千丈,我又在感慨着"生不逢时"了。瞧瞧!刚一露头,就迎面碰到三股扑来的大浪:外国文学的出版热,解禁文学的重印热,新潮作品的汹涌热。我刚刚尝了几天"青年作家"的甜头,便骤然间已显得"衰老不堪"了。

但我又不善于见风使舵……

我绝望,我不安,我牢骚满腹地又赶紧逃回了我那遥远的穷乡僻壤里。但另一种世俗的偏见也同样不原谅我。比如,我自卑心理日渐加重,可有人却说我鼻尖朝天了。我战战兢兢脚不出户,可有人却说我关着门点稿费当了守财奴。我出国征求单位意见,可有人竟把我祖宗三代七姑八姨的隐私统统汇总上报,致使上头大为惊讶:"我们是准备让冯苓植出国,不准备逮捕他呀!"后来,我终于被公认为"暴发户",竟暴发到莫名其妙有了许多"情妇"。形势岌岌可危,我快崩溃了。

算了! 不写还不行?……

您还别说,不写却变得客观了。就像一个弄潮儿灰溜溜地跳上岸来,细看浪潮的来势,失败的原因也就一目了然了。几乎有近两年时间,我一直在茫茫的草原上游荡着,有时纵马急冲,有时躺在骆驼肚子下唉声叹气,有时又躲进蒙古包里抓住书就看。什么老子、庄子,中国的、外国的,囫囵吞枣,既想求得清静无为,又想讨点灵丹妙药。更重要的是生活教育了我。绝没有想到,下面有好些人愣把作家称为:骗子!

迎头一击……

我还想挣扎着辩解:我是真诚的,忠实的,来自生活的,全心全意歌颂工农兵的!但再回头一看全国汹涌澎湃的形势,我忽然发现,我过去的作品多么像海滩上呕心沥血塑造的沙堡,巍然而立,形象逼真,但经不住生活潮汐的冲击,甚至连一朵浪花也没飞溅起来,就完了。活该!

11

从1981年开始,我集中精力写动物小说,主要是中篇。

这绝不是我对现实漠不关心,我有我的苦处。我长期生活在偏远的戈壁草原上,和牛马骆驼羊打交道多了,就必然对人际关系了解得甚少。加之和内地相比,我们这里的节奏又总慢半拍。等我刚刚想到了初一,人家早已度过了十五。赶来赶去,总赶不上生活的激流。何况基层还有基层的难处,弄不好就会有人来主动"对号入座"。我不是硬汉,而又想探索,于是便开始拣自己熟悉的来写。

或许中国也需要自己的动物小说吧……

但这里还必须指出,最初触发我写动物小说的乃是我前面提到的那条名叫巴日卡的小狗。是的!它和孩子们在惊吓中早训练得很自觉了。不但看不出其祖先狼的丝毫特征,而且连狗的一般特征也失掉了。但在草原小镇那场举止荒谬的打狗运动中,它正是靠了这种不敢吭声的怯懦让人忘记了它的存在,而它那些敢于咆哮反抗的同类却大多被打死了。但谁能料想到,那场浩劫结束之后它走出了屋子,竟然见到一只小鸡也会吓得惶惶然逃窜而归。后来,由于工作的调动终于要和它分手了,一位工人主动来承担了把它送到养兔场的任务。它该去尽点狗的职责,我们还是忍痛看它被载上汽车拉走了。几天后,我们又忍不住去这位工人家打听它最近的表现。工人家正在吃肉喝酒,不等我们提问,便大肆夸赞了巴日卡在养兔场的尽职和享福,致使我们马上也激动地和他一起大吃大喝起来。但过了一段时间我才了解到,巴日卡是到过养兔场,却是夜夜哀叫不止,最后终于又被送回了这位工人家里。而我们那天大嚼特嚼的肉,就正是小狗巴日卡的。我绝没有想到,我的肚子竟变成了一座坟……

或许正是这深深的内疚和思念,促使我默默地开始了写它的故事。但它的经历却又使我那么恐惧,于是我便结合我熟悉的另一峰骆驼的故事去写。我尽量想掩饰它的弱点,总想把它的死写得完美高尚些,这就是中篇小说《驼峰上的爱》里的部分情节。当时我已被称为作家群里的"游牧人",战战兢兢地总想避开一些"是非之地",却全然没有想到在1982年的全国小说评奖中,《驼峰上的爱》竟获得了全国优秀中篇小说奖。我感谢《收获》,永远不会忘记它对边远地区作家的支持。

这给我带来了希望。从这以后,我似乎躲到了一个宁静的港湾里,一直在连续地写着一系列动物小说。从《沉默的荒原》,一直到《翅羽上的故事》《叛逆者》

《死海》《黑丛莽》等等。所写的动物大到骆驼,小到沙原蜥蜴。还有狗、波斯猫、百灵鸟、鹿、小黑天鹅,以至麻雀和狼等等。动物小说不同于童话,要讲严格的科学性,为此我曾参阅了大批中外有关动物的科学著作,但却苦恼于无法排除人的形象在里头瞎搀和。

文学创作没有避风港……

虽然有的评论也曾夸过这部分小说是"形象化的哲理,哲理化的形象",有的同志甚至还称赞过我这种"在美学上独特的追求和探索",但终于我还是被从这宁静的港湾里撵出来了。面对着复杂的人生和多变的现实,即使写动物小说也会招来猜疑和冲击。我感谢评论界和朋友们的鼓励,但我被无法解脱的苦闷困扰着,还是把已经写了一半的动物长篇小说《驼王》扔下了。

生活啊!生活……

就拿我写狗来说,写了好几回了,但我越写越感到不对劲儿。对照世界上写狗的小说来看,俄罗斯的作品,从《木木》到《白比姆黑耳朵》,似乎都弥漫着一层淡淡的哀愁和忧郁的悲剧色彩。而美国的作品,如杰克·伦敦的《荒野的呼唤》,狗竟恢复了其祖先狼的全部特征,在北部荒野上统帅起狼的部落。再看中国的作品,即使如伟大《聊斋志异》里所写的狗,也总摆脱不开义犬救主的形象,好像狗尾巴的摆动也总不忘圣人的规训。

我感到愕然,生活又逼令我重新思索……

12

这时,我已调到内蒙古作家协会任专业作家。

老婆很贤惠,孩子也很听话,这就留下了更多的时间让我去自由自在地苦恼,我病急乱投医,又在囫囵吞枣地阅读着大量的书籍。萨特的、房龙的、弗洛伊德的,种种种种,但总好像找不到中国许多社会现象的病根儿。最后,我偶又重新翻阅《鲁迅全集》,却忽然仿佛从里头找到了别人,也看到了自己。我参禅似的久久品味着……

从1985年以来,我开始写一系列市井小说。故事都发生在一条叫大裤裆胡同的古色古香的闹市里,人物有玩鸟的、唱戏的、修脚的、养猫的、开茶馆的、酱驴肉的、卖大力丸的、拉纤敲边鼓的,以及各种各样的市井能人。写得很近,就在现在。都搞活了,您还不许人家搞活吗?当然,小动物仍不免入"戏",但绝对是受过大裤裆胡同古色古香气息熏陶的。如笼子里的鸟啊,瓦罐里的蛐蛐啊,专供汤褪的瘸腿驴啊等等。

因为大裤裆胡同里好像也有我自己……

两年间,我已先后发表了《虬龙爪》《落凤枝》《狐幻》《猫腻》《老人、老狗、老鸟》等。我很感谢上海文艺出版社,他们正把上述五个中篇集成一部市井小说集,总名为《狐幻》。比较而言,在我出版过的十几本书里,我感觉到这本书还算对得起自己苦苦的思索。我还在挣扎……

眼下,我已经改变了平日的游牧习性,已经老老实实在家待半年多了。足不出户,正在集中精力写一部市井小长篇《鸡眼》。这不是指鸡的眼睛,一眨不眨,目光敏锐,而是指人脚上长的那玩意儿,病不大,可硌脚,难以迈步,属隐疾。我在写一个修脚圣手的兴衰沉浮,写一个搓澡能人的乍寒乍暖。吉尼斯世界纪录大全曾记录了他的各种鸡眼,但最后却把他也误归了进去。挖鸡眼的竟然成了鸡眼,大裤裆胡同里尽这种怪事。

我还要寻找,包括自己……

有人说性格即命运。我的性格早已注定我是个不走红运的作家。我不但从未想过什么名垂千古,而且对总是接踵而来的磨难也习以为常。缺少点什么好,太满了非得出娄子不可,但却不可缺德。

总结我的前半生:三十未立,四十尚惑。估计五十也难以知天命。

我现在住在草原青城,和我在一起的有老婆,孩子,还有一支笔。

活得真累,但我还在写。

这就是路……

(选自《冯苓植散文随笔精品·神聊》,远方出版社1998年1月版)

是谁助我文学生涯画上圆满的句号

冯苓植

大约在二十年前,我曾为上海《解放日报》写过一篇感念的文章《文化素养,都市的风采》,这是我亲身的经历得出的结论:上海人绝非仅仅是"精明",身上更具有博大深厚的文化底蕴。正由于这根本原因,才铸就了上海这国际大都会的日益辉煌。

虽然我已近耄耋之年,但回想起来,与上海之交往却历历在目……

大约在1957年,那时我只能算个不知天高地厚的文学少年。生活在远天远地"天似穹庐"的敕勒川上,上海只不过是我梦中才闪现的"海市蜃楼"幻境。但我还是不知深浅地向《儿童时代》投稿了,这就是我发表的第一篇小说《林中遇险》,并被冰心先生选入了1957年的《儿童文学选》。1958年,我又在上海《少年文艺》发表了小说《骆驼上晃荡大的孩子》,没想到后来为庆祝国庆十周年竟被苏联翻译了过去。随后就是以这两篇小说为基础,中国少年儿童出版社才为我出版了我的第一部小说集(或称小册子更准确)。但随之便是"千万不要忘记阶级斗争"和"文化大革命",我在乌兰布和大沙漠旁的小镇上的文学梦彻底幻灭了。是应该庆幸人民文学出版社编审大师王笠耘先生的意外到来,但更应感谢上海的诸多知名文学编审也在"垃圾堆中"努力"挖掘"我。是上海文艺出版社的左泥老夫子带我第一次走进上海;是《收获》的原主编李小林先生亲自教诲我如何为人为文;是出版家江曾培先生的点化助我"更上一层楼";是文学理论大师钱谷融先生领衔,由诸多上海著名的文学评论家和作家,为我平生第一次专门召开了作品研讨会……总之,我又在上海上起了社会大学,《收获》《上海文学》《小说界》《艺术世界》《解放日报》《新民晚报》,甚至包括《咬文嚼字》等均接纳了我。而且不仅使我的作品获得了全国及省区市多种文学奖,同时也助我这株戈壁荒原上的带刺的野生小草走入了文学的百花园。但我明白这绝不仅仅是为了我,而是上海高文化素质的视野一直在关注少数民族地区。

内蒙古自治区党委宣传部决定为每一位老作家出版一套文集,意在为他们的文学创作生涯画下一个圆满的句号。我这个"句号"该在哪儿画呢?当然应该是我的文学发祥地——上海!多亏有文学名编审陈先法先生牵线搭桥,文汇出版社领导经认真研究随后也慨然允诺,并且派出文汇出版社的一员强将,专门到内蒙古助我完成心愿。这就是青年文学编辑张涛先生。初次见面他就给我留下很深的印象:小伙子绝非是上海那种所谓"小男人",而是一位行事干练、颇具阳刚之气的"帅爷们"。小张谈吐不凡,颇具现代意识,但又和我这老头子绝无代沟。来也匆匆,去也匆匆,但仅仅一天的倾心交谈,一老一少却早已成为忘年之交了。因社领导要顾及全局工作,从此就是张涛具体助我画好这个"句号"了。虽然我们只见过这一面,但通过手机的联络却配合得相当默契。要知道我那些四五十年来的积稿有多么纷繁杂乱吗?有的待查,有的待找,就连我这老头子自己也觉得心烦头疼。这位年轻编辑却梳理得那么耐心,那么认真,毫无怨言,并对我这八旬老头从来报喜不报忧。为这近四百万言的"陈芝麻旧谷子",他真可谓熬"白了少年头"!还是那句老话:"文化素质,都市的风采",从张涛的身上又一次得到了印证……

他还曾给我带来过意外的"感动"。比如说,就是他告诉我:"社领导决定,文集中一本书一个书号!"天哪,这可有悖于给老作家出文集的常规做法啊!一般来说,无论文集包含多少本大都均用一个书号,文汇出版社这不是自找倒贴钱?莫非是因为内蒙古曾收养过上海孤儿,现在上海又将以此回报一个内蒙古老头儿吗?上海编辑似只顾传达,竟没有分毫自己的解释,却使我的内心产生了一种莫名的感动。直到《冯苓植文集》将要出齐之际,他才告诉我说:"一本书一个书号,那是便于社里分门别类加以发行!多亏了社领导的高瞻远瞩,您的文集已在全国各大书店发行逾千套了……"这个文学生涯的句号画得是超乎想象的圆满,原来上海人深厚的文化底蕴里包含着真正的"精明"。常言说得好:责编和作家是推出一部好作品的"双翼"。光靠作家在一边穷煽呼,而无责编从旁助力,往往会是一事无成的。

我感激上海,更感激上海的年轻人!向你遥致草原诚挚的谢意,并期待我们在文学上继续合作。

(原载 2018 年 10 月 25 日《解放日报·朝花周刊》)

在上海有个比我年小的"老大哥"

冯苓植

一

我是20世纪80年代被左泥老夫子领进上海的,是约稿,还是改稿?我忘了!但我却清楚记得,一进上海文艺出版社办公室,我就认识了这位文学编辑室的头头儿。或许因为他已是"官",或许是因为他长得"稍显着急",再加上他的"宽厚与沉稳",当时便给了我一种"天然老兄"的感觉。

其实他要比我小多了——

当然,也要怪我总舍不下"青年作家"这项帽子,竟只顾了"忘年"地跟着年轻的责任编辑们一起"活跃"。而他却是颇具"谦谦长者风",总是在一旁"微笑以待",似乎要的就是我这种"焕发青春"而去修改作品。时间久了,越处便越使我感到了他的真诚、厚重、低调的品格。作为我多部小说的"二审者",虽我从未和他拉过什么关系,他却总能客观公正地加以审阅通过。比如中篇小说集《狐幻》、长篇小说《出浴》《忽必烈大帝》等均是由他二审出版的。不显山、不露水,似只甘愿作一个幕后默默的奉献者。在我的印象中,他似乎从未有过和作家一起泡酒吧、下舞场、逛闹市,或"近谁远谁"之举!始终就是带着他那"永恒的微笑",平等善意地对待着每一个前来社里的改稿者。比我们要"成熟"得多,而且人又可交,故而渐渐忘了年龄,他竟成了我心目中的"老大哥"。

但为他也有疑虑:如此老诚厚重如何走出上海去拓展业务——

二

但很快便被事实证明了我的幼稚和浅薄,老实人也会"偶尔露峥嵘"!

记得就在我即将退休的前两年,我刚刚在上海改完书稿返回呼和浩特还不到一个月。谁曾想他连一声招呼也不打,便应约谈稿也随之来到内蒙古了。他应该知道,这里可是少数民族地区啊,而他很可能对蒙古族的民族民风一点都不了解。更何况,邀他谈稿者乃全国知名的蒙古族学者兼作家——哈达奇·刚,为人刚直且又极具民族自尊心。虽说我和哈达奇·刚也是无话不谈的老朋友,但当我得知这个消息后已经是"为时晚矣"!却不料我正为这位"老大哥"忐忑不安时,却意外接到哈达奇·刚邀约我去参加专为"老大哥"举办的饯行宴的电话。我去了,一进餐厅看到那满桌子的蒙式盛宴,我就感觉到自己忧虑的多余,甚至有点"庸人常自扰"!银碗、金杯、奶茶、手把肉,众多的宾客,还有特邀而来的蒙古族女歌手!不言而喻,这一切均说明他和哈达奇·刚早已成为心灵相通、跨民族的"铁哥们儿"了!我静坐一旁深感诧异,难道仅凭他那张"永恒的笑脸"就可在少数民族地区畅行无阻广结善缘吗?也不知这位比我小的"老大哥"还有什么交友秘籍?且看他如何应对这一醉方休的民族盛宴吧!随之,在蒙古族长调悠扬婉转的吟唱中,专门为他饯行的蒙古宴终于开始了,敬酒、献哈达、蒙装少女劝酒的歌声,均一一按礼仪热烈进行。我本来还替这位"老大哥"有点担心,谁料他接过酒杯竟也懂得先弹酒敬天,再弹酒敬地,最后再将酒抹向额尖以示敬人!即使对待那些以歌劝酒的蒙古族少女,他也能既微笑以待而又能保持距离凸显尊重。总之,潇洒自如,应对有为!

只不该!我却先醉倒了,对后面的事就什么也不知道了——

事后，我也曾问过哈达奇·刚，为什么对这位老兄如此隆重对待？没想到回答竟是："这个上海人实诚，没什么花花肠子，对蒙古族文化也特别尊重，此人可交！"看来，我虽比他越来越显老了，但似乎我还得将他称之为"老大哥"！更值得一提的还在于，我年年在呼和浩特都会见到许多来自全国各地的编辑，但受到如此隆重饯行者似乎也只有他一个！随着时光的流逝，早听说这位比我小的"老大哥"也已退休了。我本来想，两个退休的老人，今后很可能在文学上再没有什么合作的机会了。从此后地北天南，似也只有超然是非之外颐养天年了。

　　但谁曾想缘分未尽总有意外——

三

　　也难怪！谁让我们这对"忘年"的老哥俩，虽已"退"了却均未得到"休"！我被出版社催着一直在苦写着多卷集的《元史演绎系列》，而他也以知名的编审水准被文汇出版社聘为"顾问"。忙，都很忙！只不过一个在上海，一个在内蒙古，似乎地北天南的再难有交集的机会了。但似乎是因"缘分未尽"，为出版我个人"文集"之事他又开始往来于上海和呼和浩特之间了！

　　助我完成心愿，往返"牵线搭桥"——而在我看来，自己并没这种资格。即使内蒙古为老作家人人都要出，那我个人也将选择上海的出版社！因为上海是我文学创作"发祥之地"，那里有我的恩师和助我成长的精英编辑。即使出版后我再"露怯"，但从客观上起码也可反映一个偏远地区作家艰难的成长过程，否则，"文集"宁可不出！或许是这位比我年龄小的上海"老大哥"首先闻知此事，是他第一个飞临呼和浩特来相助我这比他年龄还大的"小老弟"了！

　　最终，功德圆满！"文集"将由上海文汇出版社编辑出版——

　　当然，除了这位"老大哥"之外，我也不会忘记文汇出版社前社长桂国强先生的"勇于接纳、鼎力相助"！还应特别提到的是，社里还专门派了一位年轻卓越的好编辑作为我的责任编辑。他的名字叫张涛！是他历经五六年的辛劳才从我那堆"陈芝麻烂谷子"中编选出十二卷书组成了"文集",也是他让我从他身上又认识了上海新一代的编辑精英!我永远难忘"老大哥"和他的同仁们为我的付出,为此曾在上海《解放日报》上专门发表过一篇文章,题目就叫《是谁助我文学生涯画上圆满的句号》。

但这位被聘的"顾问"却似觉得仍不够圆满——

随之,进而于 2019 年 5 月 13 日,又专门在上海举办了《冯苓植文集》新书发布会暨座谈会。为了促进民族团结和民族文化交流,上海各大报均有广泛热情的报道。更重要的是,我在会上还结识了文汇出版社的新社长——周伯军先生。他的宽厚、谦和、包容均给我留下极深的印象。虽说我老迈年高今后已无所求了,但我仍坚信在这样杰出文化人的领导下,出版社必将迎来硕果累累的"又一春"。而此时那位年龄比我小的"老大哥"却隐没在幕后不见了,仅仅给我留下一个他那特有的微笑,似乎是在告诉我说:这才算得上是"圆满"。

一个难得的好人,一个难得的挚友,一个难得的"专为他人做嫁衣"之编审!

最终,该告诉大家我这位"老大哥"的姓名了——他就是文汇出版社的顾问陈先法!

(原载 2020 年第 7 期《草原》)